普通高等教育经管类专业系列教材

财务管理

（第二版）

姚　琼　李曜铎　主　编
张　赟　梁　希　副主编

清华大学出版社

北　京

内 容 简 介

本书针对应用型本科院校的定位和人才培养特点，结合高校"财务管理"课程的教学要求，将理论知识学习和实践应用相结合，有助于学生财务思维的形成和分析能力的培养。全书以企业的筹资、投资、经营和分配等理财循环为主线，内容涵盖现代企业生产经营所涉及的资金运动全过程，全面、系统、综合地阐述了现代企业财务管理的基本理论和方法。

本书可作为高等院校全日制学生、成人教育学生学习财务管理的教材，也可作为在职财务或会计人员进修和自学的参考用书。

图书在版编目(CIP)数据

财务管理 / 姚琼，李曜铎主编. —2 版. —北京：清华大学出版社，2022.4
普通高等教育经管类专业系列教材
ISBN 978-7-302-60447-1

Ⅰ. ①财… Ⅱ. ①姚… ②李… Ⅲ. ①财务管理—高等学校—教材 Ⅳ. ①F275

中国版本图书馆 CIP 数据核字(2022)第 052820 号

责任编辑：胡辰浩
封面设计：周晓亮
版式设计：孔祥峰
责任校对：成凤进
责任印制：曹婉颖

出版发行：清华大学出版社
　　　网　　　址：http://www.tup.com.cn，http://www.wqbook.com
　　　地　　　址：北京清华大学学研大厦 A 座　　　　　邮　　编：100084
　　　社 总 机：010-83470000　　　　　　　　　　　邮　　购：010-62786544
　　　投稿与读者服务：010-62776969，c-service@tup.tsinghua.edu.cn
　　　质 量 反 馈：010-62772015，zhiliang@tup.tsinghua.edu.cn
印 装 者：三河市天利华印刷装订有限公司
经　　销：全国新华书店
开　　本：185mm×260mm　　　印　　张：18　　　字　　数：449 千字
版　　次：2019 年 8 月第 1 版　　2022 年 6 月第 2 版　　印　　次：2022 年 6 月第 1 次印刷
定　　价：76.00 元

产品编号：094677-01

前　言

财务管理是企业管理的基础，是企业内部管理的中枢，可以反映出企业的运营状况，也是实现企业与外部交往的桥梁，可以加速企业在各种环境下管理模式的调整。财务管理可以看作企业管理的一个组成部分，它是根据财经法规制度，按照财务管理的原则，组织企业财务活动，处理财务关系的一项经济管理工作。

近年来，高等院校在人才培养过程中面向社会、面向市场，以培养应用型人才为目标，相关课程的教学目标也从单一的理论教学发展为掌握专业知识，构建能力体系，培养思维习惯，相应的课程内容、教学方法及教材选择也发生了变化。

"财务管理"课程是财务管理、会计学、大数据与财务管理等专业的必修课。2017 年，我们联合兄弟院校的教师组成编写小组，磕磕碰碰，不断探讨应用型本科院校教学中教材的基本理论与实务结合的尺度，即理论讲述的深度、内容覆盖的宽度怎样与实务结合，兼收并蓄管理学科中的优秀理论与方法，同时与财务管理的发展动态结合起来，反映财务管理学科的最新成果与发展趋势，循序渐进、由浅入深，在保证学科体系完整性的条件下，体现较强的应用性和可操作性。我们精心地把抽象、枯燥、生硬的财务理论与方法融入案例中，或者引入来自实践的案例，让学生轻松养成投资理财思维，掌握如何使用财务管理的概念、理论与方法来解决社会经济中的各种问题。换句话说，就是要编写出"以学生为中心""必需+够用"的财务管理教材。

本书第一版得到广大读者的认可，读者也在使用过程中提出了很多宝贵意见。本次出版，我们对读者的建议做了梳理，进一步完善了很多细节问题，在保留了第一版的叙述风格与可读性的基础上，内容更加系统、紧凑与充实。例如，相关章节在理论叙述时结合时事添加案例，引导学生关注生活中的各种经济现象；章节测试进一步充实与完善，以更好地检验学生理论知识的掌握情况。将第一版中的第七章"财务分析"调整成"大数据与财务管理"，一是考虑大部分院校课程设置中有单独的财务分析类课程，教学过程中可以按需选用内容；二是新技术、新观念在企业财务管理中的应用越来越广泛，但大部分院校还没有专门设置此类课程。因此，我们设置一章内容讲述大数据分析与财务管理的基本内容，同时，还参考大量期刊，通过拓展阅读把大数据在财务管理中的应用介绍给读者。

全书以企业财务管理为研究对象，以财务活动为主线，内容包括财务管理总论、财务管理的价值观念、筹资管理、投资管理、营运资金管理、利润分配管理，以及大数据与财务管理等。与第一版相同，本书每章章首都设置了导读、学习重点、学习难点和教学建议，便于学生把握每章的总体内容和重点；章末设置了本章小结和课后习题，有利于学生掌握所学知识，提高思考与分析问题的能力，方便学生自主学习并检验学习成效。

本书主要供高等院校会计学、财务管理、大数据与财务管理、审计学专业的本科生学习使用，也可满足工商管理、税务、金融等财经类专业学生学习财务管理的需要。

全书由银川科技学院（原中国矿业大学银川学院）的姚琼、张赟、梁希，广东培正学院的李曜铎共同编写。全书共计 7 章，由姚琼总体策划，各章编写人员及其分工如下：张赟编写第一章、第七章，以及相应课后习题；梁希编写第二章、第六章，以及相应的课后习题；李曜铎编写第三章及第三、四、五章的课后习题；姚琼编写第四章和第五章。

作者在编写本书的过程中参考了很多相关教材、专著和论文等，限于篇幅，恕不一一列出，特此说明并致谢。

我们在组织编写本书时，做了一些新尝试，希望能够取得好的效果。受作者水平有限，书中难免会有疏漏之处，读者在使用过程中如果发现不妥或错漏之处，恳请给予批评指正，以便我们在后续工作中加以改正。我们的电话是 010-62796045，信箱是 992116@qq.com。

本书对应的电子课件和习题答案可以到 http://www.tupwk.com.cn/downpage 网站下载，也可扫描下方的二维码获取。

编　者

2022 年 1 月

目　录

第一章

总　　论

【导读】

　　财务管理可以视为一门关于如何管理货币资金的艺术和科学。实践表明，企业的基本活动是从资本市场上筹集资金，投资于经营性资产，并运用这些资产进行经营活动。然而在现代企业管理中，财务管理是一项涉及面广、综合性和制约性都很强的系统工程，是通过价值形态对资金运动进行决策、计划和控制的综合性管理工作，其逐渐成为企业管理的核心内容。本章作为开篇，将系统地阐述财务管理的概念和内容，以及财务管理的目标和环境等基本理论。

【学习重点】

　　掌握财务管理的概念和内容；理解企业财务管理目标的含义、财务管理的环境等理论性知识；能够正确处理企业与各方的财务关系。

【学习难点】

　　合理设定企业财务管理目标，熟练掌握企业财务管理环境相关理论，能根据现实环境进行企业财务管理目标和企业财务管理环境分析。

【教学建议】

　　第一节以讲授为主，第二节、第三节建议结合案例进行教学，引导学生查阅资料，融合课程思政元素，对真实案例进行分析。

第一节　财务管理概述

　　目前，财务管理已经成为工商管理中的重要内容，也是经济管理领域中热门的学科之一。财务管理学的内容主要包括三部分：企业财务、投资学和宏观财务。其中，企业财务是本书要重点讲授的内容。企业财务是企业生产经营过程中客观存在的资金运动及其体现出的经济利益关系的处理，因此，财务管理可视为企业组织财务活动、处理财务关系的综合性管理工作。近百年来，财务管理理论已获得较为充分的发展。

一、财务管理的发展历史

(一) 财务管理的产生

目前普遍认为西方财务管理起源于 15 世纪末 16 世纪初。当时西方社会正处于资本主义萌芽时期,意大利地中海沿岸的许多商业城市出现了由公众入股的商业组织,被称为"大商业公司",入股的股东主要包括商人、王公大臣和普通市民。这些商业股份经济不断发展扩大,需要专门能够承担解决公司筹资、资金投放和分配盈余的财务管理部门。但由于其资本需要量并不是很大,因此筹资渠道和筹资方式相对单一,企业的筹资活动仅仅附属于商业经营管理,并没有形成独立的财务管理职能部门,这种情况一直持续到 19 世纪末 20 世纪初。

(二) 财务管理的发展

财务管理自产生以来,大致经历了以下四个主要阶段:融资财务管理阶段、内部决策财务管理阶段、投资财务管理阶段和财务管理深化发展阶段。每个发展阶段都表现出了不同的特征。

1. 融资财务管理阶段

19 世纪末 20 世纪初,欧洲的工业革命引发了从传统的手工劳动向动力机器生产转变的重大飞跃,生产力的发展和技术的进步促进了企业规模的不断扩大,工商活动进一步发展,新的行业不断涌现,股份公司在西方国家迅速发展起来,并逐渐成为占主导地位的企业组织形式。股份公司的发展不仅引起了资本需求量的扩大,也使筹资的渠道和方式发生了重大变化,企业筹资活动得到进一步强化,筹集资本扩大经营成为大多数企业关注的焦点。为了适应当时的情况,各公司纷纷成立专门的财务管理部门,独立的公司理财活动应运而生。当时公司财务管理部门的主要职能是预计资金需求量并给企业筹措所需资金,融资是当时公司财务管理理论研究的根本任务。因此,这一时期称为融资财务管理时期或筹资财务管理时期。1897 年,美国财务学者托马斯·格林的著作《公司财务》出版,标志着财务管理作为一项独立职能从企业管理中分离出来,该时期以公司资本的筹集为主要内容。1910 年,米德的《公司财务》出版;1938 年,戴维的《公司财务政策》和李恩的《公司及其财务问题》等理论专著出版,进一步深入研究了企业如何有效地筹集资本,以及处理证券发行和公司合并等问题,为现代财务理论奠定了基础。

2. 内部决策财务管理阶段

20 世纪 50 年代以后,市场竞争日益激烈,出现了买方市场趋势。企业财务管理部门普遍认识到单纯依靠扩大筹资规模,或者增加产品产量均已无法适应新的发展趋势,其主要任务需要转为解决资金利用效率,从而为企业做出最优财务决策。西方财务学家将这一时期称为财务管理的内部决策时期。在此期间,资金的时间价值引起企业的普遍关注,以固定资产投资决策为研究对象的资本预算方法日益成熟,财务管理的重心由外部融资转向资金在企业内部的合理配置,重点关注资本预算,注重投资项目的选择与决策,重视资产的利用效果及现金和存货的管理,更重视资本结构和股利政策,方法上已延伸到预测计划、换算分析与控制。此时的财务管理迎合了商品经济发展的客观要求,财务管理理论的发展有了质的飞跃。由于该阶段资产管理取代了筹资管理，成为财务管理的重要内容，因此这一阶段被称为内部决策财务管理阶段或者资产财务管理阶段。该阶段的代表性理论有 1951 年美国财务学家迪安出版的《资本预算》、1952 年马科维茨发表于杂志上的《投资组合选择》一文及其 1959 年出版的专著《投资组合选择：有效分散化》，以及 1964 年夏普所发表的《资本资产价格：风险条件下的市场均衡理论》。

3. 投资财务管理阶段

20 世纪 60 年代中期以后，企业财务管理的重点转移至投资问题。随着第二次世界大战的结束，科技迅猛发展，国际市场进一步扩大，出现了较多的跨国企业，金融市场日益繁荣，但市场环境趋于复杂，投资风险加大，企业必须更加注重投资效益、规避投资风险。而内部决策财务管理阶段后期所提出的投资组合理论和资本资产定价模型，由于其揭示了资产的风险与预期报酬率之间的关系，广受投资界的欢迎，改变了公司的资产选择策略和投资策略，因此被广泛应用于公司的资本预算决策中。其结果导致财务学中原来比较独立的两个领域——投资学和公司财务管理相互组合，使公司财务管理理论跨入了投资财务管理的新时期，因此这一阶段可以称为投资财务管理阶段。

20 世纪 70 年代以后，金融工具的不断创新使企业与金融市场的联系日益加强。认股权证、金融期货等金融工具广泛应用于企业的筹资与对外投资活动，帮助企业规划了合理的投资决策程序，形成了完善的投资决策指标体系，建立了科学的风险投资决策方法，推动着财务管理理论的日益发展和完善。在该时期，财务管理进一步发展成为集财务预测、财务决策、财务计划、财务控制和财务分析于一身，以筹资管理、投资管理、营运资金管理和利润分配管理为主要内容的管理活动，并在企业管理中居于核心地位。与此同时，现代管理方法促进了财务管理理论的日益成熟，主要表现为 20 世纪 70 年代中期，布莱克等人创立的期权定价模型(Option Pricing Model，OPM)、斯蒂芬·罗斯的套利定价理论，以及这一阶段财务理论的集大成者——法玛和米勒于 1972 年所著的《财务管理》一书。这些成果结束了财务理论长时间割据的状况，标志着西方财务管理理论已经发展成熟。

4. 财务管理深化发展阶段

20 世纪 70 年代末至 80 年代初，西方国家普遍遭遇了旷日持久的通货膨胀。大规模、持续的通货膨胀导致资金占用率迅速上升，筹资成本随利率上涨，有价证券贬值，企业筹资更加困难，公司利润虚增，资金流失严重。严重的通货膨胀给企业财务管理带来了一系列前所未有的问题，因此，这一时期企业财务管理的主要任务是应对通货膨胀。

20 世纪 80 年代中后期，拉美、非洲和东南亚的发展中国家陷入沉重的债务危机，苏联和东欧国家政局动荡、经济濒临崩溃，美国经历了贸易逆差和财政赤字，贸易保护主义一度盛行。国际金融市场动荡不安，企业面临的投融资环境具有高度不确定性。在这种政治经济环境下，企业迫切需要在其财务决策中日益重视财务风险的评估和规避，这使得效用理论、线性规划、对策论、概率分布、模拟技术等方法在该阶段的财务管理工作中被普遍应用。与此同时，进出口贸易筹资、外汇风险管理、国际转移价格问题、国际投资分析、跨国公司财务业绩评估等成为企业财务管理研究的热点，并由此产生了一个新的财务学分支——国际财务管理。

20 世纪 90 年代，计算机技术、电子通信技术和网络技术发展迅猛，数学方法、应用统计、优化理论与电子计算机等先进的方法和手段得以在企业财务管理中应用，企业财务管理理论发生了一场"革命"，财务分析向精确化方向飞速发展，网络财务管理时期已经悄然到来。

由此，企业财务管理进入国际化、精确化、电算化、网络化发展的新阶段，财务管理的中心任务转向维护不确定条件下企业价值的增值。

二、财务管理的概念及特点

(一) 财务管理的概念

财务管理是根据财经法规制度，按照财务管理的原则，利用一定的技术和方法，组织企业财务活动，协调和处理企业与各方面财务关系的综合性管理工作，是企业管理的一个组成部分。企业财务管理是在一定的整体目标下，关于资本融通(筹资)、资产购置(投资)、经营中现金流量(营运资金)及利润分配的管理，它通过资金运动和价值形态管理贯穿于企业经营的全过程。在激烈竞争的市场环境中，财务管理已成为现代企业管理的中心，企业财务管理水平的高低直接关系到企业的生存和发展。

财务管理是利用价值形式对企业生产经营过程进行的管理，价值形式的变化又可以通过资金运动来反映。从表面上看，价值形式的变化体现为钱和物的增减变动，而实际上钱和物的变动取决于人与人的经济利益关系。财务管理的全部过程与企业的生产运营过程紧密联系在一起，企业的生产经营一般要经过购买、生产、销售三个阶段，这三个阶段对应的资金运动分别为筹资、投资、营运、分配四项活动。图 1-1 为资金运动过程。

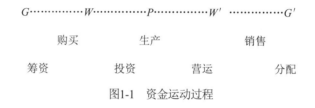

图1-1　资金运动过程

📖 **拓展阅读**

蛋糕店的财务管理

众所周知，规模再大的蛋糕店，其财务架构的组成也并不会太复杂。作为店主，每天需要做的就是计算好每日的销售额及支出成本，对收入和支出进行明确的分项统计，如此便能算出每日及每月的盈余。但想要明确每一笔资金的走向，做好每日财务统计，也并非一件易事。

(1) 做好精准的预算分析。预算分析包括成本核算及经济效益估算。费用预算是每个蛋糕店重要的财务组成部分，店主可根据往期的营收情况，对店内的各个分项进行详细的分析，并拟订下一周期的费用预算，其中应当包含详细的各项费用数额及门店整体的费用支出预算，并计算出相应的费用率以衡量下一周期的经济效益。在预算分析中，要预估房租、门面装修费及设备投资费用(包括制作蛋糕的全套器具)，还要考虑营运资金，如面粉、奶油等原材料占用的资金。在经济效益估算当中，需要估算出每月乃至每日的平均销售额、支出额及利润。

(2) 建立严格的费用审批制度。很多蛋糕店的费用支出模式都是先用后申报，其实这很容易造成财务漏洞或者预算不足的情况。任何一家门店都应该具有强烈的财务管理意识，在费用支出之前，建立严格的费用审核制度，确保每一项费用的支出都经由专人审核，每一笔费用都能找到直接的相关负责人，如此才能严格地控制住店内的各项成本支出。

(3) 做好每项财务登记。费用预算一旦形成，审核机制一旦落实，接下来就是认真落实每一个环节。店主可以专门编制用于周或月财务登记的报表，以便对每项费用的明细进行详细登记；还可以在一定周期内对数据进行详细分析，找出门店可以改善的成本支出点。

（资料来源：凤凰新闻. 蛋糕店财务管理必备法则 [EB/OL]. [2019-12-31]. https://ishare.ifeng.com/c/s/v002xx19naavzEZgCjuNxODyyBcVq4mKrBwv676jPiLs-_s8_.）

思考

现代企业管理的内容有哪些？财务管理在企业管理中占据什么样的地位？

（二）财务管理的特点

1. 财务管理活动涉及面广

就企业内部而言，财务管理活动涉及企业生产、供应、销售等各个环节，每个部门都在合理使用资金、节约资金支出、提高资金使用率等方面受到财务管理部门的监督和指导。同时，财务管理部门为企业生产管理、营销管理、质量管理、人力物资管理等活动提供及时、准确、完整、连续的基础资料。此外，财务管理活动与社会多种利益主体发生着千丝万缕的联系，这些利益主体主要包括股东、债权人、政府、金融机构、供应商、客户、内部职工等，而处理好这些广泛的财务关系也是做好企业理财的保障。

2. 重视价值形式管理，综合性强

众所周知，在现代企业制度下，企业管理在分工分权的过程中形成了专门的生产管理、营销管理、质量管理、技术管理、设备管理、人事管理、财务管理、物资管理等诸多管理子系统，从而形成了一个复杂系统。财务管理作为一种价值管理，它包括筹资管理、投资管理、权益分配管理、成本管理等，是一项综合性的经济管理活动。正因为是价值管理，所以财务管理可以通过资金收付及流动的价值形态及时、全面地反映商品物资的运行状况，并可以通过价值管理形态进行商品管理。也就是说，财务管理通过价格形式，把企业的一切物质条件、经营过程和经营结果合理地加以规划和控制，从而提高企业效益，增加股东财富。

3. 财务数据反馈速度快

在企业管理中，生产经营活动各方面的质量和效果，如资本结构是否得当、产销是否顺畅等都可以在财务数据中有所反映。企业可以通过各项价值指标了解企业现状，如通过资产负债率来快速判断当前的资本结构，通过存货周转率来快速判断企业的销售能力和存货管理水平等。

三、财务活动的基本内容

财务活动的内容可以理解成财务管理对象的具体化，而财务管理对象是企业在生产过程中的资金活动。因此，财务管理的内容就是企业资金活动所表现出来的各个具体方面，包括企业资金的筹集、投放、使用、收入、分配等一系列行为，具体表现为筹资管理活动、投资管理活动、营运资金管理活动和利润分配活动，通常将其称为财务管理或财务活动的基本内容。

1. 筹资管理活动

筹集资金又称融资，是企业进行生产经营活动的前提，也是整个资金运动的起点。企业的筹资活动是指企业为了满足生产经营活动和投资的需要，通过选择合理的资金来源渠道，采用对企业最有利的筹资方式来筹措和集中所需资金的过程。在筹资过程中，企业一方面要确定筹资的总规模，以保证投资所需要的资金；另一方面要通过筹资渠道、筹资方式或工具的选择，合理确定资金结构，以降低筹资的成本和风险。

1) 按照所筹集资金的权益特性分类

一般而言，企业开展生产经营业务活动需要足够的资金保障，企业筹集资金的渠道可以总结为以下三个方面。

(1) 从投资者取得的资金形成企业资本金，即通过向投资者吸收直接投资、发行股票等方式筹资。

(2) 从债权人取得的资金形成企业负债，即通过向银行借款、发行债券、向其他企业或个人借入款项等方式筹资。

(3) 从企业留存收益中取得的资金形成部分所有者权益，即通过提取盈余公积金和未分配利润筹资。

2) 按资金使用期限的长短分类

(1) 短期筹资所筹资金为短期资金，一般指供 1 年以内使用的资金。短期资金常通过利用商业信用和取得银行流动借款等方式来筹集。

(2) 长期筹资所筹资金为长期资金，一般指供 1 年以上使用的资金。长期资金主要用于生产设备的购建或更新等，通常通过吸收投资、发行股票、发行公司债券、取得长期借款、融资租赁和内部积累等方式来筹集。

另外，从资金流向来看，企业筹集资金可以表现为企业资金的流入；而企业偿还借款，支付利息、股利，付出各种筹资费用等，则表现为企业资金的流出。这种因为资金筹集而产生的资金收支，便是由企业筹资而引起的财务活动，是企业财务管理的主要内容之一。从一定意义上来说，筹资的数量与结构直接影响企业效益的好坏，影响企业收益的分配。因此，筹资活动自西方资本主义萌芽之始到现代企业管理时代，一直处于非常重要的地位。

📖 **拓展阅读**

瑞幸咖啡融资

2019 年 5 月 17 日，成立 18 个月的瑞幸咖啡迎来了它在资本市场的高潮——赴美上市。"快"是瑞幸诞生以来发展的主要基调，从急速融资、疯狂补贴、强势营销，再到如今快速申请上市，背负着巨额的亏损，这只迅速壮大的独角兽一路奔向美国资本市场。媒体和公众都对此表示疑惑："为什么瑞幸能以如此快的速度在美国上市？"根据瑞幸咖啡招股书显示，截至 2018 年底，瑞幸咖啡净营收 8.407 亿元，总经营成本 24.38 亿元，净亏损 16.19 亿元；截至 2019 年第一季度，瑞幸咖啡净营收 4.785 亿元，净亏损 5.727 亿元。截至 2019 年 3 月末，其店面总数达到 2370 家，覆盖国内 28 个主要城市，累计交易客户超 1680 万人次。从瑞幸成立到上市的融资记录来看，它一共经历过四次大规模的正式融资，以及若干次非正式融资。瑞幸之所以扩张得如此之快，影响力越来越大，并且在连续亏本的情况下还能支撑下去，是因为其背后资本的大力支持。

由于瑞幸在咖啡行业"新"理念的提出，它吸引了各风险投资方相继加入，其资本力量逐渐壮大。首先，这些巨额的融资为瑞幸的迅速扩张打下了坚实的基础。其次，瑞幸以融资租赁和抵押贷款这种充分运用创新金融工具的方式，使得各项设备的价值得到最大发挥，及时缓解了瑞幸发展前期资金不足、现金流紧张等难题。后又有私募基金进入，激发了市场的回应，促使瑞幸咖啡成功在美国纳斯达克上市，估值一度高达 42.53 亿美元。

瑞幸的融资活动带给初创企业的启示包括：①树立符合企业战略的融资理念；②构建多样化融资渠道；③保持资产的流动性；④做好产品和市场。

(资料来源：甘婧旖，李婉婷，李国文. 瑞幸咖啡融资案例分析[J]. 商讯，2019(30)：4-5.)

2. 投资管理活动

企业取得资金后，必须将资金投入使用，以谋求最大的经济效益。企业投资是指企业为获得未来收益或者满足某些特定用途需要而进行的资金投入活动。企业投资包括用于机器、设备、厂房的购建与更新改造等生产性资产的投资，也包括购买债券、股票等有价证券的投资，以及其他类型的投资。

投资也有狭义和广义之分，狭义的投资是指企业采取一定的方式以现金、实物或无形资产对外或其他单位进行投资；广义的投资是指企业将筹集的资金投入使用的过程，包括企业内部使用资金的过程及企业对外投放资金的过程。

企业通过投资确立经营方向、配置各类资产，并将它们有机地结合起来，形成企业的综合生产经营能力。企业在投资过程中必须考虑投资的规模，正确选择投资方向和投资方式，确定合理的投资结构，以获得最理想的经济效益，降低投资风险。

不同的投资活动会产生不同的资本结构，进而影响企业经营的风险与收益。为实现最佳的资本结构，既可以选择在同一个风险程度上带来最高收益的投资项目，也可以选择在确定的收益水平下承担最小风险的投资项目。从财务评价的角度，按照是否考虑资金的时间价值将项目投资决策评价指标分为两类：一类是动态指标，即考虑资金时间价值的指标，如净现值、年金净流量、获利指数、内部报酬率等；另一类是静态指标，即不考虑资金时间价值因素的指标，如投资报酬率、投资回收期等。

📖 拓展阅读

基于大数据的项目投资分析与评价

传统的项目投资分析与评价主要通过可行性研究报告及该项目的国民经济评价，对投资项目的社会影响进行定性分析，而对投资项目的财务效益则进行定量分析。随着大数据时代的到来，我们有条件、有必要对项目投资从促进区域经济增长、就业增加、技术进步、商品供给及商品需求提高、税收增加、生态环境改善等方面，进行深入的定量分析与评价，以确保项目投资能可靠而有效地促进区域社会经济的发展。通过建立投资项目的基础数据系统，形成分析评价的数据库资料；利用多种定量分析方法与评价技术，从当地经济发展、生态环境、社会就业等方面对项目投资影响区域社会经济发展的重要作用进行深入分析与评价；从管理制度、组织机构和评价机制及激励机制等方面建立投资项目综合分析与评价管理体系。

(资料来源：张红云. 区域影响视角下基于大数据的项目投资分析与评价研究[J]. 商场现代化，2021(11)：55-57.)

3. 营运资金管理活动

在企业的日常生产经营过程中，资金的收付是保持企业生产经营的必要活动。一方面，企业生产经营的第一环节需要采购原材料或商品，以便从事生产和销售活动，同时还要支付员工工资和其他营业费用；另一方面，企业把产成品或商品售出后获得销售收入，从而收回资金。如果企业现有资金不能满足企业经营的需要，则要采取短期借款的方式来筹集所需资金。这一系列的资金收付，便是企业的营运资金。由于营运资金的收付引起的财务活动，也称为资金营运活动。

企业在经营期为满足企业日常营业活动的需要而垫支资金，使得营运资金的周转与生产经营周期具有一致性。因此，在一定时期内，资金周转越快，就越能利用相同数量的资金生产出更多的产品，取得更多的收入，获得更多的报酬。因此，加速资金周转和提高资金利用效率也是企业财务管理的主要目标之一。

营运资金管理的主要内容是现金、应收账款和存货等流动资产。对营运资金的管理要注意流动资产与流动负债这两个方面的问题，具体如下。

(1) 保持现金的收支平衡。

(2) 加强对存货、应收账款的管理，提高资金的使用效率。

(3) 通过制定各项费用预算和定额，降低消耗，提高生产效率，节约各项开支。

4. 利润分配活动

企业通过投资活动和营运活动取得营业收入，实现资金的增值，增值的收入扣除各种成本费用后获得利润，对利润的处理就可以视作企业财务管理中的分配活动。因此，利润分配活动是指企业按照国家规定的政策和比例，对已实现的净利润在企业和投资者之间进行分配。广义的分配是指对投资收入(如销售收入)和利润进行分割与分派的过程，而狭义的分配仅指对利润的分配。企业分配活动的一般程序是指企业实现企业经营所得后，应先用于哪些方面，后用于哪些方面的先后顺序问题。

我国改革后的利润分配程序为：企业的利润总额按照国家规定做相应调整后，首先要缴纳所得税；税后剩余部分的利润为可供分配的利润。可供分配的利润再按如下顺序进行分配。

(1) 支付被没收的财物损失、违反税收规定的滞纳金和罚款。

(2) 弥补以前年度亏损。

(3) 提取盈余公积金。

(4) 向投资者分配利润。

另外，随着分配过程的进行，资金无论退出还是留存企业，都必然影响企业的资金运动，这不仅表现在资金运动的规模上，还表现在资金运动的结构上，如筹资结构。因此，基于一定的法律和原则，确定合理的分配规模和分配方式，正确处理各项财务关系以使企业的长期利益最大化，也是企业财务管理的主要内容之一。

综上所述，企业的四大财务管理活动是相互联系、相互依存的，企业的筹资、投资、营运构成了完整的企业财务活动，成为企业财务管理的基本内容。

> **思考**
>
> 目前，大数据环境和区块链技术将企业财务管理活动推向了科学化管理的新高度。可以预见的是，分布式账簿、智能支付、去中心化筹资、智能合约等新兴信息技术在企业财务管理活

动中将更为广泛、深入地应用,这要求我们必须树立新的财务管理理念,了解并能够利用基于大数据和区块链技术的企业财务共享平台,不断提高财务人员的专业能力和信息技术能力。作为财务管理或会计学专业的学生,我们需要做好哪些准备?

四、财务活动的作用

1. 财务活动是企业生产经营活动的基础

任何企业在从事生产经营活动之前必须准备一定的资金,没有资金的筹集和垫支,企业生产经营活动就无法开始。同样,企业在生产经营中所发生的各种耗费和价值转移,如果没有及时、准确地记录、核算,所获得的销售收入没有合理地分配,企业生产经营将无以为继。财务活动为企业正常的生产经营活动提供了必要的条件。随着现代科学技术的不断进步,商品经济不断发展,这使得现代企业普遍具有高投入、高产出的特点,企业要想在激烈的市场竞争中占有优势地位并且持续发展壮大,不仅要具备较高的技术研发能力,还要具备足够的现金流和利润。相对而言,财务实力是企业技术开发能力的基础,因此企业要高度重视财务活动,努力做好企业资金筹集,投资较高效益的项目,对资金运用实行及时有效地控制,这样才能保证充足的现金流量和较为可观的利润。

2. 财务活动可以体现企业生产经营状况

一个企业生产经营的好坏,可以通过企业的财务报表直观、全面地反映出来。企业的财务状况可以反映其生产经营水平。企业财务中的销售收入、成本、利润等指标是企业财务人员计算出来的,但却是企业各个部门在生产经营过程中形成的。一般来说,财务及其指标可以反映生产经营活动中出现的问题,如不合理的物资储备,生产中人力物力的浪费,产品质量的低劣,产品与消费者、用户需求相悖,对市场的错误估计,以及经营决策的重大失误等。通过对反映企业财务状况的财务报表进行分析,可以察觉企业生产经营中的问题,因此,专业的企业管理者总是不放过对财务报表和财务活动的分析,以便全面、综合地掌握企业生产经营状况,找出存在的问题,并加以解决。

3. 财务活动可以影响国家财政状况

在我国,财政是以国家为主体进行分配的,而企业提供了绝大部分的财政收入,因此,企业财务活动将影响国家财政状况。企业财务分配是国民收入的初次分配,财政是国民收入的第二次分配。初次分配的好坏,在一定程度上制约了二次分配的规模和数量,初次分配中各种财务关系处理得好,才能保证财政有足够的收入。

思考

企业的财务活动对企业的经营发展至关重要,但企业在目前的财务活动中,普遍存在资金运作成本高、财务运作流程复杂、信息不透明等问题。例如,在跨境支付领域,由于交易双方币种不同,需要依托银行这一中介机构来进行资金支付。而跨境支付需要涉及进出口方银行及结算币种国家的清算行,每经过一个银行机构就需要支付一笔手续费,致使资金运作成本高。有些企业虽然设立了 ERP 系统和专门的财务系统,但是由于财务系统之间存在权限管理制度,加之财务信息具有机密性,数据不公开,因此在运作过程中也面临着重重阻碍。此外,跨境支付还存在着关联交易和财务信息的不对称，由此给外部信息使用者和投资人带来不可控的财务风险。作为企业财务人员，该如何应对这些财务活动中存在的现实问题？

五、财务关系

企业财务关系是指企业在组织财务活动的过程中与各有关方面发生的经济利益关系，正确处理财务关系同样也是财务管理的重要内容。企业的筹资活动、投资活动、营运活动、分配活动与社会各方面都有着广泛联系，处理好这些关系也是企业财务稳定的保障。企业的财务关系可概括为以下七个方面。

1. 企业与投资者的财务关系

企业与投资者的财务关系是指投资者向企业投入资金，企业向其支付投资报酬所形成的经济关系。

企业的投资者要按照投资合同、协议、章程的约定履行出资义务以便及时形成企业的资本，同时，他们也拥有参与或监督企业经营、参与企业剩余权益分配的权利，并承担一定的风险。企业利用资本进行生产经营活动，并承担资本保值增值的责任。实现利润后，企业应该按照出资比例或合同、章程的规定，向其投资者支付报酬。企业投资者一般拥有以下三种权益：①投资者可以对企业进行一定程度的控制或在一定程度上施加影响；②投资者可以参与企业净利润的分配；③投资者对企业剩余资产享有索取权。相应地，投资者也要对企业承担一定的法律责任。因此，企业与投资者的财务关系可以概括成以资本保值增值为核心的风险共担的剩余权益分配关系，即经营权与所有权的关系。

2. 企业与债权人的财务关系

企业与债权人的财务关系是指企业向债权人借入资金，并按借款合同的规定按时支付利息和归还本金所形成的经济债务与债权关系。

企业除利用资本进行经营活动外，有时还需要借入一定数量的资金，用以扩大企业经营规模、调整企业的资本结构或降低企业的筹资成本。企业使用债权人的资金时，作为债务人，根据债务契约理论要按约定的利息率及时向债权人支付利息；债务到期时，要合理调度资金，按时向债权人归还本金；而债权人为了保护自身利益，也会通过限制性条款来规范企业行为。因此，企业与债权人的财务关系是建立在契约之上的债务与债权关系。

3. 企业与受资者的财务关系

企业与受资者的财务关系是企业以购买股票或直接投资的形式向其他企业投资形成的经济利益关系，体现了投资者与受资者的权利与义务关系。

4. 企业与债务人的财务关系

企业与债务人的财务关系是指企业将其资金以购买债券、提供借款或商业信用等形式出借给其他单位所形成的经济关系。企业将资金借出后，有权要求其债务人按约定的条件支付利息和归还本金。企业与其债务人的关系是债权与债务关系，要注意区别于企业与债权人的债务与债权关系。

5. 企业与政府的财务关系

政府作为社会管理者，担负着维护社会正常秩序、保卫国家安全、组织和管理社会活动等任务，负责为企业生产经营活动提供公平竞争的经营环境和公共设施等，为此所支出的费用须从受益企业的生产费用中扣除，从而形成具有强制性的纳税义务。因此，国家以收缴各种税款的形式与企业产生经济关系，企业应照章纳税，这是一种强制性分配关系。

6. 企业内部的财务关系

企业内部的财务关系又可细分为企业内部各单位之间的财务关系，企业与企业职工的财务关系，以及企业与董事会、监事会的财务关系。企业内部各单位之间的财务关系体现了内部各单位之间的经济利益关系，是内部各单位在生产经营各环节中相互提供产品或劳务所形成的经济利益关系，具体可看作企业内部资金使用过程中的利益分配关系与内部结算关系。企业与职工的财务关系是指企业向职工支付劳动报酬的过程中所形成的经济关系。董事会决定企业经营计划和投资方案，监事会负责检查企业财务，企业要向董事会和监事会支付董事会经费，企业与董事会和监事会是发生经济利益的关系。

7. 企业与供应商和客户的财务关系

在经济全球化的形势下，企业与上下游产业链之间的关系不仅关系到整个市场资源的合理有效配置，也关系到企业的竞争能力、盈利能力及未来的发展前景。企业与供应商和客户之间的财务关系是指企业与供应商和客户互相提供产品或劳务所形成的经济利益关系，体现着社会成员之间的分工协作关系。

六、 财务管理的环节

财务管理是一种有规律的管理活动，表现为一个循环过程。财务管理循环过程大体上依次经过制订计划、确定目标、执行计划、实现目标、分析计划执行结果、评价目标实现程度这几个既相互区别又相互联系的阶段，这些阶段可以被视作财务管理的环节。因此，企业财务管理可以被划分为财务预测、财务决策、财务计划、财务控制和财务分析五大环节。

1. 财务预测环节

财务预测是根据历史资料，依据现实条件，对企业未来财务活动和经营成果的发展趋势及变动程度做出科学的预计和测算。财务预测环节的作用如下：①可以测算各项生产经营方案的经济效益，为决策提供可靠的依据；②可以确定经营目标，测定各项定额和标准，从而为编制计划、分解计划指标服务。财务预测的内容包括资金来源和运用的预测、成本预测、销售收入预测和利润预测等。

2. 财务决策环节

财务决策是在经过科学的财务预测后，对可供企业选择的多个备选方案进行计算、分析、评价和选优的过程。财务决策包括筹资决策、投资决策、收益分配决策，以及生产经营中的资金使用和管理的决策等。

3. 财务计划环节

财务计划是对未来一定时期财务管理工作的安排，是财务预测所确定的经营目标的系统化、具体化呈现，是控制财务收支活动、分析和检查生产经营成果的主要依据。企业财务计划一般包括资金计划、财务收支平衡计划、成本费用计划、利润计划等。财务计划是企业进行日常财务管理和实行财务控制的依据，科学地编制财务计划并认真执行，可以保证企业资金的收支平衡，督促企业合理有效地按计划使用资金。

4. 财务控制环节

财务控制是企业在生产经营活动的过程中，以计划任务、各项定额和财务制度为依据，对资金的收入、支出、占用、耗费等进行日常的审核与对照。企业的财务控制环节实质上是落实计划任务、保证计划实现的有效措施。随着目前财务管理工作精细化、定量化的发展趋势，财务控制环节应该包括以下内容。

(1) 制定控制标准。例如，制定各种定额、限额，将企业计划、预算指标分解落实到各部门、单位或个人，并作为控制的依据。这样可以让企业内部每个部门、每个职工都有明确的工作要求，便于落实责任和检查考核。

(2) 执行控制标准。对于资金的收付、费用的支出、物资的占用等，需要进行预先控制。同时，将实际发生数与标准进行比较，对不符合标准的内容加以调整。

(3) 采取措施消除不利差异。

5. 财务分析环节

财务分析是以会计核算和报表资料及其他相关资料为依据，采用专门的分析技术和方法，对企业等经济组织过去和现在的有关财务活动及各项财务指标进行分析与评价。财务分析环节的任务是评价企业财务状况，提出改进措施，并为以后进行财务预测、决策和编制财务计划提供资料。

不同主体出于不同的利益考虑，对财务分析信息有着不同的要求。企业所有者作为投资人，关心其资本的保值和增值状况，因此较为重视企业盈利能力指标，主要关注盈利能力的分析。而企业债权人因不能参与企业剩余权益分享，所以重点关注其投资的安全性，因此更重视企业偿债能力指标，主要进行企业偿债能力分析，同时也关注盈利能力分析。与此同时，企业经营决策者必须对企业经营理财的各个方面，包括营运能力、偿债能力、盈利能力及发展能力的全部信息予以详细了解，进行各方面综合分析，并关注企业财务风险和经营风险。

1) 财务分析的作用

(1) 判断企业的财务实力。企业自身和投资者可以通过财务分析来判断企业的财务实力。通过对资产负债表和利润表等有关资料进行分析，计算相关指标，可以了解企业的资产结构和负债水平是否合理，从而判断企业的偿债能力、营运能力及盈利能力等，揭示企业在财务方面可能存在的问题。

(2) 考核企业的经营业绩。通过指标的计算、分析和比较，能够评价和考核企业的盈利能力与资产周转状况，揭示其经营管理在各个环节上的问题，找出差距，得出分析结论。

(3) 挖掘企业潜力。企业进行财务分析的目的不仅仅是发现问题，更重要的是分析问题和解决问题。通过财务分析，企业应保持和进一步发挥生产经营管理过程中的成功经验，对存在的问题提出解决的策略和措施，以达到扬长避短、提高经营管理水平和经营效益的目的。

(4) 评价企业的发展趋势。通过各种财务分析，可以判断企业的发展趋势，预测其生产经营的前景及偿债能力，从而为企业领导层的生产经营决策、投资者的投资决策和债权人的信贷决策提供重要依据，避免因决策错误而带来重大损失。

2) 财务分析的内容

为了满足不同信息需求者的需要，财务分析一般应包括偿债能力分析、营运能力分析、盈利能力分析、发展能力分析和现金流量分析等内容。

(1) 短期偿债能力是指企业在短期(一年或一个营业周期内)偿还债务的能力，主要是流动负债。因此，其衡量的是对流动负债的清偿能力，衡量指标主要有营运资金、流动比率、速动比率和现金比率。

(2) 长期偿债能力是指企业在较长时期内偿还债务的能力。长期来讲，企业不仅需要偿还流动负债，还需要偿还非流动负债，因此长期偿债能力衡量的是对企业所有负债的清偿能力，其财务指标主要有资产负债率、产权比率、权益乘数和利息保障倍数四项。除了上述衡量指标外，影响企业偿债能力的因素还包括可动用的银行贷款指标或授信额度、资产质量、或有事项和承诺事项、经营租赁。

(3) 营运能力主要指资产运用、循环的效率。企业的营运能力分析主要包括流动资产营运能力分析、固定资产营运能力分析和总资产营运能力分析三个方面。

(4) 盈利能力指标主要通过收入与利润的关系、资产与利润的关系反映，主要包括营业毛利率、营业净利率、总资产净利率和净资产收益率等。

3) 财务分析的方法

财务分析的方法主要包括比较分析法、比率分析法和因素分析法。比较分析法分为趋势分析法、横向比较法和预算差异分析法，最常用的是趋势分析法，其主要运用于重要财务指标的比较、会计报表的比较和会计报表项目构成的比较。比率分析法是通过计算各种比率指标来确定财务活动变动程度的方法，其类型主要有构成比率、效率比率和相关比率。因素分析法是依据分析指标与其影响因素的关系，从数量上确定各因素对分析指标的影响方向和影响程度的方法，具体包括连环替代法和差额分析法。

第二节　财务管理的目标

在现代财务管理的理论体系及理论实践活动中，财务管理目标是一个逻辑起点，决定着财务管理各种决策的选择，是企业做出各种财务决策的依据。制定财务管理目标是现代企业财务管理的前提，有了明确合理的财务管理目标，财务管理工作才有明确的方向。科学的财务管理目标有助于企业日常财务管理工作的规范化及科学财务管理理念的树立，有助于提高企业的财务管理效率，支持企业的可持续发展。

一、财务管理目标的含义

财务管理目标是指企业进行财务活动所要达到的根本目的，它决定着企业财务管理的基本方向。财务管理目标是一切财务活动的出发点和归宿，是评价企业理财活动是否合理的基本标准。因此，企业应根据自身的实际情况和市场经济体制对企业财务管理的要求，科学合理地选择、确定财务管理目标。同时，对于企业长远发展而言，财务管理目标也发挥着导向作用、激励作用、凝聚作用及考核作用。

二、财务管理的总体目标

(一) 利润最大化目标

利润最大化目标是指假定在投资预期收益确定的情况下，企业的财务管理行为以企业利润最大化为目标。这种观点认为，利润代表了企业新创造的财富，利润越多则说明企业的财富越多，从而实现社会财富最大化。利润可以直接反映企业创造的剩余产品，也可以在一定程度上反映企业经济效益的高低和对社会贡献的大小，是企业补充资本、扩大经营规模的源泉。

1) 利润最大化目标的优点

(1) 利润是反映企业经济效益状况最直接、最有效的指标。

(2) 利润不仅代表着企业为社会创造的财富，也代表着企业的竞争优势。

(3) 利润是衡量企业经营业绩的综合性指标，有利于资源的合理配置和经济效益的提高。

2) 利润最大化目标的缺点

(1) 利润一般是指企业在一定时期实现的税后净利润，它没有考虑资金的时间价值。当成本和收益随着时间的延续而发生时，利润的计量无法恰当调整时间差异对价值的影响。例如，今年获利 500 万元和明年获利 500 万元对企业的影响是不同的。

(2) 没有反映创造的利润与投入的资本之间的关系。当需要在两个报酬相同而投资额不同的方案中做出选择时，人们通常会选择投资少的方案，这就使低投资方案更有价值，而利润最大化则不考虑这种投资上的差异。例如，同样获得 200 万元的利润，一个企业投入资本 1000 万元，另一个企业投入资本 800 万元，哪一个更符合企业的目标？如果不与投入的资本额相联系，就难以做出正确的判断。

(3) 没有考虑风险因素，报酬越高，风险越大，高额利润的获得往往要承担过大的风险。在复杂的市场经济条件下，如果不考虑获利与风险的关系，可能会导致企业管理当局不顾风险大小而盲目追求利润最大化。例如，同样投入 200 万元，本年获利 30 万元，其中，一个企业获利为现金形式，而另一个企业的获利则表现为应收账款。显然，如果不考虑风险大小，就难以正确地判断哪一个更符合企业的目标。

(4) 片面追求利润最大化可能会导致企业的短期行为与企业发展的战略目标相背离。例如，忽视产品开发、人才引进、生产安全、设备更新等事关企业长远发展的开支项目，这种急功近利的做法最终只能使企业在市场竞争中处于劣势。更有甚者，会出现粉饰财务报表从而实现人为操控利润的不当行为。

📖 **拓展阅读**

"好"企业与"伟大"企业的区别

2021年7月27日，福特汽车在北京启动2021"福特汽车环保奖"的报名和评选工作。根据规则，2021"福特汽车环保奖"将设立"年度大奖"1名、"年度先锋奖"11名，总计设置160万元非限定性奖金，用于支持民间环保组织的可持续发展。福特中国总裁兼首席执行官陈安宁表示："环境问题已经成为全球最受关注的公众议题之一，福特汽车承诺在2050年前实现碳中和，通过我们的努力对环境保护做出积极的贡献，打造更美好的世界。这对于福特、对于我们的客户，乃至对于整个地球来说都意义非凡。"

"一个好的企业能为顾客提供优秀的产品和服务，而一个伟大的企业不仅能为顾客提供优秀的产品和服务，还竭尽全力使这个世界变得更美好。"这是前福特汽车公司董事长兼首席执行官比尔·福特的一句名言。作为历史最为悠久的汽车企业，福特公司一直在追求企业与社会的和谐发展，而严格遵守企业的社会职责是这家企业成功的关键所在。

比尔·福特认为伟大的公司在经营时会遵循两个底线，一个是财务方面的，另一个是社会方面的。一个好的财务底线是通过有效率地生产人们所需的高价值、高质量的产品来实现的，而一个好的社会底线则是通过以遵守道德规范的形式雇佣员工来实现的。企业也是构成社会这个有机整体的基本单元，作为"社会人"，企业必须同时考虑社会的整体利益和长远发展，并自觉承担相应的社会责任。

(资料来源：杨云龙. 社会责任不等于口号[J]. 科技智囊，2004(11)：54-55.)

(二) 股东财富最大化目标

股东财富最大化目标是指企业的财务管理以股东财富最大化为目标，即企业应以达到股票的最高市价为目的。在上市公司中，股东财富是由其所拥有的股票数量和股票市场价格两方面来决定的。股东财富=股票数量×股票价格，当股票数量一定时，若股票价格达到最高，则股东财富达到最大。

1) 股东财富最大化目标的优点

(1) 考虑了风险因素，因为通常股价会对风险做出较敏感的反应。

(2) 能够在一定程度上避免企业追求短期行为，因为不仅目前的利润会影响股票价格，未来利润的预期同样会对股价产生重要影响。

(3) 对上市公司而言，股东财富最大化目标比较容易量化，便于考核和奖惩。

(4) 一定程度上规范资本市场的运行，有利于社会资源的合理配置。

2) 股东财富最大化目标的缺点

(1) 通常只适用于上市公司，非上市公司难以应用，因为非上市公司无法像上市公司一样随时准确获得公司股价信息。

(2) 影响股票价格的变动因素众多，特别是企业外部的因素，有些还可能是非正常因素。股价不能完全准确地反映企业的财务管理状况，例如，有的上市公司处于破产边缘，但由于可能存在某些机会，其股票价格还在走高。

(3) 更多地强调股东利益，而对其他相关者的利益重视不够，实际工作中可能会导致公司所有者与其他利益主体之间产生矛盾与冲突。

(三) 企业价值最大化目标

企业价值就是企业的市场价值，也是企业未来现金净流量按照公司要求的必要报酬率计算的总现值。企业价值取决于公司未来创造的现金净流量、公司要求的必要报酬率和公司存续时间等因素，在理论上等于公司股东的价值与债务的价值之和，即金融化的资产价值。企业价值最大化的财务管理目标反映了企业潜在的或预期的获利能力和成长能力。

1) 企业价值最大化目标的优点

(1) 考虑了资金的时间价值和风险控制情况。

(2) 反映了对企业资产保值增值的要求，考虑了资本的优化配置和合理使用。

(3) 有利于克服管理上的片面性和企业短视行为。

(4) 有利于社会资源的合理配置。

(5) 体现了企业长期稳定可持续发展的要求。

2) 企业价值最大化目标的缺点

(1) 它是一个比较抽象的概念，不容易被人们接受和理解，特别是对于非上市公司，其没有公开的股票价格且股票的价格多变，因此企业价值不易衡量。

(2) 在计算企业价值时涉及的许多参数，如未来现金流量、折现率、折现期等，存在预计上的困难。

(3) 具有一定的主观性。

(四) 相关者利益最大化目标

现代企业是一个由多个利益相关者组成的集合体，财务管理是正确组织财务活动、妥善处理财务关系的一项经济管理工作。财务管理目标应从更广泛、更长远的角度来找到一个更为合适的理财目标，这就是相关者利益最大化。企业的利益相关者不仅包括股东，还包括债权人、员工、企业经营者、客户、供应商和政府等。在确定企业财务管理目标时，不能忽视这些相关利益群体的利益。

1) 相关者利益最大化目标的优点

(1) 有利于企业长期稳定地发展。该目标注重各利益相关者的利益关系，可以避免只站在股东的角度进行投资。

(2) 体现了合作共赢的价值观念，有利于实现企业经济效益和社会效益的统一。

(3) 这一目标本身是一个多元化、多层次的目标体系，较好地兼顾了各利益主体的利益。

(4) 具有一定的前瞻性。

2) 相关者利益最大化目标的缺点

它是一种理想化的目标，实际无法具体操作，因为几乎不可能使所有利益相关者的利益都最大化，只能做到协调化。

思考

在市场经济改革的大背景下，现代企业也需要深化改革。财务管理是企业管理活动开展的基础，是企业提升市场竞争力的关键，因此财务管理目标和经营发展的方向要保持一致。近年来，国家大力倡导可持续发展理念，现代企业也应顺应时代的发展需要，尤其是在社会竞争日趋激烈的今天，企业也需要根据社会文化环境和经济环境来转变其经营管理理念，制定出可持续的财务管理目标，并对企业结构进行合理调整，避免对环境造成破坏，以此创造良好的经济效益和生态效益，这对于社会经济的可持续发展具有积极影响。你认为这种可持续的绿色财务管理目标会成为四大主流财务管理目标后的新趋势吗？

三、财务管理目标的协调

协调相关者的利益冲突时应把握一定的原则，即尽可能使企业相关者的利益分配在数量上和时间上达到动态平衡。

(一) 所有者与经营者利益冲突的协调

经营者和所有者的利益冲突主要表现为：经营者希望在创造财富的同时，能够获取更多的报酬和更多的闲暇时间，并避免各种风险，而获取这些报酬牺牲的可能是企业的价值，其动机越强烈，所有者的价值损失有可能越大，因此经营者的期望可以理解为"既想多吃草，又不想跑得快"；所有者对经营者的期望为"既想马儿跑得快，又想马儿少吃草"，即以较小的代价或支付较少的报酬来实现更多的财富，使股东财富最大化。经营者利益背离股东目标的表现，主要体现在道德风险和逆向选择上。

为了协调这一利益冲突，最佳的解决办法是力求使得监督成本、激励成本和偏离股东目标的损失三者之和最小，即监督和激励，通俗的解释就是"胡萝卜加大棒"，监督就是"大棒"，激励就是"胡萝卜"。监督和激励通常可采取以下具体措施。

(1) 解聘。解聘是一种通过所有者来约束经营者的办法，即所有者对经营者进行监督。例如，委派财务总监进行财务监督，如果经营者绩效不佳，就解聘经营者。

(2) 接收或吞并。接收或吞并是一种通过市场来约束经营者的办法。如果经营者决策失误、经营不力或绩效不佳，该企业就可能被其他企业强行接收或吞并，相应地，经营者也会被解聘。

(3) 激励。激励就是将经营者的报酬与其绩效直接挂钩。激励通常有两种方式：①股票期权，即允许经营者以约定的价格购买一定数量的本企业股票，或者公司授予高管股票期权，高管取得股票期权后，股票价值的变动便会对高管自身利益产生较大的影响；②绩效股，即企业视经营者的绩效给予其数量不等的股票作为报酬。这些方法可以使得经营者与股东利益一致化，有助于公司的长远发展。

(二) 所有者与债权人利益冲突的协调

所有者与债权人的利益冲突主要为：债权人要求到期收回本金，并且获得约定的利息收入，而所有者为了自身利益可能伤害债权人的利益。其具体表现为，一方面所有者可能要求经营者改变借入资金的原定用途，将其用于风险更高的项目，从而可能增加偿债风险；另一方面，所有者可能在未征得现有债权人同意的情况下，要求经营者举借新债，因为偿债风险相应增加，从而导致原有债权的价值降低，使旧债权人蒙受损失。

所有者与债权人的利益冲突可以通过以下方法解决。

(1) 在借款合同中加入限制性条款。债权人通过事先规定借债用途限制、借债担保条款和借债信用条件，以保护债权人自己的权益。

(2) 收回借款或停止借款。当债权人发现企业有侵蚀其债权价值的意图时，采取收回借款或不再给予新的借款等措施，拒绝进一步合作，从而保护自身权益。

📖 **拓展阅读**

万科股权之争——所有者与经营者之间的利益冲突与协调

一段时间以来，万科的股权之争被炒得沸沸扬扬，具体缘由还得从头说起。宝能从 2015 年 7 月 10 日第一次举牌万科，持有 5%万科股份以来，锲而不舍，直至 2016 年 7 月 6 日，宝能持有万科股份达 25%，超过华润(持股比例 15.24%)，成为万科名副其实的第一大股东。这本来只是资本市场上一次正常的资本并购重组，没有什么值得大惊小怪的地方。可是，事情往往不是想象的那么简单，消息一经披露，可谓一石激起千层浪，一时间"狼烟四起"，再加上媒体的大肆渲染，局势发展跌宕起伏，大有越演越烈之势。诸如"野蛮人入侵""资本与管理之争""草根与权贵的较量""情感与规则的博弈"，频频出现在各大媒体的头条。产生这一问题的根源在于上市公司所有者与经营者之间的利益冲突与协调。

万科为了自保，质疑其第一大股东宝能的高杠杆资金收购会给其自身带来金融风险，并对万科实业造成一定的损害，与公司利益最大化的根本目标背道而驰。于是，万科开始了一系列反收购措施。宝能期初只是打算作为一个财务投资者的角色出现，不直接干预万科的经营管理，万科的管理层可以继续留任。在第三方协调下，宝能主动约谈万科最高管理层，但会谈气氛并不和谐，万科管理层居高临下，态度冷淡，拒人于千里之外。宝能在会谈中没有得到应有的尊重，会谈无果而终，不欢而散。基于此，宝能彻底丢掉幻想，决心与万科高层摊牌，提议召开临时股东大会，罢免万科全部现任董事和管理层，"宝万"股权之争骤然升级。至此，万科管理层与万科第一大股东(宝能)之间的矛盾与冲突日趋白热化，唇枪舌剑，互不相让，在资本市场引起轩然大波。

"宝万"股权之争的原因如下：第一，是经营者——作为中国"房企一哥"的万科，极力维护自己的既得利益所致，而历史又造就了万科管理层的"霸气"风格；第二，所有者和经营者职责不清，权利和义务不明晰。《中华人民共和国公司法》(以下简称《公司法》)对所有者和经营者的角色定位、权利义务规定得很清楚，管理者的行为必须符合法律规定，在法律许可的范围内进行。股权的合理变动是再正常不过的事情，作为企业的管理者，应该勤勉工作，不应该过多干涉股东的权利和义务；第三，经营者的目标偏离了企业价值最大化这一根本目标。经营者针对企业经营状况制定相应的经营策略本身无可非议，但是万科管理层推行事业合伙人制度，并通过合伙人持股计划，使管理层持股计划独立运行。这看似与管理层股票期权类似，但买卖股票时机与管理层经营考核并无直接联系，除了买进万科股票，增加管理层控制权之外，很难让管理层真正关心公司股价，股价低迷，偏离企业价值最大化的目标，并且导致公司管理费用持续上升。

这次的所有者与经营者之间的利益冲突带给我们的启示有：第一，上市公司的股东必须按照《公司法》的规定认真履行自己的职责，客观充分地表达自己的诉求，不能长期游离于公司经营管理之外，公司的运营监管职能不可或缺；第二，公司管理层必须以公司利益为重，把企业价值最大化作为自己工作的根本出发点，在公司运营过程中，作为职业经理人必须尊重广大股东的利益和诉求，尽到勤勉、忠实的义务。

(资料来源：葛杰. 上市公司所有者与经营者之间的利益冲突与协调——由万科股权之争想到的[J]. 当代会计，2016(11)：13-14.)

第三节　财务管理的环境

企业财务管理环境又称理财环境，是对企业财务活动及财务管理产生影响的企业内外各种条件的统称。企业财务管理环境强调在内部财务管理系统以外，对财务管理系统有影响作用的一切因素，包括微观财务管理环境和宏观财务管理环境，如图1-2所示。微观财务管理环境强调存在于企业内部，企业可以主动采取一定的措施加以控制和改变的因素，一般包括企业的组织形式，企业的生产、销售和采购方式，企业文化，管理者水平等；宏观财务管理环境强调企业的外部条件、因素和状况，主要指企业财务管理所面临的经济环境、法律环境、金融环境和技术环境等。本节以宏观财务管理环境分析为主要内容。

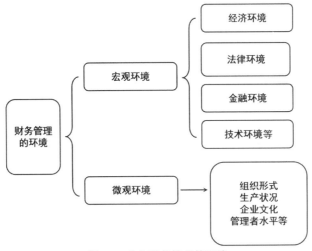

图1-2　企业财务管理的环境

一、经济环境

经济环境是指影响企业生存和发展的社会经济状况与国家经济政策，是影响消费者购买能力和支出模式的因素。企业的经济环境主要由经济周期、经济发展状况、经济体制、经济结构和经济政策五个要素构成。

1. 经济周期

经济周期(business cycle)也称商业周期、商业循环，是指经济运行中周期性出现的经济扩张与经济紧缩交替更迭、循环往复现象，是国民总产出、总收入和总就业的波动总结。经济周期有两阶段法和四阶段法两种划分方法。

两阶段法认为，每一个经济周期都可以分为上升和下降两个阶段。上升阶段也称繁荣，最高点称为顶峰，然而顶峰也是经济由盛转衰的转折点，此后经济就进入下降阶段，即衰退。衰退严重则经济进入萧条，衰退的最低点称为谷底。当然，谷底也是经济由衰转盛的一个转折点，此后经济进入上升阶段。经济从一个顶峰到另一个顶峰，或者从一个谷底到另一个谷底，就是一次完整的经济周期。

四阶段法将经济周期分为四个阶段：复苏、繁荣、衰退、萧条。由于经济周期的特点是国民总产出、总收入、总就业量的波动，因此它可以以大多数经济部门的扩张与收缩为标志划分出不同的阶段。复苏阶段是指经济从一个低谷时期开始升温，到繁荣期达到顶峰后，开始进入衰退期，而衰退则表现为实际GDP(国内生产总值)至少连续两个季度下降。衰退期的普遍特征为消费者需求、投资急剧下降，对劳动的需求、产出下降，企业利润急剧下滑，股票价格和利率一般也会下降。而当衰退呈现出规模广且持续时间长的特征时，即进入萧条期。从萧条期的谷底开始，又进入复苏阶段，往复循环。企业该如何根据经济周期理论进行管理准备，表 1-1 给出了设备投资、存货储备、人力资源及产品策略方面的建议。

表1-1 经济周期及应对策略

项目	复苏	繁荣	衰退	萧条
设备投资	增加厂房设备 实行长期租赁	扩充厂房设备	停止扩张 出售多余设备	建立投资标准 放弃次要利益
存货储备	建立存货储备	继续增加存货储备	削减存货 停止长期采购	削减存货
人力资源	增加劳动力	增加劳动力	停止扩招雇员	裁减雇员
产品策略	开发新产品	提高产品价格 开展营销规划	停产不利产品	保持市场份额 压缩管理费用

2. 经济发展状况

经济发展状况是指一个国家经济发展的规模、速度和所达到的水准。反映一个国家经济发展状况的常用指标包括国内生产总值、国民生产总值、经济发展速度、经济增长速度和物价指数等。

国内生产总值(gross domestic product，GDP)，即一个国家或地区在一定时期内生产活动的最终成果。此外，经济规模又分为绝对规模和相对规模，绝对规模仅指一个国家或地区在特定时期内的 GDP 总量，而不论这一规模的 GDP 是多少劳动力创造出来的；而相对规模则反映一个国家的人口(或劳动力数量)与 GDP 总量之间的关系，衡量相对规模最常用的指标是人均GDP。衡量经济发展速度最常用的指标是 GDP 年增长率。

国民生产总值(gross national product，GNP)，是一个国家(或地区)所有常住单位在一定时期(通常为一年)内收入初次分配的最终结果，是一定时期内本国的生产要素所有者所占有的最终产品和服务的总价值，等于国内生产总值加上来自国外的净要素收入。

消费者物价指数(consumer price index，CPI)，又名居民消费价格指数，是反映一定时期内城乡居民所购买的生活消费品和服务项目价格变动趋势和程度的相对数。它是进行经济分析和决策、价格总水平监测和调控，以及国民经济核算的重要指标，其变动率在一定程度上反映了通货膨胀或通货紧缩的程度。一般来讲，物价全面持续上涨，则认为发生了通货膨胀。

生产价格指数(producer price index，PPI)，是衡量工业企业产品出厂价格变动趋势和变动程度的指数，是反映某一时期生产领域价格变动情况的重要经济指标，也是制定有关经济政策和进行国民经济核算的重要依据。生产者物价指数与CPI不同，其主要目的是衡量企业购买的一篮子物品和劳务的总费用。由于企业最终要把它们的费用以更高的消费价格形式转移给消费者，所以通常认为生产价格指数的变动对预测消费者物价指数的变动是有用的。

3. 经济体制

经济体制是指在一定区域内(通常为一个国家)制定并执行经济决策的各种机制的总和。通常指国家经济组织的形式，它规定了国家与企业、企业与企业、企业与各经济部门之间的关系，并通过一定的管理手段和方法来调控或影响社会经济流动的范围、内容和方式等。

4. 经济结构

经济结构是指经济系统中各个要素之间的空间关系，包括企业结构、产业结构、区域结构等。根据国民经济发展的需要，对国民经济中各个领域、各个部门、各个地区和各种经济成分之间的对比关系结合状况进行调整，以改善各物质生产部门之间的有机联系和比例关系，利用技术进步的主导作用，促使国民经济结构合理化，推动整个国民经济向前发展，即常说的"经济结构调整"。

5. 经济政策

经济政策是指国家为实现一定时期国家经济发展目标而制定的战略与策略。经济政策包括综合性的全国经济发展战略和产业政策、国民收入分配政策、价格政策、物资流通政策、金融货币政策、劳动工资政策、对外贸易政策等。其中，货币政策和财政政策共同构成了调节国民经济运行的两大杠杆。

财政政策通常是指政府根据宏观经济规律的要求，为达到目标而制定的指导财政工作的基本方针、准则和措施。财政政策工具主要包括：税收、公债、经常性支出、资本支出、转移支付、贴息等。

货币政策是指国家为实现一定的宏观经济目标所制定和实施的有关货币供应和流通方面的方针、政策的总和。通过变动货币供应量，货币的供给和货币的需求可以保持一定的对应关系，进而调节社会总需求和总供给。从影响货币总量的角度，货币政策可以分为：扩张性货币政策、紧缩性货币政策和中性货币政策。货币政策对企业财务管理活动，特别是企业的筹资活动影响很大。当发生通货膨胀时，国家可能会采取紧缩性货币政策，提高存款准备金率、提高利率水平，使银行的信贷规模大大减少，迫使银行在进行贷款时特别谨慎，且中小企业本身就信用度较低，贷款的条件会更加严格。同时，物价上涨会引起利率上涨，使股票、债券价格下跌，从而增加了企业在资本市场上筹资的难度。

二、法律环境

法律环境是指对企业财务活动和财务管理产生影响的各种法律因素，主要包括公司法、证券法、金融法、证券交易法、经济合同法、税法、企业财务通则、内部控制基本规范等。它们从不同方面规范或制约企业的筹资、投资和分配活动。对于企业来说，法律为企业经营活动规定了活动空间，也为企业在相对空间内自由经营提供了法律保护。

1. 企业组织形式方面的法规

根据市场经济的要求，现代企业的组织形式应按照财产的组织形式和所承担的法律责任来划分，通常分为个人独资企业、合伙企业和公司企业。

1) 个人独资企业

在我国，个人独资企业是指依照《中华人民共和国个人独资企业法》(以下简称《个人独资企业法》)在中国境内设立，由一个自然人投资，财产为投资人个人所有，投资人以其个人财产对企业债务承担无限责任的经营实体。

独资企业由个人出资创办，在不违反法律的前提下，公司的经营全由业主自己决定。缴税后剩余的利润全由业主支配，所欠债务全由业主的资产抵偿。所以，独资企业具有以下特点：①只有一个出资者；②承担无限责任；③不作为企业所得税的纳税主体。

独资企业是企业制度序列中最初始和最古典的形态，也是民营企业主要的企业组织形式。其主要优点如下：①企业资产所有权、控制权、经营权、收益权高度统一，有利于保守与企业经营和发展有关的秘密，有利于业主个人创业精神的发扬；②企业业主自负盈亏和对企业的债务负无限责任成为强硬的预算约束，企业经营状况与业主个人的经济利益紧密相关，因此，业主会尽心竭力地把企业经营好；③企业的外部环境对企业的经营管理、决策、进入与退出、设立与破产的制约较小。

独资企业也有比较明显的缺点：①难以筹集大量资金，因为一个人的资金终归有限，以个人名义借款、贷款难度也较大，因此，独资企业限制了企业的扩展和大规模经营；②投资者风险巨大，企业业主对企业负无限责任，在强化了企业预算约束的同时，也带来了业主承担风险过大的问题，从而限制了业主向风险较大的部门或领域进行投资的活动，这对新兴产业的形成和发展极为不利；③企业连续性差，企业的所有权和经营权高度统一，虽然企业拥有充分的自主权，但也意味着企业是自然人的企业，业主的病、死，个人知识和能力的缺乏等，都可能导致企业破产；④企业内部的基本关系是雇佣劳动关系，劳资双方利益目标的差异会在一定程度上影响企业内部的组织效率。

2) 合伙企业

在我国，合伙企业是指依照《中华人民共和国合伙企业法》(以下简称《合伙企业法》)在中国境内设立，由各合伙人订立合伙协议，共同出资、合伙经营、共享收益、共担风险，并对合伙企业债务承担无限连带责任的营利性组织。

合伙企业的特征如下：①生命有限，合伙企业比较容易设立和解散，合伙人签订合伙协议，则宣告合伙企业成立；②责任无限，合伙组织作为一个整体对债权人承担无限责任，按照合伙人对合伙企业的责任，合伙企业可分为普通合伙和有限合伙；③相互代理，合伙企业的经营活动由合伙人共同决定，合伙人有执行和监督的权利，合伙人可以推举负责人；④财产共有，合伙人投入的财产由合伙人统一管理和使用，不经其他合伙人同意，任何一位合伙人不得将合伙财产移为他用；⑤利益共享，合伙企业在生产经营活动中所取得、积累的财产，归合伙人共有，如有亏损则亦由合伙人共同承担。

合伙企业也有以下不足之处：①由于合伙企业的合伙人承担无限连带责任，对合伙人不是十分了解的人一般不敢入伙，就算以有限责任人的身份入伙，也会因为有限责任人不能参与事务管理，而对无限责任人产生担心，而无限责任人则往往认为所有的经营工作都是自己在做，有限责任人凭资本投入就能坐收盈利，又会感到委屈，因此，合伙企业是很难做大做强的；②虽然连带责任在理论上讲有利于保护债权人，但实际操作起来往往不然。如果一个合伙人有能力还清整个企业的债务，而其他合伙人连还清自己那份债务的能力都没有，按连带责任来讲，这个有能力的合伙人应该还清企业所欠的所有债务，但他如果这样做了，再去找其他合伙人要回自己垫付的债款就很难，因此，合伙人往往不会独立承担所有债务，甚至不愿承担自己应分摊的那一部分。

3) 公司企业

在我国，依照《中华人民共和国公司法》(以下简称《公司法》)的规定，公司是以其全部财产对公司的债务承担责任的企业法人，有独立的法人财产，享有法人财产权。法人是具有民事权利能力和民事行为能力，依法独立享有民事权利和承担民事义务的组织。以取得利润并分配给股东等出资人为目的成立的法人，为营利法人。公司可分为有限责任公司和股份有限公司，有限责任公司、股份有限公司均属于营利法人。有限责任公司的股东以其认缴的出资额为限对公司承担责任，股份有限公司的股东以其认购的股份为限对公司承担责任。公司股东依法享有资产收益、参与重大决策和选择管理者等权利。

有限责任公司由 50 个以下股东出资设立。设立有限责任公司，应当具备下列条件：①股东符合法定人数；②有符合公司章程规定的全体股东认缴的出资额；③股东共同制定公司章程；④有公司名称，建立符合有限责任公司要求的组织机构；⑤有公司住所。有限责任公司的注册资本为在公司登记机关登记的全体股东认缴的出资额。法律、行政法规及国务院决定对有限责任公司注册资本实缴、注册资本最低限额另有规定的，从其规定。股东可以用货币出资，也可以用实物、知识产权、土地使用权等可用货币估价，并可以依法转让的非货币财产作价出资；但是，法律、行政法规规定不得作为出资的财产除外。对作为出资的非货币财产应当评估作价，核实财产，不得高估或者低估作价。法律、行政法规对评估作价有规定的，从其规定。

股份有限公司应当有 2 人以上 200 人以下的发起人，其中须有半数以上的发起人在中国境内有住所。设立股份有限公司，应当具备下列条件：①发起人符合法定人数；②有符合公司章程规定的全体发起人认购的股本总额或者募集的实收股本总额；③股份发行、筹办事项符合法律规定；④发起人制定公司章程，采用募集方式设立的经创立大会通过；⑤有公司名称，建立符合股份有限公司要求的组织机构；⑥有公司住所。股份有限公司的设立，可以采取发起设立或者募集设立的方式。发起设立是指由发起人认购公司应发行的全部股份而设立公司；募集设立是指由发起人认购公司应发行股份的一部分，其余股份向社会公开募集或者向特定对象募集而设立公司。值得注意的是，新修订的《公司法》放宽了注册资本登记条件，除了法律行政法规及国务院决定对公司注册资本最低限额另有规定的情况之外，取消了股份有限公司最低注册资本 500 万元的限制；不再限制公司设立时股东的首次出资比例，也不再限制股东的货币出资比例。

2. 会计和证券方面的法规

1) 会计方面的法律

会计法律是会计法律制度中最高层次的法律规范，是制定其他会计法规的依据，也是指导会计工作的最高准则。会计法律制度的构成为：会计法律由全国人民代表大会及其常务委员会制定；会计行政法规由国务院制定；国家统一的会计制度由国务院财政部门制定；地方性会计法规由地方人民代表大会及其常务委员会制定。

(1) 会计法律是会计法律制度体系的最高层次，是制定其他会计法规的依据，也是指导会计工作的最高准则，是会计机构、会计工作、会计人员必须遵守的根本大法。

《中华人民共和国会计法》(以下简称《会计法》)(1985 年颁布，1993 年、1999 年，2017年修订)，主要规定了会计工作的基本目的、会计管理权限、会计责任主体、会计核算和会计监督的基本要求、会计人员和会计机构的职责权限，并对会计法律责任做出了详细规定，是会计工作的基本法，是指导我国会计工作的最高准则，适用实行独立核算、办理会计事务的单位、主管机关及其有关部门。

《中华人民共和国注册会计师法》(1993 年通过)，是第一部中介行业法律。

(2) 会计行政法规是由国务院发布或者国务院有关部门拟订经国务院批准发布，调整经济生活中某些方面会计关系的法律规范。

《总会计师条例》(1990 年颁布，2011 年修订)，主要规定了单位总会计师的职责、权限、任免、奖惩等。

《企业财务会计报告条例》(2000 年 6 月 21 日颁布，2001 年 1 月 1 日起施行)，主要规定了企业财务会计报告的构成、编制和对外提供的要求、法律责任等，是对《会计法》中有关财务会计报告规定的细化。

(3) 国家统一的会计制度是指国务院财政部门根据《会计法》制定发布的关于会计核算、会计监督、会计机构和会计人员，以及会计工作管理的制度，包括部门规章和规范性文件。

部门规章由国务院财政部门制定，并由财政部部长签署命令予以公布，地位低于会计法律和会计行政法规，具体包括：《财政部门实施会计监督办法》(2001 年 2 月 20 日发布)和《企业会计准则——基本准则》(2006 年 2 月 15 日发布，2007 年 1 月 1 日起施行)。

规范性文件由主管全国会计工作的财政部门制定，地位低于会计法律和会计行政法规。具体包括：《企业会计准则》(2006 年 2 月 15 日发布，2007 年 1 月 1 日起施行，2014 年 7 月 23日修订)、《小企业会计准则》(2013 年 1 月 1 日起施行)、《会计基础工作规范》(1996 年 6 月 17日发布)、《会计档案管理办法》(2016 年 6 月 1 日施行)、《企业会计信息化工作规范》(2013 年12 月 6 日发布)、《代理记账管理办法》(2016 年 2 月 16 日发布，自 2016 年 5 月 1 日起施行，2019 年 3 月 14 日修订)等。

(4) 地方性法规是指由省、自治区、直辖市人民代表大会在同宪法、会计法律、行政法规和国家统一的会计制度不相抵触的前提下，根据本地区情况制定与发布的关于会计核算、会计监督、会计机构和会计人员，以及会计工作管理的规范性文件。

2) 证券方面的法规

证券法律制度是调整有价证券的发行、交易、清算，以及国家在证券监管过程中所发生的各种社会关系的法律规范的总称。证券法律制度所调整的社会关系，既包括发行人、投资人及证券中介服务机构相互之间所发生的民事关系，也包括国家证券监督管理机构对证券市场主体进行引导、组织、协调和监督过程中所发生的行政管理关系。证券法律制度的核心任务是保护投资者的合法权益，维护证券市场秩序。

《中华人民共和国证券法》对我国证券市场的证券发行、证券交易、证券登记结算、信息披露、证券监管等市场运行制度均做了明确规定，是市场参与各方必须遵循的法律规范。

3. 税收方面的法规

在落实税收法定原则背景下，税收立法工作不断取得重要进展。截至 2020 年年末，我国 18 个税种中已有 11 个立法，共形成了 12 部税收法律，分别是《中华人民共和国税收征收管理法》《中华人民共和国企业所得税法》《中华人民共和国个人所得税法》《中华人民共和国车船税法》《中华人民共和国环境保护税法》《中华人民共和国烟叶税法》《中华人民共和国船舶吨税法》《中华人民共和国耕地占用税法》《中华人民共和国车辆购置税法》《中华人民共和国资源税法》《中华人民共和国契税法》《中华人民共和国城市维护建设税法》。

企业在进行财务管理决策时，会受到税法的直接和间接影响，因此，国家税收法律制度是企业理财的重要外部环境，税收是国家实现其职能，强制、无偿地取得财政收入的一种手段。任何企业都有纳税的法定义务。税收对财务管理的筹资、投资、股利分配决策都具有重要影响。

在筹资决策中，债务的利息具有抵减所得税的作用，确定企业资本结构必须考虑税收的影响；在投资决策中，税收是一个投资项目的现金流出量，计算项目各年的现金流量必须要扣减这种现金流出量，才能正确反映投资所产生的现金净流量，进而对投资项目进行估价；在股利分配决策中，股利分配比例和股利分配方式影响股东个人缴纳的所得税数额，进而可能对企业价值产生重要影响。此外，税负是企业的一种费用，会增加企业的现金流出，企业无不希望减少税务负担，因此进行合法的税收筹划是企业财务管理工作的重要职责。

三、金融环境

金融环境是指一个国家在一定的金融体制和制度下，影响经济主体活动的各种要素的集合，包括金融机构、金融工具、金融市场、利率等。

(一) 金融机构

金融机构是指从事金融服务业有关的金融中介机构，是金融体系的一部分。金融服务业包括银行、证券、保险、信托、基金等行业，与此相应，金融中介机构也包括银行、证券公司、保险公司、信托投资公司和基金管理公司等。按照不同的标准，金融机构可划分为不同的类型。

(1) 按照地位和功能划分，可以分为四大类。

① 中央银行，即中国人民银行，简称央行或人行，是中华人民共和国的中央银行，为国务院组成部门，在国务院领导下制定和执行货币政策，防范和化解金融风险，维护金融稳定。

② 银行金融机构，包括政策性银行、国有大型银行、股份制商业银行、城市商业银行及农村商业银行等。政策性银行包括国家开发银行、中国进出口银行和中国农业发展银行。国有大型商业银行包括中国工商银行、中国农业银行、中国建设银行、中国银行、交通银行及中国邮政储蓄银行，通常称"国有六大行"。在我国，全国性股份制商业银行现有 12 家，分别为招商银行、浦发银行、中信银行、中国光大银行、华夏银行、中国民生银行、广发银行、兴业银行、平安银行、浙商银行、恒丰银行、渤海银行。股份制商业银行已经成为我国商业银行体系中一支富有活力的生力军，成为银行业乃至国民经济发展不可缺少的重要组成部分。农村商业银行由农村信用社转型而来，城市商业银行一般由 20 世纪 80 年代成立的城市信用社转型而来，其历史沿革与农村商业银行相似。城市商业银行的业务优势在于靠近本地、审批流程短、机制

灵活。在地方政府的支持下，许多城市商业银行不仅在当地取得了长足的进步，而且在不同的地方开设了分行。而中国银行保险监督管理委员会(简称银保监会)，则负责对全国银行业金融机构及其业务活动进行监督管理。

③ 非银行金融机构，主要包括国有及股份制的保险公司、证券公司(投资银行)、财务公司、第三方理财公司等。

④ 在中国境内开办的外资、侨资、中外合资金融机构。

(2) 按照金融机构的管理地位划分，可分为金融监管机构和接受监管的金融企业。金融监管机构是根据法律规定对一国的金融体系进行监督管理的机构，其职责包括按照规定监督管理金融市场，发布有关金融监督管理和业务的命令及规章，监督管理金融机构的合法合规运作等。截至目前，我国的金融监管机构包括"一行两会"，即中国人民银行、银保监会和证监会。2018年4月8日，中国银行保险监督管理委员会正式挂牌，从而取消了之前的银行业监督管理委员会及中国保险监督管理委员会。除金融监管机构外，其他的所有银行、证券公司和保险公司等金融企业都必须接受银保监会的监督和管理。

(3) 按照是否能够接受公众存款划分，可分为存款性金融机构和非存款性金融机构。存款性金融机构主要通过存款形式向公众举债而获得资金来源，如商业银行、储蓄贷款协会、合作储蓄银行和信用合作社等。非存款性金融机构则不得吸收公众的储蓄存款，如保险公司、信托金融机构、政策性银行，以及各类证券公司、财务公司等。

(4) 按照是否担负国家政策性融资任务划分，可分为政策性金融机构和非政策性金融机构。政策性金融机构是指由政府投资创办、按照政府意图与计划从事金融活动的机构，非政策性金融机构则不承担国家的政策性融资任务。

(5) 其他分类方法。如按照出资的国别属性划分，可分为内资金融机构、外资金融机构和合资金融机构；按照所属的国家划分，可分为本国金融机构、外国金融机构和国际金融机构。

(二) 金融工具

金融工具是指在金融市场中可交易的金融资产，是用来证明贷者与借者之间融通货币余缺的书面证明，其最基本的要素为支付的金额与支付条件。金融工具的实质依旧是资金交易的手段，包括各种债券、股票、票据、可转让存单、借款合同、期货、保单等。因其在金融市场可以自由买卖，并且是可以证明产权和债权债务关系的法律凭证，所以又可称为金融产品、金融资产或有价证券。

国际会计准则委员会第32号准则对金融工具定义为，金融工具是指能对一家企业产生金融资产，同时又能对另一家企业产生金融负债或权益工具的任何合约。这一定义将基本金融工具包括在内，但更侧重于表达衍生工具的特征。第32号准则对定义中的金融资产、金融负债和权益工作做了列举说明。金融工具指在信用活动中产生的，能够证明债权债务关系并据以进行货币资金交易的合法凭证，对于债权债务双方所应承担的义务和享有的权利均具有法律效力。

(1) 金融资产泛指以下任何一类资产：①现金；②合约规定的从另一个企业收到现金或其他金融资产的权利；③合约规定的潜在有利条件下，与另一个企业交换金融工具的权利；④另一个企业的权益工具。

(2) 金融负债泛指以下任何一项负债：①合约规定的转移现金或其他金融资产给另一个企业的义务；②合约规定的不利条件下，与另一个企业交换金融工具的义务。

(3) 权益工具表示对企业资产抵消相关负债后的净资产权利的合约。

美国财务会计准则委员会颁布的第 105 号财务准则公告(SAS105)指出,金融工具包括现金、在另一个企业的所有权益,以及以下两种合约:①某一个体向其他个体转交现金或其他金融工具,或在潜在的不利条件下与其他个体交换金融工具的合约规定的义务;②某一个体从另一个个体收到现金或其他金融工具的合约规定的权利。

(三) 金融市场

1. 金融市场的含义

金融市场是指资金供应者和资金需求者双方通过信用工具进行交易而融通资金的市场。金融市场的功能是实现货币借贷和资金融通、办理各种票据和有价证券交易活动。金融市场可以视作资金融通的市场,各种金融工具可在金融市场上交易。在经济运行过程中,资金供求双方运用各种金融工具调节资金盈余,便是资金融通,简称融资,一般分为直接融资和间接融资。直接融资是指资金供求双方直接进行资金融通的活动,也就是资金需求者直接通过金融市场向社会上有资金盈余的机构和个人筹资。与此对应,间接融资则是指通过银行所进行的资金融通活动,也就是资金需求者采取向银行等金融中介机构申请贷款的方式筹资。

金融市场的构成十分复杂,它是由许多不同的市场组成的一个庞大体系。一般情况下,根据金融市场上交易工具的期限,将金融市场分为货币市场和资本市场两大类。货币市场是融通短期资金即一年以内资金的市场,资本市场是融通长期资金即一年以上资金的市场。货币市场和资本市场又包括若干不同的子市场,货币市场包括金融同业拆借市场、回购协议市场、商业票据市场、银行承兑汇票市场、短期政府债券市场和大面额可转让存单市场等;资本市场包括中长期信贷市场和证券市场。中长期信贷市场是金融机构与工商企业之间的贷款市场;证券市场是通过证券的发行与交易进行融资的市场,包括债券市场、股票市场、基金市场、保险市场、融资租赁市场等。

一个完备的金融市场,应包括三个基本要素:①资金供应者和资金需求者,包括政府、金融机构、企事业单位、居民、外商等,既能向金融市场提供资金,也能从金融市场筹措资金,是金融市场得以形成和发展的一项基本因素;②信用工具(金融工具),它是借贷资本在金融市场上交易的对象,如各种债券、股票、票据、可转让存单、借款合同、抵押契约等,是金融市场上实现投资、融资活动必须依赖的标的;③信用中介,它是指一些充当资金供求双方的中介人,起着联系、媒介和代客买卖作用的机构,如银行、投资公司、证券交易所、证券商和经纪人等。

2. 金融市场的分类

1) 按地理范围分类

按地理范围分类,金融市场可以分为国际金融市场和国内金融市场两类。国际金融市场由经营国际货币业务的金融机构组成,其经营内容包括资金借贷、外汇买卖、证券买卖、资金交易等。国内金融市场由国内金融机构组成,可以办理各种货币、证券业务活动。国内金融市场又分为城市金融市场和农村金融市场,或者分为全国性、区域性、地方性的金融市场。

2) 按经营场所分类

按经营场所分类,金融市场可以分为有形金融市场和无形金融市场。有形金融市场指有固定场所和操作设施的金融市场。无形金融市场指以营运网络形式存在的市场，通过互联网等通信技术达成交易。

3) 按融资交易期限分类

按融资交易期限分类，金融市场可以分为长期资金市场和短期资金市场。短期资金市场又称资本市场，主要提供一年以上的中长期资金，如股票、长期债券的发行与流通。短期资金市场又称货币市场，指一年以下的短期资金的融通市场，如同业拆借、票据贴现、短期债券及可转让存单的买卖。

4) 按交易性质分类

按交易性质分类，金融市场可以分为发行市场和流通市场。发行市场也称一级市场，是新证券发行的市场。流通市场也称二级市场，是已经发行、处于流通中的证券的买卖市场。

5) 按交易对象分类

按交易对象分类，金融市场可以分为拆借市场、贴现市场、大额定期存单市场、证券市场、外汇市场、黄金市场和保险市场。

6) 按交割期限分类

按交割期限分类，金融市场可以分为金融现货市场和金融期货市场。金融现货市场指融资活动成交后立即付款交割，金融期货市场指投融活动成交后按合约规定在指定日期付款交割。

7) 按交易标的物分类

按交易标的物分类，金融市场可以分为货币市场、资本市场、金融衍生品市场、外汇市场、保险市场、黄金及其他投资品市场。

按照上述各内在联系对金融市场进行科学、系统的划分，是进行金融市场有效管理的基础。

(四) 利率

1. 利率的含义

一定时期内利息额与借贷资金额即本金的比率称为利率。利率是决定企业资金成本高低的主要因素，同时也是企业筹资、投资的决定性因素，对金融环境的研究必须注意利率现状及其变动趋势。利率通常用百分比表示，按年计算则称为年利率。

2. 利率的影响因素

1) 社会平均利润率水平

社会主义市场经济中，利息仍为平均利润的一部分，因而利率也是由平均利润率决定的。根据中国经济发展现状与改革实践经验，一般认为，利率的总水平要适应大多数企业的负担能力，利率总水平太高大多数企业承受不了，太低则不能发挥利率的杠杆作用。利率杠杆是通过调整利率，影响货币资金供求流向，从而对国民经济进行调节的一种手段。

2) 资金供求状况

一般来说，当借贷资本供不应求时，借贷双方的竞争结果将促进利率上升；相反，当借贷资本供过于求时，竞争的结果必然导致利率下降。在市场经济条件下，由于利率是金融市场上商品的"价格"，与其他商品的价格一样受供求规律的制约，因此资金供求状况也会影响利率的高低。

3) 通货膨胀

从事经营货币资金的银行，必须让其吸收所存款的名义利率和贷款的名义利率均适应物价上涨的幅度。

4) 国际经济环境

随着经济全球化，我国与其他国家的经济联系日益密切，利率也不可避免地受国际经济因素的影响，主要有国家间资金的流动、国际商品竞争、利用外资政策、国家的外汇储备量等因素。

5) 政策性因素

1978 年以后，政府对一些部门、企业实行差别利率，体现出政策性的引导或政策性的限制。可见，在我国社会主义市场经济中，利率不是完全随着信贷资金的供求状况自由波动的，它还取决于国家调节经济的需要，并受国家的控制和调节。

3. 利率分类

1) 单利和复利

根据计算方法的不同，利率分为单利和复利。单利是指在借贷期限内，只根据本金计算利息，对本金所产生的利息不再另外计算利息。复利是指在借贷期限内，除了根据本金计算利息外，还要把本金所产生的利息重新计入本金并重复计算利息，俗称利滚利。

2) 名义利率和实际利率

根据与通货膨胀的关系，利率分为名义利率和实际利率。

名义利率是指没有剔除通货膨胀因素的利率，也就是借款合同或单据上标明的利率。实际利率是指剔除通货膨胀因素后的利率。

3) 官定利率、公定利率和市场利率

根据确定方式的不同，利率分为官定利率、公定利率和市场利率。官定利率是指由政府金融管理部门或者中央银行确定的利率。公定利率是指由金融机构或银行业协会按照协商办法确定的利率，这种利率标准只适用于参加该协会的金融机构，对其他机构不具有约束力，利率标准也通常介于官定利率和市场利率之间。市场利率是指根据市场资金借贷关系紧张程度所确定的利率。

4) 一般利率和优惠利率

根据国家政策意向的不同，利率分为一般利率和优惠利率。一般利率是指不享受任何优惠条件的利率，优惠利率是指对某些部门、行业、个人所制定的利率优惠政策。

5) 存款利率和贷款利率

根据银行业务要求的不同，利率分为存款利率和贷款利率。存款利率是指在金融机构存款所获得的利息与本金的比率，贷款利率是指从金融机构贷款所支付的利息与本金的比率。

6) 固定利率和浮动利率

根据与市场利率的供求关系，利率分为固定利率和浮动利率。固定利率是指在借贷期内不变的利率，在通货膨胀时，会使债权人的利益受到伤害。浮动利率是指在借贷期内会进行调整的利率，在通货膨胀时，会使债权人减少损失。

7) 基准利率和套算利率

根据利率之间的变动关系，利率分为基准利率和套算利率。基准利率是在多种利率并存的条件下起决定作用的利率，我国的基准利率是指中国人民银行对商业银行贷款的利率，西方国家的基准利率是指中央银行的再贴现率。套算利率是各金融机构根据基准利率和自己的特点换算出来的利率。

4. 利率的构成

在金融市场上,利率是资金使用权的价格,即在金融市场上购买资金的价格,由资金供需双方所决定。利率的一般计算公式为

利率=纯利率+通货膨胀补偿率+变现能力附加率+风险收益率

(1) 纯利率是指在没有风险和通货膨胀情况下的均衡点利率。

(2) 通货膨胀补偿率是指由于持续的通货膨胀会不断降低货币的实际购买力,为补偿其购买力损失而要求提高的利率。

(3) 变现能力附加率是指投资者在投资变现力较低的证券时所要求的额外报酬,目的是补偿证券到期时变现所遭受的损失。变现能力附加率的大小主要取决于各种证券的风险大小。各种有价证券的变现能力是不同的,例如,政府公债和大公司的债券易被公众接受,投资人随时可以出售以便收回投资,变现能力较强;而一些小企业的债券鲜为人知,相对不容易变现,投资人会要求较高的变现能力附加率。

(4) 风险收益率包括违约风险收益率、流动性风险收益率和期限风险收益率。其中,违约风险收益率是指为了弥补因债务人无法按时还本付息而带来的风险,由债权人要求提高的利率;流动性风险收益率是指为了弥补因债的流动性不好而带来的风险,由债权人要求提高的利率;期限风险收益率是指为了弥补因偿债期长而带来的风险,由债权人要求提高的利率。

> **思考**
> 请根据当前金融市场的现状和特点,思考金融市场是如何影响企业的财务管理行为的。

四、技术环境

财务管理的技术环境是指财务管理得以实现的技术手段和技术条件,它决定着财务管理的效率和效果。财务管理的基石是会计系统所提供的会计信息。而如何更精确、更高效、更全面地将会计信息提供给企业高层决策使用,或者给外部的投资者、债权人等提供服务,则必须依靠当下的技术环境条件。

目前,我国财务管理的技术环境已经开始向大数据化、智能化、科学化方向发展,会计信息化工作进展良好,基本实现了大型企事业单位会计信息化与经营管理信息化的融合,进一步提升了企事业单位的管理水平和风险防范能力。随着大数据、云计算、区块链等高新技术的发展和普及,越来越多的企业开始运用现代信息技术手段来进行大数据挖掘、分析整理财务管理方面的内容。国内外大型会计师事务所也已经采用信息化手段(如财务机器人)对客户的财务报告和内部控制信息进行审计,进一步提升了审计工作的质量和效率。应用财务机器人方案及智能软件完成原本由人工执行的重复性任务和工作流程,无须改变现有应用系统或技术,便可使原先那些耗时长、操作重复性强的手工作业,以更低的成本和更快的速度实现自动化。政府会计管理和会计监督也进一步信息化、智能化,这将大幅提升其会计管理水平和监管效能。

本 章 小 结

财务管理基于再生产过程中客观存在的财务活动和财务关系产生，是企业组织财务活动、处理与各方面财务关系的经济管理行为。它通过资金运动和价值形态管理，贯穿于企业经营的全过程。

财务管理大致经历了以下四个主要阶段：融资财务管理阶段、内部决策财务管理阶段、投资财务管理阶段和财务管理深化发展阶段。

财务管理的特点包括涉及面广、综合性强、反馈速度快。

财务活动是指企业资金的筹集、投放、使用、收入、分配等一系列行为，具体包括筹资活动、投资活动、营运活动和分配活动等一系列活动。

财务活动的作用包括：是企业生产经营活动的基础；可以体现出企业生产经营状况；可以影响国家财政状况。

企业财务关系是指企业在组织财务活动的过程中与各有关方面发生的经济关系。具体来说，与投资者是经营权与所有权的关系；与债权人是债务与债权的关系；与受资者是权利与义务的关系；与其债务人是债权与债务的关系；与政府是强制性分配关系；与企业内部是内部结算关系；与供应商和客户是分工协作关系。

财务管理环节包括财务预测、财务决策、财务计划、财务控制和财务分析五大环节。

企业财务管理目标是指企业通过融资和投资等活动所要达到的根本目的。财务管理的总体目标包括利润最大化、股东财富最大化、企业价值最大化和相关者利益最大化。

对企业财务管理影响最大的环境包括经济环境、法律环境、金融环境和技术环境。

课 后 习 题

一、单项选择题

1. 财务管理是企业组织财务活动，处理与各方面(　　　)的一项经济管理工作。

    A. 筹资关系   B. 投资关系

    C. 分配关系   D. 财务关系

2. 企业与政府的财务关系体现为(　　　)。

    A. 债权债务关系   B. 强制分配关系

    C. 资金结算关系   D. 分工与协作关系

3. 下列各项中，体现债权与债务关系的是(　　　)。

    A. 企业与债务人之间的财务关系

    B. 企业与受资者之间的财务关系

    C. 企业与债权人之间的财务关系

    D. 企业与政府之间的财务关系

4. 在协调企业所有者与经营者的关系时，通过所有者来约束经营者的方法是(　　)。
　　A. 解聘　　　　　　　　　　　　B. 接受
　　C. 激励　　　　　　　　　　　　D. 限制性借款

5. (　　)是指根据财务活动的历史资料，考虑现实的要求和条件，对企业未来的财务活动和财务成果做出科学的预计和测算。
　　A. 财务预测　　　　　　　　　　B. 财务预算
　　C. 财务决策　　　　　　　　　　D. 财务控制

6. 下列各项中，不属于财务管理活动的是(　　)。
　　A. 投资管理活动　　　　　　　　B. 筹资管理活动
　　C. 人力资源管理活动　　　　　　D. 利润分配活动

7. 企业价值最大化目标的优点不包括(　　)。
　　A. 考虑了资金的时间价值
　　B. 有利于克服管理上的片面性和短视行为
　　C. 有利于社会资源的合理配置
　　D. 具有一定的主观性

8. 影响企业财务管理的经济环境因素不包括(　　)。
　　A. 企业组织形式　　　　　　　　B. 经济周期
　　C. 经济发展状况　　　　　　　　D. 经济政策

9. 下列各项中，属于企业资金营运活动的是(　　)。
　　A. 管理应收账款　　　　　　　　B. 购入固定资产
　　C. 向银行贷款　　　　　　　　　D. 新增投资款

10. 独资企业所有者用于承担企业财务风险的财产是(　　)。
　　A. 注册资本　　　　　　　　　　B. 法定资本
　　C. 个人全部财产　　　　　　　　D. 实际投入资本

二、多项选择题

1. 财务管理的目标主要有(　　)。
　　A. 产值最大化　　　　　　　　　B. 利润最大化
　　C. 股东财富最大化　　　　　　　D. 企业价值最大化

2. 下列关于经济周期中企业财务管理策略的说法中，正确的是(　　)。
　　A. 在经济复苏期和繁荣期，企业都应当增加厂房设备
　　B. 在经济繁荣期，企业应减少劳动力，以实现更多利润
　　C. 在经济衰退期，企业应继续扩张，以期获得更多的收益
　　D. 在经济萧条期，企业应裁减雇员

3. 影响企业财务活动的外部财务环境包括(　　)。
　　A. 自然环境　　　　　　　　　　B. 经济环境
　　C. 技术环境　　　　　　　　　　D. 国际环境

4. 财务预测的作用主要表现在( )。

    A. 是财务决策的基础   B. 是编制财务计划的前提

    C. 是财务管理的核心   D. 是编制财务计划的依据

5. 企业利润最大化目标的缺点是( )。

    A. 没有考虑资金的时间价值

    B. 没有考虑风险因素

    C. 没有反映创造的利润与投入资本之间的关系

    D. 会导致企业的短期行为

6. 企业通过筹资形成的不同性质的资金来源是( )。

    A. 流动资金   B. 存货资金

    C. 债务资金   D. 权益资金

7. 所有者与债权人的矛盾冲突主要表现在( )。

    A. 改变借款的用途

    B. 要求得到更多的享受成本

    C. 不尽最大努力实现企业价值的最大化

    D. 不征得同意发行更多的新债

8. 下列经济行为中,属于企业财务活动的有( )。

    A. 筹集投资活动   B. 利润分配活动

    C. 资金营运活动   D. 员工娱乐活动

9. 下列各项中,属于资本市场特点的是( )。

    A. 交易期限短   B. 收益较高

    C. 流动性好   D. 价格变动幅度大

10. 下列各项中,属于财务管理内容的是( )。

    A. 股利分配   B. 存货管理

    C. 财务决策   D. 财务预算

三、判断题

1. 财务管理环境是指对企业财务活动和财务管理产生影响作用的企业各种外部条件的统称。( )

2. 从财务管理者的角度来看,企业的价值就是其账面资产的总价值。( )

3. 公司治理结构和治理机制的有效实现离不开财务监控,公司治理结构中的每一个层次都有监控的职能,从监控的实务来看,最终要将其归结为财务评价。( )

4. 国库券的风险很小,通常用短期国库券的利率表示无风险报酬率(纯利率+通货膨胀补偿率),如果通货膨胀水平极低,则可以用短期国库券利率作为纯利率(资金时间价值)。( )

5. 期限风险收益率是指为了弥补因债务人无法按期还本付息而带来的风险,由债权人要求提高的利率。( )

6. 协调相关利益群体的利益冲突就是为了使相关利益群体的利益分配在数量上达到动态平衡。　　　　　　　　　　　　　　　　　　　　　　　　　　　（　　）

7. 在通货膨胀条件下，采用固定利率可使债权人减少损失。　　　　（　　）

8. 资金的利率通常由三部分组成：纯利率、通货膨胀补偿率和风险收益率。（　　）

9. 金融市场的利率受通货膨胀的影响，随着通货膨胀的起伏不定而起落。（　　）

10. 资本主义萌芽时期已经形成独立的财务管理职能部门。　　　　　（　　）

第二章

财务管理的价值观念

【导读】

货币的时间价值基于一个观念，即今天你手中的一张 100 元纸币要比未来某一时刻你手中的一张 100 元纸币更有价值。任何企业的财务活动都是在特定的时间内进行的，离开了时间因素，就无法正确计算不同时期的财务收支。而未来资金具有不确定性，这将导致企业未来获取资金具有风险。因此，衡量不同时刻点上的资金时间价值与投资风险，是财务决策的基本依据。

【学习重点】

掌握货币时间价值的概念和相关计算方法；掌握风险报酬的概念，以及标准差和标准差系数的计算方法。

【学习难点】

在掌握与风险有关的基本理论的基础上，对风险与报酬的关系进行更好的把握和理解，根据现实情况提出合理的风险防范和规避措施。

【教学建议】

第一节以讲授为主，第二节建议结合案例进行教学，引导学生查阅资料，结合真实案例进行情景教学。

第一节　货币时间价值

社会资源会随着经济和社会的发展而被消耗，利用现在的社会资源可以创造出未来的物质和文化产品，进而构成未来的社会财富。由于社会资源具有稀缺性特征，又能够带来更多的社会产品，所以当前物品的效用要高于未来物品的效用。在货币经济条件下，货币是商品的价值体现，当前的货币用于支配当前的商品，未来的货币用于支配未来的商品，所以当前货币的价值自然高于未来货币的价值。

换言之，货币的时间价值是放弃现在消费的回报。即如果有两个选择，一个是现在得到 100 元钱，另一个是一年后得到 100 元钱，那肯定选择现在，因为一年中会有种种不确定风险导致一年后有可能得不到这 100 元钱。换种思路，投资 100 元钱，投资者就失去了现在使用或消费这 100 元钱的机会或权利，按时间计算的这种付出的代价或投资报酬，就叫作时间价值(time value)。而这种回报在实务中通常用市场利率来反映，它也是衡量货币时间价值的标准。货币的时间价值是现代金融和经济领域中最重要的原则之一。

一、货币时间价值概述

(一) 货币时间价值的概念

货币时间价值(time value of money)是指货币经历一定时间的投资和再投资所增加的价值，也称资金时间价值。在商品经济中，货币的时间价值是客观存在的。两笔发生在不同时期的等额资金，经过一段时间之后，其价值量是不相等的，会随着时间形成价值的增值。这种价值的增值有多种理解形式。

资金投入经营后，劳动者会生产出新的产品，创造出新的价值，产品销售以后得到的收入要大于原来投入的资金额，形成资金的增值。如果将一笔钱存入银行，一年后会得到一笔多出本金的利息，形成资金的增值。这些利息现在的价值就是这笔钱价值增值的表现形式，而银行利率的高低则反映了资金时间价值增值的快慢。越早将资金投入生产经营或存入银行，就能越早得到增值报酬，也就是说，早一天投入就能多拿一天的报酬。若投资者放弃投资，而将资金存入银行，那一定是投资的收益小于该笔资金放入银行所得到的利息收益，货币在市场流通的速度变低，因此银行利率是重要的金融杠杆。所以，货币的时间价值是衡量企业经济效益、考核经营成果的重要依据，只要货币在流通，货币的时间价值就存在。

需要注意的是，只有把货币作为资本投入经营过程才能产生时间价值，并非所有货币都具有时间价值。例如，将 100 元钱埋入地下，而不是消费或投资出去，是得不到报酬的。只有将资金投入生产经营，才能创造剩余价值，实现资金的增值。资金时间价值是资金所有者让渡资金使用权而参与社会财富分配的一种形式。在一定条件下，资金的使用时间越长，意味着资金所代表的生产资料与劳动结合的时间越长，带来的资金增值额就越多，资金的时间价值也就越高。因此，货币具有时间价值的前提条件是货币作为资本投入生产和流通。

此外，货币的时间价值不等同于货币通货膨胀的增值。通常意义上我们的理解是，过去的 100 元买到的货物肯定比现在的 100 元买到的要多，这是因为还有通货膨胀。我们所看到的这 100 元所带来的价值增值部分，不仅包括通货膨胀，还包括货币随着时间推移所带来的价值增值。总而言之，货币在经营过程中产生的报酬不仅包括时间价值，还包括货币资金提供者要求的风险报酬和通货膨胀补偿。所有的经营都不可避免地具有风险，而投资者承担风险也要获得相应的报酬。除此之外，通货膨胀也会影响货币的实际购买力。通常情况下，只有当所获得的投资收益大于或等于银行利息收入时，公司才会进行投资活动，否则宁愿把资金存在银行中，也不愿进行有一定风险的投资活动。因此，企业投资所期待的所有报酬，应该是货币时间价值的增值与风险报酬和通货膨胀增值之和。所以，时间价值是扣除风险报酬和通货膨胀补偿之后货币的真实报酬率。

(二) 货币时间价值的表现形式

从量的规定性来看，货币时间价值有两种表现形式：相对数(时间价值率)和绝对数(时间价值额)。

相对数形式是指扣除风险报酬率和通货膨胀补贴后的社会平均资金利润率或平均报酬率，用百分数表现。这里的社会平均资金利润率是指在没有风险和没有通货膨胀情况下的利率，通常用国债利率表示。在实际工作中，人们习惯使用相对数表示货币的时间价值。

绝对数形式是指资金在生产经营过程中带来的增值额，也就是一定数额的资金与时间价值率的乘积。将 100 元存入银行，在年利率为 10% 的情况下，一年后收到 110 元。多得到的这 10 元利息，就是资金时间价值的绝对数形式；而 10% 在不考虑风险和通货膨胀的前提下，就可以看作资金时间价值的相对数表现形式。

(三) 现金流量时间线

现金流量时间线可以直观便捷地反映资金流动的时间和方向，是理解资金时间价值运动的重要工具。由于货币时间价值的客观存在，不同时间点的等额现金流换算到当前的实际价值是不一样的。在计算资金时间价值时，往往借助于现金流量图来分析现金流入和流出的情况。现金流量时间线是在时间坐标轴上，用带箭头的短线条表示企业资金活动规律的图形。其中流入为正(即收入)，在现金流量时间标尺上方画向上的箭头；流出为负(即支出)，在标尺下方画向下的箭头。横轴上的坐标代表各个时刻点，如图 2-1 所示。

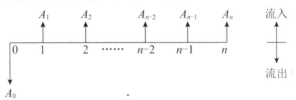

图 2-1　现金流量示意图

在图 2-1 中，横轴表示时间轴，箭头从左至右表示时间的增加。横轴上的坐标代表各个时刻点，$t=0$ 表示现在；$t=1$，$t=2$……分别表示从现在开始的第 1 期期末、第 2 期期末……以此类推。

在图 2-1 中假设现金流量时间线表示在 $t=0$ 时刻有 1 000 单位的现金流出，在 $t=1$，$t=2$，……，$t=n$ 时刻各有 100 单位的现金流入。将某一时刻点上的资金沿着时间线往前推移就是贴现(折现)，如把 100 元从 n 点推算到 0 点的价值。反之，将某一时刻点上的资金沿着时间线往后推移就是计息，如把 1 000 元从 0 点推算到 $t=1$ 点的价值。现金流量时间线可以帮助我们直观地计算货币时间价值。

二、货币时间价值的计算

通过现金流量时间线可以直观地看出，在不同时刻点上的等额现金，其价值是不相等的。所以，不同时刻点的货币不能简单地直接进行计算，需要把它们折算到相同的时间点上，然后才能进行大小的比较。这种折算到相同时刻点的计算方法，需要引入货币现值和终值的概念。

(一) 现值终值

现值(present value)又称本金，即现在的价值，是指未来某一时点上一定数额的资金折合成现在的价值。也可理解为，未来的现金流量在今日的价值。现值的原理，如图 2-2 所示。

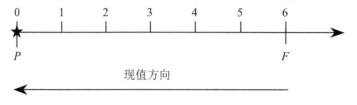

图 2-2　现值示意图

终值(future value)又称本利和，是指今天的资金经过若干时期后包括本金和时间价值在内的未来价值。换言之，即今日的现金流量在未来的价值。终值的原理，如图 2-3 所示。

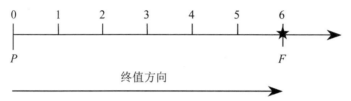

图 2-3　终值示意图

现值与终值是一定数额的资金在前后两个时点上对应的价值，其差额就是货币时间价值。由终值求现值称为折现，折算时使用的利率称为折现率。

在现实生活中，计算利息时的本金、本利和相当于货币时间价值理论中的现值、终值。通常有单利终值与现值、复利终值与现值、年金终值与现值。为了计算方便，在货币时间价值的计算中，假定有关字母的含义如下：F——终值，即本利和；P——现值，即本金；I——利息；i——利率(或折现率)；n——计息期数。

(二) 单利

单利是指计算利息时只按本金计算利息，其所生利息均不再计入本金重复计算利息，即本金生息，利息不生息。目前，我国银行存款一般都采用单利的方式计算利息。

单利利息的计算公式为

$$I = P \times i \times n$$

【例 2-1】将 1 000 元现金存入银行，假设利率为 10%，3 年后的利息为多少？

利息=本金×利率×计息期数=1 000×10%×3=300(元)

1. 单利终值

单利终值是指现在一定数量的资金按单利计算的未来价值，也就是按单利计算出来的本金与未来利息之和。其计算公式为

$$F = P + I = P + P \times i \times n = P(1 + i \times n)$$

【例2-2】将1 000元现金存入银行，假设利率为10%，单利计息，1年后、2年后、3年后的终值分别是多少？

1年后的终值=1 000×(1+10%)=1 100(元)

2年后的终值=1 000×(1+10%×2)=1 200(元)

3年后的终值=1 000×(1+10%×3)=1 300(元)

2. 单利现值

单利现值是指未来某一时点上一定数量的资金按照单利计息折合成现在的价值。其计算公式为

$$P = \frac{F}{1+i\times n}$$

【例2-3】假设银行存款利率为10%，为了在3年后获得1 000元现金，现在应存入银行多少钱？

$$P = \frac{F}{1+i\times n} = 1\ 000/(1+10\%\times3) = 769.23(元)$$

(三) 复利

复利是计算利息的一种方法，即每经过一个计息期，将所发生的利息加入本金再计利息，逐期滚算，俗称利滚利，也就是本金生息，利息也生息。其中，计息期是指相邻两次计息的时间间隔。复利的概念充分体现了货币时间价值的含义，因为货币是可以再投资的。在讨论货币的时间价值时，一般按复利计算。

1. 复利终值

复利终值是指一定数量的本金按照复利的方法，将每一期的利息加入本金计算下一期的本金和利息，最后计算未来若干期之后所具有的价值。复利终值的原理，如图2-4所示。

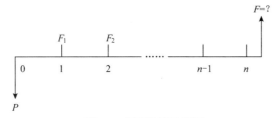

图2-4　复利终值示意图

在图2-4中，P为0时刻点即现在的现金，年利率为i，如果存入银行每年计息一次，则n年后的本利和F就是复利终值。计算过程如下：

1年后的终值为

$$F_1 = P + P\times i = P\times(1+i)$$

2年后的终值为

$$F_2 = F_1 + F_1\times i = F_1\times(1+i) = P\times(1+i)(1+i) = P\times(1+i)^2$$

由此可以推出，n 年后复利终值的计算公式为

$$F = P \times (1 + i)^n$$

式中，$(1+i)^n$ 叫作复利终值系数(future value interest factor，FVIF)，记为(F/P，i，n)或 $FVIF_{i, n}$。因此，复利终值的计算公式也可以表述为

$$F = P \times (F/P，i，n) = P \times FVIF_{i, n}$$

即

$$复利终值 = 现值 \times 复利终值系数$$

在财务工作中，经常会用到复利终值系数，所以专门编制了复利终值系数表(见附录A)以便查询。

【例2-4】将1 000元现金存入银行，假设利率为10%，复利计息，一年后、两年后、三年后的终值分别是多少？

1 年后的终值 = 1 000×(1+10%) = 1 100(元)

2 年后的终值 = 1 000×(1+10%)^2 = 1 210(元)

3 年后的终值 = 1 000×(1+10%)^3 = 1 331(元)

如果利用复利终值系数查表法，也可得到同样的答案，计算也变得更加简单。例如，3 年后的终值可通过查表 2-1 得到：

$$F = P \times (F/P，10\%，3) = 1\ 000 \times 1.331\ 0 = 1\ 331(元)$$

表 2-1 是复利终值系数表的一部分。查找方式为：先在利率这一行寻找 10%，再在期数这一列寻找 3，它们的交叉点数字 1.331 0 即为(F/P，10%，3)的终值系数。

表2-1 复利终值系数表(节选)

期数	利率				
	6%	7%	8%	9%	10%
1	1.060 0	1.070 0	1.080 0	1.090 0	1.100 0
2	1.123 6	1.144 9	1.166 4	1.188 1	1.210 0
3	1.191 0	1.225 0	1.259 7	1.295 0	1.331 0
4	1.262 5	1.310 8	1.360 5	1.411 6	1.464 1

2. 复利现值

复利现值是指未来一定时间的特定资金按复利计算的现在价值，即为取得未来一定本利和现在所需要的本金。复利现值的原理，如图 2-5 所示。

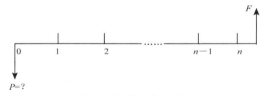

图 2-5 复利现值示意图

在图 2-5 中，F 为 n 年后的资金数量，按照年利率为 i 的复利折算现在 0 点 P 的价值。由复利终值的公式可推导出，复利现值的计算公式为

$$P = F/(1+i)^n = F(1+i)^{-n}$$

可以看出，现值系数与终值系数互为倒数。式中，$(1+i)^{-n}$ 叫作复利现值系数(present value interest factor，PVIF)，记为$(P/F, i, n)$或 $\text{PVIF}_{i, n}$，该数值也可查复利现值系数表(见附录 B)得到。因此复利现值的计算公式也可以表述为

$$P = F \times (P/F, i, n) = F \times \text{PVIF}_{i, n}$$

即

$$复利现值 = 终值 \times 复利现值系数$$

【例 2-5】某人计划 10 年后送孩子出国留学，需要 200 万元。若银行利率为 5%，他现在至少需要存入多少钱？

$$P = F/(1+i)^n = 200/(1+5\%)^{10} = 122.78 \,(万元)$$

为了简化计算，也可查复利现值系数直接计算。查表 2-2 得到：

$$P = F \times (P/F, i, n) = 200 \times 0.613\,9 = 122.78\,(万元)$$

表 2-2　复利现值系数表(节选)

期数	利率				
	1%	2%	3%	4%	5%
8	0.923 5	0.853 5	0.789 4	0.730 7	0.676 8
9	0.914 3	0.836 8	0.766 4	0.702 6	0.644 6
10	0.905 3	0.820 3	0.744 1	0.675 6	0.613 9
11	0.896 3	0.804 3	0.722 4	0.649 6	0.584 7

表 2-2 为复利现值系数表的一部分。查找方式为：先在利率这一行寻找 5%，再在期数这一列寻找 10，找到它们的交叉点数字为 0.613 9，即为$(P/F, 5\%, 10)$的现值系数。

3. 复利利息

复利利息是指资金按照复利计息的方法，在一定利率下，若干年后所计算的全部利息。也可理解为，现值到终值的差额。

本金 P 的 n 期复利利息计算公式为

$$I = F - P$$

【例 2-6】若希望公司现在贷款 10 000 元，利率为 3%，每年复利一次，5 年后其复利利息应共付多少？

$$I = F - P = 10\,000 \times (1+3\%)^5 - 10\,000 = 11\,593 - 10\,000 = 1\,593\,(元)$$

复利的魅力

曾经有人问过爱因斯坦："世界上最强大的力量是什么？"他的回答不是原子弹爆炸的威力，而是"复利"。著名的罗斯柴尔德金融帝国创立人梅尔，更是夸张地称复利是世界上第八大奇迹。

诺贝尔基金会成立于1896年，由诺贝尔捐献980万美元建立。基金会成立初期，章程中明确规定这笔资金被限制只能投资在银行存款与公债上，不允许用于有风险的投资。

随着每年奖金的发放与基金会运作的开销，历经50多年后，诺贝尔基金的资产流失了近2/3，到了1953年，该基金会的资产只剩下300万美元。而且因为通货膨胀，300万美元只相当于1896年的30万美元，原定的奖金数额显得越来越可怜，眼看着诺贝尔基金就要走向破产。

诺贝尔基金会的理事们于是求教麦肯锡，将仅有的300万美元银行存款转成资本，聘请专业人员投资股票和房地产。新的理财观一举扭转了整个诺贝尔基金的命运，基金不但没有再减少过，而且到了2005年，基金总资产还增长至5.41亿美元。从1901年至今的100多年里，诺奖发放的奖金总额早已远远超过诺贝尔的遗产。诺贝尔基金会长线投资的历史，追求复利收益的历史，伴随着人类的各种天灾人祸和战争，可是一路走来，长线仍有可观的复利收益。估算可知，从1953年到现在，诺贝尔基金始终发不完，不仅由于它随着时间的推移，具有时间价值，还因为它的年平均复利速度超过了20%。

(资料来源：根据网络资料整理)

三、年金终值与现值

年金(annuity)是指按照相等的时间间隔发生的等额系列收付款项，如分期付款赊购、分期偿还贷款、发放养老金、支付租金、提取折旧等都属于年金收付形式。在现值和终值的计算中，现金流量只发生在某一时间点。实际上，企业的现金流量通常会定期产生，形成等额的收入或支付序列，即为年金。因此，连续10年每年收到100元是个年金问题；每年收付50元～200元不等，这一系列收付不能称为年金；不连续的几年，每年收付100元也不能称为年金。金额和时间间隔都必须是不变的才可以称为年金。

按照收付时间点和方式的不同，可以将年金分为普通年金、预付年金、递延年金和永续年金。年金问题通常比数额问题更复杂，更难形象化，因此现金流量时间线的运用就尤为重要。

在年金终值与现值的计算中，假定有关字母的含义如下：A——每年收付的金额；i——利率；F——年金终值；P——年金现值；n——计息期数。

(一) 普通年金

普通年金是指从第一期起，每期期末发生等额现金流量的收付款项。由于每期有期初、期末两个时间点，而普通年金发生在期末时间点，所以又称之为后付年金。4期内每年100元的普通年金的收付形式，如图2-6所示。

在图2-6中，横轴代表时间，用数字标出各期的顺序号，刻度线的位置表示支付的时刻，刻度线下端的数字表示支付的金额。

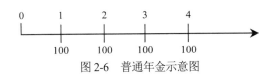

图 2-6　普通年金示意图

1. 普通年金终值

普通年金终值是指一定时期内每期期末等额收付款项的全部复利终值之和，如零存整取的本利和。普通年金终值的计算，相当于每期发生的年金 A，在利率为 i 的情况下，都计算其所对应的复利终值 F，然后再求和。普通年金终值的计算，如图 2-7 所示。

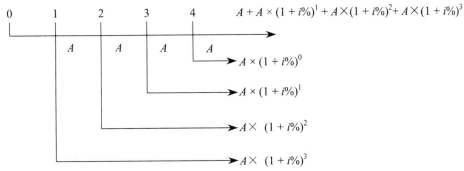

图 2-7　普通年金终值计算示意图

由图 2-7 可以看出，由于每期年金都发生在期末，所以在整个 n 期内，第一期 A 的复利终值的期数实际上只有 $n\text{-}1$ 期。

因此，第一期的复利终值为

$$F_1 = A \times (1+i)^{n-1}$$

同理，第二期的复利终值为

$$F_2 = A \times (1+i)^{n-2}$$

……

第 $n\text{-}1$ 期复利终值为

$$F_{n-1} = A \times (1+i)^1$$

第 n 期复利终值为

$$F_n = A \times (1+i)^0$$

将每期的终值相加求和，可以推导出普通年金终值的计算公式为

$$F = A \times \frac{(1+i)^n - 1}{i}$$

式中，$\dfrac{(1+i)^n - 1}{i}$ 通常称为年金终值系数，它反映的是 1 元的年金在利率为 i 时，经过 n 期的复利终值，用符号 $(F/A, i, n)$ 或 $\text{FVIFA}_{i, n}$ 表示。年金终值系数可以通过查年金终值系数表 (见附录 C) 获得。

因此，普通年金终值公式也可表述为

$$F = A \times (F/A, \ i, \ n) = A \times \mathrm{FVIFA}_{i, \ n}$$

即

$$普通年金终值 = 年金 \times 普通年金终值系数$$

查表方法：普通年金终值系数表中，横行表示利率 i，竖列为期数 n，找到 i 和 n 的横竖交叉点所对应的数字，即为相应的年金终值系数。例如，$(F/A, 3\%, 2)$，即 i 等于 3%，n 等于 2 时的坐标点，查表可得年金终值系数为 2.030，说明在时间价值为 3% 的情况下，每期期末收入 1 元，2 年后可获得 2.03 元。

【例 2-7】 某人准备存钱购买一套新房，每年年末存入 50 000 元，年利率为 5%，那么，5 年后能有多少钱？

$$F = A \times \frac{(1+i)^n - 1}{i} = 50\,000 \times \frac{(1+5\%)^5 - 1}{5\%} = 50\,000 \times (F/A, 5\%, 5) = 276\,280(元)$$

对该例进行简单的变形：某人计划购买新房，预计需要 600 000 元，在年利率为 5% 的情况下，此人需要每年至少存入银行多少钱才能在 5 年后存到足够的资金？

由 $F = A \times (F/A, i, n)$ 可得 $600\,000 = A \times (F/A, 5\%, 5)$，可求得 $A = 108\,585.49(元)$。

在银行存款利率为 5% 时，每年年末存入 108 585.49 元，5 年后可以获得 600 000 元用于购买新房。

普通年金的一个应用就是偿债基金，是指为使年金终值达到未来某一时刻点上的既定金额用来清偿债务时，每年年末应支付或准备的年金数额。上例中，已知年金终值 F、利率 i 和期数 n，求年金 A 的过程就是典型的偿债基金。

【例 2-8】 某公司计划 10 年后还清 200 万债务，从现在起每年年末等额存入银行一笔款项，若银行利率为 5%，每年需要存入多少钱？

$$A = F \div \frac{(1+i)^n - 1}{i} = 200 \div (\mathrm{FVIFA}, 5\%, 10) = 15.9(万元)$$

因此，在银行利率为 5% 时，每年存入 15.9 万元，10 年后可得 200 万元，用来还清债务。

由例 2-8 可看出，偿债基金的计算是普通年金终值的逆运算。根据普通年金终值计算公式 $F = A \times \frac{(1+i)^n - 1}{i}$ 可得 $A = F \times \frac{i}{(1+i)^n - 1}$。式中，$\frac{i}{(1+i)^n - 1}$ 是普通年金终值系数的倒数，称为偿债基金系数，记作 $(A/F, i, n)$。利用偿债基金系数，可以把普通年金终值折算为每年需要支付的金额。偿债基金系数可以制成表格备查，亦可根据普通年金终值系数的倒数确定。

在实际工作中，公司可能有能力支付贷款的每年利息，但在到期日可能没有足够的现金来偿还本金，所以公司可根据需要在贷款期内建立偿债基金，经过规划，定期存入，以保证在期满时有足够的现金偿付贷款本金或兑现债券。

【例 2-9】 某公司在 8 年后要偿还面值为 100 万元的债券，假设利率为 10%，那么，公司每年的偿债基金应为多少？

$$A = 100/(F/A，10\%，8) = 100/11.436 = 8.74(万元)$$

因此，在利率为 5% 时，每年应准备偿债基金 8.74 万元，8 年后可还清债券。

2. 普通年金现值

普通年金现值是指一定时期内每期期末等额收付款项的复利现值之和。普通年金现值的计算与年金终值计算的时间方向相反，相当于每期发生的年金 A，在利率为 i 的情况下，都计算其所对应的复利现值 P，然后再求和。普通年金现值的计算，如图 2-8 所示。

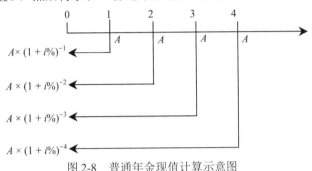

图 2-8 普通年金现值计算示意图

由图 2-8 可以看出，由于每期年金都发生在期末，所以在整个 n 期内，第一期 A 的复利现值期数就是 1 期，求在时间点 0 点上的现值。

因此，第一期的复利现值为

$$P_1 = A \times (1+i)^{-1}$$

第二期的复利现值为

$$P_2 = A \times (1+i)^{-2}$$

......

第 n-1 期复利现值为

$$P_{n-1} = A \times (1+i)^{-(n-1)}$$

第 n 期复利现值为

$$P_n = A \times (1+i)^{-n}$$

将每期的复利现值相加求和，可以推导出普通年金现值的计算公式为

$$P = A \times \frac{1-(1+i)^{-n}}{i}$$

式中，$\dfrac{1-(1+i)^{-n}}{i}$ 通常称为"年金现值系数"，它反映的是 1 元的年金在利率为 i 时，经过 n 期的复利现值，用符号 $(P/A, i, n)$，或 $\mathrm{PVIFA}_{i, n}$ 表示。年金现值系数可以通过查年金现值系数表(附录 D)获得。

因此，普通年金现值公式也可表述为

$$P = A \times (P/A, i, n) = A \times \mathrm{PVIFA}_{i, n}$$

即

$$普通年金现值 = 年金 \times 普通年金现值系数$$

例如，可以通过查表获得$(P/A, 6\%, 4)$的值为3.465 1，即4年中每年年末收付1元，按年利率为6%计算，其年金现值为3.465 1元。

【例2-10】某人贷款买车，预计在3年中，每年偿还734.42元的汽车贷款，假设贷款利率为5%，该顾客借了多少资金，即这笔贷款的现值是多少？

$$P = A \times \frac{1-(1+i)^{-n}}{i} = 734.42 \times \frac{1-(1+5\%)^{-3}}{5\%} = 734.42 \times (P/A, 5\%, 3) = 2\ 000(元)$$

在年金现值的一般公式中有4个变量P、A、i、n，已知其中的任意3个变量都可以计算出第4个变量。

普通年金的一个应用就是资本回收额，即在一定时期内，分若干期回收一笔利率固定的款项，每一期应回收的金额相等。简言之，即已知年金现值P、利率i和时间n，求每年应回收的本金额A的过程。

【例2-11】某人取得贷款100 000元，分为10年每年连续等额偿还该笔贷款，贷款利率为10%，每年偿还额为多少？

$$A = P \div \frac{1-(1+i)^{-n}}{i} = P \times \frac{i}{1-(1+i)^{-n}}$$

因此，每年应偿还$100\ 000 \times \dfrac{10\%}{1-(1+10\%)^{-10}} = 100\ 000 \times \dfrac{1}{6.144\ 57} = 16\ 274.53(元)$

由例2-11可看出，资本回收额的计算是普通年金现值的逆运算。根据普通年金现值计算公式$P = A \times \dfrac{1-(1+i)^{-n}}{i}$可得$A = P \times \dfrac{i}{1-(1+i)^{-n}}$。式中，$\dfrac{i}{1-(1+i)^{-n}}$是普通年金现值系数的倒数，称为资本回收系数，记作$(A/P, i, n)$。利用资本回收系数，可以把普通年金现值折算为每年需要支付的金额。资本回收系数可根据普通年金现值系数的倒数确定。

(二) 预付年金

预付年金是指每期期初有等额的收付款项的年金。由于每期有期初、期末两个时间点，而预付年金发生在期初这个时间点，所以又称之为先付年金或即付年金。4期内每年100元的预付年金的收付形式，如图2-9所示。

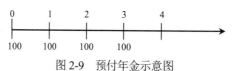

图2-9　预付年金示意图

在图2-9中，横轴代表时间，用数字标出各期的顺序号，刻度线的位置表示支付的时刻，刻度线下端的数字表示支付的金额。由普通年金(图2-6)和预付年金(图2-9)的示意图可知，二者只是金额发生的时间点不同，其终值和现值的计算原理是一样的。

1. 预付年金终值

预付年金终值是指一定时期内每期期初等额收付款项的复利终值之和。预付年金终值的计算比后付年金多一个计息期，相当于从0时间点开始，每期发生的年金A，在利率为i的情况下，都计算其所对应的复利终值F，然后再求和。预付年金终值的计算，如图2-10所示。

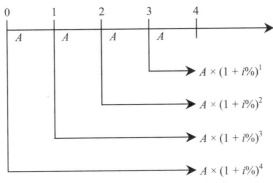

图2-10 预付年金终值计算示意图

由图2-10可知，预付年金从第一期期初就有现金流A，最后一期没有，所以预付年金比普通年金在计算终值时多了一个计息期。因此，在普通年金终值的基础上乘以$(1+i)$就是预付年金的终值。

预付年金的终值F的计算公式推导过程为

$$F = A \times \frac{(1+i)^n - 1}{i} \times (1+i) = A \times \frac{(1+i)^{n+1} - (1+i)}{i} = A \times \left[\frac{(1+i)^{n+1} - 1}{i} - 1 \right]$$

式中，$\frac{(1+i)^{n+1} - 1}{i} - 1$通常称为预付年金终值系数，它是在普通年金终值系数的基础上，将期数加1、系数减1求得的，可表示为$[(F/A, i, n+1) - 1]$，可通过查普通年金终值系数表得到$(n+1)$期的值，然后减去1得对应的预付年金终值系数的值。例如$[(F/A, 7\%, 5+1) - 1]$，查表可得$(F/A, 7\%, 6)$的值为7.153 3，再减去1，得到预付年金终值系数为6.153 3。

【例2-12】某公司租赁仓库，房东要求分期支付租金，并且立即支付第一笔款项，即每年年初支付租金1 000元，年利率为4%，该公司计划租赁10年，最后一共需支付多少租金？

$$F = A \times \left[\frac{(1+i)^{n+1} - 1}{i} - 1 \right] = 1\ 000 \times \left[\frac{(1+4\%)^{10+1} - 1}{4\%} - 1 \right] = 12\ 486(元)$$

也可采用另一种方法：

$$F = A \times [(F/A, i, n+1) - 1] = 1\ 000 \times [(F/A, 4\%, 10+1) - 1]$$

查年金终值系数表得$(F/A, 4\%, 11)$为13.486，可得：

$$F = 1\ 000 \times (13.486 - 1) = 12\ 486(元)$$

2. 预付年金现值

预付年金现值是指一定时期内每期期初收付款项的复利现值之和。预付年金现值的计算比后付年金少折现一期，相当于从0时间点开始，每期发生的年金A，在利率为i的情况下，都计算其所对应的复利现值P，然后再求和。预付年金现值的计算，如图2-11所示。

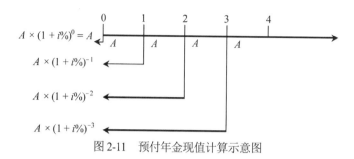

图 2-11　预付年金现值计算示意图

由图 2-11 可知，第 0 期的 A 没有计息期，其复利现值仍然为 A；第一期的 A 到第 0 期经历了 1 个计息期，其复利现值为 $A\times(1+i)^{-1}$；第二期期初的 A 到第 0 期经历了 2 个计息期，其复利现值为 $A\times(1+i)^{-2}$；第三期的 A 到第 0 期经历了 3 个计息期，其复利现值为 $A\times(1+i)^{-3}$；一直到第 $n-1$ 期，其复利现值为 $A\times(1+i)^{-(n-1)}$。将以上各项相加得到公式

$$P = A + A\times(1+i)^{-1} + A\times(1+i)^{-2} + \cdots + A\times(1+i)^{-(n-1)}$$

从以上的计算可以看出，预付年金与普通年金的付款期数相同，但由于付款时间的不同，预付年金现值比普通年金现值少折算一期利息。因此，在普通年金现值的基础上乘以 $(1+i)$ 就是预付年金的现值。

预付年金现值 P 的计算公式为

$$P = A\times\frac{1-(1+i)^{-n}}{i}\times(1+i) = A\times\left[\frac{(1+i)-(1+i)^{-(n-1)}}{i}\right] = A\times\left[\frac{1-(1+i)^{-(n-1)}}{i}+1\right]$$

式中，$\dfrac{1-(1+i)^{-(n-1)}}{i}+1$ 通常称为预付年金现值系数，预付年金现值系数是在年金现值系数的基础上，将期数减 1、系数加 1 求得的，可表示为 $[(P/A,\ i,\ n-1)+1]$，可通过查年金现值系数表得到 $(n-1)$ 期的值，然后加上 1 得对应的预付年金现值系数的值。例如，$[(P/A,\ 7\%,\ 5-1)+1]$，查表可得 $(P/A,\ 7\%,\ 5-1)$ 的值为 3.387 2，再加上 1，得到预付年金现值系数为 4.387 2。

【例 2-13】某公司分期付款购买一台生产设备，按照合同规定每年年初支付 100 万元，分 5 年付款，假设银行借款利率为 10%，该项分期付款如果现在一次性支付，需支付多少现金？

$$P = 100\times[(P/A,\ 10\%,\ 5-1)+1] = 100\times(3.169\ 9+1) = 416.99(万元)$$

(三) 递延年金

递延年金是指第一次收付款发生时间在第二期或者第二期以后的年金，即从现在起若干期以后才开始发生连续等额现金出入的年金。但凡不是在第一期(包括期初和期末)开始发生的收付款项行为均成为递延年金。递延年金的收付形式，如图 2-12 所示。

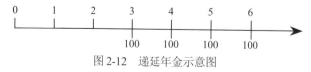

图 2-12　递延年金示意图

由图 2-12 可以看出，递延年金是普通年金的特殊形式，第一期和第二期没有发生收付款项，

一般用 m 表示递延期数，此时 $m=2$。从第三期开始连续 4 期发生等额的收付款项，即 $n=4$。

若将递延年金递延期数从 0 到 m 表示，从 $m+1$ 期开始有现金 A 流入或流出 n 期，则递延年金的全程期为 $m+n$ 期，其中从第 m 期到第 n 期可视为普通年金时间线。递延年金的原理，如图 2-13 所示。

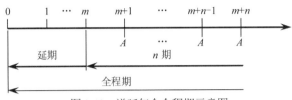

图 2-13　递延年金全程期示意图

1. 递延年金终值

递延年金终值可直接用普通年金终值的计算方法进行计算，其终值的大小与递延期限无关。

2. 递延年金现值

递延年金现值是自若干时期后开始，每期款项的现值之和。由于递延年金在前 m 期的递延期内是没有现金收付款项发生的，所以在计算递延年金现值时，要考虑递延期内的时间折算。下面重点介绍三种递延年金现值的计算方法。

(1)方法一：第一步把递延年金看作 n 期普通年金，计算出递延期末 m 点的现值；第二步将已计算出的 m 点现值折现到第一期期初。计算公式为

$$P = A \times (P/A,\ i,\ n) \times (P/F,\ i,\ m)$$

【例2-14】数据如图 2-14 所示，假设银行利率为 6%，采用方法一计算其递延年金现值。

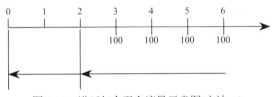

图 2-14　递延年金现金流量示意图(方法一)

第一步，计算 4 期的普通年金现值。

$$P_2 = A \times \frac{1-(1+i)^{-n}}{i} = 100 \times \frac{1-(1+6\%)^{-4}}{6\%} = 100 \times 3.4651 = 346.51(元)$$

第二步，将已计算的普通年金现值折现到第 1 期期初。

$$P_0 = P_2 \times \frac{1}{(1+i)^m} = 346.51 \times \frac{1}{(1+6\%)^2} = 346.51 \times 0.89 = 308.39(元)$$

(2) 方法二：第一步计算出整个 $(m+n)$ 期的年金现值；第二步计算出多算的 m 期年金现值；第三步将计算出的 $(m+n)$ 期的年金现值扣除递延期 m 的年金现值，得出 n 期年金现值。计算公式为

$$P = A \times (P/A,\ i,\ m+n) - A \times (P/A,\ i,\ m)$$

【例2-15】数据如图 2-15 所示，假设银行利率为 6%，采用方法二计算其递延年金现值。

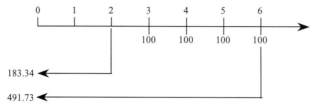

图 2-15　递延年金现金流量示意图(方法二)

$$P_{m+n} = 100 \times \frac{1-(1+6\%)^{-(2+4)}}{6\%} = 100 \times 4.917\,3 = 491.73(元)$$

$$P_m = 100 \times \frac{1-(1+6\%)^{-2}}{6\%} = 100 \times 1.833\,4 = 183.34(元)$$

$$P_0 = P_{m+n} - P_m = 491.73 - 183.34 = 308.39(元)$$

(3) 方法三，先计算出普通年金的终值($m+n$ 点的价值)，然后再将其折合成第 1 期期初的价值。计算公式为

$$P = A \times (F/A, \ i, \ n) \times (P/A, \ i, \ m+n)$$

【例2-16】数据如图 2-16 所示，假设银行利率为 5%，采用方法三计算其递延年金现值。

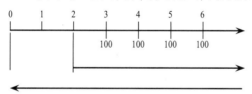

图 2-16　递延年金现金流量示意图(方法三)

$$F_n = 100 \times \frac{(1+5\%)^4 - 1}{5\%} = 100 \times 4.310\,1 = 431.01(元)$$

$$P_0 = 431.01 \times (P/F, \ 5\%, \ 6) = 431.01 \times 0.746\,2 = 321.62(元)$$

(四) 永续年金

永续年金是指无限期地每期连续、等额支付或收入的年金，如优先股股利。由于永续年金持续期无限，没有终止时间，因此没有终值，只有现值。永续年金可视为普通年金的特殊形式，即期限趋于无穷的普通年金。永续年金现值的计算公式可由普通年金现值公式推出。

永续年金现值 P 的计算公式为

$$P = A \times \frac{1-(1+i)^{-n}}{i} = A \times \frac{1-\dfrac{1}{(1+i)^n}}{i}$$

当 $i \to \infty$ 时，$\dfrac{1}{(1+i)^n} \to 0$，故 $P = \dfrac{A}{i}$。这一式子常在企业价值评估和企业并购确定目标企业价

值时用到。

【例2-17】假设某公司拟建立一项永久性的奖学金，每年计划颁发10 000元奖金资助某大学学生。如果利率为10%，那么公司现在应该存入多少钱？

$$P = \frac{10\ 000}{10\%} = 100\ 000(元)$$

所以，该公司现在应该存入100 000元用于奖学金发放。

【例2-18】假设某企业拟转让，现聘请评估师估算其价值。经预测，该企业每年的预期收益为1 200万元，折现率为4%。请估算该企业的价值。

$P = 1\ 200\ /\ 4\% = 30\ 000(万元)$

所以，该企业现在的评估价值为30 000万元。

> **思考**
> 普通年金、预付年金、递延年金、永续年金四种年金之间的关系是什么？

普通年金、预付年金、递延年金及永续年金都属于年金的一种，它们的特点各不相同，如表2-3所示。

表2-3　四种年金区别比较表

年金类型	特点
普通年金	每期都有，每期都相等，每期都在期末
预付年金	每期都有，每期都相等，每期都在期初
递延年金	前面 m 期没有，后面 n 期每期都有且相等，都在期末
永续年金	每期都有，每期都相等，期数无限

四、货币时间价值的应用

(一) 不等额现金流量

在财务管理实践中，经常会遇到整个项目期每次收入或付出的款项并不相等的情况，这类现金流量称为不等额现金流量。由图2-17和图2-18可以看出，不等额现金流量与等额系列(年金)相比，每期的收入或付出是不等额的。不等额现金流量的终值为各期终值之和，其现值也是各期现值之和。

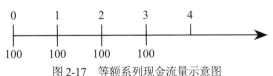

图2-17　等额系列现金流量示意图

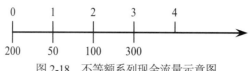

图 2-18　不等额系列现金流量示意图

1. 不等额现金流量终值

不等额现金流量终值的计算，可将每期的金额看作单独数值，用复利终值公式分别计算出每期的终值，再将其相加。

【例 2-19】 计算不等额现金流量终值，假设利率为 5%，如图 2-19 所示。

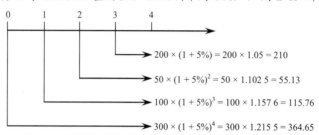

图 2-19　不等额现金流量终值计算示意图

不等额现金流量终值 = 210+55.13+115.76+364.65=745.54 (元)

【例 2-20】 某公司在第一年年末存入银行 50 万元，以后每年年末的存款增加额为 5 万元，如果银行以 5% 的年利率复利计息，那么第 3 年末该公司可以从银行一次性取出多少钱？

不等额现金流量终值$=50×(1+5\%)+55×(1+5\%)^2+60×(1+5\%)^3=182.6$(万元)

2. 不等额现金流量现值

不等额现金流量现值的计算，可将每期的金额看作单独数值，用复利现值公式分别计算出每期的现值，再将其相加。

【例 2-21】 计算不等额现金流量现值，假设利率为 5%，如图 2-20 所示。

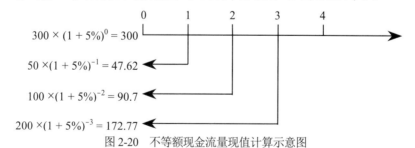

图 2-20　不等额现金流量现值计算示意图

不等额现金流量现值 $= 300 + 47.62 + 90.7 + 172.77 = 611.09$(元)

(二) 年金和不等额现金流量混合情况

年金和不等额现金流量是指每次收入或付出的款项，既有年金又有不等额现金的混合情况，如图 2-21 所示。

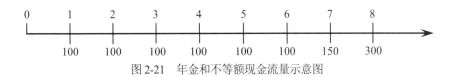

图 2-21　年金和不等额现金流量示意图

年金和不等额现金流量的混合情况下计算整个时期的终值：首先将不属于年金的部分采用复利终值公式分别计算，然后计算属于年金部分的终值，最后将所有数值相加。其中需要注意的是，每个时间点的计息期不同。

【例 2-22】如图 2-21 所示，假设利率为 5%，计算 8 年的终值。

终值=$100×(F/A，5\%，6)×(F/P，5\%，2)+150×(F/P，5\%，1)+300=1\ 207.41$

年金和不等额现金流量的混合情况下计算整个时期的现值：先用复利现值公式计算不属于年金的部分，再与用年金现值计算的部分相加，得出整个时期的现值。

【例 2-23】某公司投资了一个新项目，新项目投产后每年获得的现金流入量如表 2-4 所示，折现率为 9%，求这一系列现金流入量的现值。

表 2-4　公司项目现金流量表

年份	1	2	3	4	5
现金流量	2 000	2 000	2 000	1 000	3 000

现值=$2\ 000×(P/A，9\%，3)+1\ 000×(P/F，9\%，4)+3\ 000×(P/F，9\%，5)=7\ 720.7$

(三) 分段年金现金流量

在实务中，一段时期内的现金流量表现为同种年金，而另一段时期又表现为另一种年金，通常称为分段年金现金流量。分段年金现金流量的收入或付出形式，如图 2-22 所示。

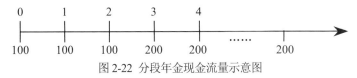

图 2-22　分段年金现金流量示意图

分段年金现金流量终值的计算：首先计算第一个时间段的等额年金终值，然后将计算结果乘以后几期的复利终值系数，再计算第二个时期的等额年金终值，最后将两者相加。

【例 2-24】如图 2-23 所示，假设利率为 6%，计算 5 年的终值。

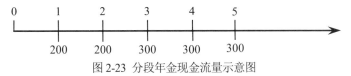

图 2-23　分段年金现金流量示意图

分段年金终值=$200×(F/A，6\%，2)×(F/P，6\%，3)+300×(F/A，6\%，3)=1\ 445.77$

分段年金现金流量现值的计算：首先计算第一个时间段的等额年金现值，再计算后一个时间段的年金现值(第二个时间段的年金现值用递延年金的原理，先按普通年金计算，再按照期数折现),最后将两者相加。

【例 2-25】某公司每年年末的付款额如表 2-5 所示,年利率为 8%,请计算该笔款项的现值。

表 2-5　公司各年年末付款额

年数	1	2	3	4	5	6	7
付款额	40 000	40 000	40 000	20 000	20 000	20 000	20 000

分段年金现值=40 000×(P/A,8%,3)+20 000×[(P/A,8%,7)-(P/A,8%,3)]

　　　　　　=40 000×2.577 1+20 000×(5.206 4-2.577 1)=155 670

(四) 计息期短于一年的时间价值计算

前文所讨论的有关计算均假定利率为年利率,每年复利一次,但实际上,复利的计息期间不一定是一年,有可能是半年、季度、月份或日。例如,债券利息一般每半年支付一次,股利有时每季度支付一次。进行复利计算时,如按年复利计算,一年就是一个计息期;如按半年复利计息,每半年就是一个计息期,一年计息两次;如按季复利计息,一季就是一个计息期,一年计息四次;如按月复利计息,一个月就是一个计息期,一年计息十二次。计息期越短,一年中按复利计息的次数就越多,利息额就会越大。与计息期相对应的一个概念是复利计息频数,即利息在一年中累计复利多少次。

1. 计息期利率

计息期利率是指借款人根据计息频数每期支付的利息,可以是年利率,也可以是半年利率、季度利率、每月或每日利率等。

$$计息期利率 = \frac{名义利率}{每年复利次数}$$

即

$$t = \frac{i}{m}$$

$$换算后的计息期数 = 每年复利次数×年数$$

【例 2-26】某人准备投资本金 1 000 元,年利率 10%,若分别每年、每半年和每季度复利计息一次,则 5 年后终值为多少?

(1) 若一年复利一次,则 $F=1\ 000×(1+10\%)^5=1\ 610.5(元)$

(2) 若每半年复利一次,则 $F=1\ 000×(1+\frac{10\%}{2})^{5×2}=1\ 628.9(元)$

通过计算结果可以看出,1 年内复利次数大于 1 次时,如按半年复利 2 次,实际得到的利息要比每年复利一次的利息多 1 628.9-1 610.5=18.4 元。

2. 名义利率

名义利率是指银行等金融机构提供的利率,也称报价利率。现实中,通常给出名义年利率,然后注明复利计算期。一般来说,每年复利次数超过一次的年利率在经济学上称为名义年利率。

例如，之前举例中按照季度来计息的情况会标注为"10%，按照每半年计息"，其中10%被称为名义年利率，每半年按照计息期利率5%来支付利息。因此，名义利率只有在给出明确的复利次数时才有意义，否则，仅仅有名义利率没有任何价值。

【例2-27】某人年初存款为100元，名义利率为12%，表2-6列出了不同计息期得到的年末余额。

表2-6　各种情况下年末的账户余额

复利方式	账户余额/元
按年计息	112
半年计息	112.36
按季计息	112.55
按月计息	112.68

由此可以看出，复利次数越频繁，利息越多。尽管名义利率相同，都是12%，但由于计息期不同，实际支付的利息随之不同。理性的投资者一定会选择后者，因为名义上的年利率都是12%，而实际上后者给投资者带来的利息更多，所以说后者的真实年利率更高。那么这个真实年利率是多少呢？如按月在名义年利率12%下计息所得到的112.68元，其实就等于实际在年利率为12.68%下计算一次的利息。

3. 实际利率

实际利率等于名义利率在多次复利情况下，计算得到的每年有效年利率。换言之，指按给定的名义利率每年复利 m 次时，能够产生相同结果的年利率，也称等价年利率。值得注意的是，当名义利率每年复利一次时，与实际利率相等。因此，若名义利率一年中复利多次，也就是说计息期短于一年时，实际利率的计算公式可以表示为

$$实际利率 = \left(1 + \frac{名义利率}{每年复利次数}\right)^{次数} - 1$$

即

$$r = \left(1 + \frac{i}{m}\right)^{m} - 1$$

【例2-28】某人用10 000元购买了年利率为10%，期限为10年的企业债券，该债券每半年复利一次，请问实际的年利率为多少？到期后将得到的本利和为多少？

$$r = \left(1 + \frac{i}{m}\right)^{m} - 1 = \left(1 + \frac{10\%}{2}\right)^{2} - 1 = 10.25\%$$

$$F = 10\,000 \times (1 + 10.25\%)^{10} = 26\,533(元)$$

如果按照另一种方法计算，用计息期利率及实际计息期数也可以得到相同的结果：

$$F = 10\,000 \times \left(1 + \frac{10\%}{2}\right)^{10 \times 2} = 10\,000 \times 2.653\,3 = 26\,533(元)$$

从以上计算可以看出，计息期短于一年的复利计算，可先将实际年利率换算出来，再按照复利公式计算；也可以按照计息期利率的计算公式，根据一年复利次数代入复利公式计算，最终结果一样。

(五) 折现率

在之前计算现值终值时，都假定利率是给定的，但在实际经济活动中，有时会遇到知道计息期数、终值、现值，反求折现率 i 的问题。

【例2-29】小梁现在有现金30 000元，准备5年后买一辆车，估计到时该车价格为48 315元。假如将现金存入银行，那么在复利率为多少时，小梁才能在5年后美梦成真？

该例已知 P、F、n，求解 i。

由于　$F = P \times (F/P, \ i, \ 5)$

所以　$48\,315 = 30\,000 \times (F/P, \ i, \ 5)$

即　　$(F/P, \ i, \ 5) = 1.610\,5$

查复利现值系数表，在 $n=5$ 一行找到复利终值系数 1.610 5 所对应的利率为 10%。因此，当利率为 10% 时，小梁才能在 5 年后买到车。

此例刚好能直接从复利终值系数表中查到系数所对应的利率，现实情况中，经常会存在利率并不是整数的情况，如 9.56%，则无法直接从系数表中查到。此时，可列出对应关系并用插值法求得 i。

【例2-30】若小张准备现在存入10万元到银行，复利计息，想知道利率为多少时，3年后能连本带利得到12万元。

根据复利终值系数公式 $F = P \times (F/P, \ i, \ 3)$

可得　$12 = 10 \times (F/P, \ i, \ 3)$

所以　$(F/P, \ i, \ 3) = 1.2$

查复利终值系数表，当期数为 3 时，复利终值系数与 1.2 相邻的分别是 1.191 和 1.225，其对应的 i 分别是 6% 和 7%，列出对应关系并利用插值法求出 i。

利用复利终值系数

$$
\begin{array}{c@{\qquad\qquad}c}
\left.\begin{array}{l} 6\% \\ i\% \\ 7\% \end{array}\right\} & \left.\begin{array}{l} 1.191 \\ 1.200 \\ 1.225 \end{array}\right\}
\end{array}
$$

插值法求 i 可得

$$\frac{i - 6\%}{1.200 - 1.191} = \frac{7\% - 6\%}{1.225 - 1.191}$$

解得 i=6.002 5%

【例2-31】某公司需要70 000元现金，准备向金融机构贷款，8年还完，每年还10 000元，如按复利计算，在利率为多少时可以还完？

由 $P/A = (P/A, i, n)$ 可得 $70 000/1 000 = (P/A, i, 8)$，即 $7 = (P/A, i, 8)$

查年金现值系数表可得，当利率为3%时，系数是7.019 7；当利率为4%时，系数是6.732 7

因此判断利率应为3%～4%，设利率为 x，用内插法计算 x 值。

利率 年金现值系数

3% ⎱ 7.019 7 ⎱
? ⎰ x% ⎱1% 7 ⎰0.019 7 ⎱0.287
4% 6.732 7

由 $\dfrac{x}{1} = \dfrac{0.019\,7}{0.287}$，$x = 0.068\,6$，因此 $i = 3\% + 0.068\,6\% \approx 3.07\%$

📖 拓展阅读

算算你的人生投资何时翻番

金融学上有所谓的"72法则"，即用"72除以增长率"估出投资倍增或减半所需的时间，反映出的是复利的结果。举例来说，假设最初投资金额为100元，年利率9%，要想计算本金翻倍的时间，使金额滚存至200元，就利用"72法则"，将72除以9(增长率)，得8，即需约8年时间。

虽然利用"72法则"不像查表计算那么精确，但十分接近，因此当你手中少了一份复利表时，记住简单的"72法则"，或许能够帮你不少忙。

了解了复利，再利用"72法则"，我们就可以轻松算出自身价值何时翻倍。举例来说，阿伊和阿荣同时大学毕业，阿伊在家乡找了份工作，而阿荣则南下深圳求发展。两人找到的工作薪水一样高，都是年收入3万元。

阿伊身处经济发展速度为1%的内地，收入要翻一番需要72年(72/1)的时间，而在阿荣所处的深圳，收入按3%增长，因此，他的收入翻一番只需要24年(72/3)左右。

开始时的一点点投资，经过利滚利的发展后，差异如此之大，这不得不让人感到投资的微妙。仔细再想想，这样的投资不就是我们人生的一个经典缩影吗？

爱因斯坦曾说过，复利的威力比原子弹还可怕。对于一个刚刚起步的，拥有良好基础素质和自身条件的年轻人，"复利型"的职业规划是成长之路最直接、最有效的方法，这不仅对这个年轻人本身，还对他的家庭及他将工作的企业都非常有价值、有意义。

(资料来源：根据网络资料整理)

第二节　投资的风险报酬

人们常常用"风险"这个词来指不好的事情发生的可能性。货币时间价值的计算是假定在没有风险和通货膨胀的条件下社会资金的平均投资报酬率，也叫无风险收益率。但在企业的财务管理活动中，风险是广泛及客观存在的。对于大多数投资而言，个人或企业在当前投入资金是期望在未来赚取更多的资金，而收益是与风险密切相关的。一般来说，高风险伴随着高收益，反之，风险不大的投资行为，投资报酬也相对较低。

假如投资者拿 1 万元购买股票，每一只股票都有可能获得正收益，投资者会希望获取高额回报，但也有可能会血本无归。现实中可以发现，一般提供较高收益率的股票会有更高的全部亏损的概率。即投资成功有可能赚 8 千元，而失败的话可能会损失 1 万元。但是，如果该笔资金存入银行或投资国库券，由于到期后政府和银行不能还本付息的可能性几乎为零，所以投资者可以获得确定的收益，这也就是一项无风险收益。因此，我们需要了解如何在企业财务活动中平衡风险与报酬之间的关系。

一、风险

(一) 风险的概念

风险是个非常重要的概念，其广泛存在于企业的财务活动中，并对企业实现财务管理目标有着重要影响。风险是指一定条件下和一定时期内预计发生结果的不确定性。简言之，如果只有一个预知的结果，并且结果是确定的，就意味着没有风险，或风险为零。因此，风险意味着可能出现与人们取得收益的愿望相背离的结果。从财务管理的角度来说，风险是指资产实际收益相对预期收益变动的可能性和变动幅度。

"风险"一词的由来，最为普遍的一种说法是，在远古时期，以打鱼捕捞为生的渔民们，每次出海前都要祈求神灵保佑自己在出海时能够风平浪静、满载而归。他们在长期的捕捞实践中，深深地体会到"风"给他们带来的无法预测、无法确定的危险，他们认为在出海捕捞打鱼的生活中，"风"即意味着"险"，因此有了"风险"一词。而另一种据说经过多位学者论证的"风险"一词的"源出说"称，风险(risk)一词是舶来品，有人认为来自阿拉伯语，有人认为来源于西班牙语或拉丁语，但比较权威的说法是来源于意大利语的"risque"一词。在早期的运用中，"风险"也是被理解为客观的危险，体现为自然现象或者航海遇到礁石、风暴等事件。大约到了 19 世纪，在英文的使用中，"风险"一词常常用法文拼写，主要是用于与保险有关的事务上。现代意义上的"风险"一词，已经大大超越了"遇到危险"的狭义含义，而是"遇到破坏或损失的机会或危险"，可以说，经过两百多年的演义，"风险"一词越来越被概念化，并随着人类活动的复杂化而逐步深化，且被赋予了哲学、经济学、社会学、统计学甚至文化艺术领域的更广泛、更深层次的含义，其与人类的决策和行为后果联系越来越紧密，成为人们生活中出现频率很高的词汇。无论如何定义"风险"一词的由来，其基本的核心含义都是"未来结果的不确定性或损失"，也有人进一步定义为"个人和群体在未来遇到伤害的可能性，以及对这种可能性的判断与认知"。如果采取适当的措施使破坏或损失的概率不会出现，或者说通过智慧的认知、理性的判断，采取及时而有效的防范措施，那么风险可能带来机会。由此进一步延伸的意义，不仅仅是规避了风险，可能还会带来比例不等的收益，有时风险越大，回报越高、机会越大。因此，如何判断风险、选择风险、规避风险继而运用风险，在风险中寻求机会创造收益，意义更加深远而重大。

(二) 风险的特点

(1) 风险是客观存在的，是不以人的意志为转移的。风险的客观性是保险产生和发展的自然基础。人们只能在一定的范围内改变风险形成和发展的条件，降低风险事故发生的概率，减少损失程度，而不能彻底消除风险。

(2) 风险发生后必然会给人们造成某种损失，然而对于损失的发生却无法预料和确定。人们只能在认识和了解风险的基础上严防风险的发生，减少风险所造成的损失，损失是风险的必然结果。

(3) 就某一具体风险损失而言，其发生是不确定的，是一种随机现象。例如，火灾的发生是客观存在的风险事故，但是就某一次具体火灾的发生而言是不确定的，也是不可预知的，需要人们加强防范和提高防火意识来降低经济损失。

(4) 风险发生具有可测性。单一风险的发生虽然具有不确定性，但对总体风险而言，风险事故的发生是可测的，即运用概率论和大数法则是可以对总体风险事故的发生进行统计分析的，以研究风险的规律性。例如，风险事故的可测性为保险费率的厘定提供了科学依据。

(5) 风险具有相对性。一般认为，造成风险的主要原因是信息的不充分。每个人掌握信息的程度不同，对于得不到信息的人来说，可能风险很大；但对于另一个信息掌握得很充分的人来说，可能风险很小。

(三) 风险的种类

在风险管理中，一般是根据风险的不同特征进行分类的。按风险能否分散，把风险分为系统风险与非系统风险；按风险形成的来源，把风险分为经营风险与财务风险。

1) 系统风险与非系统风险

(1) 系统风险又称市场风险、不可分散风险，是指市场报酬率整体变化所引起的市场上所有资产投资报酬率的变动性，是由于政治、经济及社会环境等公司外部某些影响整个市场的风险因素引起的，会影响市场上所有企业，并带来经济损失的可能性。这一部分风险是影响所有资产的风险，因而不能被分散掉，如战争、通货膨胀、国家宏观经济调控、经济政策变化等。企业自身无法控制和改变这种风险，当然也不能通过分散投资来分散系统风险。

(2) 非系统风险又称公司特有风险、可分散风险，是指由于某一种特定原因对某一特定资产的投资报酬率造成影响的可能性，是指由于诉讼、研发失败、经营失误、消费者偏好改变等因素对个别企业造成经济损失的可能性。例如，一次大的罢工可能影响一个公司；公司可能因为财务管理失败而导致破产；某企业可能因为技术的发展而使其产品市场被侵占。这一风险只与个别企业或个别经营项目有关，其余企业并不会受到影响，因此它是企业特有的风险。非系统风险可以通过多元化投资来分散。

2) 经营风险和财务风险

(1) 经营风险也称商业风险，是指由于企业生产经营上的原因给企业收益、企业未来的经营性现金流量带来变化，从而影响企业的市场价值的可能性。例如，企业由于战略选择、产品价格、销售手段等经营决策引起的未来收益不确定性，特别是企业利用经营杠杆而导致息前税前利润变动形成的风险，它们都为经营风险。经营风险时刻影响着企业的经营活动和财务活动，企业必须防患于未然，对企业经营风险进行较为准确的计算和衡量，这是企业财务管理的一项重要工作。

(2) 财务风险有广义和狭义之分。广义的财务风险是指企业在各项财务活动中由于各种难以预料和无法控制的因素，使企业在一定时期、一定范围内所获取的最终财务成果与预期的经营目标发生偏差，从而形成的使企业蒙受经济损失或获取更大收益的可能性。企业的财务活动贯穿于生产经营的整个过程，筹措资金、长短期投资、分配利润等都可能产生风险。狭义的财务风险也称筹资风险，是指企业过度负债而给企业财务成果带来的不确定性，其风险程度与企业负债的比重有关。

📖 **拓展阅读**

安然不"安然"

安然公司成立于 1930 年，曾是一家位于美国得克萨斯州休斯敦市的能源类公司。安然公司在 2000 年《财富》杂志评选的世界 500 强企业中排名第 16 位，是美国最大的天然气采购商及出售商，也是领先的能源批发商。在 2001 年宣告破产之前，安然拥有约 21 000 名雇员，曾是世界上最大的电力、天然气及电讯公司之一，2000 年披露的营业额达 1 010 亿美元。公司连续六年被《财富》杂志评选为"美国最具创新精神公司"，然而真正使安然公司在全世界声名大噪的，却是这个拥有上千亿资产的公司在 2002 年的几周内破产，以及持续多年精心策划，乃至制度化、系统化的财务造假丑闻。安然欧洲分公司于 2001 年 11 月 30 日申请破产，美国本部于 2 日后同样申请破产保护。在其破产前的资产规模为 498 亿美元，并有 312 亿的沉重债务。过度膨胀的快速发展使其无法应对经济环境的逆转，从而导致无法改变经营运作状况的恶化，最终以破产结束。

反思安然的失败，轻视举债风险无疑是其中最重要的一环。市场是无时无刻变化的，企业要适应市场需求，最好是适当超前地抢占市场，安然失败的结果当然不是它没有考虑到决策风险，美国企业战略投资者的风险研究是世界一流的，安然更是以"规避金融风险"著称——这是它的主要创新业务。也许正是这种规避风险的"专家企业"才可能犯这样的错误，才会骄傲自大，轻视举债风险，特别是企业外部宏观经济环境变迁带来的风险，它对美国社会经济大气候变劣显然没有做充分估计。安然和环球电讯算是豪赌"科技未来"的典型。稍懂金融资本的人都知道，在市场上，负债经营是正常的，债权人在一段时间内有条件对债务人让渡资产的使用权，原因是对债务人的经营有好的预期。一旦债权人对企业发展前景或经营状况失去信心，将会引起多米诺骨牌式的资金链中断。所以在美国经济一帆风顺的时候，安然是华尔街股市的宠儿，即便有不正常的举债，也不会受到人们的怀疑。而随着美国总体经济趋于衰退，市场需求降低，债权人的金融风险就凸现了，许多以前可以不被重视的风险开始放大，安然也就难以维持原有的财务状况，更无法"创新"更高明的衍生工具取信于人。所以它只好宣布四年以来的首次季度亏损，亏损额高达 6 738 亿美元，1997 年以来虚报近 6 亿美元的盈余谎言自然也无法再遮掩下去。安然最新公布的资产 490 亿美元和负债 312 亿美元，直接导致融资给"安然"做期货交易的银行面临大量坏账的财务危机，于是谁也挽救不了安然，只有破产才能把剩余的财产保全。

(资料来源：根据网络资料整理)

二、风险报酬

风险报酬是指投资者因承担风险而获得的超过时间价值的那部分额外报酬。例如，A 公司项目投资 B 公司，承担了 B 公司 50%风险的同时，必然要求获得一定的风险补偿，这部分补偿就是风险报酬。通常情况下，风险越高，相应的风险报酬率也就越高。在企业财务管理中，风险报酬通常采用相对数，即风险报酬率来加以计量。风险报酬率是投资者因承担风险而获得的超过时间价值率的那部分额外报酬率，即风险报酬与原投资额的比率。在衡量一个项目的投资报酬时，如果不考虑通货膨胀因素，必须要考虑的除了之前讲过的时间价值率之外，最重要的就是风险报酬率。因此，计算投资报酬率时，可表述为

$$投资报酬率=风险报酬率+时间价值率+通货膨胀率$$

企业的财务决策几乎都是在包含风险和不确定的情况下做出的。离开了风险，就无法正确评价公司投资报酬的高低。风险是客观存在的，按风险的程度，可以把公司的财务决策分为三种类型。

1. 确定性决策

决策者对未来的情况是完全确定的或已知的，这种情况下的决策称为确定性决策。例如，将 10 万元投资于利息率为 12%的国库券，由于国家实力雄厚，到期得到 12%的报酬几乎是肯定的，因此一般认为这种投资为确定性投资。

2. 风险性决策

决策者对未来的情况不能完全确定，但各种结果出现的可能性即概率的具体分布是已知的或可以估计的，这种情况下的决策称为风险性决策。例如，公司将 100 万元投资于房地产开发项目，已知房地产在经济繁荣时能获得 20%的报酬，在经济状况一般的情况下能获得 10%的报酬，在经济萧条时只能获得 5%的报酬。现根据各种资料分析,认为明年经济繁荣的概率为 30%,经济状况一般的概率为 40%，经济萧条的概率为 30%。这种决策便属于风险性决策。

3. 不确定性决策

决策者对未来的情况不仅不能完全确定，而且对其可能出现的概率也不清楚，这种情况下的决策称为不确定性决策。例如，公司把 10 万元投资于新型电子技术开发公司，如果开发公司能顺利研发出新技术，则公司可获得 100%的报酬；反之，公司获得-100%的报酬。新型电子技术开发能否成功，事先无法确定，也就是说，事先并不能知道有多大的可能获得 100%的报酬，有多大的可能获得-100%的报酬，这种投资决策便属于不确定性决策。

从理论上来讲，不确定性是无法计量的，但在财务管理中，通常为不确定性决策规定一些主观概率，以便进行定量分析。规定了主观概率后的不确定性与风险十分相近，因此，在企业财务管理中，对风险和不确定性并不做严格区分，当谈到风险时，可能指风险，更可能指不确定性。

三、单项投资风险报酬率的评估

之前讲过，风险是未来收益水平偏离期望值的程度，偏离程度越大，风险越大，投资者所期望的风险报酬也就越高。因此，对于有风险的项目而言，风险的偏离程度实际上是一个概率

分布问题。单项投资风险是指某一项投资方案实施后，出现各种投资结果的概率。也就是说，某一项投资方案实施后，能否如期回收投资及能否获得预期收益，事前是无法确定的。因承担单项投资风险而获得的风险报酬率称为单项投资风险报酬率。除无风险投资项目(国库券投资)外，其他所有投资项目的预期报酬率都可能不等于实际获得的报酬率。对于有风险的投资项目来说，其实际报酬率可以看成一个有概率分布的随机变量，可以用期望报酬率和标准离差率两个标准来对风险进行衡量。

投资报酬率可以视为一个包括风险报酬率在内的概率分布的随机变量。所以，计算单项投资的投资报酬率可以分为确定概率分布，计算期望报酬率，计算方差、标准离差和标准离差率，以及计算风险报酬率和投资报酬率这几个步骤。

(一) 确定概率分布

在经济活动中，某一类事件在相同的条件下可能发生也可能不发生，这类事件称为随机事件。概率就是表示事件发生可能性大小的数值。通常情况下，把必然发生事件的概率定为 1，把不可能发生事件的概率定为 0，而一般随机事件的概率是介于 0 与 1 的一个数。概率越大就表示该事件发生的可能性越大。将随机事件各种可能的结果按一定规则排列，同时列出各结果出现的相应概率，这一完整的描述称为概率分布。

【例 2-32】抛一枚硬币的概率分布，如表 2-7 所示。

表 2-7　概率分布表

事件结果	概率
正面向上	50%
反面向上	50%
合计	100%

概率分布必须符合以下两个要求：

(1) 所有的概率即 P_i 都在 0 和 1 之间，即 $0 \leqslant P_i \leqslant 1$；

(2) 所有结果的概率之和应等于 1，即 $\sum_{i=1}^{n} p_i = 1$，这里，n 为可能出现的结果的个数。

(3) 概率越大，事件发生的可能性越大。

【例 2-33】某公司现在有两个投资项目，投资额均为 10 000 元，其期望报酬率及概率分布如表 2-8 所示。

表 2-8　某公司 A、B 项目投资报酬率的概率分布

经济情况	概率(P_i)	A项目期望报酬率	B项目期望报酬率
繁荣	0.2	25%	60%
一般	0.5	20%	25%
衰退	0.3	10%	−10%

由此可以看出，每一个概率下都有相对应的期望报酬率。因此，计算整体项目的期望报酬率，需要对每个概率下的期望报酬率估算均值，即期望值来进行计算。

(二) 计算期望报酬率

期望值是随机变量的均值。对于单项投资风险报酬率的评估来说，我们所要计算的期望值即为期望报酬率。期望报酬率的计算公式为

$$K = \sum_{i=1}^{n} K_i P_i$$

式中，K——期望报酬率；

　　K_i——第 i 个可能结果下的报酬率；

　　P_i——第 i 个可能结果出现的概率；

　　n——可能结果的总数。

【例2-34】有 A、B 两个项目，两个项目的报酬率及其概率分布情况如表2-9所示，试计算两个项目的期望报酬率。

表2-9　A项目和B项目投资报酬率的概率分布

项目实施情况	该种情况出现的概率		投资报酬率	
	项目A	项目B	项目A	项目B
好	0.2	0.3	25%	50%
一般	0.5	0.4	20%	15%
差	0.3	0.3	10%	−10%

分别计算项目 A 和项目 B 的期望报酬率。

项目 A 的期望报酬率=$K_1 P_1 + K_2 P_2 + K_3 P_3$=0.2×0.25+0.5×0.2+0.3×0.1=18%

项目 B 的期望报酬率=$K_1 P_1 + K_2 P_2 + K_3 P_3$=0.3×0.5+0.4×0.15+0.3×(−0.1)=18%

从计算结果可以看出，两个项目的期望报酬率都是 18%，但是两个项目的概率分布明显不同。项目 A 的可能报酬率在 10%～25%之间，项目 B 的可能报酬率在-10%～50%之间，明显 B 项目期望报酬波动范围更大。概率分布越集中，那么实际结果接近期望值的可能性就越大，其背离期望报酬的可能性则越小，风险也越小；反之，风险越大。

(三) 计算方差、标准离差和标准离差率

1. 方差

方差是各种可能的结果偏离期望值的综合差异，是反映离散程度的一种量度。期望报酬率只是一个数值，并不能反映各种可能性分布的离散情况，由此我们引入方差来度量结果偏离预期值的程度。实际报酬偏离预期报酬的程度越大，方差越大，风险也就越大。

方差的计算公式为

$$\delta^2 = \sum_{i=1}^{n} \left(K_i - \bar{K} \right)^2 \times P_i$$

【例 2-35】承例 2-34，分别计算 A、B 两个项目投资报酬率的方差。

项目 A 的方差 $\delta^2 = \sum_{i=1}^{n}\left(K_i - \bar{K}\right)^2 \times P_i$

$= 0.2 \times (0.25 - 0.18)^2 + 0.5 \times (0.2 - 0.18)^2 + 0.3 \times (0.1 - 0.18)^2 = 0.003\,1$

项目 B 的方差 $\delta^2 = \sum_{i=1}^{n}\left(K_i - \bar{K}\right)^2 \times P_i$

$= 0.3 \times (0.5 - 0.18)^2 + 0.4 \times (0.15 - 0.18)^2 + 0.3 \times (0.1 - 0.18)^2 = 0.054\,6$

由方差结果可以看出，虽然两个项目的期望报酬率相同，但是项目 B 的方差更大，所以其风险明显大于项目 A 的风险。

2. 标准离差

标准离差也称标准差，是指方差的平方根，在实务中一般使用标准离差而不使用方差来反映风险的大小程度。一般来说，标准离差越小，说明离散程度越小，风险也就越小；反之，标准离差越大，则风险越大。标准离差的计算公式为

$$\delta = \sqrt{\sum_{i=1}^{n}\left(K_i - \bar{K}\right)^2 \times P_i}$$

【例 2-36】承例 2-34，分别计算 A、B 两个项目投资报酬率的标准离差。

项目 A 的标准离差 $= \sqrt{0.003\,1} \approx 0.055\,7$

项目 B 的标准离差 $= \sqrt{0.054\,6} \approx 0.234$

以上计算结果表明，项目 B 的风险要高于项目 A 的风险。

3. 计算标准离差率

标准离差率是某随机变量标准离差相对该随机变量期望值的比率。上述的标准离差是一个反映随机变量离散程度的指标，是一个绝对指标。当标准离差无法准确地反映随机变量的离散程度时，可以计算反映离散程度的相对指标，即标准离差率来准确反映随机变量的离散程度。例如，两个项目的期望报酬率相等时可以直接用标准差来比较，但如果两个项目的期望报酬率不相等，就要分别计算各自的标准离差率。标准离差率越大，资产的相对风险越大；标准离差率越小，资产的相对风险越小。

标准离差率的计算公式为

$$V = \frac{\delta}{\bar{K}} \times 100\%$$

式中，V——标准离差率；

δ——标准离差；

$\bar{K}$——期望报酬率。

【例 2-37】承例 2-34，分别计算项目 A 和项目 B 的标准离差率。

项目 A 的标准离差率 $= 0.055\,7 \div 0.18 \times 100\% = 30\%$

项目 B 的标准离差率 $= 0.234 \div 0.18 \times 100\% = 130\%$

可以看出，该例中项目 A 和项目 B 的期望报酬率都是 18%，是相等的，可以直接根据标准离差来比较两个项目的风险水平。但如果两个项目的期望报酬率不同，如分别是 14% 和 30%，而标准离差仍然为 0.557 和 0.234，该如何进行决策呢？这就一定要计算标准离差率才能对两个项目的风险水平进行比较。

【例 2-38】有两个投资方案 A 和 B，其预期收益的正态分布特征，如表 2-10 所示。请你判断哪个投资方案的风险较小？

表 2-10　两个投资方案分布

	A方案	B方案
期望报酬率	8%	24%
标准离差	6%	8%

两方案的期望收益率不同，因此应计算标准离差率来衡量风险的大小：

方案 A 的标准离差率 =6%÷8%=75%

方案 B 的标准离差率 =8%÷24%=33%

可以看出，方案 A 的标准离差率要远大于 B，即当期望收益变动同样的百分比时，A 的波动程度要远远大于 B。标准离差率越大，风险也就越大。

思考

如何衡量一个投资项目的风险指数？

(四) 计算风险报酬率和投资报酬率

1. 风险报酬率

风险报酬率是一个充分考虑了风险的报酬指标。标准离差率能反映离散程度和投资风险程度的大小，但无法将风险与报酬结合起来进行分析。如果需要在考虑风险的同时考虑报酬问题，则需要进行风险报酬的衡量。一般企业面临的决策通常不仅是评价与比较两个投资项目的风险水平，而是要决定是否对某一个投资项目进行投资，此时就需要计算出该项目的风险收益率，这样才能直观地比较不同风险水平下投资项目的优先顺序。因此，风险报酬率可以用下面的公式表示

$$R_R = b \times V$$

式中，R_R——风险报酬率；

b——风险报酬系数；

V——标准离差率。

其中，风险报酬系数的大小通常不用企业自己计算，由专业机构结合经验等其他因素后提供。通常有以下几种方法。

(1) 根据以往同类项目的有关数据确定。根据以往同类投资项目的投资收益率、无风险报酬率和标准离差率等历史数据可以估算出风险报酬系数。

(2) 由国家有关部门组织专家确定。国家财政、银行、证券等管理部门可组织有关方面的专家，根据各行业的条件和有关因素确定各行业的风险报酬系数。这种风险报酬系数的国家参

数由有关部门定期颁布，供投资者参考。

【例2-39】 承例2-34，风险报酬系数为10%，分别计算两个项目的风险报酬率。

项目A的风险报酬率 $= b \times V = 10\% \times 0.3 = 3\%$

项目B的风险报酬率 $= b \times V = 10\% \times 1.3 = 13\%$

2. 投资报酬率

投资报酬率指通过投资而应返回的价值，是企业从一项投资中得到的经济回报。因此，在不考虑通货膨胀因素的影响时，投资报酬率可用公式表述为

$$K = R_F + R_R = R_F + b \times V$$

式中，K——投资报酬率；

R_F——无风险报酬率。

其中，无风险报酬率 R_F 可根据通货膨胀溢价的时间价值来确定，在财务管理实务中一般把货币的时间价值率作为无风险报酬率。

【例2-40】 承例2-34，假设无风险报酬率为6%，风险报酬系数为12%，分别计算两个项目的投资报酬率。

项目A的投资报酬率 $= R_F + b \times V = 6\% + 12\% \times 0.3 = 9.6\%$

项目B的投资报酬率 $= R_F + b \times V = 6\% + 12\% \times 1.3 = 21.6\%$

从计算结果可以看出，项目B的投资报酬率(21.6%)要高于项目A的投资报酬率(9.6%)，似乎项目B是一个更好的选择。其实，这是由于高风险而带来的高报酬。从前面的分析来看，两个项目的期望报酬率是相等的，但项目B的风险要高于项目A，因此应选择项目A。

投资报酬率实际上应该是企业项目投资的底线，如图2-24所示。

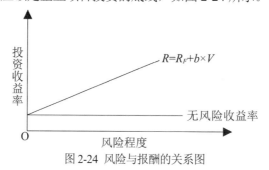

图2-24 风险与报酬的关系图

假如你通过勤工俭学积攒了10万元，有两个投资项目可以选择：第一个项目是购买利率为6%的国库券，第一年年末确定会获得0.6万元的报酬；第二个项目是购买某个公司的股票。如果该公司运营顺利，则你投入的10万元将增值到20万元，而如果公司经营失败，股票价值跌至0元，你将血本无归。你会选择哪一个项目投资？理性的投资者应该会选择第一个项目，这就体现出了单个投资项目的风险与报酬抉择问题，以及风险规避理念。

【例2-41】 有甲乙两个投资项目，资料如表2-11所示，假设风险系数为10%，无风险报酬率为5%，分别计算两个项目的期望报酬率、方差、标准离差、标准离差率、风险报酬率，以

及投资报酬率。

表 2-11　甲乙两个投资项目的预测信息

运作情况	概率	甲项目的报酬率	乙项目的报酬率
良好	30%	40%	30%
一般	40%	20%	15%
很差	30%	−20%	−5%

(1) 计算期望报酬率。

甲项目的期望报酬率=30%×40%+40%×20%+30%×(−20%)=14%

乙项目的期望报酬率=30%×30%+40%×15%+30%×(−5%)=13.5%

(2) 计算方差。

甲项目的方差=(40%−14%)²×0.3+(20%−14%)²×0.4+(−20%−14%)²×0.3=0.056 4

乙项目的方差=(30%−13.5%)²×0.3+(15%−13.5%)²×0.4+(−5%−13.5%)²×0.3=0.018 5

(3) 计算标准离差。

甲项目的标准离差 $= \sqrt{0.056\ 4} = 0.237\ 5$

乙项目的标准离差 $= \sqrt{0.018\ 5} = 0.136\ 1$

(4) 计算标准离差率。

甲项目的标准离差率=23.75%/14%=170%

乙项目的标准离差率=13.61%/13.5%=101%

(5) 计算风险报酬率。

甲项目的风险报酬率=$b×V$=170%×10%=17%

乙项目的风险报酬率=$b×V$=101%×10%=10.1%

(6) 计算投资报酬率。

甲项目的投资报酬率=$R_F+b×V$=5%+17%=22%

乙项目的投资报酬率=$R_F+b×V$=5%+10.1%=15.1%

四、投资组合风险报酬率的评估

投资组合是指由一种以上资产构成的投资集合。单项投资项目的风险是上述研究的重点，实际上很少有企业只选取一项资产进行投资。投资者往往将不同资产组合在一起进行投资，以减少总投资的风险程度。

(一) 投资组合的期望报酬率

投资组合的期望报酬率就是组成投资组合的各个投资项目的期望报酬率的加权平均数，其权数是各个投资项目在整个投资组合总额中所占的比重。其计算公式为

$$\overline{R_p} = \sum_{j=1}^{m} W_j \overline{R_j}$$

式中，$\overline{R_p}$——投资组合的期望报酬率；

W_j——投资于 j 资产的资金占总投资额的比例；

$\overline{R_j}$——资产 j 的期望报酬率；

m——投资组合中投资项目的总数。

【例2-42】某人投资股票，对每只股票投入 5 万元，组成一个价值为 20 万元的证券组合，那么该证券组合的期望报酬率为多少？

表 2-12　证券组合的期望报酬率

证券名称	期望报酬率
证券 A	24%
证券 B	18%
证券 C	12%
证券 D	6%

每种证券分别占组合的比重为 5 万元/20 万元=25%

投资组合的期望报酬率 =24%×25%+18%×25%+6%×25%=12%

(二) 投资组合的风险

在一个投资组合中，各单个项目之间可能会互相影响，因此投资组合的风险不能简单地用各项投资风险的加权平均来衡量。那么，各个投资项目之间如何影响、相关程度有多大，则需要运用统计学的方法，测算投资组合中任意两个投资项目报酬率之间变动关系的指标，即协方差和相关系数来分析投资组合风险。

1. 协方差

协方差是反映投资组合中一个投资项目相对于其他投资项目的风险大小的指标。换言之，当一项资产的报酬率上升或下降时，另一项资产的报酬率是上升还是下降，幅度有多大。从本质上来讲，组合内各投资组合相互变化的方式影响着投资组合的整体方差，从而影响其风险。协方差的计算公式为

$$\text{Cov}(R_1,\ R_2) = \frac{1}{n}\sum_{i=1}^{n}(R_{1i} - \overline{R_1})(R_{2i} - \overline{R_2})$$

$$\text{Cov}(R_1,\ R_2) = \sum_{i=1}^{n}(R_{1i} - \overline{R_1})(R_{2i} - \overline{R_2})P_i$$

我们以两个投资项目组成的投资组合为例，来说明协方差的计算方法。

【例2-43】表 2-13 分别是两种证券期望报酬率的概率分布，试计算两种证券的协方差。

表 2-13 两种证券期望报酬率的概率分布

发生概率	证券A的报酬率(R_1)/%	证券B的报酬率(R_2)/%
0.3	6	10
0.6	8	8
0.1	10	6
期望报酬率	8	8

两种证券的协方差为

$$
\begin{aligned}
\mathrm{Cov}(R_1, R_2) &= \sum_{i=1}^{n}(R_{1i}-\overline{R_1})(R_{2i}-\overline{R_2})P_i \\
&= (6\%-8\%)\times(10\%-8\%)\times 0.3 + (8\%-8\%)\times(8\%-8\%)\times \\
&\quad\ 0.6 + (10\%-8\%)\times(6\%-8\%)\times 0.1 \\
&= -0.016
\end{aligned}
$$

协方差的正负反映了两个投资项目之间报酬率变动的方向。协方差为正值表示两种资产的报酬率呈同方向变动，协方差为负值表示两种资产的报酬率呈反方向变化。上例中两种证券的投资报酬率呈反方向变动。协方差的绝对值越大，表示这两种资产报酬率的关系越密切；协方差的绝对值越小，则这两种资产报酬率的关系也越疏远。

2. 相关系数

相关系数反映了两个随机变量之间线性关系的强度和方向。尽管协方差的正负可以反映两项资产报酬的变动关系，但协方差的数值大小很难解释。为了使其概念能更易于理解，可以将协方差标准化，即将协方差除以两个投资方案投资报酬率的标准离差之积，得出一个与协方差具有相同性质但却没有量化的数值。我们将这个数值称为这两个投资项目的相关系数，它介于-1 和+1。相关系数的计算公式为

$$
\rho_{12}=\frac{\mathrm{Cov}(R_1, R_2)}{\delta_1\delta_2}
$$

【例 2-44】承例 2-43，计算两种证券的相关系数。

第一步，计算两种证券的标准离差。

证券 A 的标准离差：

$$
\delta=\sqrt{\sum_{i=1}^{n}\left(K_i-\overline{K}\right)^2\times P_i}=\sqrt{(6\%-8\%)^2\times 0.3+(8\%-8\%)^2\times 0.6+(10\%-8\%)^2\times 0.1}=1.26\%
$$

证券 B 的标准离差：

$$
\delta=\sqrt{\sum_{i=1}^{n}\left(K_i-\overline{K}\right)^2\times P_i}=\sqrt{(10\%-8\%)^2\times 0.3+(8\%-8\%)^2\times 0.6+(6\%-8\%)^2\times 0.1}=1.26\%
$$

第二步，计算证券 A 和证券 B 的相关系数。

$$
\rho_{12}=\frac{\mathrm{Cov}(R_1, R_2)}{\delta_1\delta_2}=\frac{-0.016}{1.26\%\times 1.26\%}=-1
$$

相关系数的正负与协方差的正负相同。相关系数为正值时，表示两种资产的投资报酬率呈

同方向变化，为负值则意味着反方向变化。就其绝对值而言，相关系数的大小与协方差大小呈同方向变化。相关系数总是在-1.0 到+1.0 之间变动，-1.0 代表完全负相关，+1.0 代表完全正相关，0 则表示不相关。

3. 投资组合的总风险

投资组合的总风险由投资组合报酬率的方差和标准离差来衡量。此处考虑只有 A、B 两种资产的组合。投资组合方差的计算公式为

$$V_p = W_A^2 \delta_A^2 + W_B^2 \delta_B^2 + 2W_A W_B \mathrm{Cov}(R_A R_B)$$

推而广之，由 n 种资产组合而成的投资组合的方差为

$$V_p = \sum_{i=1}^{n} \sum_{j=1}^{n} W_i W_j \mathrm{Cov}(R_i R_j)$$

投资组合的标准离差为

$$\delta_p = \sqrt{V_p} = \sqrt{\sum_{i=1}^{n} \sum_{j=1}^{n} W_i W_j \mathrm{Cov}(R_i R_j)}$$

式中，V_p——投资组合的方差；

δ_p——投资组合的标准离差；

W_i——资产 i 在总投资额中所占的比重；

W_j——资产 j 在总投资额中所占的比重；

$\mathrm{Cov}(R_i R_j)$——资产 i 和资产 j 的协方差。

【例 2-45】如两个单项投资项目的标准离差均为 9%，组成等比例的投资组合，协方差为 0.000 7，计算投资组合的方差和标准离差。

$$V_p = 0.5^2 \times 9\%^2 + 0.5^2 \times 9\%^2 + 2 \times 0.5 \times 0.5 \times (-0.000\,7) = 0.003\,7$$

$$\delta_p = \sqrt{V_p} = \sqrt{0.003\,7} = 0.060\,8$$

📖 拓展阅读

从前，一老夫人膝下生有二女，长女嫁至城东染布店做妇，小女许与城西雨伞店为媳。遇天雨，老妇就愁眉不展；逢天晴，老妇也唉声叹气，全年到头未尝舒心开颜。人怪之，或问其故，对曰："阴天染布不得晒，晴天伞具无从卖。悲乎吾二女，苦哉老身命！"显然，这位老夫人是分别从长女开染布店、小女开雨伞店两个角度考虑的。她并没有想到，换个角度看，无论是遇天雨，还是逢天晴，老夫人的女儿都在赚钱，只不过是大女儿赚钱，还是小女儿赚钱的问题。故事本意劝人换个角度看问题，但其中也蕴含着投资组合可以降低风险的道理。我们可以做以下简单测算，如表 2-14 所示。

表 2-14 投资组合测算

投资	天气	概率	结果	加权结果
长女(染布店) (1 000 元)	晴天	0.4	600 元	240 元
	雨天	0.6	-200 元	-120 元
			预期结果	120 元

(续表)

投资	天气	概率	结果	加权结果
小女(雨伞店)	晴天	0.4	−300 元	−120 元
	雨天	0.6	500 元	300 元
(1 000 元)			预期结果	180 元
老夫人(组合)	晴天	0.4	300 元	120 元
	雨天	0.6	300 元	180 元
染店+伞店(2 000 元)			预期结果	300 元

从本例中可以看出，从老夫人长女(染布店)角度考虑投资报酬，只有 120 元；同样，从老夫人小女(雨伞店)角度考虑投资报酬，也只有 180 元的报酬；而站到老夫人的角度看待投资收益，则构成一个投资组合，无论是下雨还是晴天，其报酬都为 300 元。

(三) 风险分散

资产组合可以分散风险，但不能完全消除风险。"不要把所有的鸡蛋放在一个篮子里"，就是通过资产的分散化来分散风险。通常，随着投资组合中的投资项目增加，投资组合的风险会越来越低，但是当资产数目增加到一定程度时，风险降低的程度和速度会越来越慢，越来越少，直至不再降低。值得注意的是，有些风险可以随着组合投资消除或分散，而有些风险则仍保持不变。根据之前所讲的风险的种类，在分散风险时可分为可分散风险与不可分散风险两种。

可分散风险指可以通过组合投资的方式将个别投资的风险消除到最低，这类风险通常为非系统风险，如个别企业由于自身原因引起的竞争失利、经营失败、安全事故等。在投资组合中，这种风险专指个别投资项目所独有的、随时可能发生变动的风险，可通过设计投资组合多样化和正确的投资来降低、抵消和避免。如投资股票，由于持有多种股票，当有些股票价格下跌时，另一些股票的价格和股息可能上升，这样此消彼长可冲销彼此的风险。

不可分散风险指由于某种因素会对整个市场投资环境引起变动，会给一切投资者带来损失的可能性，如新冠疫情给全球经济带来了一定损失。因此，无论如何增加投资组合的多元化，也不能消除这一部分风险。

📖 拓展阅读

神奇的组合

假设某投资组合由通用汽车公司和美孚石油公司的股票组成，投资比重各为50%，通用汽车公司和美孚石油公司股票的收益率均受到原油市场价格变动的影响，有关情况如表2-15所示。

表2-15　股票收益率受原油市场价格变动情况(1)

原油市场价格变动情况	上涨	下跌	预期报酬率	标准离差
概率	0.5	0.5		
通用汽车公司股票收益率	8%	12%	10%	2%
美孚石油公司股票收益率	12%	8%	10%	2%
投资组合期望报酬率	10%	10%	10%	2%

可以看出，两家公司股票具有相同的预期报酬率和标准离差。同时，两家公司股票收益率的变动方向和变动幅度相反，呈现完全负相关的关系。完全负相关的两只股票所构成的投资组合，预期报酬率没有改变，但有一种组合能够将标准离差降低为0。

推论1：两种证券收益率的变化方向和变化幅度完全相反，即完全负相关时(相关系数 $\rho=-1$)，任何一种证券收益率的变动会被另一种证券收益率的反向变动所抵消，组合风险可以为0，或者说风险可以被投资组合完全分散。

假设某投资组合由通用汽车公司和福特汽车公司的股票组成，投资比重各为50%，通用汽车公司和福特汽车公司股票的收益率均受到原油市场价格变动的影响，有关情况如表2-16所示。

表2-16　股票收益率受原油市场价格变动情况(2)

原油市场价格变动情况	上涨	下跌	预期报酬率	标准离差
概率	0.5	0.5		
通用汽车公司股票收益率	8%	12%	10%	2%
福特汽车公司股票收益率	8%	12%	10%	2%
投资组合期望报酬率	8%	12%	10%	2%

可以看出，两家公司股票具有相同的预期报酬率和标准离差。同时，两家公司股票收益率的变动方向和变动幅度完全相同，呈现完全正相关的关系。

完全正相关的两只股票所构成的投资组合，预期报酬率没有改变，标准离差也没有改变。

推论2：两种证券收益率的变化方向和变化幅度完全相同，即完全正相关时(相关系数 $\rho=+1$)，两种证券收益率的变动完全不能相互抵消，组合风险不变，或者说投资组合不产生风险分散效应。

结论：理论上，相关系数的取值范围为：$-1 \leqslant$ 相关系数 $\leqslant +1$，由此可推出：$0 \leqslant$ 组合风险 $\leqslant$ 不变。现实中，不存在收益率完全正相关或完全负相关的证券，即相关系数的取值范围为：$-1 <$ 相关系数 $< +1$，由此可推出：$0 <$ 组合风险 $<$ 不变。也就是说，现实中证券资产组合一定能够分散风险(非系统风险、公司风险、可分散风险)，但不能够完全消除风险(系统风险、市场风险、不可分散风险)。随着证券资产组合中资产个数的增加，证券资产组合的风险会逐渐降低，当资产的个数增加到一定程度时，证券资产组合的风险程度将趋于平稳，这时组合风险的降低将非常缓慢直到不再降低。

本 章 小 结

货币的时间价值是研究企业财务管理最基本的理念之一，是指货币经历一定时间的投资和再投资所增加的价值，也称资金的时间价值。任何财务管理活动，都是在特定的时空中进行的。离开了时间价值的因素，就无法正确计算不同时期的财务收支，也无法正确评价企业的盈亏。货币时间价值的计算包括单利终值现值、复利终值现值、各种年金的终值现值。

复利是计算利息的一种方法，按照这种方法，每经过一个计息期，要将所发生利息加入本金再计利息，逐期滚算，俗称利滚利。

年金是指一定时期内等额、定期的系列收付款项，如分期付款赊购、分期偿还贷款、发放养老金、支付租金、提取折旧等。按照收付的时点和方式的不同，可以将年金分为普通年金、预付年金、递延年金和永续年金。

名义利率和实际利率两者之间可以相互换算。名义利率是不考虑复利次数的年利率，实际利率是考虑一年内多次复利计算产生的实际年利率。

风险报酬是指投资者因承担风险而获得的超过时间价值的那部分额外报酬。风险报酬率是投资者因承担风险而获得的超过时间价值率的那部分额外报酬率，即风险报酬与原投资额的比率。

评估单项投资风险报酬率时，需要利用数学模型，通过确定概率分布，计算期望报酬率，引入标准离差和标准离差率来判断。

投资组合的期望报酬率就是组成投资组合的各个投资项目的期望报酬率的加权平均数，其权数是各个投资项目在整个投资组合总额中所占的比例。

投资组合的总风险由两部分构成，即系统风险和非系统风险。必须考虑各项组合之间的相互关系，通常用协方差和相关系数来计量。

课 后 习 题

一、单项选择题

1. 货币的时间价值是货币经历一定时间的投资和(　　)所增加的价值。
   A. 消费　　　　　　　　　　　　B. 本金
   C. 再投资　　　　　　　　　　　D. 预算

2. 一定数量的货币资金经过一定时期后的价值，称为(　　)。
   A. 复利终值　　　　　　　　　　B. 复利现值
   C. 年金终值　　　　　　　　　　D. 年金现值

3. 将 100 元存入银行，第五年年末的账户存款总额应用(　　)来计算。
   A. 复利终值系数　　　　　　　　B. 复利现值系数
   C. 年金终值系数　　　　　　　　D. 年金现值系数

4. 下列项目中，(　　)称为普通年金。
   A. 先付年金　　　　　　　　　　B. 后付年金
   C. 延期年金　　　　　　　　　　D. 永续年金

5. 永续年金是(　　)的特殊形式。
   A. 普通年金　　　　　　　　　　B. 先付年金
   C. 即付年金　　　　　　　　　　D. 递延年金

6. 在利息不断资本化的条件下，资金时间价值的计算基础应采用(　　)。
   A. 单利　　　　　　　　　　　　B. 复利
   C. 年金　　　　　　　　　　　　D. 普通年金

7. 当两种股票完全负相关时，将这两种股票合理地组合在一起，则(　　)。
   A. 能适当分散风险　　　　　　　B. 不能分散风险
   C. 能分散掉一部分市场风险　　　D. 能分散掉全部可分散风险

8. 投资者甘愿冒风险进行投资的原因是(   )。

    A. 可获得报酬   B. 可获得利润

    C. 可获得等同于时间价值的报酬率   D. 可获得风险报酬率

9. 资金时间价值相当于没有风险和没有通货膨胀条件下的(   )。

    A. 利息率   B. 额外收益

    C. 社会平均资金利润率   D. 利润率

10. 与年金终值系数互为倒数的是(   )。

    A. 年金现值系数   B. 投资回收系数

    C. 复利现值系数   D. 偿债基金系数

11. 某大学决定建立科学奖金，现准备存入一笔资金，预计以后无限期地在每年支取利息 20 000 元用来发放奖金。在存款年利率为10%的条件下，现在应存入(   )元。

    A. 250 000   B. 200 000

    C. 215 000   D. 16 000

12. 某人计划在 5 年后得到 1 000 元，年利率为 10%，按复利计息，她现在应该存入(   )元。

    A. 683.01   B. 620.92

    C. 666.67   D. 714.29

13. 假设企业按12%的年利率取得贷款 200 000 元，要求在 5 年内每年年末等额偿还，每年的偿付额应为(   )元。

    A. 40 000   B. 52 000

    C. 55 482   D. 65 400

14. 下列因素引起的风险中，企业可以通过多元化投资予以分散的是(   )。

    A. 市场利率上升   B. 社会经济衰退

    C. 新产品开发风险   D. 通货膨胀

15. 某公司新产品开发成功的概率为 90%，投资报酬率为 40%；开发失败的概率为10%，投资报酬率为 100%。该产品开发方案的预期投资报酬率为(   )。

    A. 18%   B. 26%

    C. 28%   D. 16%

16. 下列各项中，不属于经营风险的是(   )。

    A. 原材料供应地的政治经济情况变动   B. 生产组织不合理

    C. 销售决策失误   D. 增加长期借款

17. 某项目的风险系数为 0.8，标准离差率为16%，风险收益率为(   )。

    A. 16%   B. 10%

    C. 12.8%   D. 24%

18. 投资组合能分散(   )。

    A. 所有风险   B. 系统性风险

    C. 非系统风险   D. 市场风险

19. 某公司股票的 β 系数为 1.5，无风险收益率为 9%，市场上所有股票的平均收益率为15%，则该公司股票的必要收益率应为(   )。

A. 9%   B. 15%

C. 18%   D. 24%

20. $(A/F，i，n)$表示(　　)。

  A. 资本回收系数   B. 偿债基金系数

  C. 普通年金现值系数   D. 普通年金终值系数

二、多项选择题

1. 下列说法中，(　　)可视为年金的形式。

  A. 直线计提的折旧法   B. 租金

  C. "利滚利"   D. 保险费

2. 下列说法中，不正确的是(　　)。

  A. 风险越大，获得的风险报酬应该越高

  B. 有风险就会有损失，两者是相伴而生的

  C. 风险是无法预计和控制的，其概率也不可预测

  D. 由于劳动力市场供求关系的变化而给企业带来的风险不属于经营风险

3. 递延年金的特点包括(　　)。

  A. 年金的第一次支付发生在若干期之后

  B. 没有终值

  C. 年金的现值与递延期无关

  D. 年金的终值与递延期无关

4. 下列各项表述中，正确的是(　　)。

  A. 资金时间价值不是时间的产物，而是劳动的产物

  B. 资金时间价值与利率是一回事

  C. 资金时间价值通常应按复利方式计算

  D. 如果通货膨胀率极低，政府债券收益率可以视同时间价值

5. 在财务管理中，经常用来衡量风险大小的指标有(　　)。

  A. 标准离差   B. 边际成本

  C. 风险报酬率   D. 标准离差率

6. 企业的财务风险是指(　　)。

  A. 企业外部环境变动引起的风险 B. 公司工人罢工，被迫停产引起的风险

  C. 借款后因无法归还带来的风险 D. 筹资决策带来的风险

7. 年金按每次收付发生的时点不同，可以分为(　　)。

  A. 普通年金   B. 先付年金

  C. 递延年金   D. 永续年金

8. 反映随机变量离散程度的指标包括(　　)。

  A. 标准差   B. 方差

  C. 标准离差   D. 标准离差率

9. 下列有关风险与不确定性的说法中，正确的是(　　)。

  A. 风险是指在一定条件下和一定时期内可能发生的各种结果的变动程度

B. 风险是客观存在的

C. 风险与不确定性没有十分严格的界限，但有一定差别

D. 不确定性从理论上讲是无法计量的

10. 经投资组合分散后仍残留的风险是指(　　)。

  A. 市场风险   B. 系统风险

  C. 不可分散风险   D. 贝塔风险

三、判断题

1. 货币只有在流通中才具有货币的时间价值。 （　）

2. 递延年金终值的大小与递延期无关，故计算方法和普通年金终值是一样的。 （　）

3. 由现值求终值，称为折现，折现时使用的利息率为折现率。 （　）

4. 永续年金没有终值。 （　）

5. 用来代表资金时间价值的利息率中包含风险因素。 （　）

6. 凡一定时间内每期都有的收款或付款的现金流量，均属于年金问题。 （　）

7. 在其他条件不变时，证券的风险越大，投资者要求的必要报酬率越高。 （　）

8. 等量资金在不同时点上的价值不相等，根本原因是通货膨胀的存在。 （　）

9. 永续年金现值是年金数额除以贴现率。 （　）

10. 如果组合中股票数量足够多，则任意单只股票的可分散风险都能够消除。 （　）

四、计算分析题

1. 某人 5 年后需用现金 40 000 元，如果每年年末存款一次，在年利率为 6% 的情况下，此人每年年末应存入现金多少元？

2. 某人拟购房，开发商提出两种方案，一种方案是现在一次性付 80 万元，另一种方案是 5 年后付 100 万元。若目前的银行存款利率是 7%，请问此人应该选择哪一种方案付款？

3. 某人现在存入银行 20 000 元，在银行利率为 6% 的情况下，今后 10 年内每年年末可提取现金多少元？

4. 某公司有一项付款业务，有甲、乙两种付款方式可供选择。

甲方案：现在支付 10 万元，一次性结清。

乙方案：分 3 年付款，每年年初的付款额分别为 3 万元、4 万元和 4 万元。

假设年利率为 10%，按现值计算，从甲、乙两方案中选优。

5. 不同经济情况下，电脑公司和天然气公司的报酬率及概率分布如下表所示。

经济情况	发生概率	各种情况下的期望报酬率	
		电脑公司	天然气公司
繁荣	0.3	100%	20%
正常	0.4	15%	15%
衰退	0.3	−70%	10%

要求：通过期望报酬率和标准离差来比较两公司的风险大小。

第三章

筹 资 管 理

【导读】

资金是企业生存和发展的基础，是企业持续经营和取得长远发展的动力所在，企业所有的财务管理活动都以资金为前提。筹资活动中，企业应该对筹资方式进行选择，关注筹资风险和筹资规模，降低筹资成本，提高企业资金的使用效率。

【学习重点】

理解筹资管理的基本理论；熟悉筹资渠道、筹资方式、资本成本、杠杆效应、资本结构等相关概念；掌握不同筹资方式的特点；能够核算个别资本成本、经营杠杆系数、财务杠杆系数；能够运用资本成本比较法、EBIT-EPS 分析法进行资本结构的选择。

【学习难点】

线性回归法的应用、资本成本的计算、经营杠杆系数、财务杠杆系数、EBIT-EPS 分析法。

【教学建议】

第一、三、四节以讲授为主，第二、五、六、七、八节建议结合真实案例进行情景教学，引导学生查阅资料。

第一节　筹资管理概述

筹资是企业从自身的生产经营现状及资金运用情况出发，根据企业未来经营策略和发展需要，经过科学的预测和决策，通过一定的渠道，采用一定的方式，获取所需资金的行为。企业在筹资过程中会面临许多问题：何时筹资、通过什么渠道、采用什么方式、筹资多少等。

筹资管理是企业财务管理中一项最基本、最原始的职能。企业为了保证生产经营的正常进行，必须具有一定数量的资金。当然，企业出于季节性和临时性等原因，或由于扩大生产经营规模的需要，也同样需要筹集资金。因此，筹集资金既是企业生产经营活动的前提，也是企业再生产顺利进行的保证。从筹资与投资、收益分配之间的关系来看，筹资管理十分重要，筹资为投资提供基础和前提，没有资金的筹集，就无法进行资金的投放。从一定意义上来说，筹资的数量与结构直接影响企业效益的好坏，影响企业收益的分配。因此，筹资在财务管理中处于极其重要的地位。

一、企业筹资的动机

企业筹资是为了自身的生存和发展。企业具体的筹资活动通常为特定的生产经营活动服务，如购置设备、引进新技术、开发新产品、偿还债务、对外投资等，这些特定的生产经营活动有时是单独进行的，有时是交织在一起进行的，归纳起来有三种基本情况，即调整性经营、扩张性经营和混合性经营。不同经营活动对资金的不同需求构成了企业筹资的三种不同动机，即调整性筹资动机、扩张性筹资动机和混合性筹资动机。

(一) 调整性筹资动机

调整性筹资动机是指企业因调整现有资本结构而产生的筹资动机。资本结构可以理解为企业各种筹资方式的组合及其比例关系。一个企业在不同时期由于筹资方式的不同组合会形成不同的资本结构，随着相关情况的变化，现有的资本结构可能不再合理，需要相应地予以调整。例如，一个企业有些债务到期必须偿付，企业虽然具有足够的偿债能力偿付这些债务，但为了调整现有的资本结构，仍然选择举债，从而使资本结构更加合理；又如，一个企业由于客观情况的变化，现有的资本结构中债务筹资额所占的比例过大，财务风险过高，偿债压力过重，需要降低债务筹资的比例，采取债转股等措施予以调整，使资本结构适应客观情况的变化而趋于合理。

(二) 扩张性筹资动机

扩张性筹资动机是指企业因扩大生产经营规模或增加对外投资而产生的追加筹资的动机。一般处于成长时期、具有良好发展前景的企业通常会产生扩张性筹资动机，例如，企业产品供不应求，需要增加市场供应；开发生产适销对路的新产品；追加有利的对外投资规模；开拓有发展前途的对外投资领域等。扩张性筹资动机所产生的直接结果是企业资产总额和资本总额的增加。

(三) 混合性筹资动机

在实务中，企业筹资的目的可能具有多重性。企业通过追加筹资，既满足其经营活动、投资活动的资金需要，又达到调整其资本结构的目的。这类情况很多，可以称为混合性筹资动机。混合性筹资动机一般基于企业规模扩张和调整资本结构两种目的，兼具扩张性筹资动机和调整性筹资动机的特性，同时增加了企业的资产总额和资本总额，导致企业的资产结构和资本结构发生变化。例如，企业对外投资需要大额资金，其资金来源可以通过增加长期贷款或发行公司债券解决，此举既能扩大企业规模，又能使企业的资本结构有较大的变化。

二、企业筹资管理的要求

(一) 合理确定筹资规模，控制资金投放时间

企业再生产过程的实现以资金的正常周转为前提，如果资金不足，则会影响经营活动正常、有序地进行；如果资金过剩，则会影响资金使用效益，造成资金的浪费。因此，所筹集的资金必须保证企业正常周转的资金需要。企业在正常生产经营过程中，各个阶段、各个时期的资金需要量并不完全一致，所以，为保证资金正常周转的需要，必须从数量和时间两方面着手。从数量上保证是指企业根据生产经营、成本、费用支出及销售的具体情况，采用科学的方法对企业未来资金的注入量和流出量进行测算，确定资金的需要量和增加量，并据以确定筹资方式和筹资数量。从时间上保证则指在测定资金需要量和确定筹资方式时，不仅要考虑全年的情况，还应在年内分季度、分月进行估算并做出安排，做到有计划地调度资金，同时在时间上做好衔接。

(二)比较选择筹资渠道和筹资方式，降低资金成本

筹资渠道有多种，取得资金的方式也很多，但不论通过什么渠道，采用什么方式筹措资金，都要付出一定的代价，这种付出的代价被称为资金成本。资金成本是对筹资效益的扣除，如果成本太高，不仅影响筹资和投资的效益，还有可能使企业出现亏损。因此，企业筹集资金时必须对各个渠道、各种方式进行选择和比较，选择最佳的筹资渠道和筹资方式进行筹资，以降低资金成本。

(三) 合理安排筹资结构，降低筹资风险

筹资结构即各种资金来源占全部资金来源的比重，以及各类资金来源之间的比例关系。例如，债务资本与权益资本的比例、长期资金来源与短期资金来源的比例、权益资本的构成比例等。筹资风险即筹资中各种不确定因素给企业带来损失的可能性，具体表现为利率变动风险、汇率变动风险、无力偿付债务风险等。但是，在市场经济条件下，从不同来源、用不同方式筹集的资金，由于资金占用时间、筹资条件、筹资成本各不相同，给企业带来的风险大小亦不相同，但只要企业合理安排，选择最佳的筹资结构，就能有效地回避风险和降低风险。

(四) 遵守国家有关法规，维护各方合法权益

企业的筹资活动影响着社会资金的流向和流量，涉及多方面的经济利益。因此，企业的筹资活动必须接受国家宏观指导与控制，遵守国家有关法律法规，按照公正、公开、公平的原则，履行约定的责任，维护有关各方的合法权益。

思考

企业的筹资管理还需要遵守哪些要求？

三、企业筹资的种类

企业筹集的资金可按多种标准进行分类，现介绍两种最常见的分类方式。

(一) 短期筹资和长期筹资

按资金使用期限的长短，可把企业筹资分为短期筹资和长期筹资两种。

短期筹资所筹资金为短期资金，一般指使用期在 1 年以内的资金。短期资金主要用于企业运作过程中的现金、应收账款、存货等，一般在短期内可以收回。短期资金常通过利用商业信用和取得银行流动借款等方式来筹集。

长期筹资所筹资金为长期资金，一般指使用期在 1 年以上的资金。长期资金主要用于企业新产品的开发和推广、生产规模的扩大、厂房和设备的更新，一般需几年甚至几十年才能收回。长期资金常通过吸收投资、发行股票、发行公司债券、取得长期借款、融资租赁和内部积累等方式来筹集。

(二) 股权筹资、债务筹资及衍生工具筹资

按企业取得资金权益特性的不同，把企业筹资分为股权筹资、债务筹资和衍生工具筹资。

股权筹资所筹资金为股权资金，又称主权资金或自有资金，是股东投入的、企业依法长期拥有且能够自主调配运用的资金，是企业最基本的资金来源。在企业持续经营期间，投资者不得抽回股权资金。股权资金是企业从事生产经营活动和偿还债务的基本保证，是代表企业基本资信状况的一个主要指标。企业的股权资金通过吸收直接投资、发行股票、内部积累等方式取得。股权资金一般不用偿还本金，可以形成企业的永久性资金，因而财务风险小，但付出的资金成本相对较高。

债务筹资所筹资金为债务资金，又称债务，是企业按合同向债权人取得的、在规定期限内需要清偿的债务。企业通过债务筹资形成债务资金，债务资金通过向金融机构借款、发行债券、融资租赁等方式取得。债务资金也是企业资金的重要来源。但是，债务资金到期必须偿还，并要支付固定费用，如利息、租金等。如果到期偿付不了本金和利息，债权人有权依法要求企业破产还债。由此可见，企业使用债务资金的负担较重，财务风险较大，但相对而言，付出的资金成本较低。

衍生工具筹资包括兼具股权与债务筹资性质的混合筹资和其他衍生工具筹资。我国上市公司目前最常见的混合筹资方式是优先股筹资和可转换债券筹融资，最常见的其他衍生工具筹资方式是认股权证筹资。

四、筹资渠道与筹资方式

研究和掌握筹资渠道与筹资方式是筹资的必要前提。

(一) 筹资渠道

筹资渠道又称资金来源渠道，是指企业取得资金的来源。企业筹资渠道会因为国家经济体制和国家对国有资金的管理政策，以及企业所有制形式和企业组织形式等因素的影响而呈现多种多样的特征。目前，我国企业的筹资渠道主要有以下几种。

1. 国家财政资金

国家对企业的直接投资是国有企业最主要的筹资渠道，特别是国有独资企业，其资金全部由国家投资形成。现有国有企业的资金大多由国家财政直接拨款。特别要注意的是，不管国有企业的资金通过何种形式形成，从产权关系上来看，它们都属于国家投入的资金，产权属国家所有。

2. 银行信贷资金

银行对企业的各种贷款是我国目前各类企业最重要的资金来源之一。我国的银行分为商业性银行和政策性银行两种。商业银行是以营利为目的、从事信贷资金投放的金融机构，主要为企业提供各种商业贷款；政策性银行则是为特定企业提供政策性贷款的金融机构。

3. 非银行金融机构资金

非银行金融机构主要指信托投资公司、保险公司、租赁公司、证券公司和集团所属的财务公司等，可以提供信贷资金投放、物资的融通、为企业承销证券等金融服务。

4. 其他企业资金

企业在生产经营过程中往往会形成部分暂时闲置或为一定的目的而进行相互投资的资金。例如，企业间的购销业务可以通过商业信用的方式来完成，从而形成企业间的债权债务关系，形成债务人对债权人的短期信用资金占用。企业间的相互投资和商业信用的存在，使其他企业资金成为企业资金的重要来源。

5. 企业职工和居民个人资金

企业职工和居民个人的结余货币，作为游离于银行及非银行金融机构之外的个人资金，可用于对企业投资，形成民间资金来源渠道，从而为企业所用。

6. 企业自留资金

企业自留资金即企业内部形成的资金，也称企业内部资金，主要包括提取的公积金和未分配利润等。企业自留资金的重要特征之一是无须企业通过一定的方式去筹集，而直接由企业内部自动生成或转移。

总之，企业筹资过程中，各种筹资渠道能提供的资金有多有少，有些渠道的资金供应量多，如银行信贷资金和非银行金融机构资金等；有些渠道的资金供应量相对较少，如企业自留资金等。一定时期市场资金供应量的多少一定程度上会受企业所处宏观和微观环境的影响，如宏观经济体制、银行体制和金融市场发展速度等。

(二) 筹资方式

筹资方式即企业取得资金的具体方式。目前,我国企业主要采用以下几种筹资方式。

(1) 吸收直接投资。

(2) 发行股票。

(3) 利用留存收益。

(4) 向银行借款。

(5) 发行公司债券。

(6) 融资租赁。

(7) 利用商业信用。

以上几种筹资方式中,利用前三种方式筹措的资金为权益资金,利用后四种方式筹措的资金为债务资金。具体的内容在随后章节展开。

(三) 筹资渠道与筹资方式的关系

筹资渠道解决的是资金来源问题,筹资方式则解决通过何种方式取得资金的问题,它们之间存在一定的对应关系。一定的筹资方式可能只适用于某一特定的筹资渠道,但是同一渠道的资金往往可采取不同的方式取得。企业筹资渠道与筹资方式的关系,如表 3-1 所示。

表3-1　企业筹资渠道与筹资方式的关系

筹资方式	筹资渠道						
	国家财政资金	银行信贷资金	非银行金融机构资金	其他企业资金	企业职工和居民个人资金	企业自留资金	外商资金
吸收直接投资	√						
吸收其他单位投资				√			
发行股票	√	√	√	√	√		√
企业内部积累						√	
长期借款		√	√				
发行债券		√	√	√	√		√
融资租赁			√				
商业信用				√			

注: "√"表示在一般情况下,某种筹资渠道可利用的筹资方式。

思考

新经济环境下,筹资渠道和筹资方式有没有改变,如果有,请具体说明。

第二节　资金需要量预测

企业在筹资之前,需要对未来组织生产经营活动的资金需要量进行估计、分析和判断,即对资金需要量进行预测,这样才能使筹集的资金既保证满足生产经营的需要,又不会产生不合理的闲置。由于企业资金主要被固定资产和流动资产占用，而这两项资产的性质、用途和占用资金的数额都不相同，所以需要分别测算。企业固定资产资金需要量的预测一般通过投资决策、编制资金预算完成。企业在正常经营的情况下，主要是对流动资金需要量进行预测。资金需要量预测的方法有很多种，这里仅介绍常用的三种方法：因素分析法、比率预测法和资金习性预测法。

一、因素分析法

因素分析法又称分析调整法，是依据分析指标与其影响因素的关系，从数量上确定各因素对分析指标影响方向和影响程度的一种方法。在预测资金需要量时，以有关资本项目上年度的实际平均需要量为基础，根据预测年度的生产经营任务和加速资本周转的要求进行分析、调整，以此来预测资金需要量。这种方法计算比较简单，容易掌握，但预测结果不太精确，通常用于品种繁多、规格复杂、用量较小、价格较低的资金占用项目的预测，也可以用于匡算企业全部资金的需要量。采用该方法预测资金量时，首先应在上年度资金平均占用额的基础上，剔除其中呆滞积压不合理的部分，然后根据预测期的生产经营任务和加速资本周转的要求进行测算。

因素分析法的基本模型为

$$资本需要量=(基期资金平均占用额-不合理资金占用额)\times(1\pm预测期销售变动率)$$
$$\times(1\pm预测期资金周转速度变动率)$$

【例3-1】盛腾公司2017年度资金实际平均占用量为1 000万元，其中不合理部分为100万元，预计2018年销售增长5%，资本周转速度加快2%，请预测2018年资金需要量。

2018 年资金需要量=(1 000-100)×(1+5%)×(1-2%)=926.1(万元)

二、比率预测法

比率预测法是以一定的财务比率为基础，预测未来资金需要量的方法。比率预测法可用于预测的比率有很多，如存货周转率、应收账款周转率等，最常用的是销售百分比法。预测未来资金需要量销售百分比法是以资金与销售额的比率为基础，将反映生产经营规模的销售因素与反映资金占用的资产因素连接起来，根据销售与资产之间的数量比例关系，预计企业的外部筹资需要量。销售百分比法首先假设某些资产与销售额存在稳定的百分比关系，根据销售与资产的比例关系预计资产额，根据资产额预计相应的负债和所有者权益，进而确定筹资需要量。利用销售百分比法进行资金需要量预测的基本步骤如下。

(1) 预计增长的销售额(增长率)。

$$增长的销售额=预计销售收入-基期销售收入$$

(2) 确定随销售额变动而变动的资产和负债项目。

随着经营性资产的增加，相应的经营性短期债务也会增加，如存货增加会导致应付账款增加，此类债务称为"自动性债务"，可以为企业提供暂时性资金。经营性资产与经营性负债的差额通常与销售额保持稳定的比例关系。经营性资产项目包括库存现金、应收账款、存货等项目；而经营性负债项目包括应付票据、应付账款等项目，不包括短期借款、短期融资券、长期负债等筹资性负债。

(3) 确定经营性资产和经营性负债有关项目与销售额的稳定比例关系。

如果企业资金周转的营运效率保持不变，经营性资产和经营性负债会随销售额的变动而呈正比例变动，保持稳定的百分比关系。企业应当根据历史资料和同业情况，剔除不合理的资金占用，寻找与销售额的稳定百分比关系。

(4) 确定需要增加的筹资数量。

预计由于销售增长而需要的资金需求增长额，扣除利润留存后，即为所需要的外部筹资额，其公式为

$$需要对外筹集的资金量 = \frac{A}{S_1} \times \Delta S - \frac{B}{S_1} \times \Delta S - S_2 \times P \times E$$

式中，A——随销售额变化的资产(变动资产)；

B——随销售额变化的负债(变动负债)；

S_1——基期销售额；S_2——预测期销售额；ΔS——销售的变动额；

P——销售净利率；E——利润留存率；

A/S_1——变动资产占基期销售额的百分比；

B/S_1——变动负债占基期销售额的百分比。

【例3-2】盛腾公司2017年的销售收入为100 000元，现在还有剩余生产能力，即增加收入不需要进行固定资产方面的投资。假定销售净利率为10%，公司的利润分配给投资者的比例为60%，如果2018年的销售收入提高到120 000元，那么需要筹集多少资金？2017年该公司的基本资料，如表3-2所示。

表3-2　2017年12月31日盛腾公司简要资产负债表

资产	金额/元	负债与所有者权益	金额/元
库存现金	5 000	应付费用	5 000
应收账款	15 000	应付账款	10 000
存货	30 000	短期借款	25 000
固定资产净值	30 000	公司债券	10 000
		实收资本	20 000
		留存收益	10 000
资产合计	80 000	负债与所有者权益合计	80 000

(1) 预计增长的销售额 S_2=120 000-100 000=20 000(元)

(2) 确定随销售额变动而变动的资产和负债项目，如表 3-3 所示。

表3-3 随销售额度变动而变动的资产和负债项目

资产	占销售收入/%	负债与所有者权益	占销售收入/%
库存现金	5	应付费用	5
应收账款	15	应付账款	10
存货	30	短期借款	不变动
固定资产净值	不变动	公司债券	不变动
		实收资本	不变动
		留存收益	不变动
资产合计	50	负债与所有者权益合计	15

(3) 需要增加的筹资数量=20 000×(50%-15%)=7 000(元)

(4) 需要对外筹集的资金量 = 20 000×(50% - 15%) - 120 000×10%×(1 - 60%) = 2 200(元)

三、资金习性预测法

资金习性预测法是指根据资金习性来预测未来资金需要量的方法。

资金习性是指资金的变动与产销量变动之间的依存关系。按照资金与产销量之间的依存关系，可以把资金区分为不变资金和变动资金。

不变资金是指在一定产销量范围内，不受产销量变动的影响而保持固定不变的那部分资金。即产销量在一定范围内变动，这部分资金保持不变。不变资金包括为维持经营而占用的最低数额的现金，原材料的保险储备，必要的成本储备，厂房、机器设备等固定资产占用的资金。

变动资金是指随产销量的变动而同比例变动的那部分资金。变动资金一般包括直接构成产品实体的原材料、外购件等占用的资金。另外，最低储备以外的现金、存货、应收账款等也具有变动资金的性质。

进行资金习性分析，把资金划分为不变资金和变动资金两部分，从数量上掌握了资金与销量之间的规律，对正确地预测资金需要量有很大帮助。资金习性预测法主要有以下两种形式。

(一) 线性回归分析法

线性回归分析法是指根据历史上企业资金需要总额与产销量之间的关系，把资金划分成不变资金和变动资金两部分，用回归直线的方法估计 a 和 b，即可预测一定业务量 x 所需要的资金数量 y。数学模型为

$$y = a + bx$$

式中，a——不变资金；

　　　b——单位产销量所需变动资金；

　　　x——产销量；

　　　y——资金需要量。

运用线性回归分析法预测资金需要量时，首先，要注意筹资规模业务量间的线性关系，如果实际中不存在线性关系，须改用多元回归分析法；其次，确定不变资金时，应利用预测年度前连续3年的历史资料，期数越多计算越准确。

【例3-3】盛腾公司2015—2019年的销售量和资金需要量如表3-4所示，预计2020年的销售量为8万件。要求预测确定2020年的资金需要量。

表3-4　盛腾公司2015—2019年的销售量和资金需要量

年度	销售量(x)/万件	资金需要量(y)/万元
2015	6	500
2016	5.5	475
2017	5	450
2018	6.5	520
2019	7	550

(1) 根据表3-4的资料计算有关数据，如表3-5所示。

表3-5　计算有关数据

年度	销售量(x)/万件	资金需要量(y)/万元	$x \cdot y$	x^2
2015	6	500	3 000	36
2016	5.5	475	2 612.5	30.25
2017	5	450	2 250	25
2018	6.5	520	3 380	42.25
2019	7	550	3 850	49
$n=5$	$\sum x = 30$	$\sum y = 2\,495$	$\sum xy = 150\,92.5$	$\sum x^2 = 182.5$

(2) 将表3-5中的数据代入方程组：

$$\begin{cases} \sum y = na + b\sum x \\ \sum xy = a\sum x + b\sum x^2 \end{cases}$$

即有

$$\begin{cases} 5a + 30b = 2\,495 \\ 30a + 182.5b = 15\,092.5 \end{cases}$$

解得：$a = 205$，$b = 49$。

(3) 建立线性回归模型为

$$y = 205 + 49x$$

(4) 2020年销售量为8万件，资金需要量$=205+49\times8=597$(万元)。

(二) 高低点法

高低点法是指根据企业一定期间资金占用的历史资料，按照资金习性原理和$y = a + bx$

线性回归方程，将最高收入期和最低收入期的资金占用量之差，与这两个收入期的销售额之差进行对比，先求 b 的值，然后再代入原直线方程求出 a 的值，从而预测资金需要量。其计算公式为

$$b = \frac{\text{最高收入期的资金占用量} - \text{最低收入期的资金占用量}}{\text{最高销售收入} - \text{最低销售收入}}$$

$$b = \text{最高(低)销售收入资金占用量} - b \times \text{最高(低)销售收入}$$

用高低点法分解半变动成本简便易算，只要有两个不同时期的业务量和成本就可求解，使用较为广泛。但这种方法只考虑最高收入期和最低收入期的资料，而不考虑两者之间业务量和成本的变化，计算结果往往不够精确。

【例3-4】盛腾公司2015—2019年资金占用与销售收入资料，如表3-6所示。

表3-6 资金占用与销售收入资料

年度	销售收入(x)/万元	资金占用量(y)/万元
2015	65	280
2016	72	320
2017	80	360
2018	87	380
2019	95	400

预计 2020 年销售收入为 100 万元，要求预测 2020 年的资金需要量。

根据以上资料，采用适当的方法来计算不变资金和变动资金的数额。此处，我们用高低点法来求 a 和 b 的值。

$$b = (400 - 280) \div (95 - 65) = 4$$

$$a = 400 - 4 \times 95 = 20(万元)$$

将 a、b 代入方程 $y = a + bx$，可得：$y = 20 + 4x$。

预计 2020 年的销售收入为 100 万元，则资金需要量为

$$y = 20 + 4x = 20 + 4 \times 100 = 420(万元)$$

第三节 股权资金筹资

股权筹资形成企业的股权资金，是企业最基本的筹资方式。吸收直接投资、发行股票和利用留存收益是股权资金筹资的 3 种基本形式。

一、吸收直接投资

吸收直接投资是指企业按照共同投资、共同经营、共担风险、共享收益的原则，直接吸收国家、法人、个人和外商资金的筹资方式。吸收直接投资是非股份制企业筹集权益资

金的基本方式，采用吸收直接投资方式筹集权益资金的企业，资本不分为等额股份，无须公开发行股票。吸收直接投资的实际出资额中，注册资本金部分形成实收资本，超过注册资本金的部分属于资本溢价，形成资本公积。

(一) 吸收直接投资的种类

1. 吸收国家投资

国家投资是指有权代表国家进行投资的政府部门或机构，以国有资产投入公司，这种情况下形成的资本称为国有资本。根据《企业国有资本与财务管理暂行办法》的规定，在公司持续经营期间，公司以盈余公积、资本公积转增实收资本的，国有公司和国有独资公司由公司董事会或经理办公会决定，并报主管财政机关备案；股份有限公司和有限责任公司由董事会决定，并经股东大会审议通过。

吸收国家投资一般具有以下特点：①产权归属国家；②资金的运用和处置受国家约束较大；③在国有公司中采用比较广泛。

2. 吸收法人投资

法人投资是指法人单位以其依法可支配的资产投入公司，这种情况下形成的资本称为法人资本。

吸收法人投资一般具有以下特点：①发生在法人单位之间；②以参与公司利润分配或控制为目的；③出资方式灵活多样。

3. 合资经营

合资经营是指两个或者两个以上不同国家的投资者共同投资，创办企业，并且共同经营、共担风险、共负盈亏、共享利益的直接投资方式。在我国，中外合资经营企业也称股权式合营企业，是外国公司、企业、其他经济组织或个人与中国的公司、企业或其他经济组织在中国境内共同投资设立的企业。

合资经营一般具有以下特点。

(1) 合资经营企业在中国境内，按中国法律规定取得法人资格，为中国法人。

(2) 合资经营企业为有限责任公司。

(3) 注册资本中，外方合营者的出资比例一般不低于 25%。

(4) 合资经营期限遵循《中华人民共和国中外合资经营企业法》等相关法律规定。

(5) 合资经营企业的注册资本与投资总额应依法保持适当的比例。投资总额是指按照合营企业合同和章程规定的生产规模，需要投入的基本建设资金和生产流动资金的总和。

中外合资经营企业和中外合作经营企业都是中外双方共同出资、共同经营、共担风险和共负盈亏的企业，两者的主要区别如下。

(1) 合作企业可以依法取得中国法人资格，也可以办成不具备法人条件的企业；合资企业必须是法人。

(2) 合作企业属于契约式的合营，不以合营各方投入的资本数额、股权作为利润分配的依据，而是通过签订合同具体规定各方的权利和义务；合资企业属于股权式企业，即以投资比例作为确定合营各方权利和义务的依据。

(3) 合作企业在遵守国家法律的前提下，可以通过合作合同来约定收益或产品的分配，以及风险和亏损的分担；合资企业则根据各方注册资本的比例分配收益和风险。

4. 吸收社会公众投资

社会公众投资是指社会个人或本公司职工以个人合法财产投入公司，这种情况下形成的资本称为个人资本。

吸收社会公众投资一般具有以下特点：①参加投资的人员较多；②每人投资的数额相对较少；③以参与公司利润分配为目的。

(二) 吸收直接投资的出资方式

1. 以货币资产出资

以货币资产出资是吸收直接投资中最重要的出资方式。企业有了货币资产，便可以获取其他物质资源，支付各种费用，满足企业创建的开支和随后的日常周转需要。

2. 以实物资产出资

以实物资产出资即投资者以房屋、建筑物、设备等固定资产和材料、燃料、商品、产品等流动资产进行的投资。

投资者以实物资产出资时，实物应符合以下条件。

(1) 适合企业生产、经营、研发等活动的需要。

(2) 技术性能良好。

(3) 作价公平合理。

其中，实物的作价可以由出资各方协商确定，也可以聘请专业资产评估机构评估确定。国有企业及国有控股企业接受其他企业的非货币资产出资，必须委托有资格的资产评估机构进行资产评估。

3. 以土地使用权出资

土地使用权是指土地经营者对依法取得的土地在一定期限内有进行建筑、生产经营或其他活动的权利。土地使用权具有相对独立性，在土地使用权存续期间，包括土地所有者在内的其他任何单位和个人，不能任意收回土地和非法干预土地使用权人的经营活动。

投资者以土地使用权出资时，土地使用权应符合以下条件。

(1) 适合企业、生产、经营、研发等活动的需要。

(2) 地理、交通条件适宜。

(3) 作价公平合理。

4. 以工业产权出资

工业产权通常是指专有技术、商标权、专利权、非专利技术等无形资产。

投资者以工业产权出资时，工业产权应符合以下条件。

(1) 有助于企业研究、开发和生产出新的高科技产品。

(2) 有助于企业提高生产效率，改进产品质量。

(3) 有助于企业降低生产消耗、能源消耗等各种消耗。

(4) 作价公平合理。

若以无形资产形式出资，企业吸收过程中承担的风险较大，国家相关法律法规对无形资产出资方式另有限制，例如，股东或者发起人不得以劳务、信用、自然人姓名、商誉、特许经营权或者设定担保的财产等作价出资。又如，以工业产权出资，实际上是把技术转化为资本，使技术的价值固定化，而技术一般具有强烈的时效性，会因其不断老化落后而导致实际价值不断减少，甚至完全丧失。

5. 以特定债权出资

特定债权是指企业依法发行的可转换债券，以及按照国家有关规定可以转作股权的债权。

在实践中，企业可以将特定债权转为股权的情形主要有以下几种。

(1) 上市公司依法发行的可转换债券。

(2) 金融资产管理公司持有的国有企业及国有控股企业债权。

(3) 企业实行公司制改建时，经银行以外的其他债权人协商同意，可以按照有关协议和企业章程的规定，将其债权转为股权。

(4) 根据《利用外资改组国有企业暂行规定》，国有企业的境内债权人将持有的债权转给外国投资者，企业通过债转股改组为外商投资企业。

(5) 根据《企业公司制改建有关国有资本管理与财务处理的暂行规定》，国有企业改制时，账面原有应付工资余额中欠发职工工资部分，在符合国家政策、职工自愿的条件下，依法扣除个人所得税后可转为个人投资，未退还职工的集资款也可转为个人投资。

(三) 吸收直接投资的程序

1. 确定筹资数量

企业在新建或扩大经营时，首先要确定资金的需要量。资金的需要量根据企业的生产经营规模和供销条件等来核定，筹资数量应当与资金需要量相适应。

2. 寻找投资单位

企业既要广泛了解有关投资者的资信、财力和投资意向，又要通过信息交流和宣传，使投资方了解企业的经营能力、财务状况和未来预期，以便双方互相寻找最合适的合作伙伴。

3. 协商和签署投资协议

找到合适的投资伙伴后，双方进行具体协商，确定出资数额、出资方式及出资时间。企业应尽可能吸收货币投资，如果投资方确有先进而且合适的固定资产和无形资产，也可吸收非货币投资。对于实物投资、工业产权投资、土地使用权投资等非货币资产投资，双方应按公平、合理的原则协商定价。确定出资数额、资产作价后，双方签署投资协议或合同，以明确双方的权利和责任。

4. 取得所筹集的资金

签署投资协议后，企业应按投资协议或合同相关约定取得资金。如果投资者采取现金投资方式，通常还要编制拨款计划，确定拨款期限、每期数额及划拨方式，有时投资者还要规定拨款用途，如把拨款划分为固定资产投资拨款、流动资金拨款、专项拨款等。如果是实物投资、工业产权投资、非专利技术投资、土地使用权投资等，还一个重要的步骤，即核实财产，确定财产数量是否准确，特别是价格有无高估、低估的情况。关系到各方的经济利益，必须认真处理，必要时可聘请资产评估机构来评定，然后办理产权的转移手续取得资产。

(四) 吸收直接投资筹资的特点

1. 能够尽快形成生产经营能力

吸收直接投资不仅可以取得一部分货币资金，而且能够直接获得所需的先进设备和技术，尽快形成生产经营能力。

2. 容易进行信息沟通

直接投资的投资者比较单一，股权没有社会化、分散化，投资者甚至可能直接担任公司管理层职务，双方易于沟通。

3. 资金成本较高

相对于股票筹资方式来说，吸收直接投资的资金成本较高。当企业经营较好、盈利较多时，投资者往往要求将大部分盈余作为红利分配，因为向投资者支付的报酬是根据其出资数额和企业实现的利润来计算的。不过，吸收直接投资的手续相对比较简便，筹资费用较低。

4. 公司控制权集中，不利于公司治理

采用吸收直接投资方式筹资，投资者一般要求获得与投资数额相适应的经营管理权。如果某个投资者的投资额比例较大，则该投资者会对企业的经营管理有相当大的控制权，从而可能损害其他投资者的利益。

5. 不易进行产权交易

吸收直接投资时，没有证券作为媒介，不利于产权交易，难以进行产权转让。

二、发行股票

股票是股份有限公司为筹措股权资本而发行的有价证券，是公司签发的证明股东持有公司股份的凭证。股票作为一种所有权凭证，代表的是发行公司净资产的所有权。股票只能由股份有限公司发行。

(一) 股票概述

1. 股票的特点

(1) 永久性。公司发行股票所筹集的资金属于公司的长期自有资金，没有期限，无须归还。换言之，股东在购买股票之后，一般情况下不能要求发行企业退还股金。

(2) 流通性。股票作为一种有价证券，可以在资本市场上自由流通，也可以继承、赠送或作为抵押品。股票特别是上市公司发行的股票，具有很强的变现能力，流动性很强。

(3) 风险性。由于股票的永久性，股东成为企业风险的主要承担者。风险的表现形式有

公司股票价格的波动性、红利的不确定性、破产清算时股东在剩余财产分配的顺序等。

(4) 参与性。股东作为股份公司的所有者，拥有参与企业管理的权利，包括重大决策权、经营者选择权、财务监控权、公司经营的建议权和质询权等。此外，股东还有承担有限责任、遵守公司章程等义务。

2. 股东的权利

股东最基本的权利是以其所持股份为限对公司承担责任，并按投入公司的份额依法享有以下权利。

(1) 公司管理权。股东对公司的管理权主要体现在重大决策参与权、经营者选择权、财务监控权、公司经营的建议权和质询权、股东大会召集权等方面。

(2) 收益分享权。股东有权通过股利的方式获取公司的税后利润，利润分配方案由董事会提出并经过股东大会批准。

(3) 股份转让权。股东有权将其所持有的股票出售或转让。

(4) 优先认股权。原有股东拥有优先认购本公司增发股票的权利。

(5) 剩余财产要求权。当公司解散、清算时，股东有对清偿债务、清偿优先股股东以后的剩余财产进行索取的权利。

3. 股票的种类

(1) 按股东的权利和义务，可将股票分为普通股股票和优先股股票。

普通股股票简称普通股，是由公司发行，代表股东享有平等权利、义务，不加特别限制，股利不固定的股票。普通股是最基本的股票，股份有限公司通常情况下只发行普通股。

优先股股票简称优先股，是公司发行的相对于普通股具有一定优先权的股票。优先股的优先权利主要表现在股利分配优先权和分取剩余财产优先权上。优先股股东在股东大会上无表决权，在参与公司经营管理方面受到一定限制，仅对涉及优先股权利的问题有表决权。

(2) 按票面是否记名，可将股票分为记名股票和无记名股票。

记名股票是指股票票面上记载有股东姓名或将名称记入公司股东名册的股票。无记名股票不登记股东姓名或名称，公司只记载股票数量、编号及发行日期。

《公司法》规定，公司向发起人、国家授权投资机构、法人发行的股票为记名股票；向社会公众发行的股票可以为记名股票，也可以为无记名股票。

(3) 按发行对象和上市地点，可将股票分为 A 股、B 股、H 股、N 股和 S 股等。

A 股即人民币普通股票，由我国境内公司发行，境内上市交易，它以人民币标明面值，以人民币认购和交易。B 股即人民币特种股票，由我国境内公司发行，境内上市交易，它以人民币标明面值，以外币认购和交易。H 股是注册地在内地，在中国香港上市的股票。在纽约和新加坡上市的股票分别称为 N 股和 S 股。

(二) 股份有限公司的设立、股票的发行与上市

1. 股份有限公司的设立

设立股份有限公司应当有 2 人以上 200 人以下为发起人，其中须有半数以上的发起人在中国境内有住所。股份有限公司的设立可以采取发起设立或者募集设立的方式。发起设立是指由发起人认购公司应发行的全部股份而设立公司；募集设立是指由发起人认购公

司应发行股份的一部分，其余股份向社会公开募集或者向特定对象募集而设立公司。

以募集设立方式设立股份有限公司的，发起人认购的股份不得少于公司股份总数的35%；法律、行政法规另有规定的，从其规定。

股份有限公司的发起人应当承担下列责任。

(1) 公司不能成立时，对设立行为所产生的债务和费用负连带责任。

(2) 公司不能成立时，对认股人已缴纳的股款，负返还股款并加算银行同期存款利息的连带责任。

(3) 在公司设立过程中，由于发起人的过失致使公司利益受到损害的，应当对公司承担赔偿责任。

2. 股份有限公司首次发行股票的一般程序

1) 发起人认足股份、交付股资

发起设立方式的公司发起人认购公司全部股份，募集设立方式的公司发起人认购的股份不得少于公司股份总数的 35%。发起人可以用货币出资，也可以用非货币资产作价出资。发起设立方式下，发起人交付全部股资后，应选举董事会和监事会，由董事会办理公司设立的登记事项。募集设立方式下，发起人认足其应认购的股份并交付股资后，其余部分提出公开募集股份的申请，向社会公开募集或者向特定对象募集。募集设立方式的公司发起人向社会公开募集股份时，必须向国务院证券监督管理部门递交募股申请，并报送批准设立公司的相关文件，包括公司章程、招股说明书等。

2) 公告招股说明书，签订承销协议

公开募集股份申请经国家批准后，应公告招股说明书。招股说明书应包括公司章程、发起人认购的股份数量、本次招股每股票面价值和发行价格、募集资金的用途等。同时，与证券公司等证券承销机构签订承销协议。

3) 招认股份，缴纳股款

发行股票的公司或其承销机构一般采用广告或书面通知的办法招募股份。认股者一旦填写了认股书，就要承担认股书中约定缴纳股款的义务。如果认股者总股数超过发起人拟招募总股数，则可以采取抽签的方式确定哪些认股者有权认股。认股者应在规定的期限内向代收股款的银行缴纳股款，同时提交认股书。股款收足后，发起人应委托法定的机构验资，出具验资证明。

4) 召开创立大会，选举董事会、监事会

发行股份的股款募足后，发起人应在规定期限内(法定 30 天内)主持召开创立大会。创立大会由发起人、认股人组成，有代表股份总数半数以上的认股人出席方可举行。创立大会通过公司章程选举董事会和监事会成员，并有权对公司的设立费用进行审核，对发起人用于抵作股款的财产的作价进行审核。

5) 办理公司设立登记，交割股票

经创立大会选举的董事会，应在创立大会结束后 30 天内，办理申请公司设立的登记事项。登记成立后，即向股东正式交付股票。

3. 股票的发行方式

1) 公开间接发行

公开间接发行股票是指股份公司通过中介机构向社会公众公开发行股票。采用募集设立方式成立的股份有限公司向社会公开发行股票时，必须由有资格的证券经营中介机构，如证券公司、信托投资公司等承销。公开间接发行股票的发行范围广，发行对象多，易于足额筹集资本。公开间接发行股票还有利于提高公司的知名度，扩大其影响力，但公开间接发行方式审批手续复杂、严格，发行成本高。

2) 非公开直接发行

非公开直接发行股票是指股份公司只向少数特定对象直接发行股票，不需要中介机构承销。以发起设立方式成立和向特定对象募集方式发行新股的股份有限公司，向发起人和特定对象发行股票时，采用直接将股票销售给认购者的自销方式。非公开直接发行股票的发行方式弹性较大，企业能控制股票的发行过程。此方式可以节省发行费用，但发行范围小，不易及时足额筹集资本，发行后股票的变现力较差。

4. 股票上市交易的目的和条件

1) 股票上市交易的目的

股票上市交易的目的主要包括以下几个方面。

(1) 便于筹措新资金。证券市场是一个资本商品的买卖市场，证券市场上有众多的资金供应者。同时，股票上市过程中，企业经过了政府机构的审查批准并接受严格的管理，执行股票上市和信息披露的规定，容易吸引社会资本投资者。另外，股票上市后，公司还可以通过增发、配股、发行可转换债券等方式进行再融资。

(2) 促进股权流通和转让。股票上市后便于投资者购买，提高了股权的流动性和股票的变现力，便于投资者认购和交易。

(3) 便于确定公司价值。股票上市后，公司股价有市价可循，便于确定公司的价值。对于上市公司来说，即时的股票交易行情就是市场对公司价值的评价。同时，市场行情也能够为公司收购兼并等资本运作提供询价基础。

股票上市也会对公司产生不利的影响，主要包括：上市成本较高，手续复杂、严格；公司将负担较高的信息披露成本；信息公开的要求可能会使公司暴露商业机密；股价有时会歪曲公司的实际情况，影响公司声誉；可能会分散公司的控制权，造成管理上的困难。

2) 股票上市交易的条件

公司公开发行的股票进入证券交易所交易，必须受到严格的条件限制。《证券法》规定，股份有限公司申请股票上市，应当符合下列条件。

(1) 股票经国务院证券监督管理机构核准已公开发行。

(2) 公司股本总额不少于人民币 3 000 万元。

(3) 公开发行的股份达到公司股份总数的 25%以上；公司股本总额超过人民币 4 亿元的，公开发行股份的比例为 10%以上。

(4) 公司最近 3 年无重大违法行为，财务会计报告无虚假记载。

5. 股票上市的暂停、终止与股票交易的特别处理

当上市公司出现经营情况恶化、存在重大违法违规行为或其他原因导致不符合上市条件时，可能被暂停或终止上市。

1) 股票上市的暂停

上市公司出现以下情形之一的，由交易所暂停股票上市。

(1) 公司股本总额、股权分布等发生变化不再具备上市条件。

(2) 公司不按规定公开其财务状况，或者对财务会计报告做虚假记载。

(3) 公司有重大违法行为。

(4) 公司最近 3 年连续亏损。

出现前三项情形时，由证券交易所根据中国证监会的决定暂停其股票上市；出现第四项情形时，由交易所决定暂停其股票上市。对于社会公众持股低于总股本 25% 的上市公司，或股本总额超过人民币 4 亿元，社会公众持股比例低于 10% 的上市公司，如连续 20 个交易日不高于以上条件，交易所将决定暂停其股票上市交易。12 个月内仍不达标的，交易所将终止其股票上市交易。

2) 股票上市的终止

上市公司出现下列情形之一的，由交易所终止其股票上市。

(1) 未能在法定期限内披露其暂停上市后第一个半年度报告的。

(2) 在法定期限内披露了恢复上市后的第一个年度报告，但公司仍然出现亏损的。

(3) 未能在法定期限内披露恢复上市后的第一个年度报告的。

(4) 恢复上市申请未被受理的或者申请未被核准的。

3) 股票交易的特别处理

上市公司出现财务状况异常或其他状况异常的，其股票交易将被交易所"特别处理"(special treatment，ST)。

财务状况异常是指以下几种情况。

(1) 最近 2 个会计年度的审计结果显示的净利润为负值。

(2) 最近 1 个会计年度的审计结果显示其股东权益低于注册资本。

(3) 最近 1 个会计年度经审计的股东权益扣除注册会计师、有关部门不予确认的部分后，低于注册资本。

(4) 注册会计师对最近 1 个会计年度的财产报告出具无法表示意见或否定意见的审计报告。

(5) 最近 1 份经审计的财务报告对上年度利润进行调整，导致连续两个会计年度亏损。

(6) 经交易所或中国证监会认定为财务状况异常的。

其他状况异常是指自然灾害、重大事故等导致生产经营活动基本中止，公司涉及的可能赔偿金额超过公司净资产的诉讼等情况。

上市公司的股票交易被实行特别处理期间，其股票交易遵循下列规则。

(1) 股票报价日涨跌幅限制为 5%。

(2) 股票名称改成原股票名前加"ST"。

(3) 上市公司的中期报告必须经过审计。

(三) 上市公司的股票发行

上市的股份有限公司在证券市场上发行股票分为公开发行和非公开发行两种类型。公开发行股票又分为首次上市公开发行股票和上市公开发行股票；非公开发行即向特定投资者发行，也叫定向发行。

1. 首次上市公开发行股票

首次上市公开发行股票(initial public offering，IPO)是指股份有限公司对社会公开发行股票并上市流通和交易。实施 IPO 的公司，自股份有限公司成立后，持续经营时间应当在 3 年以上(经国务院特别批准的除外)，应当符合《首次公开发行股票并上市管理办法》规定的相关条件，并经中国证券监督管理委员会(以下简称证监会)核准。

实施 IPO 的基本程序如下。

(1) 公司董事会应当依法就本次股票发行的具体方案、本次募集资金使用的可行性及其他事项做出决议，并提请股东大会批准。

(2) 公司股东大会就本次发行股票做出决议。

(3) 由保荐人保荐并向证监会申报。

(4) 证监会受理，并审批核准。

(5) 自证监会核准发行之日起，公司应在 6 个月内公开发行股票，超过 6 个月未发行的，核准失效，须经证监会重新核准后发行。

2. 上市公开发行股票

上市公开发行股票是指股份有限公司已经上市后，通过证券交易所在证券市场上对社会公开发行股票。上市公开发行股票包括增发和配股两种方式。增发是指上市公司向社会公众发售股票的再融资方式；配股是指上市公司向原有股东配售股票的再融资方式。

3. 非公开发行股票

非公开发行股票是指上市公司采用非公开方式，向特定对象发行股票的行为，又称定向增发。定向增发的对象可以是老股东，也可以是新投资者，但发行对象不超过 10 名，发行对象为境外战略投资者的，应当经国务院相关部门事先批准。

上市公司定向增发的优势如下。

(1) 有利于引入战略投资者和机构投资者。

(2) 有利于利用上市公司的市场化估值溢价，将母公司资产通过资本市场放大，从而提升母公司的资产价值。

(3) 定向增发是一种主要的并购手段，特别是资产并购型定向增发，有利于集团企业整体上市，并减轻并购的现金流压力。

(四) 发行股票筹资的特点

1. 两权分离，有利于公司自主经营管理

公司通过对外发行股票筹资，使公司的所有权与经营权分离，分散了公司控制权，有利于公司自主管理、自主经营。发行股票筹资会使股东增多，公司日常经营管理事务主要由公司的董事会和经理层负责。但公司的控制权分散，也会使公司易于被经理人控制。

2. 资本成本较高

由于股票投资的风险较大，收益具有不确定性，所以投资者会要求较高的风险补偿。因此，发行股票筹资的资金成本较高。

3. 增强公司的社会声誉，促进股权流通和转让

发行股票筹资使股东大众化，为公司带来了广泛的社会影响。特别是上市公司，其股票的流通性强，有利于市场确认公司的价值。发行股票筹资以股票作为媒介，便于股权的流通和转让，便于吸收新的投资者。但是，流通性强的股票也容易在资本市场上被恶意收购。

4. 不易及时形成生产经营能力

发行股票筹资吸收的一般是货币资金，企业还需要通过购置和建造形成生产经营能力。相对吸收直接投资来说，这种方式不易及时形成生产经营能力。

三、利用留存收益

(一) 留存收益的性质

企业通过合法、有效的经营所实现的税后净利润都属于企业的所有者，因此，属于所有者的利润包括分配给所有者的利润和尚未分配留存于企业的利润。企业将本年度的利润部分甚至全部留存下来的原因有很多，主要包括：①收益的确认和计量是建立在权责发生制基础上的，企业有利润，但企业不一定有相应的现金净流量增加，因而企业不一定有足够的现金将利润全部或部分派发给所有者；②法律法规从保护债权人利益和利于企业可持续发展等角度出发，限制企业将利润全部分配出去，《公司法》规定，企业必须从每年的税后利润中提取 10% 作为法定盈余公积金；③企业基于自身的扩大再生产和筹资需求，也会将一部分利润留存下来。

(二) 留存收益的筹资途径

1. 提取盈余公积金

盈余公积金是指有指定用途的留存净利润，其提取基数是抵减年初累计亏损后的本年度净利润。盈余公积金主要用于企业未来的经营发展，经投资者审议后也可以用于转增股本(实收资本)和弥补以前年度经营亏损。盈余公积金不得用于以后年度的对外利润分配。

2. 未分配利润

未分配利润是指未限定用途的留存净利润。未分配利润有两层含义：①这部分净利润

本年没有分配给公司的股东；②这部分净利润未指定用途，可以用于企业未来经营发展、转增股本(实收资本)、弥补以前年度经营亏损和以后年度利润分配。

(三) 利用留存收益筹资的特点

1. 不用发生筹资费用

与发行股票筹资相比，留存收益筹资不需要发生筹资费用，资本成本较低。

2. 维持公司的控制权分布

利用留存收益筹资不需要对外发行新股或吸收新投资者，由此增加的权益资金不会改变公司的股权结构，不会稀释原有股东的控制权。

3. 筹资数额有限

当期留存收益的最大数额是当期的净利润，不像外部筹资一样可以一次性筹集大量资金。如果企业发生亏损，则当年没有留存收益。另外，股东和投资者从自身利益出发，往往希望企业每年发放一定股利，保持一定的利润分配比例。

第四节　债务资金筹资

债务资金筹资形成企业的借入资金，是企业依法筹集、按期偿还本金和利息的资金来源，通常包括银行借款、发行债券、融资租赁和商业信用4种形式。

一、银行借款

银行借款是指企业向银行或其他非银行金融机构借入的、需要还本付息的款项，包括偿还期限超过1年的长期借款和偿还期限不足1年的短期借款，主要用于企业购建固定资产和满足流动资金周转的需要。

(一) 银行借款的种类

1. 按提供贷款的机构分类

按提供贷款的机构分类，可分为政策性银行贷款、商业性银行贷款和其他金融机构贷款。

政策性银行贷款即执行国家政策性贷款业务的银行向企业发放的贷款，通常为长期贷款。例如，国家开发银行贷款，主要满足企业承建国家重点建设项目的资金需要；中国进出口信贷银行贷款，主要为大型设备的进出口提供买方信贷或卖方信贷；中国农业发展银行贷款，主要用于确保国家对粮、棉、油等政策性收购资金的供应。

商业性银行贷款是指由各商业银行，如中国工商银行、中国建设银行、中国农业银行、中国银行等向企业提供的贷款，用于满足企业生产经营的资金需要，包括短期贷款和长期贷款。

其他金融机构贷款包括从信托投资公司取得的实物或货币形式的信托投资贷款，从财务公司取得的各种中长期贷款，从保险公司取得的贷款等。其他金融机构贷款的期限一般要比商业银行贷款的期限长，且要求的利率更高，对借款企业的信用要求和担保的选择更严格。

2. 按机构对贷款有无担保要求分类

按机构对贷款有无担保要求分类，可分为信用贷款和担保贷款。

信用贷款是指以借款人的信誉或保证人的信用为依据而获得的贷款，企业取得此种贷款无须以财产做抵押。由于信用贷款的风险较高，所以银行通常要收取较高的利息，而且往往还会附加一定的限制条件。

担保贷款是指由借款人或第三方依法提供担保而获得的贷款。担保包括保证责任、财产抵押、财产质押，因此，担保贷款包括保证贷款、抵押贷款和质押贷款三种基本类型。

保证贷款是指按《中华人民共和国担保法》(以下简称《担保法》)规定的保证方式，以第三方作为保证人，承诺在借款人不能偿还借款时，按约定承担一定保证责任或连带责任而取得的贷款。

抵押贷款是指按《担保法》规定的抵押方式，以借款人或第三方的财产作为抵押物而取得的贷款。抵押是指债务人或第三方不转移对财产的占有，只将该财产作为对债权人的担保。债务人不能履行债务时，债权人有权将该财产折价或者以拍卖、变卖的价款优先受偿。作为贷款担保的抵押品，可以是不动产、机器设备、交通运输工具等实物资产，也可以是依法有权处分的土地使用权，还可以是股票、债券等有价证券等，它们必须是能够变现的资产。如果贷款到期，借款企业不能或不愿偿还贷款，银行可取消企业对抵押品的赎回权。抵押贷款有利于降低银行贷款的风险，提高贷款的安全性。

质押贷款是指按《担保法》规定的质押方式，以借款人或第三方的动产或财产权利作为质押物而取得的贷款。质押是指债务人或第三方将其动产或财产权利移交给债权人占有，将该动产或财产权利作为债权的担保。债务人不履行债务时，债权人有权以该动产或财产权利折价或者以拍卖、变卖的价款优先受偿。作为贷款担保的质押品，可以是汇票、支票、债券、存款单、提单等信用凭证，也可以是依法可以转让的股份、股票等有价证券，还可以是依法可以转让的商标专用权、专利权、著作权中的财产权等。

3. 按企业取得贷款的用途分类

按企业取得贷款的用途分类，可分为基本建设贷款、专项贷款和流动资金贷款。

基本建设贷款是指企业从事新建、改建、扩建等基本建设项目需要资金而向银行申请借入的款项。

专项贷款是指企业因为专门用途而向银行申请借入的款项，包括技术改造贷款、大修理贷款、研发和新产品研制贷款、小型技术措施贷款、出口专项贷款、引进技术转让费周转金贷款、进口设备外汇贷款、进口设备人民币贷款及国内配套设备贷款等。

流动资金贷款是指企业为满足流动资金的需求而向银行申请借入的款项，包括流动资金借款、生产周转借款、临时借款、结算借款和卖方信贷。

(二) 银行借款的程序

1. 企业提出申请，银行审批

企业根据筹资需求向银行提出书面申请，按银行的要求填报借款申请书。银行按照有关政策和贷款条件对借款企业进行信用审查，核准公司申请的借款金额和用款计划。银行审查的主要内容包括公司的财务状况、信用情况、盈利的稳定性、发展前景、借款投资项目的可行性、抵押品和担保情况。

2. 双方签订合同，企业取得借款

借款申请获批准后，银行与企业进一步协商贷款的具体条件，签订正式的借款合同，规定贷款的数额、利率、期限和一些约束性条款。借款合同签订后，企业在核定的贷款使用范围内，根据用款计划和实际需要，一次或分次将贷款转入公司的存款结算户，以便使用。

3. 企业偿还借款

企业按照借款合同规定按时足额归还借款本息，如果是抵押借款，则需要按规定办理撤押手续。

(三) 银行借款的信用条件

企业向银行借款，银行往往会附带一些信用条件，主要包括以下几方面。

1. 信贷额度

信贷额度即贷款限额，是借款人与银行在协议中规定的允许借款人借款的最高限额。如果借款人超过规定限额继续向银行借款，银行则停止办理贷款。此外，如果企业信誉恶化，即使银行曾经同意按信贷限额提供贷款，企业也可能得不到借款，而且银行不会为此承担法律责任。

2. 周转信贷协定

周转信贷协定是银行从法律上承诺向企业提供不超过某个最高限额的贷款协定。在协定的有效期内，只要企业借款总额未超过最高限额，银行就必须满足企业任何时候提出的借款要求。此外，企业享用周转信贷协定，通常要对贷款限额的未使用部分付给银行一笔承诺费。

【例3-5】盛腾公司与银行商定的周转信贷额为1 000万元，承诺费率为0.5%，借款企业年度内使用了600万元，余额为400万元。问借款企业应向银行支付多少承诺费？

借款企业应向银行支付的承诺费 = 400×0.5% = 2(万元)

3. 补偿性余额

补偿性余额是银行要求借款人在银行中保持按贷款限额或实际领用额的一定百分比(通常为10%~20%)计算的最低存款余额。补偿性余额有助于银行降低贷款风险，可以补偿其可能遭受的风险。但对于借款企业来说，补偿性余额则提高了借款的实际利率，加重了企业的利息负担。

【例3-6】盛腾公司按年利率8%向银行借款200万元，银行要求保留20%的补偿性余额，则该项借款的实际利率为多少？

有补偿性余额贷款的实际利率 = 200×8% ÷ 160 = 10%

4. 借款抵押

银行为了贷款资金的安全，在向财务风险较大、信誉不好的企业发放贷款时，往往需要有抵押品担保，以减少蒙受损失的风险。借款的抵押品通常是借款企业的应收账款、存货、股票、债券及房屋等。银行接受抵押品后，将根据抵押品的价值决定贷款金额，一般为抵押品价值的 30%～50%，这一比率的高低取决于抵押品的变现能力和银行的风险偏好。抵押借款的资金成本通常高于非抵押借款。

5. 偿还条件

无论哪种借款，一般都会规定还款期限。贷款的偿还分为到期一次偿还和在贷款期内定期等额偿还两种方式。一般而言，企业不希望采用后一种方式，因为这会提高贷款的实际利率；而银行不希望采用前一种方式，因为这会加重企业还款时的财务负担，增加企业的拒付风险。根据我国金融制度的规定，贷款到期后仍无能力偿还的，视为逾期贷款，银行要照章加收逾期罚息。

6. 其他承诺

银行有时还要求企业为取得贷款而做出其他承诺，如及时提供财务报表、保持适当的财务水平(如特定的流动比率)等。如果企业违背所做出的承诺，银行可要求企业立即偿还全部贷款。

(四) 银行借款利率及借款利息的支付方法

1. 借款利率

银行借款的利率多种多样，银行将根据借款企业的实际情况选择不同的利率。

(1) 优惠利率。优惠利率是银行向财务雄厚、经营状况好的企业贷款时收取的名义利率。优惠利率为贷款利率的最低限。

(2) 浮动优惠利率。浮动优惠利率是随其他短期利率的变动而浮动的优惠利率，即随市场条件的变化而随时调整变化的优惠利率。

(3) 非优惠利率。非优惠利率是银行贷款给一般企业时收取的高于优惠利率的利率。非优惠利率经常在优惠利率的基础上加一定的百分比，例如，银行按高于优惠利率1个百分点的利率向某企业贷款，若当时的优惠利率为8%，则向该企业贷款收取的利率为9%；若当时的优惠利率为7.5%，则向该企业贷款收取的利率为8.5%。非优惠利率与优惠利率之间差距的大小，由借款企业的信誉、与银行的往来关系及当时的信贷状况所决定。

2. 借款利息的支付方法

一般来讲，借款企业可以用两种方法支付银行贷款利息。

(1) 收款法。收款法即利随本清法，是在借款到期时向银行支付利息的方法。银行向工商企业发放的贷款大都采用这种方法收息。采用这种方法付息，借款的名义利率等于其实际利率。

(2) 贴现法。贴现法是银行向企业发放贷款时，先从本金中扣除利息部分，而到期时借款企业则要偿还贷款全部本金的计息方法。采用这种方法付息，企业实际可利用的贷款额只有本金减去利息部分的差额，因此贷款的实际利率高于名义利率。

【例3-7】 盛腾公司从银行取得借款20 000元，期限1年，年利率(即名义利率)为8%，按照贴现法付息，该项贷款的实际利率为多少？

$$贴现贷款的实际利率 = \frac{利息}{贷款金额 - 利息} \times 100\%$$

或者

$$贴现贷款的实际利率 = \frac{名义利率}{1 - 名义利率} \times 100\%$$

即 $1\ 600 \div 18\ 400 \times 100\% = 8.67\%$。

(五) 长期借款的保护性条款

长期借款的金额高、期限长、风险大，除借款合同的基本条款之外，债权人通常还会在借款合同中附加各种保护性条款，以确保企业按要求使用借款和按时足额偿还借款。保护性条款一般有以下三类。

1. 例行性保护条款

例行性保护条款在大多数借款合同中都会出现，主要内容包括以下几个方面。

(1) 定期向提供贷款的金融机构提交公司财务报表，以使债权人随时掌握公司的财务状况和经营成果。

(2) 保持存货储备量，不允许借款企业在正常情况下出售较多的非产成品存货，以保持企业正常的生产经营能力。

(3) 及时清偿债务，包括到期清偿应缴纳税金和其他债务，以防被罚款而造成不必要的现金流失。

(4) 不允许借款企业以资产作为其他借款的担保或抵押。

(5) 不允许借款企业贴现应收票据或出售应收账款，以避免或有负债等。

2. 一般性保护条款

一般性保护条款是针对企业资产的流动性及偿债能力等方面的要求条款，这类条款应用于大多数借款合同，主要内容包括以下几个方面。

(1) 保持企业的资产流动性。该条款要求企业须持有最低额度的货币资金及其他流动资产，以保持企业资产的流动性和偿债能力，一般会规定企业必须保持的最低营运资金数额和最低流动比率数值。

(2) 限制企业非经营性支出。如限制借款企业支付现金股利、购入股票和职工加薪的额度，以减少企业资金的过度外流。

(3) 限制企业资本支出的规模。控制企业资产结构中长期性资产的比例，以减少企业日后不得不变卖固定资产以偿还贷款的可能性。

(4) 限制企业再举债的规模。目的是防止其他债权人取得对企业资产的优先索偿权。

(5) 限制企业的长期投资。如不允许企业投资短期内不能收回资金的项目，不能未经银行等债权人同意而与其他企业合并等。

3. 特殊性保护条款

特殊性保护条款是针对某些特殊情况而出现在部分借款合同中的条款，只有在特殊情况下才能生效，主要内容包括：要求公司的主要领导人购买人身保险；借款的用途不得改变；违约惩罚条款等。

上述各项条款结合使用，将有利于全面保护银行等债权人的权益。但借款合同是经双方充分协商后确定的，其最终内容取决于双方谈判能力的大小，而不是完全取决于银行等债权人的主观愿望。

(六) 银行借款筹资的特点

1. 筹资速度快

与发行公司债券、融资租赁等其他筹资方式相比，银行借款的程序相对简单，所花时间较短，公司可以迅速获得所需资金。

2. 资本成本较低

一般情况下，利用银行借款筹资比发行债券和融资租赁的利息负担要低，而且无须支付证券发行费用、租赁手续费用等筹资费用。

3. 筹资弹性较大

在借款之前，公司根据当时的资本需求与银行等贷款机构直接商定借款的时间、数量和条件。在借款期间，若公司的财务状况发生某些变化，也可与债权人再协商，变更借款数量、时间和条件，或提前偿还本息。因此，借款筹资对公司来说具有较大的灵活性，短期借款更是如此。

4. 限制条款多

与发行公司债券相比，银行借款合同对借款用途有明确规定。银行通过借款的保护性条款对公司资本支出额度、再筹资、股利支付等行为进行严格约束，公司借款后的生产经营活动和财务政策必将受到一定程度的影响。

5. 筹资数额有限

银行借款的数额往往受到贷款机构资本实力的制约，难以像发行公司债券、股票那样一次性筹集到大笔资金，无法满足公司大规模筹资的需要。

二、发行债券

公司债券是公司依照法定程序发行的、约定在一定期限内还本付息的有价证券。债券是持券人拥有公司债权的书面证书，它代表债券持券人与发债公司之间的债权债务关系。发行债券是公司筹集债务资金的重要方式。按照《中华人民共和国公司法》和国际惯例，股份有限公司和有限责任公司发行的债券称为公司债券，习惯上又称公司债。公司发行债券通常是为某大型投资项目一次性筹集大笔长期资本。

(一) 债券的基本要素

债券的类型虽然不尽相同，但各种类型的债券都包含以下基本要素。

1. 债券的面值

债券的面值包括币种和票面金额。面值的币种可以是本国货币，也可以是外币，主要取决于发行者的需要和债券的种类。债券的发行者可以根据资金市场的情况和自己的需要选择合适的币种。债券的票面金额是债券到期时偿还债务的金额。票面金额印在债券上，固定不变，到期必须足额偿还。

2. 债券的期限

债券都有明确的到期日，债券从发行之日起，一直到到期日之间的时间称为债券的期限。如果把商业票据也看成一种债券，那么债券期限从数天到几十年不等。近年来，由于利率和汇率剧烈波动，许多投资者都不愿购买还本期限太长的债券，因此，债券的期限有缩短的趋势。在债券的期限内，公司必须定期支付利息，到期时必须偿还本金。当然，也可按规定分批偿还或提前一次性偿还。

3. 利率与利息

债券上通常都记载利率，一般为固定利率，近几年也有浮动利率。债券的利率通常指年利率，用面值与利率相乘，就可得出年利息。

【例3-8】盛腾公司发行的债券面值为2 000元，年利率为12%，每年须支付多少利息？

每年须支付的利息=2 000×12%=240(元)

4. 债券的价格

从理论上来讲，债券的面值应是它的价格。由于发行者的种种考虑或资金市场上供求关系、利率的变化等因素，债券的市场价格常常不同于它的面值，有时高于面值，有时低于面值，但往往差额不大。也就是说，债券的面值是固定的，而其价格却是经常变化的。发行者根据债券的面值计算利息，而不根据债券的价格计算利息。

(二) 公开发行公司债券及公司债券上市交易的条件

1. 公开发行公司债券应当符合的条件

根据《证券法》规定，公开发行公司债券应当符合下列条件。

(1) 股份有限公司的净资产不低于人民币3 000万元，有限责任公司的净资产不低于人民币6 000万元。

(2) 累计债券余额不超过公司净资产的40%。

(3) 最近3年平均可分配利润足以支付公司债券1年的利息。

(4) 筹集资金的投向符合国家产业政策。

(5) 债券的利率不超过国务院限定的利率水平。

(6) 国务院规定的其他条件。例如，公开发行公司债券筹集的资金必须用于核准的用途，不得用于弥补亏损和非生产性支出。

2. 公司债券上市交易应当符合的条件

根据《证券法》规定，公司债券要上市交易应当在符合公开发行公司债券条件的基础上进一步符合下列条件。

(1) 公司债券的期限为 1 年以上。

(2) 公司债券实际发行额不少于人民币 5 000 万元。

(3) 公司申请债券上市时仍符合法定的公司债券发行条件。

(三) 公司债券的种类

1. 按是否记名，公司债券分为记名债券和无记名债券

对于记名公司债券，应当在公司债券存根簿上载明债券持有人的姓名及住所、债券持有人取得债券的日期及债券的编号等信息。记名公司债券由债券持有人以背书方式或者法律、行政法规规定的其他方式转让，转让后由公司将受让人的姓名或者名称及住所记载于公司债券存根簿。

对于无记名公司债券，应当在公司债券存根簿上载明债券总额、利率、偿还期限和方式、发行日期及债券的编号。进行无记名公司债券的转让时，在债券持有人将该债券交付给受让人后即发生转让效力。

2. 按是否能够转换成公司股权，公司债券分为可转换债券和不可转换债券

可转换债券是指债券持有者可以在规定的时间内按规定的价格转换为发债公司股票的债券。在发行这种债券时，对债券转换为股票的价格和比率等都做了详细规定。《公司法》规定，可转换债券的发行主体是股份有限公司中的上市公司。

不可转换债券是指不能转换为发债公司股票的债券，大多数公司债券属于这种类型。

3. 按有无特定财产担保，公司债券分为担保债券和信用债券

担保债券是指以抵押方式担保发行人按期还本付息的债券，主要指抵押债券。抵押债券按其抵押品的不同，又分为不动产抵押债券、动产抵押债券和证券信托抵押债券。

信用债券是无担保债券，是仅凭公司自身的信用发行的、没有抵押品作为抵押担保的债券。在公司清算时，信用债券的持有人因无特定的资产做担保品，只能作为一般债权人参与剩余财产的分配。

(四) 公司债券的评级

在市场经济条件下，发行债券筹资将成为一种比较普遍的筹资方式。为使投资人了解债券发行公司的情况，通常采用对债券评级的方法。债券评级通常由债券评级机构进行。按照国际惯例，一般将债券分为三等九级，即 A、B、C 三等，以及 AAA、AA、A、BBB、BB、B、CCC、CC 和 C 九级。国际上著名的美国信用评定机构标准普尔公司和穆迪投资者服务公司分别采用的各等级的含义，如表 3-7 所示。

表3-7 债券信用等级表

等级	标准普尔公司	穆迪投资者服务公司
AAA	最高级	最高质量
AA	高级	高质量
A	上中级	上中质量
BBB	中级	下中质量
BB	中下级	具有投机因素

(续表)

等级	标准普尔公司	穆迪投资者服务公司
B	投机级	通常不值得正式投资
CCC	完全投机级	可能违约
CC	最大投机级	高投机性，经常违约
C	规定盈利付息但未能盈利付息	最低级

由此可知，公司债券的等级越高，表明该公司的信誉越好，公司发行债券筹资就越顺利。另外，债券等级的高低与债券利率直接相关，债券的等级越高，债券利率越低；相反，债券的等级越低，债券利率越高。

(五) 发行公司债券的程序

1. 做出发债决议

公司拟发行公司债券时，需要由公司董事会制定公司债券发行的方案，并由公司股东大会批准，做出决议。

2. 提出发债申请

《证券法》规定，公司申请发行债券应由国务院证券监督管理部门批准。公司申请应提交公司登记证明、公司章程、公司债券募集办法、资产评估报告和验资报告等正式文件。

3. 公告募集办法

公司发行债券的申请经批准后，要向社会公告公司债券的募集办法。公司债券募集分为私募发行和公募发行。私募发行是以特定的少数投资者为指定对象发行债券，公募发行是在证券市场上以非特定的广大投资者为对象公开发行债券。

4. 委托证券经营机构发售

我国公司债券发行的相关法律规定，公司债券的公募发行采取间接发行方式。在这种发行方式下，债券发行公司与承销团签订承销协议。承销团由数家证券公司或投资银行组成，承销方式有代销和包销两种。代销是指承销机构代为推销债券，在约定期限内未售出的余额可退还债券发行公司，承销机构不承担发行风险。包销是由承销团先购入发行公司拟发行的全部债券，然后再售给社会上的投资者，如果约定期限内未能全部售出，余额要由承销团负责认购。

5. 交付债券，收缴债券款

债券购买人向债券承销机构付款购买债券，承销机构向购买人交付债券。然后，债券发行公司向承销机构收缴债券款，登记债券存根簿，并结算发行代理费。

(六) 公司债券的发行价格

公司债券的发行价格是指债券发行时所使用的价格，是投资者购买公司债券时所支付的购买价格。公司债券的发行价格有三种：等价发行、折价发行和溢价发行。等价发行也称面值发行，是指按债券的面值出售；折价发行是指以低于债券面值的价格出售；溢价发行是指按高于债券面值的价格出售。

为什么债券会存在折价发行和溢价发行？这主要是由于资金市场上的利息率是经常变化的，而企业债券上的利息率，一经印出便不易再进行调整。债券从印刷到正式发行往往需要经过一段时间，如果资金市场上的利率在这段时间内发生变化，那么就要采用调整发行价格的方法来使债券顺利发行。

债券发行价格的计算公式为

$$债券发行价格=\frac{债券面额}{(1+市场利率)^n}+\sum_{t=1}^{n}\frac{债券年息}{(1+市场利率)^t}$$

或

$$债券发行价格=票面金额\times(P/F，i，n)+票面金额\times票面利率\times(P/A，i，n)$$

式中，n——债券期限；

t——付息期数；

i——债券发售时的市场利率；

如果企业发行不计复利、到期一次还本付息的债券，则其发行价格的计算公式为

$$债券发行价格=票面金额\times(1+i\times n)\times(P/F，i，n)$$

【例3-9】盛腾公司发行面值为1 000元，票面利率为10%，期限为10年的债券。公司决定发行债券时，认为10%的利率是合理的。如果正式发行债券时，市场上的利率发生了变化，则需要分三种情况调整债券的发行价格。

(1) 资金市场上的利率和票面利率一致，为10%，此时盛腾公司的债券发行价格计算为：

发行价格=1 000×(P/F，10%，10)+1 000×10%×(P/A，10%，10)

  =1 000×0.385 5+100×6.144 6=1 000(元)

也就是说，发行价格和债券面值一样，等价发行。

(2) 资金市场上的利率上升到12%，盛腾公司债券发行价格计算为：

发行价格=1 000×(P/F，12%，10)+1 000×10%×(P/A，12%，10)

  =1 000×0.322+100×5.650 2=887.02(元)

也就是说，只有将面值为1 000元的债券按887.02元的价格出售，投资者才会购买此债券。

(3) 资金市场上的利率下降到8%，盛腾公司债券发行价格计算为：

发行价格=1 000×(P/F，8%，10)+1 000×10%×(P/A，8%，10)

  =1 000×0.463 2+100×6.710 1=1134.21(元)

也就是说，投资者购买盛腾公司面值为1 000元的债券，需要支付的价格是1134.21元。

(七) 公司债券的偿还

债券偿还时间按其实际发生时间与规定的到期日之间的关系，分为提前偿还与到期偿还两类，其中到期偿还又分为分批偿还和一次性偿还两类。

1. 提前偿还

提前偿还又称提前赎回或收回，是指在债券尚未到期之前就予以偿还。只有在公司发行债券的契约中明确规定了有关允许提前偿还的条款，公司才可以进行债券的提前偿还。提前偿还所支付的价格通常要高于债券的面值，并随到期日的临近而逐渐下降。具有提前偿还条款的债券可使公司筹资有较大的弹性。当公司资金有结余时，可提前赎回债券；当预测利率下降时，也可提前赎回债券，而后以较低的利率来发行新债券。

2. 到期分批偿还

如果一个公司在发行债券时就为不同编号或不同发行对象的债券规定了不同的到期日，这种债券就是分批偿还债券。因为各批债券的到期日不同，它们各自的发行价格和票面利率也可能不相同，从而导致发行费较高。但由于这种债券便于投资人挑选最合适的到期日，所以便于发行。

3. 到期一次性偿还

多数情况下，发行债券的公司在债券到期日一次性归还债券本金，并结算债券利息。

(八) 发行公司债券筹资的特点

1. 一次性筹资数额大

利用发行公司债券筹资，能够筹集大额的资金，满足公司大规模筹资的需要。与银行借款、融资租赁等债务筹资方式相比，企业选择通过发行公司债券的方式筹资的主要原因是大额筹资能够满足大型公司经营规模的需要。

2. 募集资金的使用限制条件少

与银行借款相比，发行公司债券募集的资金在使用上具有相对的灵活性和自主性，特别是发行公司债券所筹集的大额资金能够用于流动性较差的公司长期资产。从资金使用的用途来看，银行借款一般期限短、额度小，主要用于增加适量存货或增加小型设备等，而期限较长、额度较大，用于公司扩展、增加大型固定资产和基本建设投资的资金需求多采用发行公司债券的方式筹集。

3. 资本成本负担较高

与银行借款筹资相比，发行公司债券的利息负担和筹资费用都比较高，而且债券不能像银行借款一样进行债务展期，加上大额的本金和较高的利息，在固定的到期日，将会对公司现金流量产生巨大的财务压力。尽管公司债券的利息比银行借款高，但公司债券的期限长、利率相对固定，在预计市场利率持续上升的金融市场环境下，发行公司债券筹资能够锁定资本成本。

4. 提高公司的社会声誉

我国法律对公司债券的发行主体有严格的资格限制。公司债券的发行主体往往是股份有限公司和有实力的有限责任公司，它们通过发行公司债券，不仅筹集了大量资金，还扩大了公司的社会影响。

三、融资租赁

租赁是指通过签订资产出让合同的方式，使用资产的一方(承租方)通过支付租金，从出让资产的一方(出租方)取得资产使用权的一种交易行为。在这项交易中，承租方通过得到所需资产的使用权，完成了筹集资金的行为。

(一) 租赁的基本特点

1. 所有权与使用权相分离

租赁资产的主要特点之一是所有权与使用权分离。银行借款虽然也是所有权与使用权相分离，但载体是货币资金，租赁则是资金与实物相结合基础上的所有权与使用权分离。

2. 融资与融物相结合

租赁是商品形态与货币形态相结合提供的信用活动，出租人在向企业出租资产的同时，解决了企业的资金需求，具有信用和贸易双重性质。不同于一般的借钱还钱、借物还物的信用形式，租赁是借物还钱，并以分期支付租金的方式来体现。租赁的这一特点使银行信贷和财产信贷融合在一起，成为企业融资的一种特定形式。

3. 租金的分期支付

在租金的偿还方式上，与银行借款到期还本不一样，租赁采取了分期支付方式。出租方的资金一次投入，分期收回。对于承租方而言，通过租赁可以提前获得资产的使用价值，分期支付租金便于分期规划未来的现金流出量。

(二) 租赁的分类

1. 经营租赁

经营租赁是指由租赁公司在短期内向承租单位提供设备，并提供维修、保养、人员培训等服务的服务性业务，又称服务性租赁。经营租赁的主要特点如下。

(1) 出租的设备一般由租赁公司根据市场需要选定，然后再寻找承租企业。

(2) 租赁期较短，短于资产的有效使用期，在合理的限制条件下，承租企业可以中途解约。

(3) 租赁设备的维修、保养由租赁公司负责。

(4) 租赁期满或合同终止以后，出租的资产由租赁公司收回。

经营租赁适用于租用技术过时较快的生产设备。

2. 融资租赁

融资租赁是指由租赁公司按承租单位的要求出资购买设备，并在较长的合同期内将设备提供给承租单位使用的融资信用业务，它是以融通资金为主要目的的租赁。融资租赁的主要特点如下。

(1) 出租的设备根据承租企业提出的要求购买，或者由承租企业直接从制造商或销售商处选定。

(2) 租赁期较长,接近资产的有效使用期,租赁期内双方无权取消合同。

(3) 由承租企业负责设备的维修、保养。

(4) 租赁期满,按事先约定的方法处理设备,包括退还租赁公司、继续租赁或企业留购。通常采用企业留购办法,即以很低的价格(相当于设备残值)买下设备。

融资租赁与经营租赁的区别如表3-8所示。

表3-8 融资租赁与经营租赁的区别

对比项目	融资租赁	经营租赁
业务原理	集融资、融物于一体	无融资特征,只是一种融物方式
租赁目的	融通资金,添置设备	暂时性使用,预防无形损耗风险
租期	较长,相当于设备的经济寿命	较短
租金	包括设备价款	只是设备使用费
契约法律效力	不可撤销合同	经双方同意可中途撤销合同
租赁标的	一般为专用设备,也可为通用设备	通用设备居多
维修与保养	专用设备多为承租人负责,通用设备多为出租人负责	全部为出租人负责
承租人	一般为一个	在设备的经济寿命期内轮流租给多个承租人
灵活性与方便性	不明显	明显

(三) 融资租赁的基本程序与基本形式

1. 融资租赁的基本程序

(1) 选择租赁公司,提出委托申请。当企业决定采用融资租赁方式获取某项设备时,需要了解各个租赁公司的资信情况、融资条件和租赁费率等,分析、比较后,选定一家作为出租单位。然后,向租赁公司申请办理融资租赁。

(2) 签订购货协议。由承租企业和租赁公司中的一方或双方,与选定的设备供应厂商进行设备购买的技术谈判和商务谈判,在此基础上与设备供应厂商签订购货协议。

(3) 签订租赁合同。承租企业与租赁公司签订租赁设备的合同,如果需要进口设备,还应办理设备进口手续。租赁合同是租赁业务的重要文件,具有法律效力。融资租赁合同的内容可分为一般条款和特殊条款两部分。

(4) 交货验收。设备供应厂商将设备发运到指定地点,承租企业要办理验收手续。验收合格后签发交货及验收证书交给租赁公司,作为其支付货款的依据。

(5) 定期交付租金。承租企业按照租赁合同规定分期缴纳租金,即承租企业对所筹资金进行分期还款。

(6) 合同期满处理。合同期满,承租企业根据合同约定,对设备续租、退租或留购。

2. 融资租赁的基本形式

(1) 直接租赁。直接租赁是融资租赁的主要形式,承租方提出租赁申请时,出租方按照承租方的要求选购设备,然后再出租给承租方。

(2) 售后回租。售后回租是指承租方由于急需资金等各种原因,将自己的资产出售给出租方,然后以租赁的形式从出租方租回资产的使用权。

(3) 杠杆租赁。杠杆租赁是指涉及承租方、出租方和资金出借方三方的融资租赁业务。一般来说,当所涉及的资产价值昂贵时,出租方自己只投入部分资金,通常为资产价值的20%~40%,其余资金则通过将该资产抵押担保的方式,向第三方(通常为银行)申请贷款解决。出租方将购进的设备出租给承租方,用收取的租金偿还贷款,该资产的所有权属于出租方。出租方既是债权人也是债务人,既要收取租金又要支付债务。

(四) 融资租赁的租金计算

1. 租金的构成

融资租赁每期租金的多少取决于以下几项因素。

(1) 设备原价及预计残值,包括设备买价、运输费、安装调试费、保险费和设备租赁期满后出售可得的收入等。

(2) 利息,指租赁公司为购买租赁物向银行贷款而支付的利息,该利息按银行贷款利率的复利计算。

(3) 租赁手续费用和利润,指租赁公司承办租赁设备所发生的业务费用和必要的利润,包括业务人员工资、办公费、差旅费等。手续费用通常较少,一般不记利息。

2. 租金的支付方式

租金的支付有以下几种分类方式。

(1) 按支付间隔期长短,分为年付、半年付、季付和月付等方式。

(2) 按在期初和期末支付,分为先付和后付。

(3) 按每次支付额,分为等额支付和不等额支付。

实务中,承租企业与租赁公司商定的租金支付方式大多为后付等额年金。

3. 租金的计算

我国融资租赁实务中,租金的计算大多采用等额年金法。等额年金法下,通常要根据利率和租赁手续费率确定一个租费率作为折现率。租金的计算公式为

$$A = \frac{P}{(P/A, \ i, \ n)}$$

【例3-10】盛腾公司采用融资租赁方式于2017年1月从租赁公司租入一台设备,设备价款为40 000元,租期为8年,到期后设备归企业所有。为了保证租赁公司完全弥补融资成本、相关的手续费并有一定盈利,双方商定采用18%的折现率,试计算该企业每年年末应支付的等额租金。

$$A = \frac{40\ 000}{(P/A, \ 18\%, \ 8)} = \frac{40\ 000}{4.077\ 6} \approx 9\ 809.69(元)$$

【例3-11】承例3-10，若租金的支付采用先付等额方式，则每年年初应支付多少租金？

$$A = \frac{40\,000}{(P/A,\ 18\%,\ 7)+1} = \frac{40\,000}{3.811\,5+1} \approx 8\,313.42(元)$$

(五) 融资租赁筹资的特点

1. 无须大量资金就能迅速获得资产

融资租赁集融资、融物于一体，在资金缺乏的情况下，融资租赁能迅速获得所需资产。融资租赁使企业在资金短缺的情况下引进设备成为可能，特别是针对中小企业、新创企业而言，融资租赁是一条重要的融资途径。大型企业的大型设备、工具等固定资产，也经常通过融资租赁方式解决巨额资金的需要，例如，商业航空公司的飞机大多是通过融资租赁取得的。

2. 财务风险小，财务优势明显

与购买设备的一次性支出相比，融资租赁能够避免一次性支付大量资金的负担，而且租金支出是未来的、分期的，企业无须一次性筹集大量资金偿还。还款时，租金可以通过项目本身产生的收益来支付，是一种基于未来的"借鸡生蛋、卖蛋还钱"的筹资方式。

3. 筹资的限制条件较少

企业采用股票、债券、长期借款等筹资方式进行筹资时，会受到相当多的资格和条件限制，如足够的抵押品、银行贷款的信用标准、发行债券的政府管制等。相比之下，融资租赁筹资的限制条件较少。

4. 能延长资金融通的期限

通常为购置设备而贷款的借款期限比该资产的物理寿命要短得多，而融资租赁的融资期限却可接近其全部使用寿命期限，并且金额随设备价款金额而定，无融资额度的限制。

5. 资本成本负担较高

融资租赁的租金通常比银行借款或发行债券所负担的利息高得多，租金总额通常要比设备价值高出 30%。尽管与向银行借款相比，融资租赁能够避免到期一次性集中偿还资金的财务压力，但高额的固定租金也给各期的经营带来了负担。

思考

收集资料，说明融资租赁适合哪类企业及何种业务的资金融通。

四、商业信用

短期筹资是为了满足企业临时性流动资金需要而进行的筹资活动。由于短期资金一般是通过流动负债方式取得的，因此，短期筹资也可称为流动负债筹资或短期负债筹资。短期筹资的主要形式是商业信用和短期借款。

商业信用是指企业在商品或劳务交易中，以延期付款或预收货款方式进行购销活动而形成的借贷关系，是企业之间的直接信用行为，是一种形式多样、适用范围很广的短期资金筹措方式。商业信用是通过商品交易中钱与货在时间上的分离而产生的。

(一) 商业信用的主要形式

1. 赊购商品

赊购商品是一种最典型、最常见的商业信用形式，即买卖双方发生商品交易，买方收到商品后不立即支付现金，可延迟到一定时间以后付款。对于买方来说，会形成企业的应付账款，卖方为了促使买方及时承付货款，一般会给买方提供一定的现金折扣，如"2/10、n/30"，这种现金折扣便属于一种信用条件。在这种情况下，买方筹资的数量与其是否享有现金折扣有关，存在三种可能：一是享有现金折扣，在现金折扣期内付款，获得免费信用；二是放弃现金折扣，在信用期内付款而获得有代价的信用；三是超过规定的信用期限推迟付款而强制获得展期信用。

(1) 买方企业购买货物后在卖方规定的折扣期内付款，便可以享受免费信用，企业没有因为享受信用而付出代价。

【例 3-12】盛腾公司拟以 "2/10、n/30" 的信用条件购进一批价值 10 万元的原料。该信用条件意味着企业如果在 10 天之内付款，企业就享受 10 天的免费信用期，并获得现金折扣 0.2 万元(10×2%)，免费的信用额为 9.8 万元(10-0.2)，即企业的短期筹资额为 9.8 万。

(2) 买方企业放弃现金折扣并在最后一天支付全部货款，则该企业需要承受因放弃现金折扣而造成的利息成本。

【例 3-13】承例 3-12，该企业将 9.8 万元占用了 20 天(30-10)，到期支付了 10 万元，产生差额 0.2 万元，可以看作 9.8 万元占用 20 天的利息。把计息期利率转换成年利率，则

$$年利率 = \frac{日利息额 \times 360}{本金} \times 100\% = \frac{0.2/20 \times 360}{9.8} \times 100\% = 36.7\%$$

例 3-13 中，该企业由于放弃现金折扣，使这笔商业信用筹资的机会成本的年利率高达 36.7%。一般而言，企业放弃现金折扣需承担的成本计算公式为：

$$放弃现金折扣的成本 = \frac{折扣百分比}{1-折扣百分比} \times \frac{360}{信用期-折扣期} \times 100\%$$

【例 3-14】承例 3-13，使用公式计算该企业放弃现金折扣的成本。

$$放弃现金折扣的成本 = \frac{2\%}{1-2\%} \times \frac{360}{30-10} \times 100\% = 36.7\%$$

可见，如果企业放弃现金折扣而获得信用，其代价是很高的。若在折扣期将应付账款用于短期投资，所得的投资收益高于放弃折扣的利息成本，则应放弃折扣；反之，就应该选择享受现金折扣。

2. 预收货款

预收货款是指卖方先向买方收取货款，但要延期到一定时期以后交货。这相当于卖方先向买方借一笔资金，是另外一种典型的商业信用形式。通常情况下，企业购买紧俏商品时乐意采用这种形式，以便顺利获得所需商品。另外，生产周期长、造价较高的商品，如轮船、飞机等，生产企业也经常向订货者分次预收货款，以缓解资金占用过多的压力。

3. 商业汇票

商业汇票是指企业之间根据购销合同进行延期付款的商品交易时，由付款人或存款人(或承兑申请人)签发，由承兑人承兑，并于到期日向收款人或被背书人支付款项的一种票据，是反映债权债务关系的票据。根据承兑人的不同，商业汇票可分为商业承兑汇票和银行承兑汇票。商业承兑汇票是指由收款人开出、经付款人承兑，或由付款人开出并承兑的汇票。银行承兑汇票是指由收款人或承兑申请人开出，经银行审查同意承兑的汇票。商业汇票是一种期票，是反映应付账款和应收账款的书面证明。

4. 应计未付款

应计未付款是企业在生产经营和利润分配过程中已经计提但尚未以货币支付的款项，主要包括应付股利、应缴税金、应付利润或应付职工薪酬等。以应付股利为例，企业通常以年为单位支付股东股利，在应付股利已计提但未支付的这段时间会形成应计未付款，相当于股东给企业的一个信用。应缴税金、应付利润或应付职工薪酬也有类似的性质。企业使用这些自然形成的资金无须付出任何代价。

(二) 商业信用筹资的特点

1. 筹资便利

商业信用的载体是商品购销行为。基于买卖双方的相互信用基础，商业信用的提供方一般不会对企业的经营状况和风险做严格考查，企业无须办理像银行借款那样复杂的手续便可取得商业信用，有利于应对企业生产经营的迫切需要。

2. 筹资灵活

企业能够根据需要决定筹资的金额大小和期限长短，同样要比银行借款等其他筹资方式灵活得多。企业如果在期限内不能付款或交货，一般还可以通过与客户协商，请求延长时限。

3. 限制条件少

商业信用筹资通常不需要第三方担保，也不会要求筹资企业用资产进行抵押。这样，即使出现逾期付款或交货的情况，也可以避免像银行借款那样面临抵押资产被处置的风险，企业的生产经营能力在相当长的一段时间内不会受到限制。

4. 筹资成本高

在附有现金折扣条件的应付账款融资方式下，与银行借款相比，商业信用的筹资成本较高。

5. 容易造成企业的信誉恶化

商业信用的期限短、还款压力大，对企业现金流量管理的要求很高。如果长期和经常性地拖欠账款，会恶化企业的信用水平。

6. 受外部环境影响较大

商业信用筹资受外部环境影响较大，稳定性较差，即使不考虑机会成本，也是不能无限利用的。一方面受商品市场的影响，如果求大于供时，卖方可能停止提供信用；另一方面受资金市场的影响，当市场资金供应紧张或有更好的投资方向时，商业信用筹资可能遇到障碍。

第五节　衍生工具筹资

衍生工具筹资包括兼具股权和债务性质的混合筹资及其他衍生工具筹资。我国上市公司目前最常采用的混合筹资方式是发行可转换债券或优先股。

一、可转换债券

可转换债券是一种混合型证券，是公司普通债券与证券期权的组合体。可转换债券的持有人在一定期限内，可以按照事先规定的价格或者转换比率，自由地选择是否转换为公司普通股。

一般来说，可转换债券可以分为两类：一类是不可分离交易的可转换债券，其转股权与债券不可分离，债券持有者直接按照债券面额和约定的转股价格，在规定的期限内将债券转换为股票；另一类是可分离交易的可转换债券，这类债券在发行时附有认股权证，是认股权证与公司债券的组合，发行上市后，公司债券和认股权证各自独立流通、交易。认股权证的持有者认购股票时，需要按照认购价格(行权价)出资购买股票。

(一) 可转换债券的基本性质

1. 证券期权性

可转换债券给予了债券持有者未来的选择权，在事先约定的期限内，投资者可以选择将债券转换为普通股票，也可以放弃转换权利，持有至债券到期还本付息。由于可转换债券持有人具有在未来按一定价格购买股票的权利，因此可转换债券实质上是一种未来的买入期权。

2. 资本转换性

可转换债券在正常持有期，具有债权性质；转换成股票后，具有股权性质。如果在债券的转换期内，持有人没有将其转换为股票，发行企业到期必须无条件地支付本金和利息。债券转换成股票后，债券持有人成为企业的股权投资者。债权与股权的转换取决于投资者是否行权。

3. 赎回与回售

可转换债券一般会有赎回条款，发债公司在可转换债券转换前，可以按一定条件赎回债券。通常情况下，公司股票价格在一段时期内连续高于转股价格到某一幅度时，公司会按事先约定的价格买回未转股的可转换公司债券。同样，可转换债券一般也会有回售条款，公司股票价格在一段时期内连续低于转股价格到某一幅度时，债券持有人可按事先约定的价格将所持债券回售给发行公司。

(二) 可转换债券的基本要素

可转换债券的基本要素是指构成可转换债券基本特征的必要因素，它们体现了可转换债券与一般债券的区别。

1. 标的股票

可转换债券转换期权的标的物是可转换成的公司股票。标的股票一般是债券发行公司自己的普通股票，不过也可以是其他公司的股票，如该公司的上市子公司的股票。

2. 票面利率

可转换债券的票面利率一般低于普通债券的票面利率，有时甚至还低于同期银行存款利率，因为可转换债券的投资收益中，除了债券的利息收益外，还附加了股票买入期权的收益部分。一个设计合理的可转换债券，在大多数情况下其股票买入期权的收益足以弥补债券利息收益的差额。

3. 转换价格

转换价格是指可转换债券在转换期内据以转换为普通股的折算价格，即可转换债券转换为普通股的每股普通股价格。例如，每股 30 元是指可转换债券转股时，将债券金额按每股 30 元转换为相应股数的股票。由于可转换债券在未来可以行权转换成股票，在债券发售时，所确定的转换价格一般比发售日股票市场价格高出一定比例，如高出 10%～30%。

4. 转换比率

转换比率是指每一张可转换债券在既定的转换价格下能转换为普通股股票的数量。在债券面值和转换价格确定的前提下，转换比率的计算公式为

$$转换比率 = \frac{债券面值}{转换价格}$$

5. 转换期

转换期是指可转换债券持有人能够行使转换权的有效期限。可转换债券的转换期可以与债券的期限相同，也可以短于债券的期限。转换期的设定通常有四种情形：债券发行日至到期日、发行日至到期前、发行后某日至到期日、发行后某日至到期前。转换期的选择取决于公司的资本使用状况、项目情况、投资者要求等。由于转换价格高于公司发行债券时的股价，投资者一般不会在发行后立即行使转换权。

6. 赎回条款

赎回条款是指债券发行公司按事先约定的价格买回未转股债券的条件规定。赎回一般发生在公司股票价格一段时期内连续高于转股价格到某一幅度时。赎回条款通常包括不可赎回期间与赎回期、赎回价格(一般高于可转换债券的面值)、赎回条件(分为无条件赎回和有条件赎回)等内容。

债券发行公司在赎回债券之前，要向债券持有人发出赎回通知，要求他们在将债券转股与卖回给债券发行公司之间做出选择。一般情况下，投资者大多会将债券转换为普通股。可见，设置赎回条款最主要的功能是强制债券持有者积极行使转股权，因此赎回条款又称

加速条款。赎回条款能够使债券发行公司避免在市场利率下降后，继续向债券持有人按照较高的票面利率支付利息所蒙受的损失。

7. 回售条款

回售条款是指债券持有人有权按照事先约定的价格将债券卖回给债券发行公司的条件规定。回售一般发生在公司股票价格在一段时期内连续低于转股价格到某一幅度时。对于投资者而言，回售实际上是一种卖权，有利于降低投资者的持券风险。与赎回条款一样，回售条款也包括回售时间、回售价格和回售条件等内容。

8. 强制性转换条款

强制性转换条款是指在某些条件具备之后，债券持有人必须将可转换债券转换为股票，无权要求债券发行公司偿还债券本金的条件规定。可转换债券发行之后，其股票价格可能出现巨大波动。如果股价长期低于转股价格，同时未设计赎回条款，投资者不会转股。这种情况下，公司可设置强制性转换条款保证可转换债券顺利地转换成股票，预防投资者到期集中挤兑引发公司破产的悲剧。

(三) 可转换债券筹资的特点

1. 筹资性质和时间灵活

可转换债券是将传统的债务筹资功能和股票筹资功能结合起来，在筹资性质和时间上具有灵活性。债券发行企业先以债务方式取得资金，到了债券转换期，如果股票市价较高，债券持有人将会按约定的价格转换为股票，避免企业还本付息的负担。如果公司股票长期低迷，投资者不愿意将债券转换为股票，企业及时还本付息清偿债务，也能避免未来长期的股东资本成本负担。

2. 资本成本较低

可转换债券的利率低于相同条件下普通债券的利率，降低了公司的筹资成本。此外，投资者将可转换债券转换为普通股时，公司无须另外支付筹资费用，节约了股票的筹资成本。

3. 筹资效率高

可转换债券在发行时，规定的转换价格往往高于当时的公司股票价格。如果这些债券将来都转换成股权，则相当于在债券发行之际，就以高于当时股票市价的价格新发行了股票，以较少的股份代价筹集了更多的股权资金。因此，如果公司发行新股的时机不佳，可以先发行可转换债券，以便将来变相发行普通股。

4. 存在一定的财务压力

可转换债券存在不转换的财务压力。如果转换期内公司股价处于恶化性的低位，持券者到期不会转股，会给公司带来因集中兑付债券本金而造成的财务压力。可转换债券还存在回售的财务压力，若可转换债券发行后，公司股价长期低迷，在设计有回售条款的情况下，投资者可能会集中在一段时间内将债券回售给发行公司，这样也会加大公司的财务压力。

二、优先股

优先股是指股份有限公司发行的具有优先权利的股票。相对于普通股来说，在利润分配及剩余财产清偿分配的权利方面，优先股持有人优先于普通股持有人，但在参与公司决策管理等方面，优先股持有人的权利受到限制。

(一) 优先股的分类

可以按不同标准对优先股进行分类，最主要的分类方法有以下 4 种。

1. 累积优先股和非累积优先股

累积优先股是指在任何营业年度内未支付的股利可累积起来，由以后营业年度的盈利一起支付的优先股股票。也就是说，当公司营业状况不好，无力支付固定股利时，可把股利累积下来；当公司营业状况好转，盈余增多时，再补发这些股利。一般而言，一个公司只有把所欠的优先股股利支付以后，才能支付普通股股利。

非累积优先股是指仅按当年利润分得股利，而不予以累计补付的优先股股票。也就是说，如果本年度的盈利不足以支付全部优先股股利，对所积欠的部分，公司不予累积计算，优先股股东也不能要求公司在以后年度中予以补发。显然，对投资者来说，累积优先股比非累积优先股具有更大的优越性。

2. 可转换优先股与不可转换优先股

可转换优先股是指股东可在一定时期内按一定比例把优先股转换成普通股的股票。转换的比例是事先确定的，其值取决于优先股与普通股的现行价格。例如，每股可转换优先股的价格为 100 元，每股普通股的价格为 25 元，这时就可能规定在今后一定时期(如两年)内，以 1 股优先股转换为 4 股普通股。当然，只有在两年以内，普通股价格超过 25 元，优先股的价格不超过 100 元时，才能有利于优先股股东。

不可转换优先股是指不能转换成普通股的股票。不可转换优先股只能获得固定股利报酬，不能获得转换收益。优先股具有更大的吸引力，所以，累积优先股发行比较广泛，而非累积优先股则因认购者少，所以发行量较小。

3. 参加优先股和不参加优先股

参加优先股是指不仅能取得固定股利，还有权与普通股一同参加利润分配的股票。根据参与利润分配方式的不同，参加优先股又可分为全部参加分配的优先股和部分参加分配的优先股。前者表现为优先股股东有权与普通股股东共同等额分享本期剩余利润，后者则表现为优先股股东有权按规定额度与普通股股东共同参与利润分配，超过规定额度的部分，归普通股所有。

不参加优先股是指不能参加剩余利润分配，只能取得固定股利的优先股。对于股份公司的税后利润，不参加优先股股东只有权分得固定股利，无权参加分配取得固定股利后的剩余利润。

4. 可赎回优先股与不可赎回优先股

可赎回优先股又称可收回优先股，是指股份公司可以按一定价格收回的优先股股票。在发行这种股票时，一般都附有收回条款，在收回条款中规定了赎回该股票的价格，此价格一般略高于股票的面值。至于是否收回，在什么时候收回，则由发行股票的公司决定。

不可赎回优先股是指不能收回的优先股股票。因为优先股都有固定股利，所以不可赎回优先股一经发行，便会成为一项永久性的财务负担。因此，在实务中，大多数优先股均是可赎回优先股，而不可赎回优先股则很少发行。累积优先股、可转换优先股、参加优先股均对股东有利，而可赎回优先股则对股份公司有利。

(二) 优先股股东的权利

优先股的优先权是相对普通股而言的，这种优先权主要表现在以下几个方面。

1. 优先分配股利的权利

优先分配股利是优先股的最主要特征。优先股通常有固定股利，一般按面值的一定百分比来计算。另外，优先股的股利还必须在支付普通股股利之前予以支付。对于累积优先股来说，这种优先权则更为突出，对于参加优先股来说更为有利。

2. 对资产的优先求偿权

在企业破产清算时，对于出售资产所得的收入，优先股的求偿权位于债权人的求偿权之后，但先于普通股，其金额只限于优先股的票面价值加上累积未支付的股利。为了保护优先股的这些优先权，发行优先股的协议中有时也会有一些限制条款，如禁止发行对资产拥有更加优先或同等求偿权的证券。

3. 有限的管理权

有关法律对优先股股东的管理权限是有严格限制的。通常情况下，优先股股东在公司的股东大会上是没有表决权的，只在公司研究与优先股有关的问题时有权参加表决。例如，如果讨论把一般优先股改为可转换优先股时，或推迟优先股股利的支付时，优先股股东有权参加股东大会并有权表决。

(三) 优先股的性质

优先股是一种复杂的证券，它虽属于股票，但却兼有债券的性质。从法律上来讲，优先股是企业自有资金的一部分，优先股股东所拥有的权利与普通股股东近似。优先股的股利不能像债务利息那样从税前扣除，而必须从税后盈余中支付。优先股又具有债券的特征，例如，有固定的股利、对盈利和剩余资产的分配具有优先权。公司的不同利益集团对优先股的认识是不同的。

普通股股东一般把优先股看成一种特殊债券，因为优先股必须在普通股之前取得收益、分享资产。投资人在购买普通股股票时也往往把优先股看作债券。但是，从债券持有人的角度来看，优先股则属于股票，因为它属于企业自有资金，对债券起保护作用，可以减少债券投资的风险。从公司管理当局和财务人员的角度来看，优先股则具有双重性质，因为优先股虽没有固定的到期日，不用偿还本金，但往往需要支付固定的股利，这会成为财务上的一项负担。所以，当公司利用优先股筹资时，要考虑这两方面的特性。

(四) 优先股筹资的特点

优先股既像公司债券，又像公司股票，因此优先股筹资属于混合筹资，其筹资特点兼有债务筹资和股权筹资的性质。

1. 有利于丰富投资者的投资结构

优先股有利于为投资者提供多元化投资渠道，增加固定收益型产品。看重现金红利的投资者可投资优先股，而希望分享公司经营成果的投资者则可以选择普通股。

2. 有利于股份公司股权资本结构的调整

发行优先股是股份公司股权资本结构调整的重要方式。公司资本结构调整既包括债务资本和股权资本的结构调整，也包括股权资本的内部结构调整。

3. 有利于保障普通股的收益和控制权

优先股的每股收益是固定的，只要公司净利润增加并且高于优先股股息，普通股的每股收益就会上升。另外，优先股股东无表决权，因此不影响普通股股东对企业的控制权，也基本上不会稀释原普通股的权益。

4. 有利于降低公司财务风险

优先股股利不是公司必须偿付的一项法定债务，如果公司财务状况恶化、经营状况不佳，可以不支付优先股股利，这在一定程度上减少了企业的财务负担。由于优先股没有规定最终到期日，所以它实质上是一种永续性借款。优先股的收回由企业决定，企业可在有利条件下收回优先股，具有较大的灵活性。发行优先股可以增加权益资本，从而改善公司的财务状况。对于高成长企业来说，承诺给予优先股的股息与其成长性相比是比较低的。同时，发行优先股相当于发行无限期的债券，可以获得长期的低成本资金，但优先股又不是负债，而是权益资本，因此能够提高公司的资产质量。总之，从财务角度来看，优先股属于股债连接产品，作为资本，可以降低企业整体负债率；作为负债，可以增加长期资金来源，有利于企业的长久发展。

5. 可能会给公司带来一定的财务压力

与债务筹资相比，优先股筹资的资本成本较高，其原因是优先股股利不能抵减所得税，而债务利息可以抵减所得税。这是利用优先股筹资的最大不利因素。相对于普通股来说，优先股的股利支付具有固定性。针对固定股息率优先股、强制分红优先股、可累积优先股而言，股利支付的固定性可能成为企业的一项财务负担。

第六节　资本成本

一、资本成本概述

企业在决定使用某种资源之前，必须考虑其成本的大小。任何资源的取得都是有代价的，筹资的代价通常称为资本成本。确切地说，资本成本是指企业为筹集和使用资金而付出的代价，包括筹资费用和用资费用。

(一) 筹资费用

筹资费用是指企业在筹集资金活动中为获得资金而付出的各项费用，例如，发行股票、债券支付的印刷费，以及发行手续费、宣传广告费、律师费、资信评估费、公证费、担保费等。筹资费用通常是在筹措资金时一次性支付的，在用资过程中不再发生。因此，它属于固定性的资金成本，可视作筹资总额的一项扣除。筹资总额减去筹资费用的差额，可称为有效筹资额。

(二) 用资费用

用资费用是指企业在生产经营、投资过程中因使用资金而付出的费用。例如，银行借款支付的利息、债券利息、股东的股息和红利等，这是资金成本的主要内容。长期资金的用资费用，因使用资金数量的多少和时期的长短而变动，属于变动性的资金成本。从投资者的角度来看，资本成本是资本所有者让渡资本使用权而要求的目标回报率，包括货币的时间价值和投资风险报酬。

资本成本是财务管理中的重要概念。首先，资本成本是企业的投资者(包括股东和债权人)对投入企业的资本所要求的收益率；其次，资本成本是投资本项目(或本企业)的机会成本。

(三) 资本成本的计算

企业的资金来源包括权益和负债。各种资金来源都有成本，但由于短期负债使用时间短、成本低，一般不把它纳入资本成本的研究范围，所以本章所指的资本成本是长期资金的成本。资本成本因筹资方式、筹资条件和筹资数额的不同而有所不同。为了便于分析和比较，资本成本通常用相对数表示，即

$$资本成本 = \frac{实际用资费用}{实际筹资额}$$

$$资本成本率 = \frac{资本用资费用}{筹资总额 - 资本筹资费用} \times 100\%$$

将上式的分子和分母同时除以筹资总额，还可得到更为简洁的公式，即

$$资本成本率 = \frac{资本用资费用率}{1 - 资本筹资费用率}$$

在具体使用时，由于债务资本的用资费用在所得税前列支，股权资本的用资费用在所得税后列支，因此，还要考虑所得税因素的影响。通常情况下，计算债务资本成本率时，还要在上述公式的基础上乘以(1-所得税税率)。

二、资本成本的作用

(一) 比较筹资方式、选择筹资方案的依据

各种资本的资本成本率是比较、评价各种筹资方式的依据。在评价各种筹资方式时，一般会考虑对企业控制权的影响、对投资者吸引力的大小、融资的难易和风险大小、资本成本的高低等因素，而资本成本是其中的重要因素。在其他条件相同时，企业筹资应选择资本成本最低的筹资方式。

(二) 衡量资本结构是否合理的重要依据

企业财务管理的目标之一是企业价值最大化，企业价值是企业资产带来的未来现金流量的贴现值。计算企业价值时，经常采用企业的平均资本成本作为贴现率，当平均资本成本最小时，企业价值最大，此时的资本结构是企业理想的资本结构。

(三) 评价投资项目可行性的主要标准

对于任何一个投资项目来说，如果它预期的投资报酬率超过该项目使用资金的资本成本率，则该项目在经济上就是可行的。可以说，资本成本率是企业用于确定项目要求达到的投资报酬率的最低标准。

(四) 评价企业整体业绩的重要依据

企业在一定时期内资本成本率的高低，不仅可以反映企业筹资管理的水平，还可以作为评价企业整体经营业绩的标准。企业的生产经营活动实际上就是所筹集资本经过投放后形成资产的营运活动，企业的总资产税后报酬率应高于其平均资本成本率，这样才能带来剩余收益。

三、个别资本成本

在比较各种筹资方式时，使用个别资本成本。个别资本成本是指单一筹资方式本身的资本成本，包括长期借款资本成本、公司债券资本成本、优先股资本成本、普通股资本成本、留存收益资本成本等，其中前两类是债务资本成本，后三类是权益资本成本。个别资本成本的高低，用相对数即资本成本率表达。

(一) 长期借款资本成本

长期借款资本成本包括借款手续费用和借款利息费用，其中手续费用是筹资费用的具体表现。利息费用在税前支付，可以起抵税作用，一般计算税后资本成本率，以便与权益资本成本率比较。一般情况下，银行借款的资本成本率计算公式为

$$K_L = \frac{借款金额 \times 利率 \times (1-所得税税率)}{借款金额 \times (1-筹资费用率)}$$

式中，K_L——银行借款资本成本率。

若无借款手续费或手续费很少以至于可以忽略不计，则上式可简化为

$$K_L = 利率 \times (1 - 所得税税率)$$

【例3-15】盛腾公司所得税税率为33%，该公司计划借入一笔5年期、利率为10%的长期借款1 000万元，每年付息一次，到期一次性还本。若手续费忽略不计，该长期借款的资本成本是多少？

$K_L = 10\% \times (1-33\%) = 6.7\%$

上述计算银行借款成本的方法十分简便，但没有考虑货币时间价值，因而计算结果不够精确。

(二) 公司债券资本成本

公司债券资本成本的计算原理与银行借款类似，公司债券的资本成本率计算公式为

$$K_B = \frac{债券面值 \times 年利率 \times (1 - 所得税税率)}{债券发行价格 \times (1 - 筹资费用率)}$$

式中，K_B——公司债券成本率。

【例3-16】盛腾公司发行面额为10 000元的5年债券，票面利率为12%，发行费用率为5%，发行价格为6000元，所得税税率为33%。该债券的资本成本是多少？

$$K_B = \frac{10\,000 \times 12\% \times (1-33\%)}{6\,000 \times (1-5\%)} = 14.11\%$$

(三) 优先股资本成本

企业发行优先股既要支付筹资费用，又要定期支付股利。优先股资本成本的计算方法与公司债券资本成本的计算方法几乎相同，但优先股的股利要用税后利润支付，这意味着在计算优先股的成本时不用考虑所得税的影响。同时，对优先股股利的预测，比债券利息的预测具有更大的不确定性。按照同样的原理，我们可以得到优先股资本成本的计算方法。计算公式为

$$K_P = \frac{年固定股利}{优先股发行价格 \times (1 - 筹资费用率)}$$

式中，K_P——优先股成本率。

【例3-17】盛腾公司拟发行优先股，发行价格为10元，每股每年支付固定现金股利1元，筹资费用率为2%。该优先股的每股资本成本是多少？

优先股每股发行净收入 $= 10 \times (1 - 2\%) = 9.8(元)$

优先股每股资本成本 $= 1 \div 9.8 = 10.2\%$

(四) 普通股资本成本

普通股股东对公司的股利分配依公司的经营效益而定，其分配股利的不确定性和波动性较大。因此，计算普通股资本成本是一个期望的估计数。计算普通股资本成本的假设前提是企业未来有比较稳定且逐年增长的股利分配。在计算普通股资本成本时可以假定股利有一个固定增长率。由高顿研究开发的股利贴现模型正是反映了这种预期，从而被认为是计算普通股资本成本的最好方法。

$$K_S = \frac{预计年股利}{普通股市价} + 股利固定增长率$$

式中，K_S——普通股成本率。

对于新发行普通股来说，计算公式为

$$K_S = \frac{预计年股利}{普通股市价 - 发行费用} + 股利固定增长率$$

【例 3-18】盛腾公司发行在外的普通股目前市价为每股 2 元，预期下一年度的每股股利为 0.15 元，并且以后每年都以 5% 的速度增长，则该公司普通股成本为多少？

普通股资本成本 = 0.15 ÷ 2 + 5% = 12.5%

(五) 留存收益成本

留存收益是由企业经营利润形成的，似乎不存在筹资成本，但对于股东而言，它是具有机会成本的筹资方式。如果将这些留存收益分配给股东，股东可以用这些资金投资于其他项目并产生收益，所以，留存收益的本质是股东对企业追加投入的资金，是普通股权益资本的重要组成部分。因此，不应当忽略留存收益的成本。在实务中，通常采用普通股的成本作为留存收益的成本，只是不用考虑筹资费用。

四、综合资本成本的计算

综合资本成本是指一个企业全部长期资金的成本，通常是以各种长期资本的比例为权重，对个别资本成本进行加权平均测算的，故又称加权平均资本成本，反映企业资本成本的整体水平。在衡量和评价单一融资方案时，需要计算个别资本成本；在衡量和评价企业筹资的总体经济性时，需要计算企业的综合资本成本。计算公式为

$$WACC = \sum_{i=1}^{n} K_i W_i$$

式中，WACC——综合资本成本；

K_i——第 i 种资本的个别资本成本；

W_i——第 i 种个别资本占总资本的比例。

综合资本成本的计算存在权重的选择问题，即各项个别资本按什么权重来确定资本比例。通常，可供选择的价值形式有账面价值、市场价值、目标价值等。

(1) 按账面价值确定。企业财务会计可以通过资产负债表提供以账面价值为基础的资本结构资料，这也是企业筹资管理的依据之一。按账面价值确定资本比例的优点是易于从资产负债表中取得这些资料，容易计算。其主要缺陷是资本的账面价值可能不符合市场价值，如果资本的市场价值已经脱离账面价值许多，以账面价值为基础确定资本比例就会失去现实客观性，从而不利于综合资本成本的测算和筹资管理的决策。

(2) 按市场价值确定。按市场价值确定资本比例是指债券和股票等以现行资本市场价格为基础确定其资本比例，从而测算综合资本成本。

(3) 按目标价值确定。按目标价值确定资本比例是指债券和股票等以公司预计的未来目标市场价值确定资本比例，从而测算综合资本成本。从公司筹资管理决策的角度来看，综合资本成本应适用于公司未来的目标资本结构。

【例3-19】 盛腾公司的资金来源包括以下两种形式。

(1) 发行面值为 1 元的普通股 100 万股，假设公司预计下一年度股利为每股 0.1 元，并且以后将以每年 5%的速度增长，该普通股目前市价为 1.8 元/股。

(2) 发行面值为 100 元的债券 0.8 万张，该债券在 3 年后到期，每年年末按面值的 11%支付利息，该债券目前市场价格为 95 元/张。

若公司所得税税率为 33%，计算其加权平均资本成本。

(1) 确定个别资本成本。

$$K_S = \frac{0.1}{1.8} + 5\% \approx 10.56\%$$

$$K_B = \frac{100 \times 11\% \times (1-33\%)}{95} \times 100\% = 7.76\%$$

(2) 计算个别资本权重，如表 3-9 所示。

表3-9　个别资本权重

项目	金额/万元	比重
普通股	100×1.8=180	0.7
债券	0.8×95=76	0.3
资本合计	256	1

(3) 计算综合资本成本。

$$\text{WACC} = 10.56\% \times 0.7 + 7.76\% \times 0.3 = 9.72\%$$

思考

如何计算边际资本成本？

<h1 align="center">第七节　杠杆效应</h1>

财务管理中的杠杆效应表现为由于特定费用(如固定成本或固定财务费用)的存在而导

致的当某一个财务变量以较小幅度变动时，另一个相关财务变量以较大幅度变动。三种类型的杠杆效应都会影响企业税后收益的水平和变动程度，从而影响企业的综合风险和综合收益。合理运用杠杆效应有助于规避风险，提高资金营运效率。在这里，我们着重讨论经营杠杆效应、财务杠杆效应和复合杠杆效应。

一、成本习性、边际贡献和息税前利润

(一) 成本习性

成本习性是指成本总额与业务量之间的依存关系。其中，业务量是指企业的生产经营活动水平，它可以是产出量、投入量，可以使用实物度量、时间度量，也可以使用货币度量。例如，产品产量、人工工时、销售额、主要材料处理量、生产能力利用百分数、生产工人工资、机器运转时数、运输吨、千米等，都可以作为业务量大小的标志，当业务量变化时，各项成本有不同的性态，可据此将成本大体上分为固定成本和变动成本。

固定成本(fixed cost)是指在一定时期和一定业务量范围内，成本总额不随业务量发生任何变动的那部分成本。例如，按直线法计提的折旧费、保险费、管理人员工资、办公费等。成本总额不随业务量而变，表现为一个固定金额，单位业务量负担的固定成本(即单位固定成本)随业务量的增减变动呈反比例变动。

变动成本(variable costs)是指在一定时期和一定业务量范围内，成本总额随业务量呈正比例变动的那部分成本。例如，直接材料、直接人工等，成本总额随业务量的增减变动呈反比例变动，单位业务量负担的变动成本(即单位变动成本) 表现为一个固定金额。

(二) 边际贡献

边际贡献(marginal utility)是指产品扣除自身变动成本后为企业所做的贡献。边际贡献首先用于收回企业的固定成本，如果还有剩余则成为利润，如果边际贡献不足以收回固定成本则发生亏损。

$$边际贡献=销售收入-变动成本总额=固定成本+利润$$

$$单位边际贡献=单价-单位变动成本$$

边际贡献率是指边际贡献在销售收入中占有的百分率，边际贡献率越高，说明企业的利润空间越大。计算公式为

$$边际贡献率=边际贡献/销售收入\times100\%$$

$$=单位边际贡献/单价\times100\%$$

(三) 息税前利润

息税前利润(earnings before interest and tax，EBIT)是指企业支付利息和缴纳所得税之前的利润，也可以称为息税前利润。无论企业营业利润是多少，其债务利息和优先股的股利都是固定不变的。当息税前利润增大时，每一元盈余所负担的固定财务费用就会相对减少，这能给普通股股东带来更多的盈余。该指标计算简便，便于体现企业部门层面的经营业绩，

不足之处是没有考虑资本成本。成本按习性分类后，息税前利润的计算公式为

$$息税前利润=单价\times销量-(单位变动成本\times销量+固定成本)$$

$$EBIT=P\times Q-(V\times Q+F)$$

二、经营杠杆效应

经营杠杆效应是由经营过程中同时存在固定成本和变动成本而引起的，经营杠杆是指由于固定性经营成本的存在，而使企业的息税前利润变动率大于业务量变动率的现象。经营杠杆反映了资产报酬的波动性，用于评价企业经营风险的大小。企业生产的产品和提供的劳务多种多样，有的固定成本较高、变动成本较低，有的则正好相反。单位变动成本降低会增加边际贡献。当边际贡献较大时，企业利润对销售变动的反应也比较敏感，即销售的较小变动会引起利润的较大变动，这是固定成本不变而变动成本较小的缘故。因此，增加固定成本、降低单位变动成本，或者在总成本一定的情况下，提高固定成本的比例、降低变动成本的比例，都会增加企业利润对销售变动的敏感性。

经营风险是指企业由于经营上的原因导致销售收入减少、利润下降的风险。为了准确地衡量经营风险的大小，我们引入经营杠杆系数的概念。

经营杠杆系数(degree of operating leverage，DOL)是指息税前利润变动对销售量变动的反应程度。经营杠杆系数越大，表明经营风险越高。其计算公式为

$$经营杠杆系数(DOL)=\frac{息税前利润变动率}{销售量变动率}$$

或

$$经营杠杆系数=\frac{销售额-变动成本}{销售额-变动成本-固定成本}=\frac{边际贡献}{息税前利润}=1+\frac{固定成本}{息税前利润}$$

【例3-20】盛腾公司的有关数据如表3-10所示。

表3-10　盛腾公司的有关数据

项目	年度	
	2016	2017
销售量/件	120 000	200 000
单位变动成本/元	1.5	1.5
变动成本/元	180 000	300 000
固定成本/元	20 000	20 000
销售收入(单价2元)/元	240 000	400 000
息税前利润/元	40 000	80 000

方法一：利用变动率的对比关系计算经营杠杆系数。

$$息税前利润变动率 = \frac{80\,000 - 40\,000}{40\,000} \times 100\% = 100\%$$

$$销售量变动率 = \frac{200\,000 - 120\,000}{120\,000} \times 100\% = 66.67\%$$

$$经营杠杆系数 = \frac{100\%}{66.67\%} = 1.5$$

经营杠杆系数为 1.5 表示息税前利润的增长是销售量增长的 1.5 倍。

方法二：利用基期数据计算经营杠杆系数。

当销售量为 120 000 件时：

$$经营杠杆系数 = \frac{120\,000 \times (2 - 1.5)}{120\,000 \times (2 - 1.5) - 20\,000} = \frac{60\,000}{40\,000} = 1.5$$

当销售量为 200 000 件时：

$$经营杠杆系数 = \frac{200\,000 \times (2 - 1.5)}{200\,000 \times (2 - 1.5) - 20\,000} = \frac{100\,000}{80\,000} = 1.25$$

方法二的计算结果与方法一相同，但方法二能更加清晰地表明在某销售量上的经营杠杆系数。

三、财务杠杆效应

财务杠杆是指由于固定债务利息和优先股股利的存在而导致普通股每股利润变动幅度大于息税前利润变动幅度的现象。财务杠杆反映了股权资本报酬的波动性，用来评价企业财务风险的大小。

财务风险是指企业举债时，债务利息支出必将影响净利润，从而使每股利润发生变化所带来的风险。不管企业的利润水平如何，债务使企业承受了定期付息还本的义务，影响企业的现金流转，从而使企业承担一定的财务风险。如果现金流转入不敷出，债权人通常有权强迫企业清算。若企业没有债务，则只有经营风险，可一旦举债，财务风险便随之而来。如果企业负债筹资，债务越多，财务杠杆也就越大，计入固定营业成本中的固定债务利息支出也越多，同时也会增加所有者收益的不稳定性。固定债务利息的变动会导致股权报酬率更大幅度的变动，这种作用被称为财务杠杆效应。

为了准确地衡量财务风险的大小，我们引入财务杠杆系数的概念。财务杠杆系数(degree of financial leverage，DFL)是指普通股收益变动对息税前利润变动的反应程度。财务杠杆系数越大，表明财务风险越高。其计算公式为

$$财务杠杆系数(DFL) = \frac{每股收益变动率}{息税前利润变动率}$$

或

$$财务杠杆系数(DFL) = \frac{息税前利润}{息税前利润 - 利息 - 优先股股利/(1 - 所得税税率)}$$

若没有优先股，则

$$财务杠杆系数(DFL) = \frac{息税前利润}{息税前利润 - 利息}$$

【例3-21】 盛腾公司全部资本为7 500万元，债务资本比例为40%，年利率为8%，公司所得税税率为33%，息税前利润为800万元时，其财务杠杆系数是多少？

$$DFL = \frac{800}{800 - 7\,500 \times 0.4 \times 8\%} = 1.43$$

例3-21中，财务杠杆系数1.43表示当息税前利润增长1倍时，普通股每股利润增长1.43倍；反之，当息税前利润下降时，普通股每股利润也随之下降。前一种情形表现为财务杠杆利益，后一种情形则表现为财务风险。一般而言，财务杠杆系数越大，企业的财务杠杆利益和财务风险就越大；财务杠杆系数越小，企业的财务杠杆利益和财务风险就越小。

四、复合杠杆效应

复合杠杆是指由于固定经营成本和固定债务利息的存在，导致普通股每股利润变动率大于产销业务量变动率的现象。经营杠杆通过扩大销售量影响息税前利润，而财务杠杆则通过扩大息税前利润影响每股利润，销售量的变动经过两级放大产生更大的每股利润称为复合杠杆利益。

通常把经营杠杆和财务杠杆的连锁作用称为复合杠杆效应。复合杠杆效应的大小可以用复合杠杆系数(degree of total leverage，DTL)表示，它是经营杠杆系数和财务杠杆系数的乘积。复合杠杆系数的计算公式为

复合杠杆系数=经营杠杆系数×财务杠杆系数

DTL=DOL×DFL

若企业没有融资租赁，其复合杠杆系数的计算公式为

复合杠杆系数=边际贡献/(息税前利润-利息)

公司风险包括企业的经营风险和财务风险，反映了企业的整体风险。复合杠杆系数反映了经营杠杆和财务杠杆之间的关系，用于评价企业的整体风险水平。在复合杠杆系数一定的情况下，经营杠杆系数与财务杠杆系数此消彼长。复合杠杆系数的意义在于以下两点。

(1) 能够说明产销业务量变动对普通股利润的影响，可以据以预测未来的每股利润水平。

(2) 揭示了财务管理的风险管理策略，即如果要保持一定的风险状况水平，需要维持一定的总杠杆系数，经营杠杆和财务杠杆可以有不同的组合。

从企业的资产分布来看，固定资产比例较大的资本密集型企业，经营杠杆系数高，经营风险大，企业筹资主要依靠权益资本，以保持较小的财务杠杆系数和财务风险；变动成本比例较大的劳动密集型企业，经营杠杆系数低，经营风险小，企业筹资可以主要依靠债务资金，保持较大的财务杠杆系数和财务风险。

从企业的发展周期来看，在企业初创阶段，产品的市场占有率低，产销业务量小，经营杠杆系数大，此时企业筹资主要依靠权益资本，在较低程度上使用财务杠杆；在企业扩张成熟期，产品的市场占有率高，产销业务量大，经营杠杆系数小，此时，可扩大企业资本结构中债务资本的比例，在较高程度上使用财务杠杆。

第八节　资本结构

根据前面所述，企业筹资时使用的筹资方式不同，付出的代价也是不相同的，另外，不同的筹资方式还会给企业带来不同的风险。为了降低筹资成本和筹资风险，提高筹资效益，那么就有必要研究资本结构问题。

一、资本结构概述

(一) 资本结构的含义

资本结构是指企业各种资本的价值构成及其比例关系，是企业一定时期筹资组合的结果。广义的资本结构是指企业全部资本的构成及其比例关系。企业一定时期的资本可分为债务资本和股权资本，也可分为短期资本和长期资本。狭义的资本结构是指企业各种长期资本的构成及其比例关系，尤其是指长期债务资本与(长期)股权资本之间的构成及其比例关系。资本结构设计和管理的目标是调整企业长期资金来源的构成，寻求企业资本加权成本最低的融资组合，以降低企业风险、实现企业价值最大化。最佳资本结构便是使股东财富最大或股价最大的资本结构，亦即使公司资金成本最小的资本结构。

(二) 资本结构的意义

资本结构是企业筹资决策的核心问题，它对企业具有重要意义。

(1) 合理安排债务资金的比例可以降低企业的综合资本成本。由于债务利息率通常低于股票利率，而且债务利息在所得税前利润中扣除，企业可减少所得税，所以债务资本成本明显低于股权资本成本。因此，在一定限度内合理地提高债务资金的比例，可以降低企业的加权资本成本。

(2) 合理安排债务资金的比例可以获得财务杠杆利益。由于债务利息通常是固定不变的，当息税前利润增大时，每1元利润所负担的固定利息将会降低，从而使可分配给股权所有者的税后利润相应增加。因此，在一定限度内合理地利用债务资金，可以发挥财务杠杆的作用，给企业所有者带来财务杠杆利益。

(3) 合理安排债务资金的比例可以增加企业价值。一般而言，一家企业的价值应该等于其债务资金的市场价值与股权资金的市场价值之和。企业的资本结构对企业债务资金的市场价值和股权资金的市场价值具有重要影响，进而会对企业总资本的市场价值即企业总价值产生重要影响。因此，合理安排资本结构有利于增加企业的市场价值。

(三) 影响企业资本结构的因素

1. 资产结构

企业的资产结构会以多种方式影响企业的资本结构：拥有大量固定资产的企业主要通过长期负债和发行股票筹集资金；拥有较多流动资产的企业更多地通过流动负债来筹集资金；资产适合进行抵押贷款的企业举债额较多，如房地产公司的抵押贷款就相当多；以技术研究开发为主的企业一般负债很少。

2. 财务状况和信用等级

企业获利能力、变现能力越强，财务状况越好，就越有能力承担财务上的风险，债务筹资就越有吸引力。当然，有些企业因为财务状况不好无法顺利发行股票，只好以高利率发行债券来筹集资金。衡量企业财务状况的指标主要有流动比率、已获利息倍数、固定费用周转倍数和投资收益率等。

3. 经营状况的稳定性

企业产销业务量的稳定性对资本结构有重要影响。经营发展能力表现为未来产销业务量的增长率，如果产销业务量能够以较高的水平增长，企业可以采用高负债的资本结构，以提升权益资本的报酬；如果产销业务量稳定，企业可较多地负担固定的财务费用；如果产销业务量和盈余有周期性，负担固定的财务费用将承担较大的财务风险。

4. 投资人和管理当局的态度

企业投资者和管理当局的态度对资本结构也有重要影响，因为企业资本结构的决策最终是由他们做出的。一个企业的股票如果被众多投资者所持有，谁也没有绝对的控制权，那么这个企业可能会更多地采用发行股票的方式来筹集资金，因为企业所有者并不担心控制权的旁落。反之，如果企业被少数股东所控制，股东们就会很重视控制权。企业为了保证少数股东的绝对控制权，一般会尽量避免采用普通股筹资，而是采用优先股和负债筹资的方式筹集资金。管理当局如果喜欢冒险，则可能会安排较高的负债比例；反之，一些持稳健态度的管理当局则会安排较低的负债比例。

5. 财政税收政策和货币金融政策

资本结构决策必然要考虑财务管理的环境因素，特别是宏观经济状况。政府调控经济的手段包括财政税收政策和货币金融政策，当所得税税率较高时，债务资金的抵税作用大，企业会充分利用这种作用以提高企业价值。货币金融政策会影响资本供给，从而影响利率水平的变动，当政府执行了紧缩的货币政策时，市场利率较高，企业债务资金成本增大。

二、资本结构决策方法

债务资金具有双重作用，适当利用债务资金可以降低企业资本成本，但当企业负债比率太高时，会带来较大的财务风险。因此，企业必须在财务风险和资本成本之间进行权衡，确定企业最佳资本结构。

最佳资本结构是指在一定条件下使企业加权平均资本成本最低、企业价值最大的资本结构。毫无疑问，最佳资本结构是一个理性的企业财务管理者所追求的目标，因此又称目标资本结构。

从企业财务管理的整体观念出发，最佳资本结构的判断标准具体包括三个：能使综合资本成本最低；能使企业价值最大化；能使企业资产保持适宜的流动性，并使资本结构具有一定的弹性。

常用的确定最佳资本结构的方法有资本成本比较法和EBIT-EPS分析法。

(一) 资本成本比较法

资本成本比较法指企业在筹资决策时，首先拟定多个备选方案，分别计算各个方案的加权平均资本成本，并通过相互比较来确定最佳资本结构。即通过计算不同资本结构的综合资本成本，并以此为标准相互比较，选择综合资本成本最低的资本结构作为最佳资本结构的方法。运用资本成本比较法必须具备两个前提条件：一是能够通过债务筹资；二是具备偿还能力。其程序包括：①拟定几个筹资方案；②确定各方案的资本结构；③计算各方案的加权资本成本；④通过比较，选择加权平均资本成本最低的结构为最优资本结构。

企业资本结构决策，分为初次利用债务筹资和追加筹资两种情况。前者称为初始资本结构决策，后者称为追加资本结构决策。资本成本比较法将资本成本的高低作为选择最佳资本结构的唯一标准，简单实用，因此常常被采用。但仅以加权平均资本成本最低作为唯一标准，在一定条件下会使企业蒙受较大的财务损失，并可能导致企业市场价值的波动。

【例3-22】盛腾公司需要筹资5 000万元，经研究决定用银行借款、发行股票和发行债券3种方式筹集资金。假设各种筹资方式的资本成本率分别为10%、15%、12%，各种筹资方式筹集资金的比例有以下三个方案可供选择。

(1) 银行借款占20%，发行股票占50%，发行债券占30%。

(2) 银行借款占30%，发行股票占40%，发行债券占30%。

(3) 银行借款占20%，发行股票占40%，发行债券占40%。

现需要从中选择一个方案，可以通过计算各种筹资组合的加权平均资本成本来解决。

$$K_1 = 20\% \times 10\% + 50\% \times 15\% + 30\% \times 12\% = 13.1\%$$

$$K_2 = 30\% \times 10\% + 40\% \times 15\% + 30\% \times 12\% = 12.6\%$$

$$K_3 = 20\% \times 10\% + 40\% \times 15\% + 40\% \times 12\% = 12.8\%$$

通过计算可以看出，方案(2)的加权平均资本成本最低，因此，该企业筹资应以银行借款占30%，发行股票占40%，发行债券占30%为最佳资本结构。

(二) EBIT-EPS分析法

先将企业的盈利能力与负债对股东财富的影响结合起来，再分析资本结构与每股收益之间的关系，进而确定合理的资本结构的方法，称为息税前利润-每股利润分析法，简写为EBIT-EPS 分析法，也被称为每股收益无差别点法。这是利用息税前利润和每股收益之间的关系来确定最优资本结构的方法，根据这一分析方法，可以分析判断在什么样的息税前利润水平下适于采用何种资本结构。这种方法确定的最佳资本结构亦即每股收益最大的资本结构。每股收益无差别点又称息税前利润平衡点，指在两种或两种以上的筹资方案下，普通股每股收益相等时的息税前利润点。计算过程如下。

(1) 每股收益(earnings per share，EPS)的计算公式为

$$每股收益 = \frac{(息税前利润 - 年利息) \times (1 - 所得税税率) - 年优先股股利}{普通股股数}$$

$$EPS = \frac{(EBIT - I) \times (1 - T) - D}{N}$$

式中，EBIT——每股收益无差别点；

I——年利息支付额；

D——年优先股股利支付额；

N——普通股股数；

T——所得税税率。

(2) 每股收益无差别点的计算公式为

$$\frac{(EBIT - I_1) \times (1 - T) - D_1}{N_1} = \frac{(EBIT - I_2) \times (1 - T) - D_2}{N_2}$$

$$EBIT = \frac{N_2 I_1 - N_1 I_2}{N_2 - N_1}$$

式中，EBIT——每股收益无差别点；

I_1、I_2——两种筹资方式下的年利息；

D_1、D_2——两种筹资方式下的优先股股数；

N_1、N_2——两种筹资方式下的普通股股数；

T——所得税税率。

【例 3-23】盛腾公司目前有资金 75 000 万元，现因生产发展需要再筹集资金 25 000 万元，可以利用发行股票来筹集，也可以利用发行债券来筹集。假设该公司适用所得税税率为 33%。发行股票时，每股发行价为 25 元，须发行 1 000 万股，普通股股本增加 10 000 万元，资本公积增加 15 000 万元。表 3-11 列示了原资本结构和筹资后的资本结构。

表3-11 盛腾公司资本结构变化情况表

单位：万元

筹资方式	原资本结构	筹资后的资本结构	
		增发普通股(A方案)	增发公司债券(B方案)
公司债务(利率8%)	10 000	10 000	35 000(10 000+25 000)
普通股(每股面值10元)	20 000	30 000(20 000+10 000)	20 000
资本公积	25 000	40 000(25 000+15 000)	25 000
留存收益	20 000	20 000	20 000
资本总额合计	75 000	100 000(75 000+25 000)	100 000(75 000+25 000)
普通股股数(股)	2 000	3 000(2 000+1 000)	2 000

盛腾公司不同资本结构下的每股收益如表3-12所示。

表3-12 盛腾公司不同资本结构下的每股收益

单位：万元

项目	增发普通股	增发公司债券
预计的息税前利润	20 000	20 000
利息	800	2 800
利润总额	19 200	17 200
所得税(税率33%)	6 336	5 676
净利润	12 864	11 524
普通股股数	3 000	2 000

由表3-12的分析可知，假设息税前利润为20 000万元，此时增发普通股筹资时的每股利润为4.288元，增发公司债券筹资时的每股利润为5.762元，因此，该公司应该选择发行公司债券筹集资金。

根据例3-23的资料，我们可以测算每股收益无差别点时的息税前利润。

$$\frac{(EBIT-800)\times(1-33\%)-0}{3\ 000}=\frac{(EBIT-2\ 800)\times(1-33\%)-0}{2\ 000}$$

可得 EBIT=6 800，此时 $EPS_1=EPS_2=1.34$

这就是说，当息税前利润大于6 800万元时，利用发行公司债券筹资较为有利；当息税前利润小于6 800万元时，利用发行股票筹资较为有利；当息税前利润为6 800万元时，采用两种筹资方式没有差别。盛腾公司预计息税前利润为20 000万元，故采用发行公司债券的方式较为有利。

本 章 小 结

资金筹集是企业财务管理的起点，是企业进行生产经营活动的必要条件。企业筹资管理是企业财务管理的一项主要内容。企业筹资有不同动机，企业应根据不同的筹资动机预测资金需要量，选择不同的筹资渠道和筹资方式。预测资金需要量常用的方法是比率预测法和资金习性预测法。筹资渠道解决的是资金来源问题，筹资方式则解决通过何种方式取得资金的问题，它们之间存在一定的对应关系。一定的筹资方式可能只适用于某一特定的筹资渠道，但是同一渠道的资金往往可采用不同的方式取得。

股权资金和债务资金的筹集是本章的重点内容。股权资金的筹集主要应掌握筹集资金的方式，如吸收直接投资、发行股票、利用内部留存等。同时要按每一种资金筹集方式研究其种类、筹集资金程序、有关指标的计算、筹资的优缺点及资金筹集方式的特点。债务资金筹集主要包括银行借款、发行债券、融资租赁、商业信用等。

资本成本是指企业为筹集和使用资金而付出的代价，包括筹集费用和用资费用两部分。资本成本可分为个别资本成本和综合资本成本。由于经营杠杆对经营风险的影响最为综合，因此，其常常被用来衡量经营风险的大小。财务杠杆系数越大，表明财务杠杆作用越大，财务风险也就越大；财务杠杆系数越小，表明财务杠杆作用越小，财务风险也就越小。

资本结构是指企业各种长期资本的构成及其比例关系。最佳资本结构是指在一定条件下使企业加权平均资本成本率最低或企业价值最大的资本结构，确定最佳资本结构的方法主要有资本成本比较法和 EBIT-EPS 分析法。

课 后 习 题

一、单项选择题

1. 下列吸收直接投资的筹资方式中，(　　)不属于外部筹资方式。
   A. 投入资本筹资
   B. 企业利润再投入
   C. 发行股票筹资
   D. 长期借款筹资

2. 下列各项中，不能作为无形资产出资的是(　　)。
   A. 专利权
   B. 商标权
   C. 非专利技术
   D. 特许经营权

3. 下列各项中，通常不会导致企业资本成本增加的是(　　)。
   A. 通货膨胀加剧
   B. 投资风险上升
   C. 经济持续过热
   D. 证券市场流动性增强

4. 一般而言，与融资租赁筹资相比，发行债券的优点是(　　)。
   A. 财务风险较小
   B. 限制条件较少
   C. 资本成本较低
   D. 融资速度较快

5. 某公司 2020 年预计营业收入为 50 000 万元，预计销售净利率为 10%，股利支付率为 60%。据此可以测算出该公司 2020 年内部资金来源的金额为(　　)万元。
   A. 2 000
   B. 3 000
   C. 5 000
   D. 8 000

6. 财务风险是由( )引起的。
   A. 汇率变动　　　　　　　　　　B. 过度融资
   C. 通货膨胀　　　　　　　　　　D. 高利率

7. 在个别资本成本的计算中，不必考虑筹资费用影响因素的是( )。
   A. 长期借款成本　　　　　　　　B. 债券成本
   C. 留用利润成本　　　　　　　　D. 普通股成本

8. 某股票当前的市场价格为 20 元/股，每股股利 1 元，预期股利增长率为 4%，则其资本成本率为( )。
   A. 4%　　　　　　　　　　　　B. 9.2%
   C. 5%　　　　　　　　　　　　D. 9%

9. 在不考虑筹资限制的前提下，下列筹资方式中，个别资本成本最高的是( )。
   A. 发行普通股　　　　　　　　　B. 利用留存收益
   C. 银行借款　　　　　　　　　　D. 发行公司债券

10. 一般来说，在企业的各种资金来源中，资本成本最高的是( )。
    A. 优先股　　　　　　　　　　B. 普通股
    C. 债券　　　　　　　　　　　D. 长期借款

二、多项选择题

1. 企业可以通过( )方式筹集长期资金。
   A. 发行债券　　　　　　　　　　B. 利用留存收益
   C. 商业信用　　　　　　　　　　D. 发行股票

2. 下列各项中，属于企业债权资金筹集方式的有( )。
   A. 利用留存收益　　　　　　　　B. 融资租赁
   C. 吸收直接投资　　　　　　　　D. 商业信用

3. 银行借款合同的保护性条款包括( )。
   A. 基本条款　　　　　　　　　　B. 一般性保护条款
   C. 例行性保护条款　　　　　　　D. 特殊性保护条款

4. 下列各项中，属于企业筹资动机的是( )。
   A. 创立性筹资动机　　　　　　　B. 调整型筹资动机
   C. 扩张性筹资动机　　　　　　　D. 混合型筹资动机

5. 影响经营杠杆系数的因素有( )。
   A. 利息费用　　　　　　　　　　B. 产品销售价格
   C. 单位变动成本　　　　　　　　D. 固定成本总额

6. 采用销售百分比法预测对外筹资需要量时，下列影响因素的变动会使对外筹资需要量减少的是( )。
   A. 股利支付率降低　　　　　　　B. 固定资产增加
   C. 留存收益率提高　　　　　　　D. 销售净利率增加

7. 下列各项中，属于用资费用的有( )。

    A. 借款手续费　　　　　　　　　　B. 公司债券发行费

    C. 股利　　　　　　　　　　　　　D. 借款利息

8. 下列各项中，影响财务杠杆系数的因素有( )。

    A. 固定经营成本　　　　　　　　　B. 变动成本

    C. 利息费用　　　　　　　　　　　D. 商业信用

9. 下列属于吸收直接投资的出资方式有( )。

    A. 以现金出资　　　　　　　　　　B. 以实物出资

    C. 以工业产权出资　　　　　　　　D. 以土地使用权出资

10. 在其他条件不变的前提下，与复合杠杆系数呈现同方向变动的有( )。

    A. 每股收益变动率　　　　　　　　B. 产销量变动率

    C. 经营杠杆系数　　　　　　　　　D. 财务杠杆系数

三、判断题

1. 个别资本成本一定的情况下，综合资本成本取决于资金总额。（ ）

2. 股票具有期限性、流通性、风险性等特点。（ ）

3. 企业利用留存收益获得的资金，其使用不会受到制约。（ ）

4. 其他条件不变的情况下，企业财务风险大，投资者要求的预期报酬率就高，企业筹资的资本成本相应就大。（ ）

5. 经营杠杆能够扩大市场和生产等不确定性因素对利润变动的影响。（ ）

6. 如果销售具有较强的周期性，则企业在筹集资金时不宜过多采取负债筹资。（ ）

7. 企业全部资本中，权益资本与债务资本的比是 1∶1，则该企业经营风险和财务风险可以相互抵消。（ ）

8. 最佳资本结构是使企业筹资能力最强、财务风险最小的资本结构。（ ）

9. 边际资本成本需要采用加权平均法计算，其最理想的权数应为账面价值权数，而不是市场价值权益和目标价值权数。（ ）

10. 对附有回售条款的可转换公司债券持有人而言，当标的公司股票价格在一段时间内连续低于转股价格达到一定幅度时，把债券卖回给债券发行人，将有利于保护自身的利益。（ ）

四、计算分析题

1. 某企业需要资金 5 000 万元，所得税税率为 40%，准备从以下几种方式中筹集资金。

(1) 通过金融机构获得信用贷款 1 000 万元，年息率 5%，筹资费用率为 1%。

(2) 向公众发行面值 1 000 元的债券 1 万张，发行价 1 050 元，利息率 8%，筹资费用率为 5%。

(3) 向公众发行新股 1 000 万股，发行价 2 元/股，筹资费用率为 5%，公司采用固定股利增长率政策，预计年增长率为 6%，预计下一年股利为 0.4 元/股。

(4) 剩余的动用留存收益。

要求：

(1) 分别计算个别资本成本；

(2) 求加权平均总资本成本。

2. 某企业只生产和销售 A 产品，其成本习性的数学模型为 $y=10\,000+3x$。假定该企业 2022 年度 A 产品销售量为 10 000 件，每件售价为 5 元，预测 2023 年 A 产品的销售数量将增长 10%。

要求：

(1) 计算 2022 年该企业的边际贡献总额；

(2) 计算 2022 年该企业的息税前利润；

(3) 计算 2023 年的经营杠杆系数；

(4) 计算 2023 年的息税前利润增长率；

(5) 假定企业 2022 年发生负债利息 5 000 元，2023 年保持不变，计算 2023 年的复合杠杆系数；

(6) 假定该企业拟将 2023 年复合杠杆系数控制在 3 以内，在其他因素不变的情况下，2022 年负债利息最多为多少？

3. 某公司原有资本 700 万元，其中债务资本 200 万元(每年负担利息 24 万元)，普通股资本 500 万元(发行普通股 10 万股，每股面值 50 元)。由于扩大业务，需追加筹资 300 万元，假设没有筹资费用。其筹资方案有三个。

方案一：全部按面值发行普通股，增发 6 万股，每股发行价 50 元。

方案二：全部增加长期借款，借款利率仍为 12%，利息 36 万元。

方案三：增发新股 4 万股，每股发行价 47.5 元；剩余部分发行债券筹集，债券按 10% 溢价发行，票面利率为 10%。

公司的变动成本率为 60%，目前年固定经营成本为 180 万元，所得税税率为 25%。预计追加筹资后，年销售收入将达到 1 000 万元，年固定经营成本将增加 20 万元。

要求：

(1) 计算方案一和方案二的每股收益无差别点；

(2) 计算方案一和方案三的每股收益无差别点；

(3) 计算方案二和方案三的每股收益无差别点；

(4) 根据以上计算结果，确定该公司应采用哪一个筹资方案。

第四章

投 资 管 理

【导读】

投资是企业获得利润的前提，是企业生存和发展的必要手段，是企业降低风险的重要途径。对于企业来说，没有投资就没有发展，投资贯穿企业经营的始终。投资活动往往需要一次性地投入大量的资金，并在一段时间内发生作用，对企业经营活动的方向产生重大影响。新建项目的投资、扩建项目的投资、技术改造的投资、参股控股的投资，每一项投资都蕴含新的希望，每一次投资都面临无尽的风险，一次投资失误也许就意味着企业的破产倒闭。

【学习重点】

了解项目投资决策评价指标的种类；掌握现金流量的相关概念，以及每一个评价指标的含义、特点和计算方法；熟练掌握投资决策评价指标的计算方法，并能运用这些指标进行投资项目的决策分析；掌握独立方案财务可行性评价和多个互斥方案的比较决策方法；了解证券投资的相关知识。

【学习难点】

投资管理的认识；现金流量的概念和计算方法；投资决策评价指标净现值、获利指数、内含报酬率、投资回收期的计算和应用。

【教学建议】

第一、二、五节以讲授为主，第三、四节建议结合真实案例进行情景教学，引导学生查阅资料。

第一节　投资管理概述

"投资"是人们在日常生活中经常使用的一个词语，其基本含义是人们通过投入一部分物资或者货币，以期在未来取得一定的报酬。例如，人们购买有价证券，以期在未来得到一定的价差收益；把钱存入银行，以期在未来得到一定的利息收入；用钱开办公司，以期在未来获取一定的盈利。因此，投资是指投资主体将财力投放于一定的对象，以期在未来获取收益的经济行为。投资主体包括政府、企业、个人和社会团体，这里，我们主要分析企业投资。企业投资是指企业为获得未来收益或者满足某些特定用途需要而进行的资金投入活动。企业投资包括用于机器、设备、厂房的购建与更新改造等生产性资产的投资(简称项目投资)，也包括购买债券、股票等有价证券的投资和其他类型的投资。

一、企业投资的意义

企业需要通过投资来配置资产，这样才能形成生产能力，取得未来的经济利益。

(一) 投资是企业生存与发展的基本前提

企业的生产经营就是企业资产的运用过程和资产形态的转换过程。投资是一种资本性支出的行为，通过投资支出，企业购建长期资产和流动资产，形成生产条件和生产能力。实际上，不论是新建一个企业，还是建造一条生产流水线，都是一种投资行为。企业通过投资确立经营方向，配置各类资产，并将它们有机地结合起来，形成企业的综合生产经营能力。企业如果想要进军一个新兴行业或者开发一种新产品，则需要先行进行投资。因此，投资决策的正确与否直接关系企业的兴衰成败。

(二) 投资是获取利润的基本前提

企业投资的目的是通过预先垫付一定数量的货币或实物形态的资本，购建和配置形成企业的各类资产，从事某类经营活动，获取未来的经济利益。企业通过投资形成了生产经营能力，才能开展具体的经营活动，进而获取经营利润。以购买股票、债券等有价证券方式向其他单位的投资，可以通过取得股利或债息来获取投资收益，也可以通过转让证券来获取资本利得。

(三) 投资是企业风险控制的重要手段

企业的经营面临各种风险，例如，市场竞争的风险，资金周转的风险，原材料涨价、费用居高不下等成本的风险等，投资是企业风险控制的重要手段。通过投资，企业可以将资金投向企业生产经营的薄弱环节，使企业生产经营的各个环节配套、平衡、协调。通过投资，企业可以实现多元化经营，将资金投放于经营相关程度较低的不同产品或不同行业，分散风险，稳定收益来源，降低资产的流动性风险、变现风险，增强资产的安全性。

二、企业投资的类型

为了加强投资管理，提高投资效益，企业必须分清各项投资的性质，对投资进行科学的分类。企业投资一般可按照以下标准进行分类。

(一) 直接投资和间接投资

按照投资与企业生产经营的关系，可将投资分为直接投资和间接投资两类。

(1) 直接投资是指把资金投放于生产经营性资产，以便获取利润的投资。通过直接投资，投资者可以拥有全部或一定数量的企业资产及经营的所有权，直接进行或参与投资企业的经营管理，从而拥有被投资企业全部或较大的控制权。在非金融性企业中，直接投资所占比例很大。

(2) 间接投资又称证券投资，是指把资金投放于债券、股票等金融资产，以便取得股利或利息收入的投资。与直接投资相比，间接投资的投资者一般只享有定期获得一定收益的权利，其无权干预被投资企业的具体运作和经营管理。随着我国金融市场的完善和多种筹资渠道的形成，企业间接投资将越来越广泛。

(二) 项目投资与证券投资

按投资对象的存在形态和性质，企业投资可以划分为项目投资和证券投资。

(1) 项目投资是指企业通过投资，购买具有实质内涵的经营资产(包括有形资产和无形资产)，形成具体的生产经营能力，开展实质性的生产经营活动，谋取经营利润的投资。项目投资的目的在于改善生产条件，扩大生产能力，获取更多的经营利润。项目投资属于直接投资。

(2) 证券投资是指企业投资购买证券资产，通过证券资产上所赋予的权利，间接控制被投资企业的生产经营活动，获取投资收益，即购买属于综合生产要素的权益性权利资产的企业投资。证券是一种金融资产，即以经济合同契约为基本内容，以凭证票据等书面文件为存在形式的权利性资产。例如，债券投资代表的是未来按契约规定收取债息和收回本金的权利，股票投资代表的是对发行股票企业的经营控制权、财务控制权、收益分配权、剩余财产追索权等股东权利。证券投资的目的在于通过持有权益性证券，获取投资收益，或控制其他企业的财务或经营政策，并不直接从事具体生产经营过程。因此，证券投资属于间接投资。

(三) 短期投资和长期投资

按照投资回收时间的长短，可将投资分为短期投资和长期投资两类。

(1) 短期投资又称流动性投资，是指不超过 1 年或一个营业周期的投资，如对短期票据、存货等的投资，能随时变现的长期有价证券也可用于短期投资。

(2) 长期投资是指超过 1 年或一个营业周期的投资，主要是对厂房、机器设备等固定资产的投资，也包括对无形资产和长期有价证券的投资。其中，固定资产投资是长期投资的最基本类型，因此，长期投资有时专指固定资产投资。

(四) 对内投资和对外投资

按照投资方向的不同，可将投资分为对内投资和对外投资两类。

(1) 对内投资是指把资金放在企业内部，购置各种生产经营用资产的投资。对内投资都是直接投资。

(2) 对外投资是指以现金、实物、无形资产等方式或者以购买股票、债券等有价证券方式向其他单位的投资。对外投资主要是间接投资，也可以是直接投资。

区分对内投资和对外投资最简单的方法就是看投资的结果是否取得了可供本企业使用的实物资产。随着企业之间横向经济联合的开展，对外投资越来越重要。

(五) 独立投资和互斥投资

按照各投资项目之间的关联关系，可将投资分为独立投资和互斥投资。

(1) 独立投资是相容性投资，各投资项目之间互不关联、互不影响，可以同时并存。例如，建造一个饮料厂和建造一个纺织厂，它们之间并不冲突，可以同时进行。对于一个独立投资项目而言，其他投资项目是否被采纳对本项目的决策并无显著影响。因此，独立投资项目决策考虑的是方案本身是否满足某种决策标准。例如，可以规定凡是提交决策的投资方案，其预期投资报酬率都要求达到 20% 才能被采纳。在这里，预期投资报酬率达到 20% 就是一种预期的决策标准。

(2) 互斥投资是非相容性投资，各投资项目之间相互关联、相互替代，不能同时并存。例如，对企业现有设备进行更新，购买新设备就必须处置旧设备，它们之间是互斥的。对于一个互斥投资项目而言，其他投资项目是否被采纳直接影响本项目的决策，其他项目被采纳，本项目就不能被采纳。因此，互斥投资项目决策考虑的是各方案之间的互斥性，也许每个方案都是可行方案，但互斥决策需要从中选择最优方案。

(六) 建设投资和流动资金投资

按照投资内容的不同，可将投资分为建设投资和流动资金投资。

(1) 建设投资是指在建设期内按一定生产经营规模和建设内容进行的投资，包括固定资产投资、无形资产投资和开办费投资三项内容。

固定资产投资是指用于购置或安装固定资产而发生的投资，也是任何类型的项目投资中不可缺少的投资内容。计算折旧的固定资产原值与固定资产投资之间可能存在差异，原因在于固定资产原值可能包括应构成固定资产成本的建设期内资本化了的借款利息。

无形资产投资是指用于取得无形资产而发生的投资。

开办费投资是指企业在其筹建期内发生的，不能计入固定资产和无形资产价值的那部分投资。

(2) 流动资金投资是指项目投产前后分次或一次性投放于流动资产项目的投资增加额，又称垫支流动资金或营运资金投资。

第二节　现金流量

一、现金流量的概念和假设

(一) 现金流量的概念

现金流量(cash flow)是企业在进行项目投资时涉及的基础概念，指企业在进行实物项目投资时，从项目筹建、设计、施工、完工交付使用、正式投产，直至项目报废清理为止，整个期间的现金流出和现金流入的数量。其中所指的现金是广义的概念，不仅包括货币资金，还包括与投资项目有关的各种非货币资产，非货币资产一般用它们的重置成本或变现价值表示。现金流量包括现金流入量、现金流出量和现金净流量三个具体概念，现金流量是计算项目投资决策评价指标的主要依据。

(二) 确定现金流量的假设

现金流量的确定是一项很复杂的工作，为了便于确定现金流量的具体内容，简化现金流量的计算过程，特做出以下几项假设。

(1) 假设投资项目只包括单纯固定资产投资项目、完整工业投资项目和更新改造投资项目三种类型。

(2) 假设该项目已经具备经济可行性和技术可行性，投资决策从企业投资者的立场出发，投资决策者确定现金流量的目的是进行项目财务可行性研究。

(3) 项目计算期是指投资项目从建设开始到项目清理报废为止的有效持续期间，由建设起点、建设期、运营期、终结点依次组成。项目计算期通常以年为单位，第 0 年称为建设起点，建设期的最后一年年末称为投产日，若建设期不足半年，可假定建设期为 0。项目计算期最后一年年末称为终结点，可假定项目最终报废或清理均发生在终结点，更新改造项目除外。项目计算期包括建设期和运营期，从项目投产日到终结点称为运营期，也叫寿命期，用公式表示为

项目计算期=建设期+运营期

(4) 决策时点为 0 期，即第 0 期为建设起点(等同于决策时点)。

(5) 除非特殊说明，各期现金流量均发生于各期期末。

(6) 除非特殊说明，假定在项目投产前垫支的流动资金于项目清理报废时(终结点)一次性全数收回。

二、现金流量的内容

(一) 现金流入量

现金流入量是指能够使投资方案的现实货币资金增加的项目，具体包括以下几项。

1. 营业收入

营业收入是指项目投产后每年实现的全部销售收入或业务收入，它是经营期主要的现金流入量项目。

2. 固定资产残值回收

固定资产残值回收是指投资项目的固定资产在终结点报废清理或中途变价转让处理时所回收的价值。

3. 流动资金回收

流动资金回收主要指新建项目在项目计算期完全终止时(终结点)，因不再发生新的替代投资而回收的原垫付的全部流动资金投资额。

4. 其他现金流入量

其他现金流入量是指以上项目内容以外的现金流入项目。

(二) 现金流出量

现金流出量是指能够使投资方案的现实货币资金减少或需要动用现金的项目，具体包括以下几项。

1. 建设投资

建设投资是指在建设期内按一定生产经营规模和建设内容进行的投资，包括固定资产投资、无形资产投资和开办费投资三项内容，它是建设期发生的主要现金流出量。

2. 流动资金投资

流动资金投资是指有关项目所发生的用于生产经营期间周转使用的营运资金投资，又称垫支流动资金。

3. 经营成本

经营成本是指在运营期内为满足正常生产经营而动用现实货币资金支付的成本费用，又称付现成本，它是运营期最主要的现金流出量项目。

$$经营成本=变动成本+付现的固定成本$$
$$=总成本-折旧额(及摊销额)$$

4. 各项税款

各项税款是指项目投产后依法缴纳的、单独列示的各项税款，包括所得税等。

5. 其他现金流出量

其他现金流出量是指以上项目内容以外的现金流出项目，如营业外净支出等。

(三) 现金净流量

现金净流量(net cash flow，NCF)是指在项目计算期内，每年现金流入量与同年现金流出量之间的差额，是计算项目投资决策评价指标的重要依据。现金净流量具有以下两个特征。

(1) 无论是在投资期还是在营业期，都存在现金净流量。

(2) 投资项目从整个经济寿命周期来看，大致可以分为三个阶段：投资期、营业期、终结期。由于项目计算期不同阶段的现金流入和现金流出发生的可能性不同，各阶段的现金净流量在数值上表现出不同的特点：投资期内的现金净流量一般小于或等于零，营业期内的现金净流量则多为正值。

1. 现金净流量的计算

(1) 投资期。现金流量包括建设投资和垫支的营运资金。一般情况下，初始阶段中固定资产的原始投资通常在年内一次性投入(如购买设备)，如果原始投资不是一次性投入(如工程建造)，则应把投资归属不同投入年份之中。

$$投资期现金净流量=-(原始投资额+垫支的营运资金)$$

(2) 营业期。在正常营业阶段，由于营运各年的营业收入和付现营运成本数额比较稳定，因此营业阶段各年现金流量一般为

$$营业期现金净流量(NCF)=营业收入-付现成本$$
$$=营业利润+非付现成本$$

式中非付现成本主要是固定资产年折旧费用、长期资产摊销费用、资产减值准备等。其中，长期资产摊销费用主要有跨年的大修理摊销费用、改良工程折旧摊销费用、筹建开办费摊销费用等。

所得税是投资项目的现金支出，即现金流出量，考虑所得税对投资项目现金流量的影响，投资项目正常营运阶段所获营业现金流量的计算公式为

$$营业期现金净流量(NCF)=营业收入-付现成本-所得税$$
$$=税后营业利润+非付现成本$$
$$=(收入-付现成本-折旧)\times(1-所得税税率)+非付现成本$$

(3) 终结期。终结点现金净流量是指项目经济寿命终结时发生的现金流量，一般表现为现金的流入量。终结点现金净流量具体由两项内容组成：固定资产变价收入或支出，原垫支的净流动资金回收额。在计算时，可将终结点现金净流量视作运营期最后一年的现金流量。其计算公式为

$$终结期现金净流量=营业现金净流量+回收额$$

2. 现金净流量计算举例

【例4-1】阳光公司拟投资一个项目，需要在建设起点一次性投入全部资金1 000万元，按直线法计提折旧，该项目使用寿命9年，期末有残值100万元。预计投产后每年可增加营业收入500万元，增加经营成本200万元，所得税税率为40%。要求计算该项目每年的现金净流量。

$$固定资产折旧=(固定资产原值-净残值)/固定资产使用年限$$
$$=(1\,000-100)/9=100(万元)$$
$$投资现金净流量=-原始投资额$$
$$=-1\,000\,(万元)$$
$$税后营业利润=(营业收入-营业成本-折旧)\times(1-所得税税率)$$
$$=(500-200-100)\times(1-40\%)=120(万元)$$
$$营业现金净流量=税后营业利润+固定资产折旧$$
$$=120+100=220\,(万元)$$
$$终结现金净流量=固定资产残值收入$$
$$=100\,(万元)$$

【例4-2】盛腾公司准备投资80 000元购入一台设备以扩充生产能力，同时在第一年垫支营运资金12 000元，设备使用寿命为5年，采用直线法计提折旧，5年后有残值收入5 000元。5年中，每年的销售收入为60 000元，经营成本第一年为18 000元，以后随着设备的使用，将逐年增加修理费2 000元。假设项目的建设期为0年，所得税税率为40%，试计算该项目的现金流量。

为计算现金流量，先计算每年的折旧额。

$$每年折旧额=(80\,000-5000)\div5=15\,000(元)$$

首先，计算营业现金流量，如表 4-1 所示；然后，再结合投资现金净流量和终结现金净流量编制现金流量表，如表 4-2 所示。

表 4-1　营业现金流量

单位：元

项目	年度				
	1	2	3	4	5
销售收入(1)	60 000	60 000	60 000	60 000	60 000
经营成本(2)	18 000	20 000	22 000	24 000	26 000
折旧(3)	15 000	15 000	15 000	15 000	15 000
税前利润(4)=(1)-(2)-(3)	27 000	25 000	23 000	21 000	19 000
所得税(5)=(4)×40%	10 800	10 000	9 200	8 400	7 600
税后利润(6)=(4)-(5)	16 200	15 000	13 800	12 600	11 400
营业现金流量(7)=(3)+(6)	31 200	30 000	28 800	27 600	26 400

表 4-2　现金流量计算表

单位：元

项目	年度					
	0	1	2	3	4	5
固定资产投资	-80 000					
营运资金垫付	-12 000					
营业现金流量		31 200	30 000	28 800	27 600	11 400
固定资产残值						5 000
营运资金收回						12 000
现金流量合计	-92 000	31 200	30 000	28 800	27 600	28 400

思考

如今电商型企业的现金流量有何特点？

第三节　项目投资管理

一、项目投资的含义

项目投资是指以固定资产建设项目为对象的投资行为，是实现企业战略决策的重要手段之一。与其他形式的投资相比，项目投资具有投资回收时间长、变现能力差、投资数额大、发生频率低和投资风险高等特点。项目投资对企业的生存和发展具有重要意义，是企业开展正常生产经营活动的必要前提，是推动企业生产和发展的重要基础，是提高产品质量、降低生产成本不可缺少的条件，是增强企业市场竞争能力的重要手段。

本章中的项目包括新建项目和更新改造项目。

新建项目是指以新增生产能力为目的的投资项目，又可分为单纯固定资产投资项目和完整工业投资项目。单纯固定资产投资项目简称固定资产投资，其特点在于，在投资中只包括为取得固定资产而发生的垫支资本投入，不涉及周转资本的投入。完整工业投资项目的特点在于，不仅包括固定资产投资，还涉及流动资金投资，甚至包括无形资产、递延资产等其他长期资产投资。因此，不能将项目投资简单地等同于固定资产投资。

更新改造项目是指以恢复或改善生产能力为目的的投资项目。

二、项目投资决策评价指标

项目投资一般具有较大的投资风险，投资者为达到某一预期目标，必须运用专门的决策方法和评价指标，在若干个可供选择的项目投资方案中选择一个最优投资方案。因此，在投资以前，投资者必须对投资项目进行科学的分析和评价，并在此基础上进行决策。项目投资决策评价指标是衡量投资项目可行性并据此进行决策的标准和尺度，由一系列综合反映投资效益、投入产出关系的量化指标构成。本章主要从财务评价的角度，按照是否考虑资金时间价值将项目投资决策评价指标分为两类：一类是动态指标，即考虑资金时间价值的指标，如净现值、年金净流量、获利指数、内部报酬率等；另一类是静态指标，即不考虑资金时间价值因素的指标，如投资报酬率、投资回收期等。

(一) 动态指标

1. 净现值(NPV)

1) 净现值的定义

净现值(net present value，NPV)是指项目投产后预期未来每年现金流量的现值减去初始投资现值后的余额。其计算公式为

净现值=未来现金净流量现值-初始投资额现值

$$NPV = \sum_{t=1}^{n} \frac{NCF_t}{(1+K)^t} - C$$

式中，NPV——净现值；

NCF$_t$——第 t 年的现金净流量；

K——贴现率(资本成本或最低报酬率)；

n——年限；

C——初始投资的现值。

2) 净现值的计算

净现值的计算过程如下。

(1) 计算每年的营业现金净流量。

(2) 计算未来收益的总现值，又可分成 3 步。

第一步，将每年的营业现金净流量折算成现值。如果每年的 NCF 相等，则按年金法折成现值；如果每年的 NCF 不相等，则先对每年的 NCF 进行贴现，然后加以合计。

第二步，将终结点现金净流量折算成现值。

第三步，计算未来收益的总现值。

(3) 计算净现值。

$$净现值=未来报酬的总现值-初始投资额现值$$

3) 净现值的决策原则

在预计投资项目现金流量的基础上，充分考虑货币时间价值因素，将未来所有的现金流量都折现为现在的价值，并与项目初始投资支出的现值比较，所得差额即为净现值。当净现值≥ 0时，说明项目本身的收益率大于或等于给定的折现率，项目具有财务可行性；当净现值< 0时，说明项目本身的收益率小于给定的折现率，项目不具有财务可行性。

计算净现值的关键是确定贴现率，可根据以下三项内容来确定：①银行贷款利率或市场平均利率；②资金成本；③企业要求的最低资金利润率或投资报酬率。

【例4-3】盛腾公司拟购买一套大型设备扩充生产能力，有甲、乙两个方案可供选择，甲方案的投资额为2 000万元，乙方案的投资额为1 200万元，使用寿命均为5年，有关现金流量资料如表4-3所示。

表4-3　甲、乙两方案的现金流量资料

年度(t)	现金流量/万元	
	甲方案	乙方案
0	-2 000	-1 200
1	650	380
2	650	350
3	650	330
4	650	320
5	650	290

公司要求的最低回报率为10%，则

$$\begin{aligned}
\text{NPV}_{甲} &= 650\times(P/A, 10\%, 5)-2\,000\\
&= 650\times3.791-2\,000\\
&= 464.15(万元)
\end{aligned}$$

$$\begin{aligned}
\text{NPV}_{乙} &= \sum_{t=1}^{n}\frac{\text{NCF}_t}{(1+K)^t}-C\\
&= \frac{380}{1+10\%}+\frac{350}{(1+10\%)^2}+\frac{330}{(1+10\%)^3}+\frac{320}{(1+10\%)^4}+\frac{290}{(1+10\%)^5}-1\,200\\
&= 380\times0.909+350\times0.826+330\times0.751+320\times0.683+290\times0.621-1\,200\\
&= 345.42+289.1+247.83+218.56+180.09-1\,200\\
&= 1\,281-1\,200\\
&= 81(万元)
\end{aligned}$$

甲、乙两方案的净现值都为正数，都具有财务可行性，如果甲、乙互为独立项目，则均可接受。所谓独立项目，是指某项目的接受或拒绝不会影响正在考虑的其他项目的决策。如果甲、乙互为相斥项目，则应选择净现值较大的甲方案。

4) 净现值的特点

净现值是一个贴现的绝对值正指标，其特点在于：第一，它关注的是现金流量而不是会计利润；第二，它灵敏地反映了项目带来的预期收益，考虑了货币时间价值因素，从而使收益和支出在逻辑上具有可行性；第三，它考虑了投资风险性，因为贴现率的大小与风险大小有关，风险越大，贴现率就越高；第四，它无法直接反映投资项目的实际投资收益率水平，当各项目投资额不相等时，难以确定最优的投资项目；第五，净现值不能直接用于对寿命期不同的互斥投资方案进行决策。某项目净现值小但其寿命期短，另一个项目净现值大但它是在较长的寿命期内取得的，两项目的寿命期不同，因而其净现值是不可比的。根据净现值对寿命期不同的投资方案进行决策，需要将各方案均转化为相等寿命期进行比较。

2. 年金净流量(ANCF)

1) 年金净流量的定义

投资项目的未来现金净流量与原始投资额的差额构成该项目的现金净流量总额。年金净流量(annual NCF)即项目期间内全部现金净流量总额的总现值或总终值折算为等额年金的平均现金净流量。

2) 年金净流量的计算公式

年金净流量的计算公式为

$$年金净流量 = \frac{净现金流量总现值}{年金现值系数} = \frac{净现金流量总终值}{年金终值系数}$$

3) 年金净流量的决策原则

与净现值指标一样，年金净流量指标大于零，说明每年平均的现金流入能抵补现金流出，投资项目的净现值(或净终值)大于零，方案的报酬率大于所要求的报酬率，方案可行。在比较两个以上寿命期不同的投资方案时，年金净流量越大，方案越好。

年金净流量是净现值的辅助指标，在各方案寿命期相同时，两者效果相同，因此年金净流量适用于期限不同的投资方案决策。但同时，它也具有与净现值同样的缺点，即不便于对原始投资额不相等的独立项目进行决策。

【例4-4】盛腾公司现有甲、乙两个投资方案，甲方案需一次性投资10 000元，可用8年，残值2 000元，每年取得税后营业利润3 500元；乙方案需一次性投资10 000元，可用5年，无残值，第1年获利3 000元，以后每年递增10%。如果资本成本率为10%，应采用哪种方案？

两方案的投资使用年限不同，净现值是不可比的，应考虑它们的年金净流量。

甲方案营业期每年 NCF=3 500+(10 000−2 000)/8=4 500(元)

乙方案营业期各年 NCF 计算如下：

NCF_1=3 000+10 000÷5=5 000(元)

NCF_2=3 000×(1+10%)+10 000÷5=5 300(元)

NCF_3=3 000×(1+10%)^2+10 000÷5=5 630(元)

$NCF_4 = 3\,000 \times (1 + 10\%)^3 + 10\,000 \div 5 = 5\,993(元)$

$NCF_5 = 3\,000 \times (1 + 10\%)^4 + 10\,000 \div 5 = 6\,392.30(元)$

甲方案净现值 $= 4\,500 \times 5.335 + 2\,000 \times 0.467 - 10\,000 = 14\,941.50(元)$

乙方案净现值 $= 5\,000 \times 0.909 + 5\,300 \times 0.826 + 5\,630 \times 0.751 + 5\,993 \times 0.683 + 6\,392.30 \times 0.621 - 10\,000$
$= 11\,213.77(元)$

$$甲方案的年金净流量 = \frac{14\,941.50}{(P/A,\ 10\%,\ 8)} = 2\,801(元)$$

$$乙方案的年金净流量 = \frac{11\,213.77}{(P/A,\ 10\%,\ 5)} = 2\,958(元)$$

尽管甲方案净现值大于乙方案，但它是 8 年内取得的。而乙方案年金净流量高于甲方案，如果按 8 年计算可取得 15 780.93 元(2 958×5.335)的净现值，高于甲方案。因此，乙方案优于甲方案。本例中，用终值进行计算也可得出同样的结果。

从投资报酬的角度来看，甲方案投资额为 10 000 元，扣除残值现值 934 元(2 000×0.467)，按 8 年年金现值系数 5.335 计算，每年应回收 1 699 元(9 066÷5.335)。这样，每年现金流量 4 500 元中，扣除投资回收 1 699 元，投资报酬为 2 801 元。按同样方法计算，乙方案年投资报酬为 2 958 元。所以，年金净流量的本质是各年现金流量中的超额投资报酬额。

3. 获利指数(PI)

1) 获利指数的定义

获利指数(profitability index，PI)是指项目未来预期现金流量的现值与初始投资的现值的比率，又称现值指数或收益/成本比率。其计算公式为

$$获利指数 = \frac{未来净现金流量现值}{原始投资额现值}$$

$$PI = \sum_{1}^{n} \frac{NCF_t}{(1+K)^t} \div C$$

式中，PI——获利指数；其他字母的含义与净现值计算公式中的相同。

2) 获利指数的计算

获利指数的计算过程如下。

第一步，计算未来报酬的总现值，这与计算净现值所采用的方法相同。

第二步，计算获利指数，即根据未来报酬的总现值和初始投资额之比计算获利指数。

3) 获利指数的决策原则

用获利指数进行投资决策时，如果获利指数大于或等于 1，可考虑接受该方案；如果获利指数小于 1，则舍弃该方案。在多方案的优选决策中，应选择获利指数最大的方案。

【例4-5】根据表4-3的资料，甲、乙两方案的获利指数为

$$PI_甲 = \frac{650 \times 3.791}{2\,000} = 1.23$$

$$PI_乙 = \frac{1\,281}{1\,200} = 1.07$$

甲、乙两方案的获利指数均大于 1，说明其收益超过成本，即投资报酬率大于给定的贴现率，具有财务可行性。甲方案获利指数较大，说明甲方案的相对效益更好。

4) 获利指数的特点

获利指数指标和净现值指标在本质上是一样的，如果一个项目的净现值大于零，则获利指数一定大于 1。但两者评价项目的角度有所不同，净现值指标倾向于互斥项目的比较，获利指数指标则倾向于相互独立项目的比较。

思考
净现值和获利指数有何区别？

4. 内部报酬率(IRR)

1) 内部报酬率的定义

内部报酬率(internal rate of return，IRR)是指当项目未来预期现金流量的现值与初始投资的现值相等时的贴现率，也就是能使一个项目的净现值等于零的贴现率。其计算公式为

$$\sum_{t=1}^{n} \frac{NCF_t}{(1+IRR)^t} - C = 0$$

式中，IRR——内部报酬率；其他字母的含义与净现值计算公式中的相同。

2) 内部报酬率的计算

(1) 如果每年现金流量相等，则可以按以下步骤计算。

第一步，计算年金现值系数，公式为

$$年金现值系数 = \frac{初始投资额}{每年NCF}$$

第二步，查年金现值系数表，若能找到所对应的系数值，则会查出相应的内部报酬率；如果找不到所对应的系数值，则应在相同期数内找到最接近系数值的两个相邻系数及其对应的贴现率。

第三步，运用插值法求出该投资方案的内部报酬率。

(2) 如果每年的 NCF 不相等，则需要按下列步骤计算：估计一个贴现率，并用该贴现率来计算净现值。若净现值为正数，说明方案的实际内含报酬率大于预计的贴现率，则应提高贴现率再进一步测试；若净现值为负数，说明方案本身的报酬率小于估计的贴现率，则应降低贴现率再进行测算。如此反复测试，寻找出使净现值由正到负或由负到正且接近零的两个贴现率。

(3) 根据上述相邻的两个贴现率用插值法求出该方案的内含报酬率。逐步测试法是一种近似方法，因此相邻的两个贴现率不能相差太大，否则误差会很大。

3) 内部报酬率的决策原则

内部报酬率是折现的相对量正指标，采用该指标的决策标准是将所测算的各方案的内部报酬率与其资金成本对比，如果投资方案的内部报酬率大于其资金成本，该方案可行；如果投资方案的内部报酬率小于其资金成本，则方案不可行。如果几个投资方案的内部报酬率都大于其资金成本，且各方案的投资额相同，那么内部报酬率与资金成本之间差异最大的方案最好；如

果几个方案的内部报酬率均大于其资金成本，但各方案的原始投资额不等，则其决策标准应是投资额(内部报酬率-资金成本)最大的方案为最优方案。

4) 内部报酬率的特点

内部报酬率考虑了资金的时间价值，反映了投资项目的真实报酬率，概念易于理解。内部报酬率用百分数来表示，可与资本成本相比较，且不受资本成本的影响。但内部报酬率的计算过程比较复杂，特别是每年 NCF 不相等的投资项目，一般要经过多次测算才能求得。

(二) 静态指标

1. 投资报酬率(ROI)

1) 投资报酬率的定义

投资报酬率(return on investment，ROI)又称投资利润率，是指投资项目寿命周期内的平均年投资报酬率。本书中的投资报酬率是指生产运营期正常年度的年均利润额占投资总额的百分比。

2) 投资报酬率的计算

投资报酬率有多种计算方法，最常见的计算公式为

$$投资报酬率 = \frac{项目运营期的年均息税前利润}{原始投资额} \times 100\%$$

【例4-6】盛腾公司2017年A项目的原始投资1 000万元，有关资料如表4-4所示。

表4-4　运营期息税前利润资料

年份	0	1	2	3	4	5	6
息税前利润/万元	800	200	85	85	100	100	100

要求计算该项目的投资报酬率。

年均利润=(85+85+100+100+100)÷5=94(万元)

投资报酬率=94÷1 000×100%=9.4%

3) 投资报酬率的决策原则

采用投资报酬率这一指标时,应事先确定一个企业要求达到的投资报酬率(或称必要投资报酬率)。在进行决策时，只有高于必要投资报酬率的方案才能入选。

4) 投资报酬率的特点

投资利润率指标具有简单、明了和易于掌握的优点，且该指标不受建设期的长短、投资的方式、回收额的有无及现金流量的大小等条件的影响，能够说明各投资方案的收益水平。投资报酬率指标也有如下缺点：第一，没有考虑货币时间价值因素，不能正确反映建设期长短及投资方式不同对项目的影响；第二，该指标的分子、分母时间特征不一致(分子是时期指标，分母是时点指标)，因而在计算口径上可比性较差；第三，该指标的计算无法直接利用现金净流量信息。

2. 投资回收期(PP)

1) 投资回收期的定义

投资回收期(payback period，PP)是指收回最初投资支出所需要的年数，可以衡量项目收回初

始投资速度的快慢。投资回收期有以下两种形式：包括建设期的投资回收期和不包括建设期的投资回收期。一般而言，投资者总是希望尽快收回投资，即投资回收期越短越好，因为回收期越短，该项投资所冒的风险就越小。

2) 投资回收期的计算

投资回收期取决于项目投资额和项目投产后预期产生的现金流量。根据项目投产后预期现金流量的情况不同，投资回收期的计算方法也不相同。

(1) 每年现金净流量相等，这是一种年金的形式，计算公式为

$$投资回收期 = \frac{原始投资额}{年现金净流量}$$

$$PP = \frac{C}{NCF}$$

式中，PP——不包括建设期在内的回收期；

C——初始投资额；

NCF——每年的现金净流量。

【例4-7】盛腾公司投资项目投资总额为 160 万元，建设期为 1 年，投产后第 1 年至第 8 年每年现金净流量为 25 万元，第 9 年、第 10 年每年现金净流量均为 22 万元。要求计算项目的投资回收期。

过程如下：因为 8×25 万元=200 万元大于投资额 160 万元，所以包括建设期的投资回收期=1+160÷25=7.4 年。

(2) 每年现金流量不等。如果每年现金流量不相等，就需要运用各年年末的累计现金流量计算投资回收期。即逐年计算，直到累计的现金流量刚好补偿初始投资额的时刻为止，所经历的时间就是投资回收期。其计算公式为

$$PP = (累计现金净流量第一次出现正值的年份 - 1) + \frac{|该年年初尚未回收的投资|}{该年现金净流量}$$

【例4-8】盛腾公司准备购入设备扩充生产能力，现有甲、乙两方案可供选择，两方案均需投资 3 000 万元，使用期均为 5 年，各年现金流量资料如表4-5所示。

表4-5　甲、乙两方案各年现金流量资料

年度(t)	现金流量/万元	
	甲方案	乙方案
0	−3 000	−3 000
1	800	1 100
2	800	900
3	800	700
4	800	600
5	800	400

甲方案每年现金流量相等，因此甲方案投资回收期=3 000÷800=3.75(年)。

如果期望回收期为 4 年，则甲方案可以接受；如果期望回收期为 3 年，则应拒绝甲方案。

乙方案每年现金流量不等，运用累计现金净流量的办法来计算其投资回收期，如表4-6 所示。

表4-6　乙方案投资回收期的计算

年度	0	1	2	3	4	5
初始投资 C/万元	−3 000					
各年现金流量 NCF/万元		1 100	900	700	600	400
累计现金净流量 ΣNCF/万元	−3 000	−1 900	−1 000	−300	+300	+700

乙方案投资回收期=(4−1)+300/600 ≈ 3.5(年)

如果甲、乙两方案都小于期望回收期，则两方案均是可行的。当甲、乙两方案为互斥项目时，则应选择回收期较短的乙方案。所谓互斥项目，是指接受它就必须放弃一个或多个其他项目的投资项目。

3) 投资回收期的决策原则

投资回收期是一个非折现的绝对量反指标。在评价方案可行性时，包括建设期的投资回收期比不包括建设期的投资回收期用途更广泛。各投资方案的投资回收期确定以后，投资回收期最短的方案为最佳方案，因为投资回收期越短，投资风险越小。从这一角度来看，依据投资回收期进行决策时，首先，要将投资方案的回收期与投资者期望的投资回收期相比较，如果投资方案的投资回收期小于期望回收期，则应接受投资方案；如果投资方案的投资回收期大于期望回收期，则应拒绝接受该投资方案。其次，如果同时存在数个可接受的投资方案，则应该比较各方案的投资回收期，选择投资回收期最短的方案。

4) 投资回收期的特点

投资回收期能够直观地反映原始总投资的返本期限，便于理解，计算简单，是应用较为广泛的传统评价指标。但由于其没有考虑货币时间价值因素，又不考虑回收期满后继续发生的现金流量的变化情况，故存在一定弊端。

第四节　项目投资决策

项目投资是指将资金直接投放于生产经营实体性资产，以形成生产能力，如购置设备、建造工厂、修建设施等。项目投资一般是企业的对内投资，但也包括以实物性资产投资于其他企业的对外投资。计算评价指标的目的是进行项目投资方案的对比选优，使它们在方案的对比选优中正确地发挥作用，为项目投资提供决策的定量依据。但投资方案对比选优的方法会因项目投资方案的不同而有区别。

一、独立投资方案的决策

独立投资方案是指两个或两个以上项目互不依赖，可以同时并存，各方案的决策也是独立的。在企业只有一个投资项目可供选择时，只需要评价其在财务上是否可行。常用的评价指标有净现值、获利指数和内部报酬率，如果评价指标同时满足：NPV≥0、PI≥1、IRR≥i 的条件，则项目具有财务可行性，反之，则不具备财务可行性。而投资回收期、投资报酬率可作为辅助指标评价投资项目，但应注意，当辅助指标与主要指标(净现值等)的评价结论发生矛盾时，应当以主要指标的结论为准。

【例4-9】根据例4-3、例4-5、例4-6的计算结果可知：

NPV 甲=464.15>0、NPV 乙=81>0；PI 甲=1.23>1、PI 乙=1.07>1

这表明甲、乙方案各项主要指标均达到或超过相应标准，所以它们具有财务可行性，方案是可行的。

【例4-10】阳光公司准备购入一台设备以扩充生产能力。现有甲、乙两个方案可供选择，甲方案需投资20 000元，使用寿命为5年，采用直线折旧，5年后设备无残值。5年中每年销售收入为12 000元，每年的经营成本为4 000元。乙方案需要投资24 000元，采用直线法计提折旧，使用寿命也为5年，5年后有残值收入4 000元。5年中每年的销售收入为16 000元，第1年的成本为6 000元，以后随着设备陈旧，将逐年增加修理费800元，另须垫支营运资金6 000元，所得税税率为40%，资金成本为10%。

要求：分别计算两个方案的投资回收期、平均投资报酬率、净现值、获利指数和内部报酬率，判断项目的可行性。

甲方案每年折旧额$=\dfrac{20\,000}{5}=4\,000$(元)

甲方案的 $NCF_0=-20\,000$(元)

乙方案每年折旧额$=\dfrac{24\,000-4\,000}{5}=4\,000$(元)

乙方案的 $NCF_0=-(24\,000+6\,000)=-30\,000$(元)

乙方案的 $NCF_5=5\,680$(营业期现金净流量)+4 000(残值)+6 000(垫支回收)=15 680(元)

甲、乙两个方案的营业期现金流量预测如表4-7和表4-8所示。

表4-7　甲方案的营业期现金流量预测

单位：元

项目	时间				
	第1年	第2年	第3年	第4年	第5年
销售收入(1)	12 000	12 000	12 000	12 000	12 000
经营成本(2)	4 000	4 000	4 000	4 000	4 000
折旧(3)	4 000	4 000	4 000	4 000	4 000
税前利润(4)=(1)-(2)-(3)	4 000	4 000	4 000	4 000	4 000
所得税(5)=(4)×40%	1 600	1 600	1 600	1 600	1 600
税后净利(6)=(4)-(5)	2 400	2 400	2 400	2 400	2 400
营业现金流量(7)=(1)-(2)-(5)=(3)+(6)	6 400	6 400	6 400	6 400	6 400

表 4-8　乙方案的营业期现金流量预测

单位：元

项目	时间				
	第1年	第2年	第3年	第4年	第5年
销售收入(1)	16 000	16 000	16 000	16 000	16 000
经营成本(2)	6 000	6 800	7 600	8 400	9 200
折旧(3)	4 000	4 000	4 000	4 000	4 000
税前利润(4)=(1)−(2)−(3)	6 000	5 200	4 400	3 600	2 800
所得税(5)=(4)×40%	2 400	2 080	1 760	1 440	1 120
税后净利(6)=(4)−(5)	3 600	3 120	2 640	2 160	1 680
营业现金流量(7)=(1)−(2)−(5)=(3)+(6)	7 600	7 120	6 640	6 160	5 680

(1) 计算投资回收期。

$$甲方案的投资回收期 = \frac{原始投资额}{每年营业现金流量} = \frac{20\ 000}{6\ 400} = 3.125(年)$$

$$乙方案的投资回收期 = \frac{原始投资额}{每年营业现金流量} = 3 + \frac{|24\ 000 - 7\ 600 - 7\ 120 - 6\ 640|}{6\ 160} = 3.43(年)$$

(2) 计算平均投资报酬率。

$$甲方案平均投资报酬率 = \frac{平均现金余额}{原始投资额} \times 100\% = \frac{6\ 400}{20\ 000} \times 100\% = 32\%$$

$$乙方案平均报酬率 = \frac{平均现金余额}{原始投资额} \times 100\%$$

$$= \frac{(7\ 600 + 7\ 120 + 6\ 640 + 6\ 160 + 15\ 680) \div 5}{30\ 000} \times 100\%$$

$$= 28.8\%$$

(3) 计算净现值。

$$甲方案净现值 = 未来报酬的总现值 - 初始投资额现值$$
$$= NCF \times PVIFA_{k,n} - 20\ 000$$
$$= 6\ 400 \times PVIFA_{10\%,5} - 20\ 000$$
$$= 6\ 400 \times 3.791 - 20\ 000$$
$$= 4\ 262.40(元)$$

$$乙方案净现值 = \sum 未来报酬的总现值 - 初始投资额现值$$
$$= \sum_{n=1}^{5} NCF \times PVIFA_{k,n} - 30\ 000$$
$$= (7\ 600 \times 0.909 + 7\ 120 \times 0.826 + 6\ 640 \times 0.751 + 6\ 160 \times 0.683 + 15\ 680 \times 0.621)$$
$$\quad - 30\ 000$$
$$= 1\ 720.72(元)$$

（4）计算获利指数。

$$甲方案的获利指数=\frac{未来报酬的总现值}{初始投资}=\frac{20\,000+4\,262.4}{20\,000}=1.21$$

$$乙方案的获利指数=\frac{未来报酬的总现值}{初始投资}=\frac{30\,000+1\,720.72}{30\,000}=1.06$$

（5）计算内部报酬率。

甲方案内部报酬率：

$$年金现值系数=\frac{初始投资额}{每年净现金流量}=\frac{20\,000}{6\,400}=3.125$$

查表可得年金现值系数 3.125 在 5 年档 18% 和 19% 之间，用插值法计算如下。

贴现率 年金现值系数

18% ⎫ ⎫ 3.127 ⎫ ⎫
?% ⎬x% ⎬1% 3.125 ⎬0.002 ⎬0.069
19% ⎭ ⎭ 3.058 ⎭ ⎭

由 $\frac{x}{1}=\frac{0.002}{0.069}$ 可得 $x=\frac{0.002}{0.069}=0.029$，即甲方案内部报酬率＝18%+0.029%＝18.029%

乙方案内部报酬率：

因每年现金净流量不相等，所以必须逐次进行测算，如表 4-9 所示。

表 4-9 乙方案现金净流量表

时间(t)	NCF₁/元	测试11%		测试12%	
		复利现值系数 PVIF₁₁%, n	现值/元	复利现值系数 PVIF₁₂%, n	现值/元
第0年	−24 000	1.000	−30 000.00	1.000	−30 000.00
第1年	7 600	0.901	6 847.60	0.893	6 786.80
第2年	7 120	0.812	5 781.44	0.797	5 674.64
第3年	6 640	0.731	4 853.84	0.712	4 727.68
第4年	6 160	0.659	4 059.44	0.636	3 917.76
第5年	15 680	0.593	9 298.24	0.567	8 890.56

用插值法计算如下。

贴现率 净现值

11% ⎫ ⎫ 840.56 ⎫ ⎫
x% ⎬(11−x)% ⎬−1% 0 ⎬840.56 ⎬843.12
12% ⎭ ⎭ −2.56 ⎭ ⎭

由 $\dfrac{11-x}{-1}=\dfrac{840.56}{843.12}$ 可得 x=11.997%，即乙方案的内部报酬率=11.997%。

计算表明，甲、乙方案的投资回收期小于项目的寿命期，净现值都大于0，获利指数都大于1，平均投资报酬率和内部报酬率都大于资本成本，所以它们具有财务可行性，方案都是可行的。

二、互斥投资方案的决策

项目投资决策中的互斥方案是指在决策时涉及的多个相互排斥、不能同时实施的投资方案。互斥方案决策过程就是在每一个入选方案已具备项目可行性的前提下，利用具体决策方法比较各个方案的优劣，利用评价指标从各个备选方案中选出一个最优方案的过程。由于各个备选方案的投资额、项目计算期不一致，所以要根据各个方案的投资额、项目计算期是否相等，采用不同的方法做出选择。

(1) 互斥方案的投资额、项目计算期均相等，可计算净现值或内部报酬率，净现值或内部报酬率最大的方案为优。

(2) 互斥方案的投资额不相等，但项目计算期相等，可采用差额法。

差额法是指在两个项目投资总额不同时，计算方案的差量现金净流量(记作 ΔNCF)，再计算出差额净现值(记作 ΔNPV)或差额内部报酬率(记作 ΔIRR)，并据以判断方案孰优孰劣的方法。

计算原理：差额净现值 ΔNPV 或差额内部报酬率 ΔIRR 的计算过程和计算技巧与净现值或内部报酬率完全一样，只是它依据的是 ΔNCF。

决策原则：一般用投资额大的方案的投资额减投资额小的方案的投资额，当 $\Delta NPV \geqslant 0$ 或 $\Delta IRR \geqslant i$ 时，投资额大的方案为优；反之，则投资额小的方案为优。

【例4-11】盛腾公司2017年有A、B两个投资项目可供选择：A项目原始投资的现值为150万元，1～10年的现金净流量为29.29万元；B项目的原始投资额为100万元，1～10年的现金净流量为20.18万元。行业基准贴现率为10%。

要求：

(1) 计算差量现金净流量 ΔNCF；

(2) 计算差额内部报酬率 ΔIRR；

(3) 用差额内部报酬率法决策。

计算过程如下：

(1) ΔNCF_0=-150-(-100)=-50(万元)

$\Delta NCF_{1\sim10}$=29.29-20.18=9.11(万元)

(2) $(P/A，\Delta IRR，10)$=50÷9.11=5.488 5

因为 $(P/A，12\%，10)$=5.650 2＞5.488 5，$(P/A，14\%，10)$=5.216 1＜5.488 5，所以 12%＜ ΔIRR＜14%，用插值法计算如下。

$$\begin{array}{cc} \text{折现率} & \text{年金现值系数} \\ 12\% & 5.650\ 2 \\ \Delta IRR & 5.488\ 5 \\ 14\% & 5.216\ 1 \end{array}$$

由 $\dfrac{\Delta IRR - 14\%}{12\% - 14\%} = \dfrac{5.488\ 5 - 5.216\ 1}{5.650\ 2 - 5.216\ 1}$ 可得 $\Delta IRR = 12.74\%$。

(3) $\Delta IRR = 12.74\% > i_c = 10\%$，所以应当投资 A 项目。

三、固定资产更新决策

固定资产反映了企业的生产经营能力，固定资产更新决策是项目投资决策的重要组成部分。固定资产更新是指对于技术上或经济上不宜继续使用的旧设备，用新的设备更换或用先进的技术对原有设备进行局部改造。

一般来说，用新设备替换旧设备时，如果不改变企业的生产能力，就不会增加企业的营业收入，即使有少量的残值变价收入，也不是实质性收入增加。因此，固定资产的更新决策主要研究两个问题：一个是决定是否更新，即继续使用旧设备还是更换新设备；另一个是决定选择什么样的设备更新。实际上，这两个问题应结合在一起考虑。

【例4-12】盛腾公司现有一台旧机器，如现在加以大修，需支付大修成本20 000元，并预计在第5年年末还需大修一次，预计届时大修成本8 000元。如第5年年末按时大修，该机器可继续使用5年，期满残值5 000元，另外该机器每年的营运成本18 000元。现在公司拟出售旧机器，可得价款7 000元，新机器购入成本60 000元。新机器寿命10年，预计在第5年年末大修一次，成本2 500元，10年期满残值5 000元。新机器年营运成本10 000元，该公司资金成本18%。要求确定公司是否应购置新机器。

分析现金净流出量并进行计算比较，计算过程如下。

大修方案：

现金净流出量 $= 20\ 000 + 8\ 000 \times PVIF_{18\%,\ 5} - 5\ 000 \times PVIF_{18\%,\ 10} + 18\ 000 \times PVIFA_{18\%,\ 10}$

$\qquad\qquad = 20\ 000 + 8\ 000 \times 0.437 - 5\ 000 \times 0.191 + 18\ 000 \times 4.494$

$\qquad\qquad = 103\ 433$

新购方案：

现金净流出量 $= 60\ 000 - 7\ 000 + 2\ 500 \times PVIF_{18\%,\ 5} - 5\ 000 \times PVIF_{18\%,\ 10} + 10\ 000 \times PVIFA_{18\%,\ 10}$

$\qquad\qquad = 60\ 000 - 7\ 000 + 2\ 500 \times 0.437 - 5\ 000 \times 0.191 + 10\ 000 \times 4.494$

$\qquad\qquad = 98\ 077.5$

因公司新购方案现金流出量小于大修方案，所以应选择新购方案。

注意：本例中未提供现金流入量即收入、折旧、税收等，故只能比较两方案的现金净流出量。

【例 4-13】新海公司是一家生产电子产品的制造类企业，采用直线法计提折旧，适用的企业所得税税率为 25%。在公司最近一次经营战略分析会上，多数管理人员认为，现有设备效率不高，影响了企业市场竞争力。公司准备配置新设备扩大生产规模，生产新一代电子产品。

(1) 公司配置新设备后，预计每年营业收入扣除税金及附加后的差额为 5 100 万元，预计每年的相关费用如下：外购原材料、燃料和动力费为 1 800 万元，工资及福利费为 1 600 万元，其他费用为 200 万元，财务费用为零。市场上该设备的购买价(即非含税价格，按现行增值税法规定，增值税进项税额不计入固定资产原值，可以全部抵扣)为 4 000 万元，折旧年限为 5 年，预计净残值为零。新设备当年投产时需要追加流动资金投资 2 000 万元。

(2) 公司为筹资项目投资所需资金，拟定向增发普通股 300 万股，每股发行价 12 元，筹资 3 600 万元，公司最近一年发放的股利为每股 0.8 元，固定股利增长率为 5%。拟向银行借款 2 400 万元，年利率为 6%，期限为 5 年。假定不考虑筹资费用率的影响。

(3) 假设基准折现率为 9%，部分时间价值系数如表 4-10 所示。

表 4-10　部分时间价值系数

年度	1	2	3	4	5
(P/F，9%，n)	0.917 4	0.841 7	0.772 2	0.708 4	0.649 9
(P/A，9%，n)	0.917 4	1.759 1	2.531 3	3.239 7	3.889 7

要求：根据上述资料，计算下列指标。

(1) 新设备每年折旧额和 1～5 年每年的经营成本。

(2) 营业期 1～5 年每年息税前利润和总投资收益率。

(3) 普通股资本成本、银行借款资本成本和新增筹资的边际资本成本。

(4) 投资期现金净流量(NCF_0)，营业期所得税后现金净流量(NCF_{1-4} 和 NCF_5)及该项目净现值。

(5) 根据净现值进行项目投资决策并说明理由。

计算过程如下：

(1) 新设备每年折旧额=4 000÷5=800 (万元)

　　1～5 年每年的经营成本=1 800+1 600+200=3 600 (万元)

(2) 营业期 1～5 年每年息税前利润=5 100-3 600-800=700 (万元)

　　总投资收益率=700÷(4 000+2 000)×100%=11.67%

(3) 普通股资本成本=0.8×(1+5%)÷12+5%=12%

　　银行借款资本成本=6%×(1-25%)=4.5%

　　新增筹资边际资本成本=12%×3 600÷(3 600+2 400)+4.5%×2 400÷(3 600+2 400)=9%

(4) NCF_0=-4 000-2 000=-6 000 (万元)

　　NCF_{1-4}=700×(1-25%)+800=1 325 (万元)

　　NCF_5=1 325+2 000=3 325 (万元)

　　该项目净现值=-6 000+1 325×(P/A，9%，4)+3 325×(P/F，9%，5)

　　　　　　　　=-6 000+1 325×3.239 7+3 325×0.649 9=453.52 (万元)

(5) 该项目净现值 453.52 万元大于 0，所以该项目是可行的。

思考
学过的固定资产折旧的计算方法有哪些？

第五节 证券投资管理

证券资产是企业进行金融投资所形成的资产。证券投资不同于项目投资，项目投资的对象是实体性经营资产，如固定资产、无形资产等，它们往往是一种服务能力递减的消耗性资产。证券投资的对象是金融资产，金融资产是一种以凭证、票据或者合同合约形式存在的权利性资产，如股票、债券、基金及衍生证券等。

一、证券概述

(一) 证券的含义

证券是指用来证明或规定某种权利的书面凭证，它表明证券持有者或第三者有权享有该证券的特定权益。对于投资者而言，证券是投资的工具，投资者通过对各种证券的投资，可有效地利用货币资本并进行资源的优化配置，以取得可观的投资收益。

(二) 证券的类别

(1) 公司股票是指股份有限公司为筹集资本金而发行的需要定期支付股利但无固定还本日的，由购买者持有的股权证书。与债券相比，股票的投资风险大，但期望收益高，持有人可参与管理或控制公司的生产经营。购买股票是企业进行长、短期投资的重要方式。

(2) 企业债券或公司债券是指由企业或公司承诺购买者在未来的特定日期偿还本金，并按照规定的利率支付利息的债权证书。对于发行者而言，这是一种筹资手段；对于购买者而言，这是一种可流通转让的有价证券。与政府债券相比，企业债券或公司债券的风险较大，但利率较高，是企业进行长、短期投资的主要方式。

(3) 金融债券是指由银行或非银行金融机构向购买者开出的具有特定还本付息日的债权凭证。与银行定期存款相比，金融债券有较强的流动性，可以自由转让，但不能提前支取现金，逾期兑付不计逾期利息。

(4) 国库券是指由政府财政金库发行的，用于平衡财政收支的一种债券。国库券最初只具有短期性质，发行期限通常在 1 年以内。现在我国发行的国库券都在 1 年以上，具有长期性质，成为一般政府公债。国库券安全性好、利率较高、流动性强、担保价值大，是企业进行投资的重要对象。

(5) 银行承兑汇票是指由收款方签发的载明付款金额和付款期限，由付款方银行承兑的票据。在票据未到期之前，收款方如果需要资金，可持票据到银行贴现，银行扣除一定的利息和手续费后支付现金。此外，在票据未到期之前，收款方还可以背书转让。因票据由银行承兑，所以持有人的风险不大；又因其可以自由转让，所以是企业较好的短期投资对象。

(6) 可转让大额定期存单是指在市场上可以转让出售的注有特定金额、特定期限及利率的存款证明。其特点是不记名，可以自由转让，存单金额固定且比较大。可转让大额定期存单的利息率一般高于国库券，所以它不仅变现能力强，而且收益能力高。

二、证券投资概述

(一) 证券投资的概念

证券投资是指个人或机构通过购买股票、债券、基金及衍生证券等资产，通过证券的交易来获取收益的一种投资行为，它是企业对外投资的重要组成部分。证券投资具有一般意义上的投资概念的内涵，但也具有区别于其他投资形式的特点：第一，证券投资是金融投资，不是实业投资；第二，证券投资是间接投资，不是直接投资，证券投资的资金所有者与资金使用者相互分离；第三，证券投资具有投资和投机的双重性。投资者进行投资是为了获得较为稳定、合理的报酬，而投机交易的显著特征是期望通过市场价格波动来获利，投机要比投资承受更大的风险。

(二) 证券投资的目的

(1) 保持资产的流动性。资产流动性强弱是影响企业财务安全性的主要因素，除现金等货币资产外，有价证券投资是企业流动性最强的资产，是企业速动资产的主要构成部分。在企业需要支付大量现金，而现有现金储备又不足时，可以通过变卖有价证券迅速取得大量现金，保证企业的及时支付。

(2) 满足季节性经营对现金的需求。从事季节性经营的企业在一年内某些月份往往有剩余现金，而在另几个月则会出现资金短缺现象。闲置的资金可以投资于股票、债券等有价证券以谋取投资收益，这些投资收益主要表现在股利收入、债息收入、证券买卖差价等方面。企业在现金短缺时可以出售有价证券。

(3) 分散风险。企业将资金投资于多个相关程度较低的项目，实行多元化经营，能够有效地分散投资风险。证券投资是一种流动性强的金融投资，在承担风险的同时又创造了转移风险的机制，投资者通过购买不同的证券，进行证券的组合投资，可以起到分散风险的作用。

(4) 获得对相关企业的控制权。当从战略上考虑须控制另一家企业时，投资者往往通过购入相关企业的股票实现对该企业的控制。按照现行规定，当企业通过股票投资拥有另一家企业20%以上的股权资本时，则认为该企业对另一家企业的财务与经营决策具有重大影响。

(三) 证券投资的风险

由于证券资产的市价波动频繁，所以证券投资的风险往往较大。获取投资收益是证券投资的主要目的，证券投资的风险是投资者无法获得预期投资收益的可能性。按风险性质划分，证券投资的风险分为系统性风险和非系统性风险两大类。

系统性风险是指由于外部经济环境因素变化引起整个资本市场不确定性加强，从而对所有证券都产生影响的共同性风险。系统性风险影响到资本市场上的所有证券，无法通过投资多元化的组合而加以避免，也称为不可分散风险。

非系统性风险是指由于特定经营环境或特定事件变化引起的不确定性，从而对个别证券资产产生影响的特有风险。非系统性风险源于每个公司自身特有的营业活动和财务活动，与某个具体的证券资产相关联，同整个证券资产市场无关。非系统性风险可以通过持有证券资产的多元化来抵消，也称为可分散风险。

(四) 证券投资的种类

企业在进行证券投资时，通常可以选择的投资种类如下。

(1) 股票投资。股票投资是指投资者将资金投向股票，通过股票交易和收取股利以获得收益的投资活动。以股票为载体的证券投资，自产生后就对社会经济发展起到了巨大的推动作用，不仅促进了货币资本的运动和企业组织形式的变化，还优化了企业的资源配置。

(2) 债券投资。债券投资是指投资者将资金投向债券以取得资金收益的一种投资活动。债券作为一种投资工具，在现代社会中是极为普遍的。国家的财政政策、货币政策往往会对债券投资产生影响。

(3) 基金投资。基金投资是指投资者通过购买投资基金股份或受益凭证来获取收益的投资活动。这种投资活动可使投资者享受专家服务，有利于分散风险，获得较高的、较稳定的投资收益。

(4) 期货投资。期货投资是指投资者通过买卖在将来一定时期以指定价格买卖一定数量和质量的商品的期货合约，以躲避价格风险或赚取利润的一种投资活动。期货交易又称期货合约交易、定期清算交易。期货交易者往往对实物的交割不感兴趣，其目的在于通过期货合约所有权的转移来转嫁与这种所有权有关的商品价格波动风险。

(5) 期权投资。期权又称选择权，是指买卖期货合约的选择权利，它的基本含义是买卖期货合约并在合约到期时由合约买方决定是否执行这一合约。期权投资是指为了实现盈利目的或者规避风险而进行期权买卖的一种投资方式。实务中，企业进行证券投资往往不是进行单一方式的证券投资，还经常采取证券投资组合的方式进行投资，以分散风险并取得较高收益。

三、证券交易

(一) 证券交易场所

目前，市场经济发达的国家中，证券交易市场一般由以下两个层次构成。

1. 证券交易所

证券交易所是依据国家法律、经证券主管机关批准设立的集中交易有价证券的有形场所，是一个有组织、有固定场所、有确切交易时间的集中交易市场。证券交易所的组织形式可以分为公司制和会员制两类。我国设有会员制证券交易所两家，即上海证券交易所和深圳证券交易所。两家交易所均为全国性的证券交易所，接受全国的证券商汇市交易，均为非营利的事业法人。我国设有公司制证券交易所一家，即北京证券交易所，于 2021 年 9 月 3 日注册成立，是经国务院批准设立的我国第一家公司制证券交易所，受中国证监会监督管理，经营范围为依法为证券集中交易提供场所和设施、组织和监督证券交易及证券市场管理服务等业务。

2. 场外交易市场

场外交易是所有在证券交易场所场地之外发生的交易行为和过程的统称。场外交易市场包括传统的店头交易市场和现代的无形市场。店头交易市场又称柜台交易市场，是由大量分散在许多证券公司柜台上分别进行的交易活动而形成的市场。无形市场是指通过电子计算机和通信技术所形成，依靠电子指令完成证券交易的市场。场外交易市场是证券交易所的必要补充，对证券市场起着不可或缺的作用，具有进出灵活、手续简单、品种繁多等特点，可以满足不同投资者的多种需要，弥补了证券交易所的不足。例如，在我国两个证券交易所开户的投资者有数千万之多，如此众多的投资者不可能全部在交易所内完成交易。分散在全国各地的证券公司，以及网上交易系统等场外交易市场为投资者及时、顺利地完成交易提供了快捷的服务。

(二) 证券交易的基本程序

(1) 开户。我国的证券交易已实现无纸化操作，投资者买卖证券、资金的交付收回，均记录在专用账户中，因此投资者进行操作之前首先要开立资金账户和证券账户。

(2) 选择投资对象。先选择投资的证券种类，再选择投资于哪家企业的证券。

(3) 委托。委托是指投资者向券商下达买卖指令。投资者在开立资金账户时就与券商建立了证券买卖的委托关系。投资者欲买卖证券时，可以通过不同的方式向券商下达指令，券商接到指令后，通过投资者的证券账户和资金账户，以最快的速度为其成交。委托有三种方式：当面委托、电话委托和自助委托。

(4) 成交。证券买卖双方通过中介券商的场内交易员分别出价委托，若买卖双方的价位与数量合适，交易即可达成，这个过程叫成交。

(5) 清算与交割。证券的清算是对买卖双方应收、应付证券进行核定的过程，包括证券的清算和资金清算两部分。交割是清算的后续手续，是指卖方向买方交付证券、买方向卖方支付价款的行为。在办理交割手续后，购买股票的投资者还应办理过户手续，在无纸化和电子化条件下，这一过程是随交割一次性自动完成的。

(6) 办理证券过户。证券过户只限于记名证券的买卖业务。当公司委托买卖某种记名证券成功后，必须办理证券持有人的姓名变更手续。

四、证券投资决策

(一) 债券投资决策

1. 债券投资的目的

企业进行债券投资的目的分两种：一是进行短期债券投资，主要是为了配合企业对资金的需求，调节现金余额，使现金余额达到合理水平；二是进行长期债券投资，主要是为了获得稳定的收益。

2. 债券估价

债券估价就是对债券的价值进行评估。投资者进行债券投资都是预期在未来某段时期内可以取得一笔已经发生增值的货币收入，这笔收入主要包括将来收回的本金和利息。这样，目前债券的价值实际上就是按投资者要求的必要收益率对未来的这笔货币收入的折现值。只有债券的价值大于其购买价格时才值得投资，否则，不应该进行投资。

(1) 债券估价基本模型是指有固定的票面利率、每年按复利计算并支付利息、到期归还本金的债券价格的股价模型。债券估价基本模型为

$$债券价值 = \frac{债券面值}{(1+市场利率)^n} + \sum_{t=1}^{n} \frac{债券面值 \times 票面利率}{(1+市场利率)^t}$$

或

$$债券发行价格 = 票面金额 \times (P/F, i, n) + 票面金额 \times 票面利率 \times (P/A, i, n)$$

【例4-14】盛腾公司欲投资面值为1 000元，票面利率为9%，5年到期，每年付息，到期还本的债券。该债券现行的发行价格为1 050元。该企业所要求的投资必要报酬率为10%。企业估计的该债券目前价值为多少？企业是否应投资该债券？

企业估计的该债券价值如下。

$$\begin{aligned}
债券价值 &= \frac{1\,000}{(1+10)^5} + \sum_{t=1}^{n} \frac{1\,000 \times 9\%}{(1+10)^5} \\
&= 1\,000 \times (P/F, 10\%, 5) + 90 \times (P/A, 10\%, 5) \\
&= 1\,000 \times 0.620\,9 + 90 \times 3.790\,8 \\
&\approx 962(元)
\end{aligned}$$

由于该债券现行发行价格为1 050元，高于企业对该债券的估价，因此企业不应对该债券进行投资。

【例4-15】盛腾公司发行债券，面值为1 000元，票面利率为15%，偿还期限5年，每年年末支付利息，当前市场利率为12%，计算债券价值。

债券价值 = 1 000 × 15% × (P/A, 12%, 5) + 1 000 × (P/F, 12%, 5) = 1 108.12(元)

以上计算表明，该债券的内在价值是1 108.12元，则只有这种债券的价格等于或低于1 108.12元时，投资者才会购买。

(2) 一次还本付息且不计复利的债券，债券的利息随本金一同在债券到期日支付，其估价模型为

$$债券价值 = \frac{债券面值 + 债券面值 \times 票面利率 \times 付息总期数}{(1+市场利率)^n}$$

【例4-16】盛腾公司发行利随本清的企业债券，面值为1 000元，票面利率为15%，期限5年，不计复利，市场利率为12%，计算该债券的价值。

$$\begin{aligned}
债券价值 &= (1\,000 + 1\,000 \times 15\% \times 5) \div (1+12\%)^5 \\
&= (1\,000 + 1\,000 \times 15\% \times 5) \times (P/F, 12\%, 5) \\
&= 1\,750 \times 0.567\,4 \\
&= 992.95(元)
\end{aligned}$$

该债券的内在价值是992.95元，意味着当这种债券的市场价格等于或低于992.95元时，投资者才会进行投资。

3. 债券投资的特点

(1) 投资收益稳定。进行债券投资一般可按时获得固定的利息收入，收益稳定。

(2) 投资风险较低。相对于股票投资而言，债券投资风险较低。特别是政府债券，由于其有国家财力做后盾，所以通常被视为无风险证券。另外，公司破产时公司债券的持有人对公司的剩余财产有优先求偿权，因而风险较低。

(3) 流动性强。大公司及政府债券很容易在金融市场上迅速出售，流动性较强。

(4) 无经营管理权。债券投资者只能定期取得利息，无权影响或控制被投资公司。

(5) 购买力风险较大。债券面值和利率是固定的，如果投资期间通货膨胀率较高，债券面值和利息的实际购买力就会降低。

(二) 股票投资决策

1. 股票投资的目的

企业进行股票投资的目的主要有两种：一是获利，即作为一般的证券投资，获取股利收入及股票买卖差价；二是控股，即通过购买某一企业的大量股票达到控制该企业的目的。在第一种情况下，企业仅将某种股票作为其证券组合的一个组成部分，不应冒险将大量资金投于某一企业的股票上。而在第二种情况下，企业应集中资金投于被控企业的股票上，这时考虑更多的不应是目前利益——股票投资收益的高低，而应是长远利益——占有多少股权才能达到控制的目的。

2. 股票估价

(1) 基本模型。通常情况下，投资者投资于股票，不仅希望得到股利收入，还希望在未来出售股票时从股票价格的上涨中得到好处。股票估价基本模型为

$$股票内在价值 = \sum_{t=1}^{n} \frac{第t年的股利}{(1+投资者要求的报酬率)^n} + \frac{股票的价格}{(1+投资者要求的报酬率)^n}$$

式中，n——预计持有的股票期数。

【例4-17】盛腾公司拟购买A公司发行的股票，预计3年中每股每年可获股利依次为10元、5元、20元，3年后出售，预计股票售价为300元，预期报酬率为10%，则该股票的内在价值是多少？

股票内在价值=10×(P/F，10%，1)+5×(P/F，10%，2)+20×(P/F，10%，3)+300×(P/F，10%，3)
=253.64(元)

该股票内在价值为253.64元，如果当前该股票的市场价格低于其价值，企业应购入该股票。

(2) 零增长股票估价模型。零增长模型是假设未来股利保持固定金额，以后每年支付的股利都等于现实已支付的股利，即 $D_0=D_1=D_2=\cdots\cdots$。投资人持有期间很长时，股票估价模型为

$$股票内在价值 = \frac{年股利}{投资者要求的报酬率}$$

【例4-18】B公司拟购买盛腾公司的股票，预计未来每股股息为2元，且B公司打算长期持有，期望回报率为10%。该股票市场价格为每股18元，B公司是否可以买进？

股票内在价值=2÷10%=20(元)

该股票市价为 18 元，说明其被低估，可以买进。

(3) 固定增长股票估价模型。大多数公司的股利不是固定不变的，而是不断增长的。投资人的投资期限很长时，股票的估价就非常困难，只能计算股票价值的近似数。

$$股票内在价值 = \frac{年股利 \times (1 + 股利增长率)}{投资者要求的报酬率 - 股利增长率}$$

【例4-19】C公司拟购盛腾公司的股票，该股票上年每股股利1元，预计每年以2%的增长率增长。C公司要求的最低报酬率为10%，计算该股票的内在价值。

$$股票内在价值 = \frac{1 \times (1 + 2\%)}{10\% - 2\%} = 12.75(元)$$

该股票内在价值为 12.75 元，如果市场上价格低于内在价值，则投资者可以买进。

3. 股票投资的特点

股票投资的特点是相对于债券投资而言的。投资者在进行证券投资时，首先遇到的问题是选择债券投资还是选择股票投资，这就要求投资者充分了解两者的特点，以便根据投资者自身的情况进行选择。

(1) 投资收益高。普通股票的价格虽然变动频繁，但从长期来看，优质股票的价格总是上涨的居多，只要选择得当，都能取得优厚的投资收益。

(2) 购买力风险低。普通股的股利不固定，在通货膨胀率比较高时，由于物价普遍上涨，股份公司盈利增加，股利的支付也随之增加。因此，与固定收益证券相比，普通股能有效地降低购买力风险。

(3) 拥有经营控制权。普通股股东是股份公司的所有者，有权监督和管理企业。因此，欲控制一家企业，最好是收购这家企业的股票。

(4) 求偿权居后。普通股对企业盈利和剩余资产的求偿权均居于最后。企业破产时，股东原来的投资可能得不到全额补偿，甚至可能一无所有。

(5) 价格不稳定。普通股的价格受众多因素影响，很不稳定。政治因素、经济因素、投资人心理因素、企业的盈利情况和风险情况等，都会影响股票价格，这也使股票投资具有较高的风险。

(6) 股利收入不稳定。普通股的股利视企业经营状况和财务状况而定，其有无、多寡均无法律上的保证，其收入的风险也远远大于固定收益证券。

本 章 小 结

项目投资是一种实体性资产的长期投资。从性质上来看，项目投资是企业直接的、生产性的对内实物投资，通常包括固定资产投资、无形资产投资和流动资金投资等。

现金流量是企业在进行项目投资时涉及的基础概念，是指企业在进行实物项目投资时，从项目筹建、设计、施工、完工交付使用、正式投产，直至项目报废清理，整个期间的现金流出和现金流入的数量。现金流量包括现金流入量、现金流出量和现金净流量三个具体概念。现金流量是计算项目投资决策评价指标的主要依据。

固定资产投资决策评价指标根据是否考虑资金的时间价值分为贴现分析指标和非贴现分析指标两大类。

贴现分析指标考虑资金的时间价值，主要包括净现值、年金净流量、获利指数、内含报酬率等；非贴现分析指标不考虑资金的时间价值，主要包括投资利润率、投资回收期等。由于非贴现分析指标本身所固有的局限性，贴现分析指标得到了广泛的应用。在贴现分析指标中，净现值是最常用的评价指标。项目投资决策评价指标的决策应用分为独立方案的对比与选优、互斥方案的对比与选优，以及固定资产的更新决策。

对于投资者而言，证券是投资的工具，投资者通过对各种证券的投资，能有效地利用货币资本并进行资源的优化配置。实务中，投资者采用较多的证券投资形式是债券投资、股票投资、基金投资，以及期货、期权投资。债券投资和股票投资尽管各有其自身的特性，但投资者投资前所进行的债券估价、股票估价都是根据其投资后所带来的现金流量的折现值加以确定的。债券投资和股票投资的风险分析也是投资过程中必须要考虑的问题。

课 后 习 题

一、单项选择题

1. 按投资活动与企业本身生产经营活动的关系，可以将投资分为(　　)。
 A. 直接投资与间接投资　　　　　　B. 项目投资与证券投资
 C. 发展性投资与维持性投资　　　　D. 对内投资与对外投资

2. 盛腾公司对某投资项目的分析与评价资料如下：该投资项目适用的所得税税率为30%，年税后营业收入为700万元，税后经营成本为350万元，税后净利润为210万元。那么，该项目年营业现金净流量为(　　)万元。
 A. 1 000　　　　　B. 500　　　　　C. 210　　　　　D. 410

3. 某固定资产投资项目原始投资额为100万元，使用寿命10年，税法残值为10万元，已知该项目第10年的营业收入为80万元，经营成本为25万元。最后一年全部收回第一年垫付的流动资金8万元，预计回收固定资产变现余值为7万元。假设甲公司适用企业所得税税率为25%，则该投资项目第10年的净现金流量为(　　)万元。
 A. 43.5　　　　　B. 53.5　　　　　C. 59.25　　　　D. 51.5

4. 甲企业计划投资一条新的生产线，项目一次性总投资500万元，投资期为3年，营业期为10年，营业期每年可产生现金净流量130万元。已知$(P/A, 9\%, 13)=7.486\ 9$，$(P/A, 9\%, 10)=6.417\ 7$，$(P/A, 9\%, 3)=2.531\ 374$，若甲企业要求的年投资报酬率为9%，则该投资项目的现值指数是(　　)。
 A. 0.29　　　　　B. 0.67　　　　　C. 1.29　　　　　D. 1.67

5. 某项目原始投资额为 300 万元，使用期限 20 年无净残值，项目每年实现的现金净流量为 20 万元，则其回收期为(   )年。

    A. 15   B. 16   C. 17   D. 18

6. 某公司发行 5 年期债券，债券的面值为 1000 元，票面利率 5%，每年付息一次，到期还本，投资者要求的必要报酬率为 6%。则该债券的价值为(   )元

    A. 784.67   B. 769   C. 1000   D. 957.92

7. 某投资方案，当贴现率为 16% 时，其净现值为 38 万元，当贴现率为 18% 时，其净现值率为-22 万元。该方案的内部收益率(   )。

    A. 大于18%   B. 小于16%

    C. 介于16%与18%之间   D. 无法确定

8. 某企业拟进行一项固定资产投资项目决策，资本成本为 12%，有甲、乙、丙、丁四个方案可供选择。其中甲方案的项目寿命期为 10 年，净现值为 1 000 万元；乙方案的现值指数为 0.85；丙方案的项目寿命期为 15 年，年金净流量为 150 万元；丁方案的内部收益率为 10%。最优的投资方案是(   )。

    A. 甲方案   B. 乙方案   C. 丙方案   D. 丁方案

9. 丁公司发行的股票，投资人要求的必要报酬率为 20%，最近刚支付的股利为每股 2 元，估计股利年增长率为 10%，则该种股票的价值为(   )元。

    A. 20   B. 24   C. 22   D. 18

10. 若设定折现率为 i 时，NPV$>$0，则(   )。

    A. IRR$>i$，应降低折现率继续测试   B. IRR$>i$，应提高折现率继续测试

    C. IRR$<i$，应降低折现率继续测试   D. IRR$<i$，应提高折现率继续测试

二、多项选择题

1. 下列指标的计算与行业基准收益率有关的是(   )。

    A. 内部收益率   B. 获利指数

    C. 净现值率   D. 净现值

2. 净现值法的优点有(   )。

    A. 考虑了货币时间价值   B. 考虑了项目计算期的全部净现金流量

    C. 考虑了投资风险   D. 可以直接得出项目的收益率

3. 下列各项中，属于内部收益率法缺点的是(   )。

    A. 没有考虑资金时间价值

    B. 不便于独立投资方案的比较决策

    C. 不便于不同投资规模的互斥方案的决策

    D. 不能直接考虑投资风险大小

4. 某企业拟按 15% 的必要投资报酬率进行一项固定资产投资决策，所计算的净现值指标为 100 万元，无风险报酬率为 8%。下列表述中正确的是(   )。

    A. 该项目的现值指数大于1   B. 该项目内部报酬率小于8%

    C. 该项目风险报酬率为7%   D. 该企业不应进行此项投资

5. 以下关于现金流量假设的说法，正确的有( )。

    A. 投资决策者确定现金流量的目的是进行项目财务可行性研究

    B. 项目建设期是由建设起点、建设期、运营期、终结点依次组成

    C. 各期现金流量均发生于各期期初

    D. 假定在项目投产前垫支的流动资金于项目清理报废时(终结点)一次性全数收回。

6. 下列有关固定资产更新决策的表述中，正确的有( )。

    A. 从决策性质来看，固定资产更新决策属于独立方案的决策类型

    B. 固定资产更新决策方法比较适合采用内部报酬率法

    C. 寿命期相同的设备重置决策可以利用净现值进行决策

    D. 寿命期不同的设备重置决策可以利用年金净流量进行决策

7. 下列各项中，属于证券投资的目的有( )。

    A. 分散资金投向，降低投资风险   B. 利用闲置资金，增加企业收益

    C. 稳定客户关系，保障生产经营   D. 提高资产的流动性，增强偿债能力

8. 静态投资回收期和投资利润率指标共同的缺点包括( )。

    A. 没有考虑资金的时间价值

    B. 不能正确反映投资方式的不同对项目的影响

    C. 不能直接利用净现金流量信息

    D. 不能反映原始投资的返本期限

9. 下列因素中，( )会影响债券的内在价值。

    A. 票面价值   B. 票面利率

    C. 市场利率   D. 购买价格

10. 下列关于债券价值的说法中，正确的有( )。

    A. 当市场利率高于票面利率时，债券价值高于债券面值

    B. 债券期限越长，溢价发行债券的价值会越高

    C. 债券期限越短，票面利率变化对债券价值的影响越小

    D. 当票面利率与市场利率一致时，期限长短对债券价值没有影响

三、判断题

1. 按照投资方向的不同，可将投资分为短期投资和长期投资两类。   ( )

2. 在项目建设期内，净现金流量通常表现为负值。   ( )

3. 如果项目的全部投资均于建设起点一次性投入，且投资期为零，营业期内每年现金净流量相等，则计算期内内部报酬率所使用的年金现值系数等于该项目投资回收期的期数。( )

4. 独立投资各投资项目之间互不关联、互不影响，但不可以同时并存。   ( )

5. 互斥投资项目决策考虑的是各方案之间的互斥性，也许每个方案都是可行方案。

    ( )

6. 在项目投资决策中，内部报酬率与项目设定的贴现率高低无关。   ( )

7. 当净现值≥0 时，说明项目本身的收益率大于或等于给定的折现率，项目具有财务可行性。   ( )

8. 股票的价值是指其实际股利所得和资本利得所形成的现金流入量的现值。 (   )

9. 当项目 NPV≥0 时，则其 PI≥1、IRR≥i。 (   )

10. 证券投资是间接投资，而不是直接投资。 (   )

四、计算分析题

1. 有 A、B 两个投资方案，每个方案的投资额和现金流量如表 4-11 所示，假设资金的贴现率为 12%。

表 4-11 A、B 方案投资额和现金流量

年份	A方案/元	B方案/元
0	(15 000)	(18 000)
1	8 000	6 500
2	9 000	6 500
3	7 000	6 500

要求：

(1) 采取净现值法进行投资决策，选择最优方案；

(2) 采取获利指数法进行投资决策，选择最优方案；

(3) 采取内部报酬率法进行投资决策，选择最优方案；

(4) 采取投资回收期法进行投资决策，选择最优方案；

(5) 采取投资报酬率法进行投资决策，选择最优方案。

2. 盛腾公司今年投资新项目，初始投资资金为 1 000 万元，一次性支付，并且投产开始时垫支营运资本 50 万元，于项目结束时收回。项目有效期为 6 年，净残值 40 万元，按直线法计提折旧。每年营业收入 600 万元，付现成本 280 万元。公司所得税税率 25%，资本成本率 10%，期望回收期为 3 年。

要求：

(1) 计算各年净现金流量；

(2) 采取净现值法计算，进行投资决策；

(3) 采取获利指数法计算，进行投资决策；

(4) 采取投资回收期法计算，进行投资决策；

(5) 采取投资报酬率法计算，进行投资决策。

3. 盛腾公司发行公司债券，面值为 1 000 元，票面利率为 10%，期限为 5 年。已知市场利率为 8%。

要求：

(1) 债券为按年付息、到期还本，发行价格为 1 020 元，投资者是否愿意购买？

(2) 债券为单利计息、到期一次还本付息债券，发行价格为 1 010 元，投资者是否愿意购买？

(3) 债券为贴现债券，到期归还本金，发行价为 700 元，投资者是否愿意购买？

4. 盛腾公司计划进行长期股票投资，企业管理层从股票市场上选择了两种股票：A公司股票和B公司股票，盛腾公司只准备投资一家公司股票。已知A公司股票现行市价为每股6元，上年每股股利为0.2元，预计以后每年以5%的增长率增长。B公司股票现行市价为每股8元，每年发放的固定股利为每股0.6元。盛腾公司要求的投资必要报酬率为8%。

要求：

(1) 利用股票估价模型，分别计算A、B公司股票价值并为该企业做出股票投资决策；

(2) 如果该公司按照当前的市价购入(1)中选择的股票，计算其持有期收益率。

第五章

营运资金管理

【导读】

企业维持正常的运转必须拥有适量的营运资金。从财务角度来看，营运资金应该是流动资产与流动负债关系的总和，这有利于财务人员意识到对营运资金的管理要注意流动资产与流动负债这两个方面的问题。本章主要介绍企业对流动资产的管理，主要包括现金管理、应收账款管理和存货管理。

【学习重点】

掌握营运资金及其管理的基本理论和方法；能够熟练运用现金管理、应收账款管理、存货管理的理论和方法解决一定的问题；掌握最佳现金持有量的确定方法、应收账款的信用政策及管理决策、存货的经济订货批量计算，以及存货的 ABC 分类管理。

【学习难点】

最佳现金持有量的计算；应收账款的信用政策；存货的经济订货批量计算。

【教学建议】

第一节以讲授为主，第二、三、四节建议结合真实案例进行情景教学，引导学生查阅资料。

第一节 营运资金概述

一、营运资金的含义、分类及特点

(一) 营运资金的含义

从有效管理的角度出发，企业从事生产经营活动，应以一定量的营运资金为基础。营运资金是指企业生产经营活动中用在流动资产上的资金。营运资金有广义和狭义之分，广义的营运资金是指一个企业流动资产的总额；狭义的营运资金是指流动资产减去流动负债后的余额。本章内容涉及的是狭义的营运资金概念。营运资金的管理既包括流动资产的管理，又包括流动负债的管理。这里所说的流动资产，是指可以在 1 年或超过 1 年的一个营业周期内变现的资产，主要项目包括现金、应收账款和存货。流动负债是指需要在 1 年或超过 1 年的一个营业周期内偿还的债务，关于流动负债的内容，已在筹资管理章节进行介绍，此处不再展开。一般情况下，企业的流动资产通常占到总资产的 30%～80%。企业流动资产管理的水平，对企业的总体经营绩效将产生重大影响，构成了营运资金管理的主要内容，本章重点介绍流动资产管理。

为了有效地管理企业的营运资金，企业应控制营运资金的持有量，既要防止营运资金不足，又要避免营运资金过多。营运资金越多，风险越小，收益越低；相反，营运资金越少，风险越大，收益越高。企业需要在风险和收益之间进行权衡，将营运资金的数量控制在一定范围之内。营运资金有一个不断投入和收回的循环过程，这一过程没有终止的日期，这就使我们难以评价其投资的报酬率。因此，营运资金管理的目标是以最低的成本满足生产经营周转的需要。

(二) 营运资金的分类

流动资产按不同的标准可进行不同的分类，现说明其中最主要的分类方式。

1. 按实物形态的不同划分

(1) 现金是指可以立即用来购买物品、支付各项费用或用来偿还债务的交换媒介或支付手段，主要包括库存现金和银行活期存款，有时也将即期或到期的票据看作现金。现金是流动资产中流动性最强的资产，可直接支用，也可以立即投入流通。拥有大量现金的企业具有较强的偿债能力和承担风险的能力，但因为现金不会带来报酬或只有极低的报酬，所以，财务管理比较健全的企业不会保留过多的现金。

(2) 短期投资是指各种能够随时变现，持有期不超过 1 年的有价证券及不超过 1 年的其他投资，主要是指有价证券投资。企业进行有价证券投资，不仅能带来较好的收益，而且能增强企业资产的流动性，降低企业的财务风险。因此，适当持有有价证券是一种较好的财务管理策略。

(3) 应收及预付款项是指企业在生产经营过程中所形成的应收而未收的或预先支付的款项，包括应收账款、应收票据、其他应收款和预付货款。在商品经济条件下，为了加强市场竞争能力，企业拥有一定数量的应收及预付款项是不可避免的，企业应力求加速账款的回收，减少坏账损失。

(4) 存货是指企业在生产经营过程中为销售或者耗用而储存的各种资产，包括商品、产成品、半成品、在产品、原材料、辅助材料、低值易耗品、包装物等。存货在流动资产中占的比例较大。加强存货的管理与控制，使存货保持在最优水平上，是企业财务管理的一项重要内容。

2. 在生产经营过程中的作用划分

(1) 生产领域中的流动资产是指在产品生产过程中发挥作用的流动资产，如原材料、辅助材料、低值易耗品等。

(2) 流通领域中的流动资产是指在商品流通过程中发挥作用的流动资产。商品流通企业的流动资产均为流通领域中的流动资产，工业企业流动资产中的产成品、现金、外购商品等也属于流通领域中的流动资产。

(三) 营运资金的特点

为了有效管理企业的营运资金，必须研究营运资金的特点，以便有针对性地进行管理。

(1) 营运资金的来源具有多样性。企业筹集长期资金的方式一般比较少，有吸收直接投资、发行股票、发行债券、银行长期借款等方式。而企业筹集营运资金的方式较为灵活多样，通常有银行短期借款、短期融资券、商业信用、应交税金、应交利润、应付工资、应付费用、预收货款、票据贴现等。

(2) 营运资金的数量具有波动性。流动资产占用的营运资金数量并不固定，一般随着企业内外条件的变化而变化，时高时低，波动很大。季节性企业如此，非季节性企业也是如此。随着流动资产数量的变动，流动负债的数量也会相应发生变动。

(3) 营运资金的周转具有短期性。企业流动资产占用的资金通常会在 1 年或超过 1 年的一个营业周期内收回，对企业影响的时间比较短。

(4) 营运资金的实物形态具有变动性和易变现性。企业营运资金的占用形态是经常变化的，营运资金的每次循环都要经过采购、生产、销售等过程，一般按照现金、材料、在产品、产成品、应收账款、现金的顺序转化。为此，在进行流动资产管理时，必须在各项流动资产上合理配置资金数额，做到结构合理，以促进资金周转顺利进行。同时，以公允价值计量且其变动计入当期损益的金融资产、应收账款、存货等流动资产一般具有较强的变现能力，如果遇到意外情况，企业出现资金周转不灵、现金短缺时，则可迅速变卖这些资产，以获取现金，这对企业满足临时性资金需求具有重要意义。

二、营运资金管理的基本要求

1. 认真分析生产经营状况，合理确定营运资金的需要量

营运资金需要量的大小受生产经营规模、流动资产的周转速度、物资与劳动消耗水平，以及市场经营状况等因素的影响。当企业产销两旺时，流动资产会不断增加，流动负债也会相应增加；而当企业产销量不断减少时，流动资产和流动负债也会相应减少。因此，企业财务人员应认真分析生产经营状况，采用一定的方法预测营运资金的需要量，必须把满足正常、合理的资金需求作为营运资金管理的首要任务。

2. 加速营运资金周转，提高资金的利用效果

加速资金周转是提高资金使用效率的主要手段之一。营运资金的周转是指从企业将现金投入生产经营开始，到最终转化为现金的过程。提高营运资金使用效率的关键是采取得力措施，缩短营业周期，加速变现过程，加快营运资金周转。因此，企业要千方百计地加速存货、应收账款等流动资产的周转，以便用有限的资金服务于更大的产业规模，为企业取得更优的经济效益提供条件。

3. 在保证生产经营需要的前提下，节约使用资金

在营运资金管理过程中，必须正确处理保证生产经营需要和节约资金使用成本两者之间的关系。要在保证生产经营需要的前提下，尽力降低资金使用成本。一方面，企业要挖掘资金潜力，加速资金周转，精打细算地使用资金；另一方面，企业应积极拓展融资渠道，

合理配置资源，筹措低成本资金，服务于生产经营。

4. 合理安排流动资产与流动负债的比例，保证企业有足够的短期偿债能力

企业的短期偿债能力是衡量企业财务风险的标志之一。流动资产、流动负债及两者之间的关系能较好地反映企业的短期偿债能力。流动负债是在短期内需要偿还的债务，而流动资产则是在短期内可以转化为现金的资产。如果一个企业的流动资产比较多，流动负债比较少，则说明企业的短期偿债能力较强；反之，则说明企业的短期偿债能力较弱。但如果企业的流动资产太多，流动负债太少，也不是正常现象，这可能是流动资产闲置或流动负债利用不足所致。

📖 拓展阅读

万佳公司营运资金管理

万佳公司成立于 2010 年 4 月，注册成本为人民币 10 万元，客户类型为各省市代理商，主要经营范围为进口奶茶原材料，主要经营产品包括隆泰果粉、特调奶茶专用茶叶及茶包、荷兰奇异鸟奶精和美国爱喜奶精。随着市场经济的不断发展，加强内部管理、提高经济效益是企业发展的必由之路。万佳公司 2015—2017 年的资金管理情况如下。

应收账款周转率反映了企业应收账款变现速度的快慢及资金管理的高低，应收账款周转率越高，说明其收回越快；反之，说明营运资金过多地呆滞在应收账款上，影响正常资金的周转及企业短期偿债能力。万佳公司 2015—2017 年应收账款周转率如表 5-1 所示，从表中可以看出，万佳公司 2017 年的应收账款周转率比 2016 年降低了 2.26 次，应收账款周转期增加了 124.87 天。这表明万佳公司在 2017 年变现速度减慢，即资金管理效率变低，应收账款的回收速度变慢，账龄变长，资金流动性变弱，营运资金过多地呆滞在应收账款上。

表5-1　应收账款周转率

项目	2015年	2016年	2017年
营业收入/元	83 237 915.04	150 926 993.04	96 793 367.28
应收账款年末数/元	39 494 954.88	37 446 095.52	79 043 385.60
平均应收账款余额/元		38 470 525.20	58 244 740.56
应收账款周转率/次		3.92	1.66
应收账款周转期/天		91.76	216.63

存货周转率反映了存货管理水平，存货周转率越高，存货的占用水平越低，流动性越强，存货转换为现金或应收账款的速度越快。存货周转率不仅影响企业的短期偿债能力，也是整个企业管理的重要内容，提高存货周转率，缩短营业周期，可提高企业变现能力。万佳公司 2015—2017 年存货周转率如表 5-2 所示，从表中可以看出，万佳公司 2017 年的存货周转率比 2016 年降低了 1.98，存货周转期增加了 140.19 天。这表明 2017 年存货占用水平变高，流动性变弱，企业的短期偿债能力及盈利能力变弱。

表5-2　存货周转率

项目	2015年	2016年	2017年
营业成本/元	66 215 258.35	119 327 687.35	76 728 435.19
存货年末余额/元	33 410 547.36	35 704 514.45	68 498 328.46
平均存货余额/元		34 557 530.90	52 101 421.56
存货周转率/次		3.45	1.47
存货周转期/天		104.26	244.45

　　一般情况下，企业营业周期短，说明资金周转速度快；企业营业周期长，说明资金周转速度慢。同时，营业周期的长短不仅体现企业的资金管理水平，还会影响企业的偿债能力和盈利能力。万佳公司营业周期如表5-3所示，从表中可以看出，万佳公司2017年的营业周期比2016年的营业周期多出一倍多。这表明2017年的资金周转速度减慢了很多。一般企业设置的营业周期标准值为200天，而万佳公司在2017年的营业周期是465.38天，这说明资金管理水平较差。

表5-3　营业周期

单位：天

项目	2015年	2016年	2017年
应收账款周转期		92.56	218.73
存货周转期		106.36	246.65
营业周期		198.92	465.38

　　万佳公司2017年收入与成本如表5-4所示，从表中可以看出，万佳公司4、5月这两个月退货过多，导致营业成本率较高。

表5-4　2017年收入与成本

月份	1月	2月	3月	4月	5月	6月
营业收入/元	2 038 246.36	1 328 497.10	958 486.79	58 171.70	19 022.40	1 435 171.52
营业成本/元	2 036 267.84	1 284 733.86	681 478.36	678 656.74	536 029.78	779 831.78
差额/元	1 378.52	43 763.24	277 008.38	−62 0485.00	−477 007.40	655 339.74
营业成本率	1.00	0.97	0.71	11.67	26.08	0.54
月份	7月	8月	9月	10月	11月	12月
营业收入/元	363 162.18	636 030.46	51 325.68	69 026.40	164 356	984 737.40
营业成本/元	578 874.26	72 850.98	75 925.24	72 401.12	160 071.10	190 763.68
差额/元	−255 712.08	563 179.48	−24 719.56	−3 374.72	42 84.90	797 973.36
营业成本率	1.79	0.11	1.482 8	1.048 9	0.97	0.19

（资料来源：根据收集资料整理而成）

第二节　现金管理

一、现金管理的目标

现金是指供、产、销过程中暂时停留在货币形态的资金，包括库存现金、银行存款、银行本票、银行汇票等。现金是企业中流动性最强的资产，不仅可以有效地立即用来购买商品、货物、劳务或偿还债务，还可以用来满足生产经营的各种开支需要，是偿还债务和履行纳税义务的保证。但现金属于非盈利资产，持有过量的现金会提高现金的持有成本，降低企业的盈利能力。因此，现金管理的目标就是在现金的流动性和收益性之间进行合理选择。具体来说，企业现金管理有两个目标：一是现金的持有量能满足企业各种往来业务的需要；二是从暂时闲置的现金中获得最大的收益，提高资金收益率。

二、持有现金的动机

企业之所以持有一定数量的现金，是因为其存在对现金的需求。一般情况下，企业持有现金的动机主要有以下 3 种。

(一) 交易性需求

交易性需求是指企业为了维持日常周转及正常商业活动所需而持有的现金，如用于购买原材料、支付工资、缴纳税款、支付股利等。企业每天都发生许多支出和收入，这些支出和收入在数额上不相等，在时间上不匹配，企业需要持有一定的现金来调节，以使生产经营活动顺利进行。例如，企业从供应商那里获得的信用条件是 30 天付款，而企业迫于竞争压力向顾客提供 45 天的信用期，这样，企业必须筹集能够满足 15 天正常运营的资金来维持企业运转。另外，一些具有季节性特征的企业业务要求企业逐渐增加存货以等待季节性的销售高潮，季节性的现金支出会使企业现金余额下降，随后销售高潮到来，存货减少，现金又逐渐恢复到原来的水平。

(二) 预防性需求

预防性需求是指企业需要持有一定量的现金以应付突发事件。这种突发事件可能是社会经济环境变化，如自然灾害；也可能是企业的突发事件，如生产事故；还可能是大客户违约导致企业突发性偿付等。虽然企业会利用各种手段来较准确地估算企业需要的现金数额，但突发事件总会使原有的财务计划失去效果。因此，企业有必要持有更多的现金应付突发事件。在确定具体所需的现金数额时，可以从以下几个方面来考虑：一是现金收支预测的准确程度；二是企业举借临时借款的能力；三是企业愿意承担风险的程度；四是意外事件出现的概率。希望尽可能减少风险的企业倾向于保留大量的现金余额；现金收支预测可靠程度较高，信誉良好，与银行关系良好的企业倾向于保持较低的现金持有量。

(三) 投机性需求

投机性需求是企业需要持有一定量的现金以抓住突然出现的获利机会。这种机会大多是一闪即逝的，例如，遇到有廉价的原材料或者其他资产供应的机会，便可用手头的现金大量购入；在证券市场上选择适当时机购入价格有利的股票和其他有价证券等。除了专门的金融和投资公司之外，专为投机动机而特别保留大数额现金的企业不多，即使遇到不寻常的投资机会或购买机会，一般也是通过临时的借款来筹集所需要的资金。

企业除以上 3 种持有现金的动机以外，也常因一些特殊原因而需要持有充足的现金，如为了获取现金折扣或较高的信用等级、在银行维持补偿性余额等。需要注意的是，企业持有的现金总额并不等于各种动机所需现金余额的简单相加，前者通常小于后者。另外，企业持有的现金不必是货币形态，可以是能够随时变现的有价证券及其他存在形式，如作为现金替代品的有价证券、可随时借入的银行信贷资金等。

三、现金的持有成本

(一) 机会成本

现金的机会成本是指企业因保留一定的现金余额而丧失的再投资收益。机会成本一般用企业的资金成本代替，通常表现为有价证券的利息率。例如，如果企业年持有 1 000 000 元的现金，假定资金成本率为 10%，则该企业年持有现金的机会成本为 100 000 元（1 000 000×10%）。一般情况下，企业的投资收益率越大，持有现金的机会成本就越大；企业的投资收益率越小，持有现金的机会成本就越小；企业的现金持有量越大，机会成本就越高。企业为了经营业务需要持有一定的现金，付出相应的机会成本是肯定的，但现金持有量过多，机会成本大幅度上升就不合算了。

(二) 管理成本

企业持有现金会发生各种各样的管理费用，如管理人员的工资福利费、安全措施费用等，这些费用就是现金的管理成本。一般认为管理成本是一种固定成本，与现金持有量之间无明显的比例关系。

(三) 短缺成本

现金的短缺成本是指企业现金持有量不足，不能应付业务开支所需而使企业蒙受的损失或为此付出的代价。现金的短缺成本与现金持有量成反比，现金持有量增加，短缺成本下降；现金持有量减少，短缺成本上升。

(四) 转换成本

现金的转换成本是指企业用现金购入有价证券及转让有价证券换取现金时付出的交易费

用，即现金与有价证券之间相互转换的成本，如经纪人费用、委托手续费、证券过户费、捐税及其他管理成本，这种成本只与交易的次数有关，与持有现金的金额无关。在一定时期内，有价证券与现金之间的转换次数越多，其转换成本就越高。

四、最佳现金持有量的确定

根据现金管理的目标，企业既要使所持有的现金满足企业各种往来业务的需要，又要从暂时闲置的现金中获得最大的收益，这就要求我们运用一定的方法来确定最佳现金持有量。最佳现金持有量就是使有关成本之和最小的现金持有数额，下面介绍几种确定最佳现金持有量的方法。

(一) 现金周转模式

现金周转模式是从货币资金周转的角度出发，根据一定时期内现金需求总额、现金周转期、现金平均占用额三者之间的关系确定最佳现金持有量的一种方法。

现金周转期是指企业从购买材料支付货币资金开始，到销售商品收回货币资金为止的整个过程所需要的时间。现金周转期的长短取决于存货周转期、应收账款周转期及应付账款周转期，如图5-1所示。

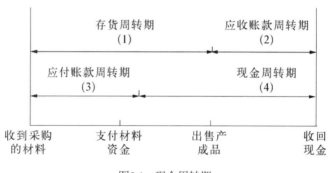

图5-1　现金周转期

存货周转期是指从购买原材料到转化成产成品并出售所需要的时间。

应收账款周转期是指将应收账款转换为现金所需要的时间，即从产品销售到收回现金的时间。

应付账款周转期是指从收到尚未付款的材料开始到现金支出所用的时间。

现金周转期的计算公式为

$$现金周转期=存货周转期+应收账款周转期-应付账款周转期$$

现金周转期确定后，便可确定现金周转次数和最佳现金持有量，计算公式为

$$现金周转次数=\frac{360}{现金周转期(天数)}$$

$$最佳现金持有量=\frac{企业年现金需求总额}{360}\times 现金周转期$$

【例5-1】盛腾公司预计存货周转期为90天，应收账款周转期为40天，应付账款周转期为30天，预计全年需要现金400万元，计算企业最佳现金持有量。

现金周转期=90+40-30=100 (天)

现金周转次数=360÷100=3.6 (次)

最佳现金持有量=400÷360×100=111 (万元)

现金周转模式简单明了，易于计算，但是，这种方法假设材料采购与产品销售产生的现金流量在数量上一致，企业的生产经营在一年中持续、稳定地进行，即现金需要和现金供应不存在不确定的因素。如果以上假设条件不存在，则求得的最佳现金持有量将发生偏差。

(二) 成本分析模式

成本分析模式是根据现金持有的相关成本，分析、预测其总成本最低时现金持有量的方法。在影响现金持有量的相关因素中，管理成本属于固定成本，机会成本与现金持有量呈正比例变动。短缺成本是指在现金持有量不足而又无法及时通过有价证券变现加以补充而给企业造成的损失，短缺成本与现金持有量呈反比例变动。在成本分析模式中，现金相关总成本只包括机会成本、管理成本和短缺成本三个方面，计算公式为

最佳现金持有量下的现金相关成本=min(管理成本+机会成本+短缺成本)

在实际工作中，运用成本分析模式确定最佳现金持有量的具体步骤如下。

(1) 根据不同现金持有量测算并确定有关成本数值。

(2) 按照不同现金持有量及其相关成本资料编制最佳现金持有量测算表。

(3) 在测算表中找出总成本最低时的现金持有量，即最佳现金持有量。

【例5-2】盛腾公司有四种现金持有方案，有关资料如表5-5所示，求出该企业的最佳现金持有量。

表5-5 现金持有方案

单位：元

项目	A方案	B方案	C方案	D方案
现金持有量	30 000	50 000	70 000	90 000
机会成本(10%)	3 000	5 000	7 000	9 000
管理成本	3 000	3 000	3 000	3 000
短缺成本	4 000	3 000	1 000	400
总成本	10 000	11 000	11 000	12 400

将各方案的总成本进行比较可知，A方案的总成本最低。也就是说，当企业持有30 000元的现金时，各方面的总成本最低，故30 000元是该企业的最佳现金持有量。

(三) 存货模式

存货模式来源于存货的经济批量模型。美国经济学家威廉·鲍莫尔(William Ballmol)于1952年首次将机会成本与转换成本结合在一起，建立了现金管理模型，用于确定最佳现金持有量。

该模型是把现金管理当作存货管理，通过分析持有现金的成本和把有价证券转换为现金的成本，寻求一个使持有现金的总成本(机会成本与转换成本之和)最小的现金持有量。

运用存货模式确定最佳现金持有量时，基本假设如下。

(1) 在一个现金预算周期内，期初提供全部所用现金，到期末现金全部耗尽。

(2) 企业预算期内现金需要总量可以预测，所需现金可通过证券变现取得，且证券变现的不确定性很小。

(3) 现金的支出过程比较稳定，波动较小，而且每当现金余额降至零时，均可通过部分证券变现得以补足。

(4) 证券利率或报酬率以及每次固定性交易费用都可以准确掌握。

如果这些基本假设得到满足，企业便可以利用存货模式来确定现金的最佳持有量。现金管理相关总成本可表示为

$$现金管理相关总成本=机会成本+转换成本$$

$$TC = \frac{Q}{2} \times i + \frac{T}{Q} \times R$$

式中，TC——现金管理相关总成本；

    Q——现金持有量；

    i——有价证券利率；

    T——某一时期内现金总需要量；

    R——每次转换有价证券的固定成本。

运用微积分求最小值的原理，将总成本函数对 Q 求导，并令其结果为零，则

$$TC' = (\frac{Q}{2} \times i + \frac{T}{Q} \times R)' = \frac{i}{2} - \frac{T \times R}{Q^2} = 0$$

可得 $\frac{i}{2} = \frac{T \times R}{Q^2}$，则 $Q^2 = \frac{2T \times R}{i}$。

最佳现金持有量为

$$Q^* = \sqrt{\frac{2T \times R}{i}}$$

则现金管理相关总成本为

$$TC = \sqrt{2T \times R \times i}$$

交易次数为

$$N = \frac{T}{Q^*}$$

交易间隔期为

$$t = \frac{360}{N}$$

式中，$Q*$——最佳现金持有量；

    N——交易次数；

    t——交易间隔期。

【例5-3】盛腾公司预计全年现金需要量为100 000元,现金与有价证券的每次转换成本为200元,有价证券的年收益率为10%。计算最佳现金持有量和现金管理相关总成本,并确定证券变现次数与时间。

最佳现金持有量 $Q^* = \sqrt{\dfrac{2T \times R}{i}} = \sqrt{2 \times 100\,000 \times 200 / 10\%} = 20\,000(元)$

现金管理相关总成本 $TC = \sqrt{2T \times R \times i} = \sqrt{2 \times 100\,000 \times 200 \times 10\%} = 2\,000(元)$

交易次数 $N = \dfrac{T}{Q^*} = 100\,000 \div 20\,000 = 5(次)$

交易间隔期 $t = \dfrac{360}{N} = 360 \div 5 = 72(天)$

五、现金的日常管理

企业在确定了最佳现金持有量后,还应加强现金的日常管理,使现金得到最有效的利用。

(一) 制度控制

现金是企业流动性最强的资产,企业对现金的管理首先应遵守国家制定的有关现金管理条例,同时要建立企业内部现金管理制度。按照现行制度,国家有关部门对企业使用现金有以下规定。

(1) 企业收入现金应于当日送存开户银行,当日送存有困难的,应由开户银行确定送存时间;企业支付现金可以从本单位库存现金限额中支付或从开户银行提取,不得从本单位现金收入中直接支付(即坐支)。

(2) 现金的使用范围包括:支付职工工资、津贴,支付个人劳务报酬;根据国家规定颁发给个人的科学技术、文化艺术、体育等各种奖金;支付个人劳保福利费用以及国家规定的对个人的其他支出;向个人收购农副产品和其他物资的价款;出差人员必须随身携带的差旅费;中国人民银行确定需要支付现金的其他支出。

(3) 库存现金限额。库存现金是指企业为满足日常零星开支所需而保留的现金。库存现金的数额应由银行根据企业实际需要和距离银行的远近核定,一般以企业 3～5 天的日常零星开支额为限额;边远地区或交通不便地区的库存现金限额可以为多于 5 天,最长不得超过 15 天的日常零星开支额。企业内部现金管理应建立由专人管理现金的制度,即出纳岗位责任制,明确岗位职责。企业应做到管钱的不管账,管账的不管钱,实行内部牵制;建立健全现金账目,逐笔记载现金收支,并做到日清月结、账款相符;建立内审报告制度。

(4) 不得出租、出借银行账户。

(5) 不得签发空头支票和远期支票。

(6) 不得套用银行信用。

(二) 日常收支管理

1. 加速收款

加速收款主要是指缩短应收账款收账的时间。具体来说,企业不仅要尽量使顾客早付款,还要尽快使这些付款转化为可用现金。发生应收账款会增加企业资金的占用，但应收账款又可以扩大销售规模，增加销售收入，问题在于如何既利用应收账款吸引顾客，又缩短收款时间。这就需要在两者之间找到平衡点，并实施妥善的收账政策。

2. 控制现金支出

当企业购买原材料等发生应付账款时，如何合理、合法地推迟付款日期是很重要的，因为将该付的钱推迟支付等于在推迟期间筹借到一笔可用资金。在诸多结算付款方式中，如有可能则优先考虑用汇票结算，尤其在异地结算时应选择有利的结算手段。

3. 推迟应付款的支付

推迟应付款的支付是指企业在不影响自己信誉的前提下，尽可能地推迟应付款的支付期，充分利用供货方所提供的信用优惠。如果企业急需现金，甚至可以放弃供货方的折扣优惠，在信用期的最后一天支付款项。当然，这需要权衡折扣优惠与急需现金之间的利弊得失。

4. 有效利用闲置资金

从财务管理角度来看，有效利用闲置资金现金是日常管理的一项重要工作。一是对于由于时间差而造成的资金差的利用，企业开出支票，收款人收到支票并将其送至银行，直至银行办妥划款手续，这通常需要一定的时间。这个过程中，企业资金账户与银行账户存款会形成差额，只要把握好时间，这部分差额资金是可以利用的。二是企业用于资本投资或经营支出的款项，往往是资金先到位，然后再发生支付，这也会造成货币资金的闲置。如果对证券市场的情况比较熟悉，就能利用闲置资金进行短期证券投资而获利。

第三节 应收账款管理

一、应收账款管理的目标

应收账款是指企业因对外赊销产品、材料、供应劳务等而应向购货或接受劳务单位收取的款项。对于企业而言，因赊销而形成的应收账款是一项投资，其效果是赊销可能扩大销售或增强竞争力、增加利润，其成本是因延长收款期而可能造成的坏账损失和资金占用成本。因此，应收账款的管理目标就是通过制定合理的信用政策，在增加的收益与发生的成本之间进行权衡。只有当收益大于成本时，才应当实施赊销。

现代社会市场竞争日益激烈，越来越多的企业面临风险与机遇的抉择——要增加效益必须做大规模，但又难以控制应收账款的风险。一方面，为争取客户，企业需要越来越多地赊销和越来越宽松的销售政策；另一方面，客户拖欠账款，占用企业大量流动资金，存在坏账的可能，进而使企业面临巨大的商业风险。要进行积极而有效的应收账款管理，就要求我们掌握并运用企业内部控制的各种手段和技巧全面提高销售管理、财务管理和信息管理水平。在应收账款管理的环节，企业需要建立评估体系，识别和分析应收账款各环节的风险，研究和确定风险应对的策略。与此同时，企业需要建立控制系统，根据风险评估的结果采取相应的控制措施对应收账款从起源、形成、跟踪管理直至法律诉讼、坏账处理的全过程实施有效控制，使应收账款成为促进企业发展的优质资产而不是难以控制的"脱缰野马"。

二、应收账款的功能与成本

(一) 应收账款的功能

应收账款的功能指的是其在生产经营中的作用。实际企业经营过程中，主要体现为两方面的功能。

1. 增加销售的功能

在市场竞争比较激烈的情况下，赊销是促进销售的一种重要方式。进行赊销的企业，实际上是向顾客提供了两项交易：一是向顾客销售产品；二是在一个有限的时期内向顾客提供现金。虽然赊销仅仅是影响销售量的因素之一，但在企业产品销售不畅、市场萎缩、竞争不力的情况下，或者在企业销售新产品、开拓新市场时，为适应市场竞争的需要，适时地采取各种有效的赊销方式，就显得尤为重要。

2. 减少存货的功能

企业持有产成品存货，要追加管理费、仓储费和保险费等支出；相反，企业持有应收账款，则无须上述支出。因此，当产成品存货较多时，企业可以采用较为优惠的信用条件进行赊销，把存货转化为应收账款，减少产成品存货，以节约各项存货支出。

(二) 应收账款的成本

企业在采取赊销方式促进销售的同时，会因持有应收账款而付出一定的代价，这种代价就是应收账款的成本。应收账款的成本主要包括 3 个方面。

1. 应收账款的机会成本

机会成本又称资金成本。企业为了促销而采用信用政策，这就意味着它不能及时收回其货款，而相应要长期地为客户垫付一笔相当数量的资金，丧失了投资盈利的机会，如投资有价证券所获得的利息收入，因此产生了应收账款的机会成本。这种机会成本可用企业最可能投资项目的收益率计算，如有价证券的利率等。机会成本的大小通常与企业维持赊销业务所需要的资金数量、资金成本率或有价证券利息率有关。

机会成本的具体计算步骤如下。

(1) 计算应收账款平均余额：

$$应收账款平均余额 = 年赊销额 \div 360 \times 平均收账期$$

$$= 平均每日赊销额 \times 平均收账期$$

(2) 计算维持赊销业务所占用的资金：

$$维持赊销业务所占用资金=应收账款平均余额×变动成本率$$

(3) 计算应收账款占用资金的利息，即机会成本：

$$应收账款机会成本=维持赊销业务所占用资金×资金成本率$$
$$=应收账款平均余额×变动成本率×资金成本率$$
$$=全年销售额/360×平均收现期×变动成本率×资本成本率$$
$$=(全年销售额×变动成本率)/360×平均收现期×资本成本率$$
$$=全年变动成本/360×平均收现期×资本成本率$$

式中，应收账款的平均收账天数相当于应收账款周转期，在平均收账天数不确定的情况下，可用信用期限近似替代。如果存在现金折扣，平均收账天数是一个加权平均数。

【例5-4】 盛腾公司预测的年度赊销额为900万元，应收账款平均收账天数为60天，变动成本率为60%，资金成本率为10%，要求计算应收账款的机会成本。

应收账款周转次数=360÷60=6(次)

应收账款平均余额=9 000 000÷6=1 500 000(元)

维持赊销业务所占用资金=1 500 000×60%=900 000(元)

应收账款的机会成本=900 000×10%=90 000(元)

上述计算表明，企业投放 900 000 元的资金，可维持 9 000 000 元的赊销业务，是垫支资金的 10 倍。在赊销收入一定的情况下，垫支资金的数量取决于应收账款的周转速度。应收账款周转速度越快，所需垫支的资金就越少；反之，所需垫支的资金就越多。

2. 应收账款的管理成本

应收账款的管理成本是指企业对应收账款进行管理而发生的费用，主要包括调查顾客信用情况的费用、收集各种信息的费用、账簿的记录费用、催收账款费用等。应收账款在一定数额范围内时，管理成本一般为固定成本。

3. 应收账款的坏账成本

应收账款基于商业信用而产生，存在无法收回的可能性，因应收账款无法收回而造成的坏账损失，即为坏账成本。坏账成本一般与应收账款数量成正比，即应收账款越多，坏账成本也越多。坏账成本的计算公式为

$$应收账款的坏账成本=赊销额×预计的坏账损失率$$

三、信用政策

信用政策即应收账款的管理政策，是指企业为了对应收账款进行规划与控制而确立的基本原则和行为规范。信用政策依据事前控制、事中控制、事后控制的原则对应收账款进行合理的管理，包括信用标准、信用条件和收账政策 3 部分内容。

(一) 信用标准

信用标准是指客户获得企业商业信用所应具备的最低条件。如果客户达不到企业的信用标准，则不能享受企业提供的商业信用。企业信用标准过高，将使许多客户因达不到所设的标准而不能获得商业信用，这虽然会减少坏账损失和收账费用，但同时也会影响企业销售收入的增加和竞争能力的提高。相反，若企业采取较低的信用标准，虽然有利于企业扩大销售，提高市场竞争力和占有率，但同时会导致坏账损失风险和收账费用的增加。企业在制定信用标准时，要在提高的收入和增加的成本之间做出权衡，制定出对企业有利的信用标准。

企业在制定或选择信用标准时，应考虑以下三个因素：一是同行业竞争对手情况，如果对手实力很强，企业要取得或保持优势地位，就需要采取低于对手的信用标准，以争取这部分客户，反之，就可以采取高于对手的信用标准；二是企业承担违约风险的能力，当企业具有较强的违约风险承担能力时，可以选择较低的信用标准，以提高竞争力、争取客户、扩大销售，若企业承担违约风险的能力比较弱，就只能选择严格的信用标准，以尽可能降低违约风险；三是客户的资信程度，客户的资信程度通常取决于品质(character)、能力(capacity)、资本(capital)、抵押品(collateral)、条件(conditions)这 5 个方面，简称 5C。

(1) 品质指客户的信誉，即客户履行其偿债义务的可能性。该因素在信用评估中最为重要，被认为是评价客户信用品质的首要因素，因为每一笔信用交易中都隐含着客户对企业的付款承诺。

(2) 能力指客户的偿债能力。判断客户偿债能力的主要依据是客户以往的偿债记录、经营手段，以及对客户经营企业所做的实地考察。

(3) 资本指客户的一般财务状况。该项通常是通过对客户文件中的财务指标进行分析来判断的。

(4) 抵押品指客户为了获得企业的商业信用而提供给企业作为担保用的资产。企业在不了解客户底细或信用品质的情况下，只要客户提供了足够的抵押品，就可以向他们提供商业信用。企业如果收不到这些客户的款项，就可以变卖其抵押品加以弥补。

(5) 条件指一般经济发展趋势或某些地区的经济发展对企业偿债能力可能产生的影响。

上述五个方面的资料可以通过之前与客户交往的经验来获得，也可以求助于有关信用服务的外部机构。这些资料的主要来源如下。

(1) 客户的财务报表。若是股份有限责任公司，可从证券报刊上获取资料，其他情况下需要直接从客户处取得。

(2) 银行证明。银行业保密及法规约束使企业难以得到具体的信息，但在某些情况下，可以从银行谨慎的措辞中读出重要的参考消息。

(3) 信用评估机构的报告。这是指根据其他债权人的经验、银行报告、合作商证明，以及某客户自己递交的财务信息和信用评估机构对该公司的决算报表进行的评估。

(4) 以往交易的记录。应对以往交易的记录保持谨慎的态度，一些外强中干的企业为保证能继续赊销货物，常常不惜牺牲其他供应商的利益而全力保持对主供应商良好的付款记录，这种表象往往说明企业有严重的财务问题。

(5) 其他一般性信息。客户的有关资料可能分布于各种经济类报刊，企业应注意积累，认真分析。

【例5-5】盛腾公司当前的经营情况和信用政策如表5-6所示。

表5-6　盛腾公司经营情况和信用政策

项目	数据
销售收入(全部为赊销)/元	100 000
应收账款投资/元	12 500
利润/元	20 000
销售利润率	20%
信用标准(预期的坏账损失率)	10%
平均坏账损失率	6%
信用条件	30 天付清
平均收账期/天	45
应收账款机会成本	15%

假设该公司要改变信用标准,提出甲、乙两种方案,信用标准变化情况如表5-7所示。

表5-7　信用标准变化情况

对比项目	A方案(较严格的信用标准)	B方案(较宽松的信用标准)
信用标准	只对那些预计坏账损失率低于 5%的企业提供商业信用	只对那些预计坏账损失率低于 15%的企业提供商业信用
销售额	由于标准变化减少销售额 10 000 元	由于标准变化增加销售额 15 000 元
平均收现期	减少的销售额平均收现期为 90 天,其余 90 000 元的平均收现期为 40 天	增加销售额平均收现期为 75 天,原 100 000 元的平均收现期为 45 天
平均坏账损失率	减少销售额的平均坏账损失率为 8.7%,其余 90 000 元的平均坏账损失率由 6%降为 5%	新增加销售额的平均坏账损失率为 10%,原 100 000 元销售额的平均坏账损失率仍为 6%

为了评价两个可选择的信用标准方案孰优孰劣,必须计算两方案各自带来的利润和成本,在这种情况下,应测算以下几个项目的变化。

(1) 销售量变化对销售利润的影响。

(2) 应收账款机会成本的变化。

(3) 坏账成本的变化。

(4) 管理成本的变化(本例中,管理成本的变化略而不计)。

现分别对两个方案进行测算,如表5-8所示。

表5-8　信用标准变化结果测算表

单位：元

项目(信用标准变化)	A方案	B方案
对销售利润的影响	$-10\,000 \times 20\% = -2\,000$	$15\,000 \times 20\% = 3\,000$
维持赊销业务所需要的资金	$90/360 \times (-10\,000) + (40-45)/360 \times (100\,000-10\,000)$ $= -3750$	$75/360 \times 15\,000$ $= 3\,125$
对应收账款机会成本的影响	$-3\,750 \times 15\% = -563$	$3\,125 \times 15\% = 469$
对坏账成本的影响	$-10\,000 \times 8.7\% + (100\,000-10\,000) \times (5\%-6\%)$ $= -1770$	$15\,000 \times 10\% = 1\,500$
带来的净利润	$(-2\,000) - (-563) - (-1770)$ $= 333$	$3\,000 - 469 - 1\,500$ $= 1\,031$

以上计算表明，采用较宽松的信用标准(B方案)，能使该企业增加较多利润，而较严格的信用标准(A方案)会使利润增加较少，故应采用B方案。

(二) 信用条件

信用条件是指企业要求顾客支付赊销款项的条件，包括信用期限、现金折扣和折扣期限。例如，赊购时账单中注明"3/10，1/30，$n/60$"就是一项信用条件。

信用期限是指企业允许客户从购货到付款之间的时间，即企业为客户规定的最长付款时间。例如，企业允许客户在60天内付款，则信用期限即为60天。一般情况下，信用期限过短，不足以吸引客户；信用期限过长，对销售额的增加有利，但企业会增加应收账款占用的时间和金额。

企业为了及时收回货款，减少坏账损失，往往在延长信用期限的同时，采用一定的优惠措施，即在规定的时间内，允许提前付款的客户按销售收入的一定比例享受现金折扣。也就是说，现金折扣是指企业在客户提前付款时给予的优惠。折扣期限是指规定客户可享受现金折扣的付款时间。"3/10，1/30，$n/60$"信用条件的解释为：若客户能在发票开出后10天内付款，可以享受货款金额3%的折扣；若10～30天内付款，可以享受货款金额1%的折扣；若30～60天内付款，必须全额支付货款。这里60天为信用期，10天、30天为折扣期限，3%、1%为现金折扣率。提供比较优惠的信用条件能增加销售量，但同时会增加应收账款机会成本、坏账成本、现金折扣成本等。在信用条件决策时，应综合考虑上述因素，选择能使企业的净利润额增加部分最大的信用条件。

【例5-6】盛腾公司目前的收账政策过于严厉，不利于扩大销售，该公司正在研究修改现行的收账政策，将信用期限由当前的30天放宽至60天，假设风险投资的最低报酬率为10%，其他有关数据如表5-9所示。要求确定该公司应采用的信用期限。

表5-9　盛腾公司收账政策

项目	信用期	
	30天	60天
销售量/件	120 000	150 000
销售额(单价 5 元)/元	600 000	750 000
销售成本/元		
变动成本(每件 3 元)/元	360 000	450 000
固定成本/元	60 000	60 000
毛利润/元	180 000	240 000
可能发生的收账费用/元	4 000	8 000
可能发生的坏账损失/元	10 000	20 000

具体分析步骤如下。

(1) 先计算放宽信用期限得到的收益。

增加的销售利润=(150 000-120 000)×(5-3)=60 000 (元)

(2) 计算增加的机会成本。

30 天信用期的机会成本=600 000/360×30×360 000/600 000×10%=3 000 (元)

60 天信用期的机会成本=750 000/360×60×450 000/750 000×10%=7 500 (元)

增加的机会成本=7 500-3 000=4 500 (元)

(3) 计算增加的收账费用。

增加的收账费用=8 000-4 000=4 000 (元)

(4) 计算增加的坏账损失。

增加的坏账损失=20 000-10 000=10 000 (元)

(5) 计算增加的净收益。

增加的净收益=60 000-(4 500+4 000+10 000)=41 500 (元)

(6) 最后根据两者比较的结果做出判断。

由于增加的收益大于增加的成本，因此应采用 60 天的信用期。

在已有的信用条件下考虑添加现金折扣、信用条件决策时，应选择能使企业的净利润额增加部分最大的信用条件。

【例5-7】承例5-6，该公司在放宽信用期的同时，为了尽快回笼资金，提出了"1/20，n/60"的现金折扣条件，估计会有一半的客户(按60天信用期所能实现的销售量计)享受现金折扣优惠，而收账费用和坏账损失均比信用期为60天的方案下降10%。判断该企业是否应向客户提供现金折扣。

本例只需在 60 天信用期的前提下，将现金折扣方案和无现金折扣方案进行比较。

增加的销售利润=0

平均收账期=20×50%+60×50%=40(天)

增加的机会成本=750 000÷360×40×450 000÷750 000×10%-750 000÷360×60×

450 000/750 000×10%=-2 500(元)

增加的收账费用=8 000×(-10%)=-800(元)

增加的坏账损失=20 000×(-10%)=-2 000(元)

增加的现金折扣成本=销售收入×折扣期内付款的销售额比例×现金折扣率

=750 000×50%×1%-0=3 750(元)

增加的净收益=0-(-2 500-800-2 000+3 750)=1 550(元)

由于净收益大于零，因此应当向客户提供现金折扣。

(三) 收账政策

收账政策是指信用条件被违反时，即客户拖欠甚至拒付账款时，企业所采取的收账策略。客户拖欠或拒付账款的原因是多种多样的，许多信用品质好的客户也可能因为某些原因而无法如期付款，所以遇到客户拖欠或拒付货款时，要具体情况具体分析，采取不同的收账政策。

一般而言，企业加强收账管理，可以减少坏账损失，减少在应收账款上的资金占用，但会增加收账费用。企业若采取较积极的收账政策，无疑可以减少应收账款的坏账损失，减少应收账款投资及其机会成本，但同时会增加收账费用；反之，企业若采取较消极的收账政策，则会减少收账费用，但同时会增加应收账款的投资，增加坏账损失及应收账款的机会成本。因此，制定收账政策就是要在增加收账费用与减少坏账损失和机会成本之间进行权衡，若前者小于后者，则说明制定的收账政策是可取的。制定有效、合理的收账政策很大程度上靠的是相关人员的经验，一般可以按照下列程序进行账款催收。

(1) 电话询问。发生应收账款后，不必过早地采取催款行动，否则可能激怒那些信用较好的客户，可在适当时候打电话询问是否已经付款。

(2) 信件催收。在电话询问之后，若仍未有付款表示，可辅之以措辞越来越严厉的信件进行催收。

(3) 人员上门拜访。对于过期较长的客户，应由促成此笔业务的销售人员前去拜访，请求付款。也可派出其他善于言辞且经验丰富、易于沟通的收款员进行催款。

(4) 委托收款机构。上述各步骤均告无效时，可将应收账款交由专门收回过期账款的收款机构负责催收。但收款机构的成本较高，一般收取账款回收数额的一半作为收款费用，因此，企业委托收款机构催款，往往遭受较大比例的损失。

(5) 采取法律行动。如果账款数额很大，可以采取法律行动来获得不利于债务人的判决，这是一种无奈的选择。

【例5-8】盛腾公司收账政策的相关资料如表5-10所示。

表5-10 盛腾公司收账政策相关资料

项目	现行的收账政策	建议的收账政策
年收账费用/元	18 000	24 000
应收账款平均收账期/天	90	60
坏账损失率	7%	5%

该公司当年销售额为 1 200 000 元(全部赊销)，假设收账政策对销售收入的影响忽略不计。该公司应收账款的机会成本为10%。盛腾公司的不同收账政策测算对比如表5-11所示。

表5-11　盛腾公司不同收账政策测算对比

单位：元

项目	现行收账政策	建议收账政策
年销售收入(1)	1 200 000	1 200 000
应收账款周转次数/次(2)	4	6
应收账款平均占用额(3)	300 000	200 000
建议收账政策节约的机会成本(4)	—	20 000
坏账损失(5)	84 000	60 000
建议收账政策减少的坏账损失(6)	—	24 000
两项节约合计(7)=(4)+(6)	—	44 000
按建议收账政策增加的收账费用(8)	—	6 000
建议收账政策可获得收益(9)=(7)-(8)	—	38 000

按建议收账政策可获收益 38 000 元，故应采用建议收账政策。

四、应收账款的日常管理

对于已经发生的应收账款，在确当合理的信用政策后，企业应进一步强化日常管理工作，采用不同的方法进行数据分析，采取有力的措施进行控制，及时发现问题，提前做好应对的对策。这些对策主要包括建立客户档案、应收账款追踪分析、应收账款账龄分析、ABC 分类法、建立应收账款考核指标等。

(一) 建立客户档案

企业通常建有客户档案，客户档案的建档范围不仅包括欠款客户，还包括信誉良好的客户。档案内容一般包括：客户的法定代表人、法定地址、联系电话等工商登记情况；业务经办人情况；银行账户情况；交易合同、协议情况；双方历次对账情况；客户信用记录；客户对其债务偿还的承诺情况等。所有档案材料要尽可能使用原件，即便是复印件也要有对方确认的记录。考虑到客户档案是企业的重要商业秘密，企业一般应指定专人妥善保管。

(二) 应收账款追踪分析

为达到足额收回客户所欠应收账款这一目的，企业往往在收账之前对该项应收账款的运行过程进行追踪和分析。既然应收账款是存货变现过程的中间环节，那么对应收账款实施追踪分析的重点应放在赊销商品的销售与变现方面。客户以欠账方式购入商品后，迫于获利与付款信誉的动力与压力，必然期望迅速地完成交易，并在规定的信用期间付款。如果客户具有良好的信用品质，企业就能如期、足额地收回客户欠款。通过对应收账款进行追踪和分析，企业可以准确预测应收账款发生坏账风险的可能性，研究和制定合理的收账政策，从而提高收账效率，减少坏账损失。

(三) 应收账款账龄分析

账龄分析是指通过编制账龄分析表来显示应收账款账龄的长短。企业已发生的应收账款账龄长短不一，有的尚未超过信用期，有的则已逾期拖欠。一般来讲，逾期拖欠的时间越长，应收账款催收的难度越大，成为坏账的可能性就越高。进行账龄分析，密切注意应收账款的回收情况，是提高应收账款收现率的重要环节。

进行应收账款账龄分析时，首先应编制应收账款的账龄分析表，研究应收账款的账龄结构，分析各账龄应收账款的余额占应收账款总计余额的比例与金额，以便对应收账款的回收情况进行有效的控制。

【例5-9】已知盛腾公司应收账款的账龄分析如表5-12所示。

表5-12　盛腾公司应收账款的账龄分析

应收账款账龄	账户数量/个	金额/千元	百分率/%
信用期内	200	80	40
超过信用期1～20天	100	40	20
超过信用期21～40天	50	20	10
超过信用期41～60天	30	20	10
超过信用期61～80天	20	20	10
超过信用期81～100天	15	10	5
超过信用期100天以上	5	10	5
合计	420	200	100

利用账龄分析表，企业可以了解到以下情况。

(1) 有多少欠款尚在信用期内。表5-12表明，该公司应收账款余额中，有80 000元尚在信用期内，占全部应收账款的40%。这些款项未到偿付期，欠款是正常的，但到期后能否收回还要待时再定，因此及时的监督仍是必要的。

(2) 有多少欠款超过了信用期，超过时间的款项各占多少，有多少欠款会因拖欠时间太久而可能成为坏账。如表5-12所示，有价值120 000元的应收账款已超过信用期，占全部应收账款的60%，不过其中拖欠时间较短的(20天内)有40 000元，占全部应收账款的20%，这部分欠款收回的可能性很大；拖欠时间较长的(21～100天)有70 000元，占全部应收账款的35%，这部分欠款的回收有一定的难度；拖欠时间很长的(100天以上)有10 000元，占全部应收账款的5%，这部分欠款有可能成为坏账。此时，企业应分析逾期账款具体属于哪些客户，这些客户是否经常发生拖欠情况，发生拖欠的原因何在。一般而言，账款的逾期时间越短，收回的可能性越大，发生坏账损失的程度越小；反之，收账的难度及发生坏账损失的可能性也就越大。因此，对于不同拖欠时间的账款及不同信用品质的客户，企业应采取不同的收账方法，分别制定经济可行的收账政策和收账方案；对于可能发生的坏账损失，需提前有所准备，充分估计这一因素对企业损益的影响；对于尚未过期的应收账款，应适当地管理与监督，以防发生新的拖欠。通过应收账款账龄分析，不仅能提示财务管理人员应该把过期款项作为工作重点，而且有助于促进企业进一步研究和制定新的信用政策。

(四) ABC分类法

ABC分类法又称ABC重点管理法，是现代经济管理中广泛应用的一种"抓重点，照顾一般"的管理方法。ABC分类法是指将企业的所有欠款客户按其欠款金额进行分类排队，分别采用不同的收账策略。这种方法既能保证重点、加快货款回收，又能使收账费用与预期收益相联系。

【例5-10】盛腾公司2017年12月31日应收账款的账面余额高达232万元，对公司的资金周转很不利，为及时收回欠款，公司采用ABC分类法进行应收账款的管理。首先将所有欠款客户按其欠款金额分类排队，并计算出欠款金额所占的比例，如表5-13所示。

表5-13　欠款客户ABC分类表(共8家客户)

客户	欠款金额/万元	欠款期	欠款所占比例/%	类别
A	80	6个月	32	
B	45	5个月	18	
C	35	4个月	14	A类
小计	160	—	64	
D	23	3个月	10	
E	20	2个月	9	
F	15	1个月	8	B类
G	10	50天	6	
小计	68	—	33	
H	4	30天	3	
小计	4	—	3	C类
合计	232	—	100	

由表5-13可以看出，欠款在25万元以上的有3家，占欠款客户的37.5%，其欠款总额为160万元，占应收账款总额的64%，将其划入A类。这类客户应作为催款的主攻目标，因为能否及时收回他们所欠的货款对企业资金状况影响很大。欠款在10万~25万元的客户有4家，占欠款客户的50%，其欠款总额占全部应收账款的33%，将其划入B类。欠款在10万元以下的客户有1家，占欠款客户的12.5%，其欠款总额占应收账款总额的3%，将其划入C类。对于这三类欠款户，应采取不同的收款策略。例如，对A类客户可以发出措辞较为严厉的信件催收或打电话、派专人催收，委托收款代理机构处理，甚至可求助于法律解决；对B类客户则可以多发几封信函催收或打电话催收；对C类客户则只需发出通知其付款的信函即可。

(五) 建立应收账款考核指标

企业衡量应收账款管理状况的指标主要有应收账款周转率和平均收款期。有关计算公式为

$$应收账款周转率 = \frac{销售收入}{平均应收账款}$$

$$平均收款期 = \frac{平均应收账款}{平均每日销售额} = \frac{360}{应收账款周转率}$$

应收账款周转率和平均收款期反映了应收账款的流动性大小：企业在一定时期内，应收账款周转率越高或平均收款期越短，即应收账款转化为现金的次数越多、平均每次转化为现金的时间越短，则收款效率越高；反之，收款效率越低。在实际工作中，有些企业也使用销售回款率等指标考核应收账款管理效率，也收到了较好的效果。

【例5-11】盛腾公司2018年第一季度应收账款平均月为305 000元，信用条件为60天内全额付清款项，3个月的赊销情况为：1月份，85 050元；2月份，115 000元；3月份，110 000元。计算应收账款的周转天数和平均逾期天数。

$$平均日销售额 = \frac{85\,050 + 115\,000 + 110\,000}{90} = 3\,445(元)$$

$$应收账款周转天数 = \frac{应收账款平均余额}{平均日销售额} = \frac{305\,000}{3\,445} = 88.53(天)$$

平均逾期天数的计算＝应收账款周转天数−平均信用期天数＝88.53−60＝28.53(天)

第四节　存货管理

一、存货管理的目标

存货是指企业在生产经营过程中为生产或销售而储备的物资，包括各种原材料、燃料、包装物、低值易耗品、在产品、外购商品、协作件、自制半成品、产成品等。

企业存货管理水平的高低直接影响企业生产经营活动能否顺利进行，并最终影响企业的收益、风险等状况。因此，存货管理是企业财务管理的一项重要内容。企业持有充足的存货，不仅有利于生产过程的顺利进行，而且能够满足客户订货的需要，避免因存货不足带来的机会损失。但是，存货的增加必然要占用更多的资金，使企业承担更大的持有成本(即存货的机会成本)，而且存货的储存费用与管理费用也会增加，从而影响企业的获利能力。所以，存货管理的目标就是在保证满足生产经营需要的前提下，控制存货水平，发挥存货的功能，降低存货成本，减少资金占用，提高企业资金利用效率。

二、存货的功能与成本

(一) 存货的功能

1. 保证日常生产活动正常进行

企业要开展正常的生产活动，需要各种物质资料的储备，如原材料、产成品，否则可能会造成生产中断、停工待料现象。为了控制存货成本，部分企业提出了"零存货"的理念，但是由于受主客观因素的影响，真正的"零存货"很难做到。虽然很多企业利用计算机对存货进行自动化管理，但要保证生产的连续性，适量存货是非常有必要的。

2. 有利于销售活动的开展

销售活动是企业价值转换的最后一个环节，当市场需求量增加时，若产品储备不足就有可能失去销售良机。同时，顾客为节约采购成本和其他费用可能成批采购，企业为了达到运输上的最优批量也会组织成批发运，所以保持一定量的存货有利于市场销售活动的正常开展。

3. 维持均衡生产，降低产品成本

季节性、流行趋势、消费者偏好转移等因素的影响，使产品的需求出现不稳定性。若根据需求状况组织生产，则可能出现有时生产能力得不到充分利用，有时又超负荷生产造成产品成本上升的情况。为了降低生产成本，实现均衡生产，企业需要储备一定的产成品存货，并相应地保持一定的原材料存货。

4. 降低存货取得成本

企业在采购时通常会考虑进货的总成本。许多物资供应商为鼓励企业多购买其产品，往往在销售政策上给予一定的优惠，如大批量集中进货可享受价格折扣，在此过程中企业会降低购置成本，减少订货次数，降低订货成本，使总的进货成本降低。

5. 保险储备，防止意外事件造成的损失

企业在采购、运输、生产和销售过程中，可能发生意料之外的事件，而保持必要的存货保险储备，则可以避免和减少意外事件的损失。

(二) 存货的成本

(1) 订货成本是指企业为订购商品、材料而发生的各种费用，如办公费、差旅费、邮寄费、电报、电话费、运输费等。订货成本中有一部分与订货次数无关，如常设采购机构的管理费、采购人员的工资等基本开支，属于固定成本；另一部分与订货次数有关，如邮寄费、差旅费等，属于变动成本。每次订货的变动成本用字母 B 表示，订货成本等于全年订货的次数 N 与每次订货量 Q 之积，为了降低订货成本，企业需要大批量采购，以减少订货次数。

(2) 采购成本是指由商品材料物资的买价和运杂费所构成的成本，用字母 G 表示，它等于购货数量 Q 与单价 P 的乘积，一般情况下，采购成本与采购数量成正比例关系。企业应认真研究商品材料的供应情况，争取物美价廉的材料物资，以降低采购成本。

(3) 储存成本是指存货在储存过程中发生的成本，包括仓储费、保险费、存货残损和变质损失、占用资金应支付的利息等。储存成本也分为固定成本和变动成本两部分。固定成本与存货数量的多少无关，如仓库折旧费、仓库职工的固定每月工资等；变动成本与存货的数量有关，如存货的保险费、存货残损和变质损失、存货占用资金应支付的利息等。为了降低储存成本，企业需要小批量采购，减少储存数量。单位年储存成本用字母 C 表示，

(4) 缺货成本是指因存货不足而给企业造成的损失。例如，由于材料供应中断造成的停工待料损失；由于产成品库存缺货造成延期发货付出的罚金和丧失销售机会而使企业信誉遭受的损失；由于紧急采购材料而发生的紧急额外购入成本等。为了降低缺货成本，企业必须要有一定的安全保险储备量。缺货成本用字母 H 表示。

企业存货总成本就是由上述的订货成本、采购成本、储存成本和缺货成本四部分构成的。企业存货的最优化，就是使企业存货的总成本最小。

三、存货控制的方法

可通过多种方法对存货进行控制，在存货取得、管理、使用和周转过程中使存货的相关成本最小，效益最大，常用的控制方法有经济订货批量基本模型、实行数量折扣的经济订货批量模型、订单批量受限时的决策、再订货点和 ABC 分类管理法。

(一) 经济订货批量基本模型

经济订货批量(economic order quantity，EOQ)是固定订货批量模型的一种，可以用来确定企业一次订货(外购或自制)的数量。通过平衡订货成本和保管仓储成本核算，以实现总库存成本最低的最佳订货量。存货的决策涉及四项内容：决定进货项目、选择供应单位、决定进货时间和决定进货批量。按照存货管理的目的，需要通过合理的进货批量和进货时间，使存货的总成本最低。

存货的经济订货批量基本模型在解决企业的存货问题时，不适用于所有的企业，有一定的条件要求，假设条件如下。

(1) 企业全年总需求量稳定且能预测，存货单价不变且无折扣。

(2) 订购的货物是一种独立需求的物品，不受其他货物影响。

(3) 企业现金充足，所需货物市场供应充足，不会因买不到需要的货物而影响企业正常业务活动。

(4) 企业不允许缺货，如果需要，订货时可以立即取得存货。

企业按照经济订货批量来订货时，可实现订货成本和储存成本之和最小化，关键点是平均存货等于订货批量的一半。订货批量越大，储存的存货就越多，会使储存成本上升，但由于订货次数减少，则会使订货成本降低；反之，如果降低订货批量，可降低储存成本，但由于订货次数增加，会使订货成本上升。也就是说，随着订货批量大小的变化，这两种成本是互为消长的。据此，对于给定的销售量，使订货成本和储存成本总计最低的点代表了总成本。简单地说，目标是识别能够使存货储存和订货的总成本降低到最低限度的订货批量或订货时间。

本书主要利用公式法来进行计算，存货相关总成本为

$$存货的相关成本 TC(Q) = 相关订货成本 + 相关储存成本$$

$$= \frac{某种存货年需要总量}{每次订货量} \times 每次订货费用 + \frac{每次订货量}{2} \times 单位存货年储存成本$$

$$= \frac{A}{Q} \times B + \frac{Q}{2} \times C$$

式中，Q——每次订货批量；

$\quad A$——某种存货年需要总量；

$\quad B$——每次订货费用；

$\quad C$——单位存货年储存成本；

$\quad TC$——存货相关总成本。

当 A、B、C 为常数时，TC 的大小取决于 Q，为了求出 TC 的极小值，对其进行求导，使一阶导数等于零，得出存货经济订货基本模型为

$$EOQ = \sqrt{2AB/C}$$

式中，EOQ 为经济订货批量，其他字母含义同上。

另外，还可以得出以下结论

$$每年最佳订货次数 N=A/EOQ= \sqrt{2AC/2B}$$

$$最佳订货周期=1/N$$

$$经济订货批量下的相关总成本 TC(EOQ)= \sqrt{2ABC}$$

在经济订货批量下，订货成本=储存成本=$\sqrt{2ABC}/2$

【例5-12】盛腾公司某款产品生产每年耗用甲种材料 7 200 千克，甲材料的单位成本为 50 元，年单位储存成本为 2 元，一次订货成本为 200 元，则：

存货的经济订货批量 $EOQ=\sqrt{2AB/C}=\sqrt{2 \times 7200 \times 200/2}=1200(千克)$

经济订货批量的相关总成本 $TC(EOQ)=\sqrt{2ABC}=\sqrt{2 \times 7200 \times 200 \times 2}=2400(元)$

最佳订货次数 $N=A/EOQ=7\ 200/1\ 200=6(次)$

经济订货批量基本模型既能用来进行存货的数量控制，也能用来进行金额控制。我们对有关符号进行重新定义：A——全年资金需要额；Q——经济订货批量金额，即经济订货批额；C——每元存货年储存成本，即储存成本率。此时，经济订货批量基本模型则可用来进行金额控制。

【例5-13】盛腾公司全年需要乙种商品360 000元，每次订货成本为2 500元，每元商品的年储存成本为0.125元，则：

经济订货批额 $Q = \sqrt{\dfrac{2AB}{C}} = \sqrt{\dfrac{2 \times 360\ 000 \times 2\ 500}{0.125}} = 120\ 000(元)$

最低年成本 $TC = \sqrt{2ABC} = \sqrt{2 \times 360\ 000 \times 2\ 500 \times 0.125} = 15\ 000(元)$

经济订购批次 $N = \dfrac{A}{Q} = \sqrt{\dfrac{AC}{2B}} = \sqrt{\dfrac{360\ 000 \times 0.125}{2 \times 2\ 500}} = 3(批)$

(二) 实行数量折扣的经济订货批量模型

在上述经济订货批量基本模型中，做出了价格不随批量而变动的假定。实际上许多企业为了鼓励客户购买更多的商品，在销售时通常会给予不同程度的批量折扣。即对大批量采购在价格上给予一定的优惠，购买数量越多，所获得的价格优惠越大。此时，订货企业对经济订货批量的确定，除了考虑订货成本与储存成本外，还应考虑存货的采购成本，因为此时的存货采购成本已经与订货数量的大小有了直接的联系，属于决策的相关成本。在经济订货批量基本模型其他各种假设条件均具备的前提下，存在数量折扣时的存货相关总成本计算公式为

存货相关总成本(TC)=采购成本(G)+相关订货成本(QB)+相关存储成本(QC)

实行数量折扣的经济订货批量的具体计算步骤如下。

第一步，按照基本经济订货批量模型确定经济订货批量。

第二步，计算按经济订货批量订货时的存货相关总成本。

第三步，计算按给予数量折扣的订货批量订货时的存货相关总成本。

第四步，比较不同订货批量的存货相关总成本，最低存货相关总成本对应的订货批量就是实行数量折扣的最佳经济订货批量。

【例5-14】盛腾公司全年需要使用1 500件F零件，单件每年储存成本为0.5元，每次订货费用为81.7元。销售商的销售政策如下：单次F零件订货量等于750件时价格优惠3%，不足750件时单价为50元。

(1) 计算没有数量折扣时的经济订货批量。当没有数量折扣时，最低订货量由经济订货批量 Q 来确定：

B零件的经济订货批量：

$$EOQ = \sqrt{\frac{2AB}{C}} = \sqrt{2 \times 1\,500 \times 81.7/0.5} = 700(件)$$

(2) 计算按经济订货批量订货时的年存货相关总成本。

采购成本 $= 1\,500 \times 50 = 75\,000(元)$

订货成本 $= 1\,500 \div 700 \times 81.7 = 175(元)$

储存成本 $= 700 \div 2 \times 0.5 = 175(元)$

年存货相关总成本 $= 75\,000 + 175 + 175 = 75\,350(元)$

(3) 计算按考虑数量折扣的订货批量订货时的存货相关总成本。

采购成本 $= 1\,500 \times 50 \times (1 - 3\%) = 72\,750(元)$

订货成本 $= 1\,500 \div 750 \times 81.7 = 163.34(元)$

储存成本 $= 750 \div 2 \times 0.5 = 187.5(元)$

年存货相关总成本 $= 72\,750 + 163.34 + 187.5 = 73\,100.84(元)$

(4) 比较两种订货批量的存货相关总成本：75 350-73 100.84=2 249.16(元)

可以看出，考虑数量折扣的订货批量订货可节约成本2 249.16元，因此，应该选择接受数量折扣的方案。

【例5-15】盛腾公司某材料的年需要量为16 000千克，市场价格为20元/千克。销售企业的销售政策规定：客户每批购买量小于1 000千克的，按照市场价格计算；每批购买量大于1 000千克、小于2 000千克的，价格优惠3%；每批购买量大于2 000千克的，价格优惠5%。已知每批订货费用600元，单位材料的年储存成本20元。按经济订货批量基本模型确定的经济订货批量如下。

$$EOQ = \sqrt{\frac{2AB}{C}} = \sqrt{2 \times 16\,000 \times 600/30} = 800(千克)$$

每次订货800千克时的存货相关总成本为

TC$_1$=16 000×20+16 000÷800×600+800÷2×20=340 000(元)

每次订货 1 000 千克时的存货相关总成本为

TC$_2$=16 000×20 × (1-3%)+16 000÷1 000×600+1 000÷2×20=330 000(元)

每次订货 2 000 千克时的存货相关总成本为

TC$_3$=16 000×20×(1-5%)×16 000÷2 000×600+2 000÷2×20=328 800(元)

通过计算发现，每次订货为 2 000 千克时的存货相关总成本最低，所以，此时最佳经济订货批量为 2 000 千克。

(三) 订单批量受限时的决策

实际工作中，许多供应商只接受整数批量的订单，如打、百件、吨等。在这种情况下，采用经济订货批量基本数学模型计算出来的经济订货批量如果不等于允许的订货批量之一的话，就必须确定与经济订货批量差额较小的两种允许数量，这两种允许数量应分别大于和小于经济订货批量，通过计算各自的年度成本总额来比较优劣。

【例5-16】某供应商销售甲材料时，由于包装运输原因，只接受200件整数批量的订单(如200件、400件、600件等)，不接受有零数的订单(如500件)。盛腾公司全年需用甲材料5 000件，每次订货成本为50元，每件年储存成本为2元。

(1) 计算不考虑订单限制时的经济订货批量：

$$EOQ = \sqrt{\frac{2AB}{C}} = \sqrt{\frac{2\times 5\,000\times 50}{2}} = 500(件)$$

由于经济订货批量为 500 件，不是供应商要求的整数批量，因而只能分别计算 400 件和 600 件这两个批量的年存货总成本来确定最佳订购批量。

(2) 订购 400 件时：

年存货总成本=Q/2×C+A/Q×B=400/2×2+5 000/400×50=1 025(元)

(3) 订购 600 件时：

年存货总成本=Q/2×C+A/Q×B=600/2×2+5 000/600×50=1 017(元)

由于 1 025>1 017，所以订货批量受限时的最佳决策是每次订购 600 件。

(四) 再订货点

一般情况下，企业的存货不能做到随时补充，因此需要在没有用完时提前订货。再订货点就是在提前订货的情况下，为确保存货用完时订货刚好到达，企业再次发出订货单时应保持的存货库存量，该值等于平均交货时间和每日平均需用量的乘积。

$$R=L\times D$$

式中，R——再订货点；L——平均交货时间；D——每日平均需用量。

【例5-17】盛腾公司D材料的订货日至到货日的时间间隔为5天，每日存货需用量为20千克，那么再订货点为多少？

R=L×D=5×20=100(千克)

即公司尚存 100 千克存货时，就应当再次订货，等到下批订货到达时(再次发出订货单 5 天后)，原有库存刚好用完。此时，订货提前期的情形如图 5-2 所示。也就是说，订货提前期对经济订货量并无影响，每次订货批量、订货次数、订货间隔时间等与瞬时补充相同。

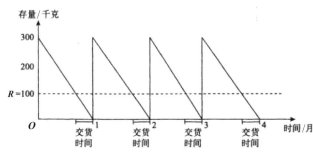

图 5-2　订货提前期

(五) ABC分类管理法

ABC 分类管理法是意大利经济学家巴雷特于 19 世纪首创的，经不断发展和完善，现已广泛用于存货管理、成本管理和生产管理。对于一些大型企业来说，存货项目有成千上万种：有的价格昂贵，有的价格低廉；有的数量庞大，有的寥寥无几。如果不分主次，对每一种存货都进行周密的规划和严格的控制，就抓不住重点，不能有效地控制主要存货资金。ABC 分类管理法正是针对这一问题而提出的重点管理方法，其目的在于使企业分清主次、突出重点，以提高存货资金管理的整体效果。

ABC 分类管理法就是按照一定的标准，将企业的存货划分为 A、B、C 三类，分别实行分品种重点管理、分类别一般控制和按总额灵活掌握的存货管理方法。ABC 分类管理的标准有两个：一是金额标准，即基本标准；二是品种数量标准，即参考标准(见表 5-14)。

表5-14　ABC分类管理标准

存货类别	特点	金额比例	品种的数量比例	管理方案
A	金额巨大，品种数量较少	50%～70%	10%～15%	分品种重点管理
B	金额一般，品种数量较多	15%～20%	20%～25%	分类别一般控制
C	金额很小，品种数量繁多	10%～35%	60%～70%	按总额灵活掌握

四、存货的日常管理

存货的日常管理是指在日常生产经营过程中，按照存货计划的要求，对存货的使用和周转情况进行组织、调节和监督。存货管理的方法主要有如下几种。

(一) 存货的归口分级管理

存货的归口分级管理是一种加强存货日常管理的重要方法，是一种集中统一领导和分级管理相结合、专业管理和群众管理相结合、责任和权利相结合的制度。

具体来说，归口管理是指在对存货统一规划使用的基础上，按照谁使用存货谁就管理存货的原则，将存货按类别归口于有关使用部门管理。例如，供应部门管理原材料、燃料、辅助材料等；生产部门管理在产品、自制半成品等；营销部门管理产成品等；设备动力部门管理零配件、工具用具等。

分级管理是指在归口管理的基础上，将存货管理指标层层分解，落实到责任单位和个人。在明确管理责任和权限的基础上，应按合理的考核和奖惩标准，使责权利结合，调动全体员工管好、用好存货。

(二) JIT控制系统

JIT(just in time，准时制)是日本丰田汽车公司实行的一种生产方式，是为适应消费需要变得多样化、个性化而建立的一种生产体系及为此生产体系服务的物流体系。其核心思想是将必要的零件以必要的数量在必要的时间送到生产线，并且只将所需要的零件、只以所需要的数量、只在正好需要的时间完成生产。JIT 的管理思想运用到存货管理中，是指存货在刚好需要时送达，JIT 的目标是追求零存货，有效降低存货资金的占用，提高流动资金的使用效率。因此，JIT 常被称为零存货制。

JIT 控制系统的成功实施，依赖于以下前提条件。

(1) 需要有精密的计划。JIT 要求企业编制完整的产、供、销计划。存货的一个基本目的是在不同的生产阶段起到安全保险作用。通过精密的计划，企业可以消除安全储备，借助完备的运行环境促使存货的极大节约。

(2) 建立与供货商的良好关系。一旦制造商与供货商之间形成长期、稳定的合作关系，则双方之间的市场交易行为便转化为企业与企业之间物资流动的"内部行为"，供货商便承担了制造商的存货管理职能，于是，即时制有可能变为现实。

(3) 电子数据交换系统(electronic data interchange，EDI)的支持。供货商可以通过 EDI 进入制造商的联机数据库，在知悉其生产安排后，把制造商要的原材料或零部件及时送至生产需要的环节。EDI 实行无纸化操作，无须订货单或销售发票。供应商和制造商之间的联系完全依靠电子信息的传输，准确地决定送货数量、送货日期，并实现与生产数量、生产时期的高度一致。

(4) 准确的市场需求预测。传统的存货管理方法，是企业通过储备存货来保证按顾客要求的时间交货。在准时制下，解决问题的方法不再是依靠储备存货，而是大幅度地减少生产准备时间，企业在较短的时间内迅速对市场需求做出反应，生产极富弹性，从而确保按要求的时间交货。

(5) 有效率地收发存货。正规的仓库收货不复存在，企业生产的各个环节都能作为收货地点，零件被运到距离使用地点最近的地方。同时，企业可以直接从生产车间而非产成品仓库发运产品。

(6) 生产过程的可靠性。JIT 使停产或供产销的中断成为历史。

思考

有人认为"存货为零"对于企业来说是一种好现象，你是如何认为的呢？

本 章 小 结

广义的营运资金是指企业生产经营活动中占用在流动资产上的资金；狭义的营运资金是指

企业流动资产减去流动负债后的余额。

营运资金管理的主要内容是对现金、应收账款和存货等流动资产的管理。

现金是指生产过程中暂时停留在货币形态的资金。广义的现金包括库存现金、银行存款、银行本票和银行汇票等。企业持有现金是出于交易性需求、预防性需求和投机性需求，同时会发生机会成本、管理成本和短缺成本，过量持有现金会导致企业盈利能力降低。因此，企业应确定现金的最佳持有量，确定的方法有现金周转、存货模式、成本模式等。现金日常管理的目的在于提高现金管理效率。

应收账款是指企业因外销产品、材料、供应劳务及其他原因，应向购货单位或接受劳务的单位及其他单位收取的款项，包括应收销货款、其他应收款、应收票据等。企业应收账款管理的基本目标就是在充分发挥应收账款功能的基础上，降低应收账款投资的成本，使提供商业信用、扩大销售所增加的收益大于有关的各项费用。应收账款主要有两大功能，即促进销售和减少存货，但同时会发生一定的机会成本、管理成本和坏账损失。企业可以通过信用管理来控制应收账款的质量，减少成本的发生，增加收益。信用政策即应收账款的管理政策，是指企业为了对应收账款投资进行规划与控制而确立的基本原则和行为规范，包括信用标准、信用条件和收账政策三部分内容。信用政策建立以后，企业要做好应收账款日常控制工作，进行信用调查和信用评价，以确定是否同意客户赊欠货款，当客户违反信用条件时，还要做好账款催收工作。

存货是指企业在生产经营过程中为耗用或销售而储备的各种有形资产，包括各种原材料、燃料、包装物、低值易耗品、在产品、产成品等。企业持有存货的动机主要是保证生产和销售的正常进行、降低产品成本等。存货成本有订货成本、采购成本、储存成本和缺货成本。存货管理的基本目标是在存货的功能与成本之间进行利弊权衡，在充分发挥存货功能的同时降低存货成本，增加收益，实现存货功能与成本的最佳组合。企业按经济订货批量订货，可使存货总成本最低，在存货管理上可使用 ABC 分类管理法。

课 后 习 题

一、单项选择题

1. 下列各项中，属于应收账款机会成本的是(　　)。
   A. 收账费用　　　　　　　　　　B. 坏账费用
   C. 应收账款占用资金的应得利息　D. 对客户信用进行调查的费用

2. 下列各项中，不属于信用条件构成要素的是(　　)。
   A. 信用期限　　　　　　　　　　B. 现金折扣
   C. 现金折扣期　　　　　　　　　D. 信用名单

3. 若某企业预测的年度销售收入净额为 1000 万元，应收账款周转期为 36 天，则该企业的应收账款平均余额为(　　)万元。
   A. 80　　　　　　　　　　　　　B. 60
   C. 100　　　　　　　　　　　　 D. 50

4. 企业将资金占用在应收账款上而放弃其他方面投资可获得的收益，称为应收账款的(　　)。

　　A. 管理成本　　　　　　　　　　B. 机会成本

　　C. 坏账成本　　　　　　　　　　D. 资金成本

5. 现金作为一种资产，它的(　　)。

　　A. 流动性强，营利性差　　　　　B. 流动性强，营利性也强

　　C. 流动性差，营利性也强　　　　D. 流动性差，营利性也差

6. 某企业规定的信用条件是"3/10，1/20，n/30"，某客户从该企业购入原价为10 000元的原材料，并于第18天付款，则该客户实际支付的货款为(　　)元。

　　A. 9 700　　　　　　　　　　　　B. 9 800

　　C. 9 900　　　　　　　　　　　　D. 10 000

7. 存货经济批量的基本模型所依据的假设不包括 (　　)。

　　A. 存货集中到货　　　　　　　　B. 一定时期的存货需求量能够确定

　　C. 存货进价稳定　　　　　　　　D. 允许缺货

8. 盛腾公司全年需用甲材料240吨，每次进货成本为40元，每吨材料年储存成本为12元，则每年最佳进货次数为(　　)次。

　　A. 3　　　　　　　　　　　　　　B. 4

　　C. 6　　　　　　　　　　　　　　D. 9

9. 某企业全年的材料消耗总额为54万元，资金周转期为20天，其资金占用量为(　　)万元。

　　A. 0.15　　　　　　　　　　　　B. 2.7

　　C. 3　　　　　　　　　　　　　　D. 6

10. 某企业全年需用甲材料240吨，每次进货成本为40元，每吨材料年储存成本为12元，则每年最佳进货次数为(　　)次。

　　A. 30　　　　　　　　　　　　　B. 40

　　C. 60　　　　　　　　　　　　　D. 90

二、多项选择题

1. 缩短信用期限可能会使(　　)。

　　A. 销售额降低　　　　　　　　　B. 应收账款占用资金降低

　　C. 收账费用降低　　　　　　　　D. 坏账损失降低

2. 通常情况下，企业持有现金的机会成本(　　)。

　　A. 与现金余额成正比　　　　　　B. 由有价证券的利息率确定

　　C. 与现金余额成反比　　　　　　D. 是决策的无关成本

3. 下列对信用期限的叙述中，不正确的是(　　)。

　　A. 信用期限越长，企业坏账风险越小

　　B. 信用期限越长，表明客户享受的信用条件越优越

　　C. 延长信用期限，不利于销售收入的扩大

D. 信用期限越长，应收账款的机会成本越低

4. 应收账款的作用主要有(　　)。

  A. 增强市场竞争力   B. 减少存货

  C. 促进销售   D. 节约存货支出

5. 用成本分析模式确定最佳现金持有量时，应考虑的成本费用项目有(　　)。

  A. 现金管理费用   B. 现金短缺成本

  C. 现金机会成本   D. 现金与有价证券的转换成本

6. 企业为满足预防性需要而持有的现金余额主要取决于(　　)。

  A. 企业对现金流量预测的可靠程度   B. 企业的借款能力

  C. 企业愿意承担风险的程度   D. 企业在金融市场上的投资机会

7. 下列项目中，属于应收账款管理成本的有(　　)。

  A. 对客户的资信调查费用   B. 收账费用

  C. 坏账成本   D. 收集相关信息的费用

8. 信用条件是指公司要求客户支付赊销款的条件，一般包括(　　)。

  A. 信用期限   B. 现金折扣

  C. 折扣期限   D. 坏账损失率

9. 经济订货批量(　　)。

  A. 与存货的年度总需求量成正比   B. 与每次订货的变动成本成反比

  C. 与单位存货的年储存成本成反比   D. 与存货的购置成本成正比

10. 下列关于存货的 ABC 分类管理法的描述中，正确的是(　　)。

  A. A类存货金额巨大，但品种数量较少

  B. C类存货金额巨大，但品种数量较少

  C. 对A类存货应重点控制

  D. 对C类存货应重点控制

三、判断题

1. 企业现金持有量过多会降低企业的收益水平。 (　　)

2. 一般而言，企业存货需要量与企业生产及销售的规模成正比，与存货周转天数成反比。 (　　)

3. 企业营运资金余额越大，说明企业风险越小，收益率越高。 (　　)

4. 企业的信用标准严格，给予客户的信用期较短，使应收账款周转率较高，将有利于增加企业的利润。 (　　)

5. 因为现金的管理成本相对比较固定，所以在确定最佳现金持有量时，可以不考虑现金管理成本的影响。 (　　)

6. 赊销是扩大销售的有力手段，企业应当尽可能放宽信用条件，增加赊销量。 (　　)

7. 在存货的 ABC 分类管理法下，应当重点管理的是品种数量较少，但金额较大的存货。 (　　)

8. 现金折扣是企业对顾客在商品价款上所做的扣减，企业提供现金折扣可以减少收账费用和坏账损失。 （ ）

9. 根据存货经济批量模型，经济批量是能使订货总成本与储存总成本相等的订货批量。 （ ）

10. 企业评价客户等级，决定给予或拒绝客户信用的依据是信用标准。 （ ）

四、计算分析题

1. 已知甲公司现金收支平衡，预计全年(按 360 天计算)现金需要量为 250 000 元，现金与有价证券的转换成本为每次 500 元，有价证券年利率为 10%。要求：

(1) 计算最佳现金持有量；

(2) 计算最佳现金持有量下的全年现金交易成本和全年现金机会成本；

(3) 计算最佳现金持有量下的全年有价证券交易次数。

2. 乙公司每年需要某种原材料 50 000 千克，其单位成本为 2 元，这些原材料的单位储存成本为 0.4 元。每次的订货成本是每次 100 元。要求：

(1) 计算经济批量与存货总成本(不考虑采购成本)；

(2) 如果一次订购 10 000 千克，供应商将提供 1.5%的折扣，那么该公司是否应考虑取得这一折扣？

(3) 假设该公司计划采用折扣，且其保险储备量为 1 000 千克，计算其平均库存量与年度总库存成本。

3. 丙公司赊销期为 30 天，年赊销量为 20 万件，每件售价 1 元。现有两种现金折扣方案，第一种为"2.5/10，$n/30$"，第二种为"1.5/20，$n/30$"。假定两种方案都有一半的客户享受现金折扣，企业的坏账损失为未享受现金折扣赊销额的 2%，资金成本率为 20%。要求：

(1) 选择哪种折扣政策对企业有利？

(2) 如果第二种折扣方案只有 25%的顾客享受，则选择哪一种折扣政策对企业有利？

第六章

利润分配管理

【导读】

　　企业的经营成果是投资者投入资本的运动成果，至于如何对待经营成果，利润分配则为企业财务管理中的关键。利润分配的对象是企业缴纳所得税后的净利润，国家有关法律、法规对企业利润分配的基本原则、一般次序和重大比例做了较为明确的规定，其目的是保障企业利润分配的有序进行，维护企业、所有者、债权人和职工的合法权益，促使企业增加积累、增强风险防范能力，成为企业可持续发展的管理保障。

【学习重点】

　　掌握利润的概念，利润分配的原则、顺序，以及利润分配应考虑的因素；掌握各种股利理论，理解股利政策的影响因素、优缺点及适用类型；了解股票分割与回购的意义。

【学习难点】

　　股利政策、股票分割与回购的意义。

【教学建议】

　　第一、二节以讲授为主，第三、四节建议结合真实案例进行情景教学，引导学生查阅资料。

第一节　利润分配管理概述

　　利润分配是企业将一定时期(通常为年度)内所实现的净利润，按照国家财务制度规定的分配形式和分配顺序，在企业与投资者之间进行的分配。利润分配的过程与结果，是关系到所有者的合法权益能否得到保护，企业能否长期、稳定发展的重要问题，因此，企业有必要加强利润分配的管理和核算。企业利润分配的主体是投资者和企业，利润分配的对象是企业实现的净利润。

一、利润的构成

利润是指企业一定会计期间的经营成果，是企业在一定会计期间内实现的收入减去费用后的净额。利润的本质是企业盈利的表现形式，是全体职工的劳动成绩，企业为市场生产优质商品而得到利润。与剩余价值相比，利润与其不仅在质上是相同的，而且在量上也是相等的。利润与剩余价值不同的是，剩余价值是对可变资本而言的，利润是对全部成本而言的。利润可以综合衡量企业一定会计期间的经营业绩和获利能力，是企业经营管理工作效益和效率的反映，同时也是企业进行利润分配的重要依据。

企业的利润一般包括三个部分，即营业利润、利润总额和净利润。

(一) 营业利润

营业利润是指企业在日常生产经营活动中所取得的利润，主要是企业在其全部销售业务中实现的利润，这一指标能够比较恰当地反映企业管理者的经营业绩，其计算公式为

$$营业利润 = 营业收入 - 营业成本 - 税金及附加 - 管理费用 - 销售费用 -$$
$$财务费用 \pm 投资收益(损失) \pm 公允价值变动损益 - 资产减值损失$$

其中

$$营业收入 = 主营业务收入 + 其他业务收入$$
$$营业成本 = 主营业务成本 + 其他业务成本$$

(二) 利润总额

利润总额又称税前利润，是营业利润加上营业外收入减去营业外支出后的金额，其计算公式为

$$利润总额 = 营业利润 + 营业外收入 - 营业外支出$$

其中，营业外收入是指企业发生的与其日常活动无直接关系的各项利得，包括固定资产盘盈利得、非货币性资产处置利得、非货币性资产交换利得、债务重组利得、政府补助、捐赠利得、罚款收入等。营业外支出是指企业发生的与其日常活动无直接关系的各项支出，包括非流动资产处置损失、非货币性资产交换损失、债务重组损失、公益性捐赠支出、非常损失、盘亏损失等。

(三) 净利润

净利润又称税后利润，是指企业实现的利润总额扣除所得税后公司的利润留成，是反映一个企业经营状况的最终成果，其计算公式为

$$净利润 = 利润总额 - 所得税费用$$

其中，所得税费用是指企业确认的应当从当期利润总额中扣除的所得税。企业的净利润是企业利润分配的对象。

二、利润分配的内容

利润分配是指依据政策对企业所实现的净利润进行分配。按照《公司法》规定，公司利润分配的内容包括以下两个方面。

(一) 盈余公积

盈余公积是指从净利润中提取形成，存留于企业内部，具有特定用途的收益积累，用于弥补亏损、扩大企业生产经营或转增资本。例如，在企业需要扩大规模、需要筹资时，可以先使用企业自己的盈余公积金，差额再通过筹资取得，可减少企业债务压力和筹资费用。盈余公积分为法定盈余公积和任意盈余公积。企业分配当年税后利润(弥补亏损后)时应当按照 10% 的比例计提法定盈余公积，当年法定盈余公积的累积额已达注册资本的 50% 时，可以不再提取。任意盈余公积主要是上市公司按照股东大会的决议提取。法定盈余公积和任意盈余公积的区别在于其各自计提的依据不同，前者以国家的法律或行政规章为依据提取，后者则由公司自行决定提取。

盈余公积的提取实际上是企业当期实现的净利润向投资者分配利润的一种限制。一旦提取形成盈余公积后，一般情况下不得用于向投资者分配利润或股利。盈余公积的用途并不是指其实际占用形态，提取盈余公积也并不是单独将这部分资金从企业资金周转过程中抽出。企业提取的盈余公积，无论是用于弥补亏损，还是用于转增资本，都只是在企业所有者权益内部结构进行转换。例如，企业以盈余公积弥补亏损时，实际是减少盈余公积留存的数额，以此抵补未弥补亏损的数额，并不引起企业所有者权益总额的变动；企业以盈余公积转增资本时，也只是减少盈余公积结存的数额，但同时增加企业实收资本或股本的数额，也并不引起所有者权益总额的变动。

【例6-1】某食品股份公司 2021 年成立当年就实现税后利润 1 000 000 元，按 10% 的比例提取法定盈余公积金，股东大会决议按 20% 提取任意盈余公积金。会计处理时会用到的会计分录如下。

```
借：利润分配——提取法定盈余公积        100 000
            ——提取任意盈余公积        200 000
    贷：盈余公积——法定盈余公积            100 000
            ——任意盈余公积            200 000
```

(二) 股利

股利是指股份公司按发行的股份分配给股东的利润，包括股息和红利。股息是指公司根据股东出资比例或持有的股份，按照事先股确定的固定比例向股东分配的公司盈余。一般来说，股份公司在年终结算后，将盈利的一部分作为股息，按股额分配给股东。红利是指公司除股息之外，根据公司盈利的多少向股东分配的公司盈余。股息率是固定的，红利率是不固定的，由股东会根据股息以外盈利的多少而做出决议。

公司发行的股票有普通股与优先股之分，因此，股利也就有普通股股利和优先股股利之分。一般而言，关于优先股股利的支付方法会在公司章程里有所规定，公司管理当局只需按章程规定办法支付即可。企业向股东分配普通股股利时，要在企业弥补亏损、提取盈余公积之后。股利的分配应以各股东持有股份的数额为依据，每一位股东取得的股利与其持有的股份数成正比。企业弥补以前年度亏损和提取法定盈余公积之后，当年没有可供分配的利润时，不得向投资者分配利润。企业当年无利润时，也不得分配股利。但是，在用盈余公积补亏后，经股东会特别决议，企业也可以用盈余公积向股东分配股利，但其支付额不得超过股票面值的 6%，且支付股利后企业的法定盈余公积不得低于注册资本的 25%。

三、利润分配的原则

净利润分配是决定投资者当前利益和长远利益关系的财务活动，是企业的一项重要工作，国家、企业、投资者、债权人及职工等各方的利益都与之有关，并且对企业的生存和持续发展有着重要影响。因此，为合理组织财务活动和正确处理财务关系，企业在进行利润分配时应遵循一定的原则。

(一) 依法分配原则

依法分配是指企业在对利润进行分配时，应当符合国家相关政策法规的规定，依法对利润进行分配，正确维护和协调各方利益，切实保障各利益主体的合法权益。企业利润分配的对象是企业缴纳所得税后的净利润，企业拥有对其剩余收益进行自主分配的权利。企业的利润分配必须依法进行。为了规范企业的利润分配行为，协调维护各利益相关者的合法权益，国家制定和颁布了若干法规，对企业利润分配的基本原则、一般次序和重大比例都做出了较为明确的规定，其目的是保障企业利润分配的有序进行，维护企业和所有者、债权人及职工的合法权益，促使企业增加积累。国家有关利润分配的法律和法规主要有公司法、外商投资企业法等，企业在利润分配中必须切实执行上述法律法规。利润分配在企业内部属于重大事项，企业的章程必须在不违背国家有关规定的前提下，对本企业利润分配的原则、方法、决策程序等内容做出具体而又明确的规定，企业在利润分配中也必须按规定办事。这是企业进行利润分配活动的前提，也是企业正确处理财务关系的准绳。

(二) 资本保全原则

资本保全是指股利分配应该是对投资者投入资本通过经营而产生的增值部分的分配，而不是向股东返还本金。因此，资本保全原则要求企业在进行利润分配时，不能侵蚀资本，应首先保证资本的完整，不能为了分配利润而去减少企业的资本。对于投资者投入的注册资本，除依法转让的外，不得以投资者的出资额来承担风险和履行企业责任。因此，企业不能用资本金进行股利分配。在以前年度亏损未弥补之前，企业不得向投资者分配利润，但企业以前年度的未分配利润应并入"本年度可供投资者分配的利润"进行分配。资本保全是责任，是现代企业制度的基础性原则之一，这种资本保全措施有利于企业承担风险和履行责任。按照这一原则，一般情况下，企业如果存在尚未弥补的亏损，应首先弥补亏损，再进行其他分配。

(三) 充分保护债权人利益原则

企业在进行利润分配时，还要优先考虑债权人的利益，因为没有公司债权人，就没有公司。

因此，按照风险承担的顺序及其合同契约的规定，企业必须在利润分配之前偿清所有债权人到期的债务，否则不能进行利润分配。此外，企业在与债权人签订某些长期债务契约的情况下，其利润分配政策还应征得债权人的同意或审核才能执行。随着利益相关者理论和公司的社会责任理论的发展，公司债权人保护越来越受到关注。2008年，美国次贷危机通过各种传导链条迫使贝尔斯登公司、雷曼兄弟公司、美林证券相继倒闭或被接管，并促成了席卷全球的金融危机，这一经典案例诠释了债权人对风险与收益的权衡与博弈极大地影响着经济环境的稳定。因此，债权人有权利要求企业在进行利润分配之前，先偿还到期债务。同时，在利润分配之后，企业还应保持一定的偿债能力，以免产生财务危机，危及企业生存。

(四) 分配与积累并重原则

企业的利润分配还应坚持分配与积累并重原则。对于短期利益来说，股东期望分配利润，得到可观的报酬；对于长期利益来说，企业希望积累扩大再生产的财力基础，增强企业抵抗风险的能力。分配过多会使企业失去可供未来发展的资金，当出现投资机会时，会使企业错失良机；积累过多又会影响投资者的现实利益，使企业形象受损，降低投资者的信心。因此，利润分配应坚持分配与积累并重的原则，适当安排好分配与积累的比例，协调好企业近期目标与长远发展者的关系。所以，企业可供分配的利润中，除了按规定提取盈余公积金、向所有者分配外，还应留存一部分收益作为积累，也就是留存收益，以此保证企业长远利益与近期利益的平衡。虽然留存收益暂时未予分配，但仍归企业所有者所有，供未来年度进行分配。

(五) 兼顾各方利益原则

企业的利润分配必须兼顾各方面的利益。企业作为社会经济的基本单元，其利润分配涉及国家、投资者、职工等多方面的利益。投资者投资企业后依法享有公司收益的剩余索取权，这是对投资者承担投资风险的回报。同时，职工和经营者作为利润的直接创造者，除了获得工资和奖金等劳动报酬之外，还需进行激励奖励。国家为社会的管理者，投资者为资本投入者和企业所有者，职工为利润的直接创造者，企业应协调好三者之间的矛盾，正确处理其利益关系，这对企业的生存、发展至关重要。因此，企业进行利润分配时应统筹兼顾、合理安排，兼顾各企业利益相关者的合法权益，创造企业内部和谐的财务关系。

(六) 投资与收益对等原则

企业的利润分配必须体现投资与收益对等的原则。投资与收益对等要做到谁投资谁受益，收益大小与投资大小比例相呼应，这是正确处理投资者利益关系的关键。企业在向投资者分配利润时，应本着平等一致的原则，按照各投资方的出资比例进行分配，一视同仁地公平对待所有投资者，任何人不得以任何理由随意多占多分谋权营私，以从根本上实现利润分配的公开、公平和公正，保护投资者的利益。

四、利润分配的顺序

利润分配是对经营中企业资本增值额的分配，因此，企业进行利润分配前，应根据本年净利润(或亏损)与年初未分配利润(或亏损)合并，计算出可供分配的利润。根据《公司法》《企业财务通则》及相关法律制度的规定，公司净利润应按照以下顺序分配。

(一) 计算可供分配的利润

企业将本年度实现的利润总额扣除所得税后的净利润计算出来作为可供分配的利润。如果可供分配的利润为负数，即本年亏损，则一般不进行后续分配；如果可供分配的利润为正数，即本年累计盈利，则进行后续分配。

(二) 弥补以前年度亏损

企业在提取法定盈余公积之前，应先用当年利润弥补以前年度亏损。根据《公司法》规定，公司法定盈余公积不足以弥补以前年度亏损的，在提取法定盈余公积之前，应当先用当年利润弥补亏损，但不得超过税法规定的弥补期限。需要注意的是，企业的亏损分为政策性亏损和经营性亏损。政策性亏损是指企业为实现政府规定的社会公益目标或生产经营专项特种商品，由于国家限价原因而产生的亏损，发生这类亏损，由财政部门审核后给予合理弥补。经营性亏损是指企业因为经营管理不善造成的亏损，需要用以前年度的盈余公积，以后年度的税前利润和税后利润依次弥补。企业年度亏损可以用下一年的税前利润弥补，下一年度不足弥补的，可以在五年之内用税前利润连续弥补；连续五年未弥补的亏损则用税后利润弥补，其中，用税后利润弥补亏损时，可以用当年实现的净利润弥补，也可以用盈余公积转入；在五年内未能弥补的亏损，从第六年起只能用税后利润弥补，以体现企业作为自负盈亏的经济实体所应承担的经济责任。

(三) 计提法定盈余公积

法定盈余公积是指国家规定企业必须从税后利润中提取盈余公积，用于扩大生产经营、公司内部积累。《公司法》规定，法定盈余公积先要抵减年初累计亏损，只有不存在年初累计亏损时，才能按照本年税后利润计算应计提数进行计提，计提比例为10%。原因在于，根据资本保全原则，企业在利润分配过程中不能侵蚀资本，所以不能用资本发放股利，也不能在没有累计盈余的情况下提取盈余公积。当法定盈余公积金累积达到注册资本的50%时，不可再提取。法定盈余公积提取后，根据企业的需要，可用于弥补亏损或转增资本，但企业用法定盈余公积转增资本金后，法定盈余公积的余额不得低于转增前公司注册资本的25%。

(四)计提任意盈余公积

任意公积金是指企业出于未来发展的需要，或基于比较谨慎的财务策略，从税后利润中按照分配顺序提取的资金。根据《公司法》的规定，公司从税后利润中提取法定盈余公积后，根据股东大会决议，还可以从税后利润中提取任意盈余公积。企业可以事先制定关于提取任意盈余公积的有关规定章程，按照规定计提；如果企业章程没有规定，可以根据股东会或股东大会决议的比例计提。提取任意盈余公积是企业日常经营管理的未雨绸缪，是企业调节向投资者分配利润的水平体现，并控制着各年度利润分配的波动幅度。

(五) 支付优先股股利

优先股股利是指企业按优先股发放章程的有关规定，按约定的股息率或金额发放给优先股股东的报酬。由于优先股股东拥有利股息分配的优先权,因此,普通股股东分派股利时,要先付清当年或积欠的优先股股利。优先股股利的分派必须在普通股股利的分派之前。

(六) 分配普通股股利

普通股股利是指企业按照利润分配顺序,根据董事会提交股东大会审议批准的股利率或每股股利金额,向普通股股东发放的红利报酬。企业弥补亏损和提取盈余公积后所余税后利润,形成可供投资者分配的利润,向投资者分配的利润是投资者获取的投资收益。股份有限公司原则上应从累积盈利中分派股利,无利不分,即没有盈利的话不得支付股利。其次,除了全体股东约定不按照出资比例分取红利的情况之外,股份有限责任公司股东按照实缴的出资比例分取红利;并且,股份有限公司按照股东持有的股份比例分配,但股份有限公司章程规定不按照持股比例分配的除外。但是,一些公司用公积金抵补亏损后,为维护股票信誉,也会通过股东大会特别决议用公积金支付股利。同时,企业可采用现金股利、股票股利、负债股利和财产股利等形式向股东分配股利。

值得注意的是,企业以前年度未分配的利润可以并入本年度分配。公司股东会或董事会若违反上述分配顺序,在弥补亏损和提取盈余公积之前向投资者分配利润的,必须将违反规定发放的股利退还给企业。企业本年度实现的净利润按照上述顺序分配后的余额,作为本年的未分配利润,加上上年年度期末未分配利润的合计数,即为本期期末未分配利润的累计数。

【例6-2】某公司2021年实现销售收入1 000万元,全年固定成本200万元(含利息),变动成本率为55%,所得税税率为25%。年初有已超过5年的尚未弥补亏损40万元。该公司按10%计提法定盈余公积金,按5%提取任意盈余公积,向投资者分配的利润为可分配利润的40%。分别测算该公司利润分配的顺序及数额。

2021年税后利润=(1 000-200-1 000×55%)×(1-25%)=187.5(万元)

提取的法定盈余公积=(187.5-40)×10%=14.75(万元)

提取的任意盈余公积=(187.5-40)×5%=7.375(万元)

可供投资者分配的利润=187.5-40-14.75-7.375=125.375(万元)

应向投资者分配的利润=125.375×40%=50.15(万元)

未分配利润=125.375-50.15=75.225(万元)

📖 拓展阅读

上市公司监管指引第3号——上市公司现金分红
(2013年11月30日 证监会公告〔2013〕43号)

第一条 为规范上市公司现金分红,增强现金分红透明度,维护投资者合法权益,根据《公司法》《证券法》《上市公司信息披露管理办法》和《上市公司证券发行管理办法》等规定,制定本指引。

第二条 上市公司应当牢固树立回报股东的意识,严格依照《公司法》《证券法》和公司章程的规定,健全现金分红制度,保持现金分红政策的一致性、合理性和稳定性,保证现金分红信息披露的真实性。

第三条 上市公司制定利润分配政策时,应当履行公司章程规定的决策程序。董事会应当就股东回报事宜进行专项研究论证，制定明确、清晰的股东回报规划，并详细说明规划安排的理由等情况。上市公司应当在公司章程中载明以下内容：

（一）公司董事会、股东大会对利润分配尤其是现金分红事项的决策程序和机制，对既定利润分配政策尤其是现金分红政策做出调整的具体条件、决策程序和机制，以及为充分听取独立董事和中小股东意见所采取的措施；

（二）公司的利润分配政策尤其是现金分红政策的具体内容，利润分配的形式，利润分配尤其是现金分红的期间间隔，现金分红的具体条件，发放股票股利的条件，各期现金分红最低金额或比例(如有)等。

第四条　上市公司应当在章程中明确现金分红相对于股票股利在利润分配方式中的优先顺序。

具备现金分红条件的，应当采用现金分红进行利润分配。采用股票股利进行利润分配的，应当具有公司成长性、每股净资产的摊薄等真实合理因素。

第五条　上市公司董事会应当综合考虑所处行业特点、发展阶段、自身经营模式、盈利水平及是否有重大资金支出安排等因素，区分下列情形，并按照公司章程规定的程序，提出差异化的现金分红政策：

（一）公司发展阶段属成熟期且无重大资金支出安排的，进行利润分配时，现金分红在本次利润分配中所占比例最低应达到80%；

（二）公司发展阶段属成熟期且有重大资金支出安排的，进行利润分配时，现金分红在本次利润分配中所占比例最低应达到40%；

（三）公司发展阶段属成长期且有重大资金支出安排的，进行利润分配时，现金分红在本次利润分配中所占比例最低应达到20%。

公司发展阶段不易区分但有重大资金支出安排的，可以按照前项规定处理。

第六条　上市公司在制定现金分红具体方案时，董事会应当认真研究和论证公司现金分红的时机、条件和最低比例，调整的条件及其决策程序要求等事宜，独立董事应当发表明确意见。

独立董事可以征集中小股东的意见，提出分红提案，并直接提交董事会审议。

股东大会对现金分红具体方案进行审议前，上市公司应当通过多种渠道主动与股东特别是中小股东进行沟通和交流，充分听取中小股东的意见和诉求，及时答复中小股东关心的问题。

第七条　上市公司应当严格执行公司章程确定的现金分红政策，以及股东大会审议批准的现金分红具体方案。确有必要对公司章程确定的现金分红政策进行调整或者变更的，应当满足公司章程规定的条件，经过详细论证后，履行相应的决策程序，并经出席股东大会的股东所持表决权的2/3以上通过。

第八条　上市公司应当在年度报告中详细披露现金分红政策的制定及执行情况，并对下列事项进行专项说明：

（一）是否符合公司章程的规定或者股东大会决议的要求；

（二）分红标准和比例是否明确和清晰；

（三）相关的决策程序和机制是否完备；

（四）独立董事是否履职尽责并发挥了应有的作用；

（五）中小股东是否有充分表达意见和诉求的机会，中小股东的合法权益是否得到了充分保护等。

对现金分红政策进行调整或变更的，还应对调整或变更的条件及程序是否合规和透明等进行详细说明。

第九条 拟发行证券、借壳上市、重大资产重组、合并分立或者因收购导致上市公司控制权发生变更的，应当在募集说明书或发行预案、重大资产重组报告书、权益变动报告书或者收购报告书中详细披露募集或发行、重组或者控制权发生变更后上市公司的现金分红政策及相应的安排，董事会对上述情况的说明等信息。

第十条 上市公司可以依法发行优先股、回购股份。

支持上市公司在其股价低于每股净资产的情形下(亏损公司除外)回购股份。

第十一条 上市公司应当采取有效措施鼓励广大中小投资者及机构投资者主动参与上市公司利润分配事项的决策，充分发挥中介机构的专业引导作用。

第十二条 证券监管机构在日常监管工作中，应当对下列情形予以重点关注：

(一) 公司章程中没有明确、清晰的股东回报规划或者具体的现金分红政策的，重点关注其中的具体原因、相关决策程序是否合法合规，董事、监事、高级管理人员是否勤勉尽责，独立董事是否出具了明确意见等；

(二) 公司章程规定不进行现金分红的，重点关注该规定是否符合公司的实际情况，是否进行了充分的自我评价，独立董事是否出具了明确意见等；

(三) 公司章程规定了现金分红政策，但无法按照既定现金分红政策确定当年利润分配方案的，重点关注公司是否按照要求在年度报告中披露了具体原因，相关原因与实际情况是否相符合，独立董事是否出具了明确意见等；

(四) 上市公司在年度报告期内有能力分红但不分红，尤其是连续多年不分红或者分红水平较低的，重点关注其有关审议通过年度报告的董事会公告中是否详细披露了未进行现金分红或现金分红水平较低的原因，相关原因与实际情况是否相符合，持续关注留存未分配利润的确切用途及收益情况，独立董事是否对未进行现金分红或现金分红水平较低的合理性发表独立意见，是否按照规定为中小股东参与决策提供了便利等；

(五)上市公司存在大比例现金分红等情形的，重点关注相关决策程序是否合法合规，董事、监事及高级管理人员是否勤勉尽责，独立董事是否出具了明确意见，是否按照规定为中小股东参与决策提供了便利，是否存在明显不合理或相关股东滥用股东权利不当干预公司决策等情形。

第十三条 上市公司有下列情形的，证券监管机构应采取相应的监管措施：

(一) 未按规定制定明确的股东回报规划；

(二) 未针对现金分红等利润分配政策制定并履行必要的决策程序；

(三) 未在定期报告或其他报告中详细披露现金分红政策的制定及执行情况；

(四) 章程有明确规定但未按照规定分红；

(五) 现金分红监管中发现的其他违法违规情形。

上市公司在有关利润分配政策的陈述或者说明中有虚假或重大遗漏的，证券监管机构应当采取相应的监管措施；依法应当行政处罚的，依照《证券法》第一百九十三条予以处罚。

第十四条 证券监管机构应当将现金分红监管中的监管措施实施情况按照规定记入上市公司的诚信档案。上市公司涉及再融资、资产重组事项时，其诚信状况应当在审核中予以重点关注。

第十五条　本指引由中国证券监督管理委员会负责解释。

第十六条　本指引自公布之日起施行。

(资料来源：根据网络资料整理)

第二节　股利理论

企业股利分配的核心问题是如何平衡公司股利支付决策与未来长期增长之间的关系，以实现公司价值最大化的财务管理目标。一方面，股东期望股利越多越好；另一方面，发放过多的股利不利于公司价值的提升。这既取决于企业的股利政策，又取决于决策者对股利分配的认识与理解。股利理论就是研究股利分配与公司价值、股票价格之间的关系，探讨企业如何制定股利政策的基本理论。长期以来，大量学者对股利政策进行研究，从而形成了不同的股利理论，主要分为两大派别：股利无关论与股利相关论。

一、股利无关论

股利无关论是指股利政策不会影响公司价值的理论。这种理论认为，公司的股利政策对其股票的价格不会产生任何影响，即投资者不关心公司股利的分配。股利无关论最早于 1961 年由两位美国经济学家米勒(Miller)和莫迪格莱尼(Modigliani)在著名的《股利政策增长和股票价值》一文中提出，所以简称 MM 理论。该理论指出，公司市场价值的高低是由公司所选择投资决策的获利能力和风险组合所决定的，与公司的利润分配政策无关。MM 理论立足于完善的资本市场，从不确定性角度提出了股利政策和企业价值不相关理论。这是因为公司的盈利和价值增加与否完全视其投资政策而定，企业市场价值与它的资本结构无关，而是取决于它所在行业的平均资本成本及其未来的期望报酬，在公司投资政策给定的条件下，股利政策不会对企业价值产生任何影响，进而得出结论，即企业的权益资本成本为其资本结构的线性递增函数。在此基础上，两位经济学家又创立了投资理论，即企业的投资决策不受筹资方式的影响，只有在投资报酬大于或等于企业平均资本成本时，才会进行投资。股利无关论的关键是存在一种套利机制，通过这一机制使支付股利与外部筹资这两项经济业务所产生的效益与成本正好相互抵消，股东对盈利的留存与股利的发放将没有偏好，据此得出企业的股利政策与企业价值无关这一著名论断。

股利无关论所提到的完全资本市场理论基于一些基本假设，主要包括以下几点。

(1) 不存在任何公司或个人所得税，没有所得税上的差异。

(2) 信息是完全对称的，没有信息成本，并且每个市场参与者都可自由、充分、免费地获取所有存在的相同信息。

(3) 不存在证券的发行和交易费用，即不存在任何证券筹资费用，没有交易成本。

(4) 市场具有完全的竞争，有足够多的参与者，并且没有任何一个参与者有能力影响股票价格。

(5) 公司的投资决策与股利决策彼此独立，即投资决策不受股利分配的影响。

(6) 股东对股利收入和资本增值并无偏好。

在完美无缺的市场下，股利分配形式并不影响公司价值，其原因为：第一，投资者并不关心公司的股利分配，在公司有良好投资机会的情况下，如果股利分配较少，留用利润较多，投资者可以通过出售股票换取现金，自制股利；如果股利分配较多，留用利润较少，投资者获得现金股利后可以再买入一些股票以扩大投资，而公司可以通过发行新股筹集所需资本，也就是说投资者对股利和资本利得并无偏好；第二，股利的支付比率不影响公司的价值，既然投资者不关心股利的分配，公司的价值就完全由其投资的获利能力所决定，公司的盈余在股利保留盈余之间的分配并不影响公司的价值。

【例6-3】Jack和Rose夫妇是退休人员，他们将所有积蓄买了某股份公司的股票。他们以每股10元的价格购买了10 000股股票，因此持有的股票总价值为100 000元。该股份有限公司有两种利润分配方案。

股利分配方案一：不分配现金股利，用留存收益继续扩大生产经营。

股利分配方案二：每股分配现金股利0.5元，共计分配5 000万元现金股利。

假定是在完全资本市场条件下进行的交易。

在股利分配方案一中，公司不分配现金股利，可用留存收益进行投资和扩大生产经营，由此，每股价格从10元增长到10.50元，股票总价值为105 000万元。如果Jack和Rose都期望得到5 000元的现金股利分红，他们可以出售476股(5 000/10.50)来实现5 000元的自制股利。虽然原有股东的股东权益减少了5 000元，但他们获得了5 000元的现金，原有股东财富仍然是105 000元，没有发生变化。对于该股份公司来说，被售卖出的价值5 000元的股票在公司同等价值的股东权益。这样，公司的普通股股数仍然为10 000万股，每股价值为10.50元，公司总价值为105 000万元，公司价值不变。

在股利分配方案二中，每股分配0.50元股利，共计支付5 000万元现金股利。其股东财富仍为105 000万元，没有发生变化。Jack和Rose分配股利后，又继续购买了500股该公司的股票以期望未来分得更多的股利。公司股票价格降仍为10元，新购买的500股总价值为5 000元。这样，通过增发新股，公司的普通股股数增加到10 500万股，每股价值为10元，公司总价值为105 000万元，公司价值不变。

由此可见，无论采取哪一种股利分配方案，公司股东财富和公司价值都不会发生变化，这说明在完全资本市场条件下，股利政策不会对公司价值产生影响。

股利无关论以严格的假设条件为前提，但在实际生活中，这些假设条件几乎是不存在的，这是因为以下原因：①在现实资本市场中，税率的差异是常见的，许多国家对现金股利和资本利得所征收的所得税税率不同，这种税率的差异不仅使投资者在股利与资本利得之间产生不同的偏好，也会对股东财富产生不同的影响；②尽管资本市场中的信息传递是公开和迅速的，但信息的获得并不是完全免费的，而且对于不同市场参与者来说，信息仍然是不对称的，例如，公司的董事相对于普通的外部投资者来说，就拥有信息优势，信息的不对称会降低市场效率，也会影响投资者对风险报酬的判断；③现实中的资本市场都存在交易成本，例如，发行股票或债券要支付发行费用，证券交易要支付佣金和印花税等，不同类型的交易会产生不同的交易成本，影响人们的交易行为，也限制了市场的变现活动。因此，关于股利政策无关的结论，在现实条件下并不一定有效。

二、股利相关论

股利相关论认为，现实市场条件下，股利无关论中完全资本市场的假设条件通常无法满足，企业的利润分配会影响企业价值和股票价格，因此企业价值与股利政策是相关的。因为股利支付政策的选择对股票市价、公司的资本结构与公司价值，以及股东财富的实现等都有重要影响，股利政策与公司价值是密切相关的。因此，股利政策不是被动的，而是一种主动的理财计划与策略，其代表性观点主要有"在手之鸟"理论、信号传递理论、所得税差异理论、客户效益理论和代理理论。

(一) "在手之鸟"理论

"在手之鸟"理论由迈伦·戈登(Myron Gordon)和约翰·林特(John Linter)提出，源于"双鸟在林，不如一鸟在手"这句谚语。也就是说，比起未来获取更高的报酬来说，投资者更倾向于现在就拿到现金，因为风险更小。换言之，企业在未来经营活动中存在诸多不确定性因素，用留用利润再投资会给投资者带来较大的风险，并且该投资风险会随着时间的推移进一步加大。因此，投资者会认为现在获得股利是定期、确定的报酬，属于风险小、相对稳定的收入，而放弃股利进行再投资获得的资本利得则有很大的不确定性，因而投资者更加偏好现金股利而非资本利得。也就是说，出于对风险的回避，股东更喜欢确定的现金股利，这样企业如何分配股利就会影响股票价格和企业价值，即企业价值与股利政策是相关的。当企业支付较少的现金股利而留用利润较多时，即较低的股利支付率时，会增加股东所担忧的投资风险，股东要求的必要投资报酬率就会提高，从而导致股票价格和企业价值下降；当企业支付较多的现金股利而留用利润较少时，较高的股利支付率会消除投资者心中对公司未来盈利风险的担忧，投资者要求的必要投资报酬率就会降低，从而促使股票价格和企业价值上升。因此，公司适时支付股利有利于消除股东对投资收益的不确定感。基于这种观点，可以认定股利分配政策会对股票价格产生实际影响。

但也有学者对"在手之鸟"理论提出了异议。他们指出，"在手之鸟"理论混淆了投资决策和股利政策对公司风险的不同影响，用留用利润再投资形成的风险取决于公司的投资决策，与股利支付率高低无关。如果投资决策明智，无论如何分配股利，都不会改变投资风险。股东在收到现金股利后，仍然可以根据自己的风险报酬偏好进行再投资，例如，他们可以用现金股利重新购买公司发行的新股来进行再投资。因此，投资者所承担的风险，最终是由公司的投资决策决定的，而不受股利分配政策影响。

(二) 信号传递理论

现实市场条件下，投资者与企业管理层所掌握的信息不对称，管理层更容易获得更多的关于企业发展前景方面的内部信息，而投资者更难获得企业关于未来发展前景、经营状况和风险情况等方面的真实信息。因此，投资者只能通过公司分配的本年度现金股利这一信息来判断公司的运营情况，进而影响企业的股票价格。

信号传递理论认为，由于信息不对称情况的存在，股利分配政策向投资者传递了公司经营状况和未来发展前景的信息，投资者通过对这些信息的分析来判断公司未来盈利能力的变化趋势，以决定是否购买其股票，从而影响公司的股票价格变化。因此，股利政策的改变会影响股票价格的变化，现实生活中也印证了这一结论。如果企业提高股利支付率，则相当于向市场传递的信息是管理层有信心给企业带来更好的发展前景，公司的经营业务是稳定健全的，投资者会认为企业的未来盈利水平将提高，从而购买股票，引起股票价格上涨；如果企业以往的股利支付水平一直比较稳定，现在突然降低股利支付水平，就相当于向市场传递了不利信号，投资者会对企业做出悲观的判断，从而出售股票，导致股票价格下跌。根据信号传递理论，稳定的股利政策向外界传递了企业经营状况稳定的信息，有利于公司股票价格的稳定。因此，企业在制定股利政策时，应当考虑市场的反应，避免传递易于被投资者误解的信息。

【例6-4】若贵州茅台每股派发现金红利14.539元，宝钢股份每股派发现金红利0.5元，投资者会如何对这两个信息进行评价？

投资者的第一反应肯定是茅台的股东价值更高，有更好的发展前景，公司经营状况要优于宝钢。

📖 案例分享

"信号"的影响

2021年7月27日，中国恒大发布公告称，经董事会充分讨论，综合考虑当下市场环境、股东及债权人权益、集团长远发展等因素，决定取消特别分红计划。当日，中国恒大开盘跌幅达到8.35%，盘中一度跌超12%，股价跌幅11.33%，报5.95港元。事实上，恒大系股价近日已连番遭遇重挫，目前，中国恒大市值已跌破千亿港元。其实，数月前恒大由于债务压力，想利用特别分红计划来强调其现金流和盈利能力的稳定，向市场传递利好消息，来稳定股票价格。

(资料来源：根据网络资料整理)

(三) 所得税差异理论

所得税差异理论主要是由利森柏格尔(Lizenberger)和拉玛斯瓦米(Ramaswamy)于1967年在前人的基础上提出的，随后于1976年由法拉(Farrar)和塞尔文(Selwyn)在此基础上通过分析最大化个人税后收入的局部均衡得出类似结论。该理论认为，现实生活中所得税的差异是普遍存在的，股利收入的所得税往往高于资本利得的所得税税率，出于避税的考虑，投资者更偏爱低股利支付率政策。企业发放较低的股利可以为股东带来税收利益，有利于增加股东财富，进而促进股票价格上涨，而高股利支付率政策会导致股票价格下跌。另外，股利收入和资本利得的纳税时间也不同，股利收入在收到股利时纳税，而资本利得只有在出售股票获取收益时才纳税，这样资本利得收益的纳税时间选择更具有弹性，投资者可以通过延迟纳税增加收益。目前在我国，现金股利收入要缴纳个人所得税，而资本利得是不需要缴纳所得税的，这样就会使股东的选择出现一定偏差。因此，由于不对称税率的存在，股利政策会影响公司价值和股票价格。

(四) 客户效益理论

该理论是基于所得税差异理论之上所扩展的研究。该理论认为，公司在制定和调整股利政策时，应考虑股东对股利政策的需求，边际税率高的投资者一般偏好低股利支付率的股票，反之亦然。米勒和莫迪格莱尼在研究税收差异对股利政策的影响时，就注意到了顾客效应的存在，他们发现低税率等级的投资者往往持有高股利公司的股票。不同收入的投资者其个人所得税税率会有很大差异，年收入越高的投资者适用的所得税税率越高，而低收入的投资者适用的所得税税率较低，甚至不必缴纳所得税。因为投资者的边际税率等级不同，所以他们对股利政策表现出不同的偏好。低收入的投资者及享受免税优惠的养老金等机构投资者则喜欢公司支付较高的现金股利，这样一方面是可以免缴所得税或所得税税率较低，另一方面是这些投资者更希望保持较高的资本流动性。高收入的投资者希望公司少支付现金股利或不支付现金股利，将利润作为留用利润进行再投资，以提高股票价格，进而影响公司价值。

(五) 代理理论

代理理论建立在简森(Jensen)和梅克林(Meckling)于 1976 年发表的有关企业代理成本的经典论述基础之上，指出了公司的所有者与管理者之间存在代理关系。现代企业财务管理中，企业在组织财务活动中会与各方面产生关系，会受到各种委托和代理关系的影响，各利益相关者之间的利益和目标并不完全一致。该理论认为，与股利政策有关的代理问题主要有以下三类：①股东与经理之间的代理问题；②股东与债权人之间的代理问题；③控股股东与中小股东之间的代理问题。这三种代理问题都会产生代理成本。代理理论认为，企业分派现金股利可以有效地降低代理成本，提高公司价值。在股利政策的选择上，应主要考虑股利政策如何降低代理成本。下面分别探讨三类代理问题对公司股利政策的影响。

1. 股东与经理之间的代理问题

在股份有限公司中，随着经营权和所有权的分离，股东并不直接参与公司经营决策，由此便形成了委托—代理关系。在很多情况下，经营者都会牺牲股东的利益来追求自身效益最大化，并非总是以股东利益最大化为目标进行经营决策，其可能会出于自身的利益做出有违股东利益的行为。为了减少股东与经营者之间的利益冲突，降低代理成本，股东希望将企业的剩余现金流量以股利的形式发放，以减少经营者控制企业资源的能力。经营者作为代理人比股东更了解公司的经营状况和发展前景，并掌握着公司的经营决策权，但如将大量现金用于个人奢侈的在职消费、盲目扩张企业规模、进行缺乏效率的并购等，就增加了公司的代理成本。代理理论认为，公司经理一般不愿意将自由现金流量以股利的形式分配给股东，而是倾向于将其留在企业内部，或者用于投资一些效率低下的项目，以从中获取个人利益，因此发放现金股利有利于降低这种代理成本。提高现金股利可以带来三方面的好处：①减少了公司的自由现金流量，股东获得股利收入后可以寻找新的投资机会，有利于增加股东财富；②减少了经理利用公司资源谋取个人私利的机会；③由于留用利润减少，当公司未来有好的投资机会需要资本时，必须从外部资本市场筹集资本，这样就加强了资本市场对经理的监督和约束。

2. 股东与债权人之间的代理问题

由于债权人一般不能干涉公司的经营活动，而股东拥有公司控制权，这样股东可以利用其控制权的优势以使自身利益最大化，影响债权人的利益。例如，如果股东要求公司支付高额现金股利，从而减少公司的现金持有量，那么公司可用于维持未来生产经营发展的资金就会减少，这会进一步增加债权人的风险。这种代理问题也会产生代理成本，通常债权人可能会要求在借款合同中规定限制性条款，或者要求公司对债务提供担保，进而增加公司的成本费用。并且，为了保证债权人的利益，债权人在与股东签订债务合同时会约定一个双方都能接受的股利支付水平，这种代理问题也会影响公司的股利政策。

3. 控股股东与中小股东之间的代理问题

公司股权比较集中的情况下会存在控股股东，控股股东可以利用其持股比例的优势控制公司的董事会和管理层，从而使中小股东在公司中的权利被忽视。一方面，控股股东具有对管理层进行监督的强烈动机，并可能对公司的经营决策施加影响，这样在一定程度上有利于减少经理的利益侵占；另一方面，控股股东可能利用其在公司中的控制权侵占公司利益，如大股东占用公司资产、转移利润等以谋取私利，这样就损害了中小股东的利益。代理理论认为，提高现金股利可以减少控股股东可支配的资本，降低对公司的损害，从而保护中小股东的利益。

由此可见，代理理论主张高股利支付率政策，认为提高股利支付水平可以降低代理成本，有利于提高公司价值。但是，这种高股利支付率政策也会带来外部筹资成本增加和股东税负增加的问题。所以在实践中，需要在代理成本、筹资成本与股东税负之间进行权衡，制定出最符合股东利益的股利政策。

第三节　股利政策

股利政策是确定企业的净利润如何分配的方针和策略。企业的净利润是企业从事生产经营活动所取得的剩余收益，是股东对公司进行投资应得的投资报酬。从权益上讲，公司实现的净利润属于全体股东的权益，无论是以现金股利的形式分给股东，还是作为留用利润留在公司内部，都属于股东的财富。公司将实现的净利润以现金股利的形式分配给股东，股东可以用这些现金进行其他投资或者消费，公司将净利润留存在公司内部，实际上是股东对公司进行再投资。因此，无论如何分配，都没有改变净利润是股东财富的性质。但是，通过上一节的股利理论分析可知，公司如何分配净利润对股东财富具有现实影响，可能会影响公司的股价。因此，股利政策的确定对企业的财务管理非常重要。

一般来说，公司制定股利政策主要包括四项内容：①股利分配的形式及采用现金股利还是股票股利；②股利支付率的确定；③每股股利的确定；④股利分配的时间、如何分配，以及多长时间分配一次。其中，每股股利与股利支付率的确定是股利政策的核心内容，它决定了公司的净利润中有多少以现金股利的形式发放给股东，有多少以留用利润的形式对公司进行再投资。一般来说，投资者对每股股利的变动会比较敏感，如果公司各年度之间的每股股利相差较大，就向市场传递了公司经营业绩不稳定的信号，不利于公司股票价格的稳定。因此，股利政策在公司经营中起着至关重要的作用，关系着公司未来的长远发展、股东对投资回报的要求和资本结构的合理性。

📖 **拓展阅读**

中国农业银行股利分配政策

根据《公司法》及本行章程，股利分配方案由董事会制定，并由股东大会审议批准。董事会制定股利分配方案，须经本行三分之二以上董事表决通过；股利分配方案须经出席股东大会的股东所持表决权过半数通过。股东大会通过利润分配方案后，本行董事会将在股东大会结束后2个月内尽快实施具体方案。

本行的利润分配重视对投资者的合理投资回报，利润分配政策保持连续性和稳定性，同时兼顾本行的长远利益、全体股东的整体利益及本行的可持续发展。除特殊情况外，本行在当年盈利且累计未分配利润为正的情况下，采取现金方式分配股利。本行每年以现金方式分配的利润不少于该会计年度集团口径下归属母公司股东净利润的10%。如遇到战争、自然灾害等不可抗力，或者本行外部经营环境变化并对本行生产经营造成重大影响，或本行自身经营状况发生较大变化时，本行可对利润分配政策进行调整。调整利润分配政策时，董事会应做专题说明，详细说明调整理由，并经独立董事审议后提交股东大会批准。特殊情况是指国家法律法规规定的禁止分红的情形，包括但不限于一般准备、资本充足水平未达到监管要求。根据《公司法》及本行章程，所有股东对股利均享有同等权利。

根据本行章程，本行当年税后利润按下列顺序分配：

(一) 弥补以前年度的亏损；

(二) 提取10%作为法定公积金；

(三) 提取一般准备；

(四) 提取任意公积金；

(五) 按股东持有的股份比例分配利润支付股东股利。

本行法定公积金累计额为本行注册资本50%以上时，可以不再提取。提取法定公积金和一般准备后，是否提取任意公积金由股东大会决定。

根据财政部的最新规定，原则上，本行从税后净利润中提取一般准备时，须将一般准备余额维持在不低于风险资产余额的1%。该一般准备构成本行储备的一部分。

根据中国法律规定，本行只能从可供股东分配的利润中支付股利。本行可供股东分配的利润为中国会计准则和国际财务报告准则下合并报表口径归属于母公司股东净利润与银行口径净利润，加上相应的期初未分配利润(或减去期初累计亏损，如有)之和，取较低者，减去按中国会计准则确定的本银行净利润提取的法定公积金、一般准备和任意公积金(由股东大会决定是否提取)。期初未分配利润为上期利润分配后的未分配利润。当年未分配的可分配利润，留待以后年度进行分配。本行不得在弥补本行亏损、提取法定公积金和一般准备前向股东分配利润。股东大会违反前述规定，向股东分配利润的，股东必须将违反规定分配的利润退还本行。

若本行资本充足率未达到监管要求，中国银监会有权对本行采取监管措施，其中包括限制本行分配红利和其他收入。

(资料来源：根据网络资料整理)

一、股利政策的影响因素

股利分配是企业的一项重要财务工作，由于在制定和执行股利分配政策的过程中涉及企业的各方面，因此，其工作也会受到许多因素的制约。通常股利分配并没有一个严格的客观标准，企业是否应该发放股利、发放多少股利、以何种形式发放股利及在何时发放股利等，往往需要根据影响企业的内外部因素共同决定，这其中主要包括法律因素、公司因素、股东因素及其他因素。

(一) 法律因素

为了保护股东和债权人的利益,有关法律法规对公司的股利分配进行了一定的限制,主要包括资本保全限制、净利润限制、公司积累限制、超额累积利润限制和偿债能力限制。

1. 资本保全限制

资本保全限制是企业财务管理应遵循的一项重要原则,它规定公司不能使用资本(包括股本和资本公积)发放股利,只能使用公司当期利润或留存收益发放股利。股利的支付不能以减少法定资本为代价。例如,A 创立一家公司,投资 1000 万元,并以公司名义向 B 借款 1000 万元,那么 A 作为公司唯一的股东,如果 A 宣布要分配 2000 万元现金股利给自己,那么公司就没有经营资金了,公司就会关闭,这相当于 B 的 1000 万元装进了 A 的腰包。资本保全约束维护了法定资本的完整,防止企业通过股利分配任意减少资本结构中的所有者权益,保护企业完整的产权基础,维护了债权人的利益。

2. 净利润限制

净利润限制规定公司年度累计净利润必须为正数时才可以发放股利,以前年度的亏损必须足额弥补,即企业的净利润必须是先足额弥补以前年度的亏损后才能用于发放股利。同时,贯彻无利不分的原则,即当企业出现年度亏损时,一般不得分配利润。对企业净利润的限制,可以看成是资本保全限制的补充,是为了防止权益资本被侵蚀。

3. 公司积累限制

公司积累限制规定公司可供分配的利润必须按净利润的一定比例提取法定盈余公积,股利只能从企业的可供股东分配的利润中支付。只有当提取的法定盈余公积达到注册资本的 50%时,才可以不再计提。公司积累约束的法律规定,增强了企业抵抗风险的能力,同时也维护了投资者和债权人的利益。

4. 超额累积利润限制

超额累积利润限制规定,如果公司的留存收益超过法律所认可的合理水平,将被加征额外的税款。这是因为股东分得股利缴纳的所得税要高于其进行股票交易的资本利得税,公司会通过少发股利而累积利润使股价上涨来帮助股东避税。如果企业为了帮助股东避税而使盈余的保留大大超过公司目前及未来的投资需要,则会被加征额外的税款。

5. 偿债能力限制

偿债能力是企业按时、足额偿付各种到期债务的能力。如果企业当期发放的现金股利影响了短期内的偿债能力,则不能保证企业在短期债务到期时有足够的能力偿清债款,这就要求企业在用现金股利分配利润时要考虑企业的偿债能力因素,确定企业在分配股利后仍能保持较强的偿债能力,以维持企业的信誉和借贷能力,从而保证企业的正常资金周转。

(二) 公司因素

公司内部的各种因素及其面临的各种环境、机会都对股利分配政策产生一定的影响,因此基于短期经营和长期发展的考虑,在确定股利分配政策时需要关注以下因素。

1. 现金持有量

企业支付现金股利还是股票股利，往往受企业现金持有量的限制，如果企业当期的现金持有量不足，势必影响企业现金股利的支付比例。如果公司的现金流量充足，特别是在满足投资所需资本后，仍然有剩余的自由现金流量时，就应当适当提高股利水平。所以，公司在分配股利时，要优先确保日常经营活动对现金的需求，维持资金的正常周转，使生产经营得以有序进行。

2. 资产的流动性

公司如果支付较多的现金股利，则会减少公司的现金持有量，进而降低资产流动性。而保持一定的资产流动性是公司正常运转的必要条件，它是企业经营活动必备的基本条件。资产的流动性越好，支付现金股利的能力就越强。

3. 盈余的稳定性

判断企业是否具有长期而稳定的盈利能力，是决定公司股利政策的重要基础。因为盈余相对稳定的公司通常采用高股利支付政策，而盈余不稳定的公司通常采取低股利支付政策。盈余相对稳定的公司能够更好地做出资金安排，而对于盈余不稳定的公司来说，低股利政策可以减少因盈余下降而造成的股利无法支付、股价急剧下降的风险，还可将更多的盈余再投资，以提高公司权益资本比例，降低财务风险。

4. 举债能力

不同的公司在资本市场上的举债能力也有一定差异，所以不同的举债能力会影响各个企业的股利政策。如果公司具有较强的筹资能力，随时能筹集到所需资金，则有可能采取较宽松的股利政策；而筹资、举债能力弱的公司更可能会选择滞留盈余，减少现金股利的发放，采取较紧的股利政策。因此，企业在分配现金股利时，需要考虑自身的举债能力。

5. 投资机会

公司在制定股利政策时，会考虑未来投资对资本的需求，这是对未来公司价值增值、扩大经营、增加资本收益的考虑。公司有良好投资机会时，应当考虑少发放现金股利，增加留用利润，将其当作资本用于再投资，这样可以加速企业的发展，增加未来的收益。这种股利政策往往也易于被股东接受。公司没有良好的投资机会时，往往倾向于多发放现金股利。一般来说，成长快的公司经常采用低股利支付率政策，就是因为这样的公司有较多的投资机会，增加留用利润可以保证有更多的资本用于再投资。

6. 公司所处的不同阶段

公司处于不同发展阶段时，会对资本需求、现金流量需求和股利政策制定产生不同的考量。公司的生命周期主要包括初创阶段、成长阶段、成熟阶段和衰退阶段四个时期。在不同的发展阶段，由于公司的经营状况和经营风险不同，对资本的需求、现金持有量等情况会有很大差异，这必然会影响公司股利政策的选择。公司所采取的股利政策理所当然要符合其所处的发展阶段，如表6-1所示。

表6-1　不同发展阶段的公司股利政策

因素	发展时期			
	初创阶段	成长阶段	成熟阶段	衰退阶段
资本需求	受公司规模等因素限制	因为扩张需要，资金需求量很大	公司规模基本稳定，资本需求量适中	资本需求量降低
盈利能力	没有盈利或盈利很少	盈利逐步增加	盈利能力较强，并且稳定	盈利减少
现金流量	因为进行投资，现金流量一般是负数	有少量现金流量产生	现金流量增加	相对于公司价值来说，现金流量较高
股利政策	不发放现金股利	不发放现金股利或采用低股利支付率政策	增加现金股利分配，采用稳定的股利支付率政策	采用特殊的股利政策，回购股票

(三) 股东因素

公司的股利分配方案必须经过股东大会决议通过才能实施，股东在控制权、收入和税负方面的考虑都会对股利分配政策产生足轻重的影响。

1. 稀释控制权

股东在考虑公司控制权时，会影响股利分配的政策。例如，大股东持股比例较高，对公司有一定的控制权，他们往往倾向于公司少分配现金股利，多留用利润，因为如果公司发放大量的现金股利，可能会造成未来经营所需的现金紧缺，导致公司不得不发行新股来筹集资金，而新股东的加入必然稀释现有股东的控制权。因此，他们宁可公司不分配股利，也不支持募集新股。公司举借新债除要付出一定的代价外，还会增加公司的财务风险。

2. 追求稳定收入

追求稳定收入需要规避风险。有的股东依赖于公司发放的现金股利维持生活，如一些退休人员，他们往往要求公司能够定期支付稳定的现金股利，反对公司留用过多的利润。另一部分股东认为，留用过多的利润进行再投资，尽管可能会使股票价格上升，但是所带来的收益具有较大的不确定性，还是取得现实的现金股利比较稳妥，这样可以规避较大的风险。

3. 规避税款

多数国家的现金股利所得税税率高于资本利得所得税税率。这种税率的差异会使股东更愿意采取可避税的股利政策。高收入的股东为了避税，往往反对公司发放过多的现金股利，而低收入的股东因个人税负较轻，甚至免税，可能会支持公司多分现金股利。我国税法规定，股东从公司分得的红利，应按20%的比例税率缴纳个人所得税(现在是按10%减半征收)，而对于股票交易获得的资本利得收益，目前还没有征个人所得税。因此，对于高收入的股东来说，比起分得现金红利，他们更倾向于股票价格上涨获得收益，这样可以避税，所以这部分股东的决策会影响公司股利分配政策的制定。

📖 **拓展阅读**

关于上市公司股息红利差别化个人所得税政策有关问题的通知

经国务院批准，现就上市公司股息红利差别化个人所得税政策等有关问题通知如下。

一、个人从公开发行和转让市场取得的上市公司股票，持股期限超过 1 年的，股息红利所得暂免征收个人所得税。

个人从公开发行和转让市场取得的上市公司股票，持股期限在 1 个月以内(含 1 个月)的，其股息红利所得全额计入应纳税所得额；持股期限在 1 个月以上至 1 年(含 1 年)的，暂减按 50% 计入应纳税所得额；上述所得统一适用 20% 的税率计征个人所得税。

二、上市公司派发股息红利时，对于个人持股 1 年以内(含 1 年)的，上市公司暂不扣缴个人所得税；待个人转让股票时，证券登记结算公司根据其持股期限计算应纳税额，由证券公司等股份托管机构从个人资金账户中扣收并划付证券登记结算公司，证券登记结算公司应于次月 5 个工作日内划付上市公司，上市公司在收到税款当月的法定申报期内向主管税务机关申报缴纳。

三、上市公司股息红利差别化个人所得税政策其他有关操作事项，按照《财政部 国家税务总局 证监会关于实施上市公司股息红利差别化个人所得税政策有关问题的通知》(财税〔2012〕85 号)的相关规定执行。

四、全国中小企业股份转让系统挂牌公司股息红利差别化个人所得税政策，按照本通知规定执行。其他有关操作事项，按照《财政部国家税务总局 证监会关于实施全国中小企业股份转让系统挂牌公司股息红利差别化个人所得税政策有关问题的通知》(财税〔2014〕48 号)的相关规定执行。

五、本通知自 2015 年 9 月 8 日起施行。

上市公司派发股息红利，股权登记日在 2015 年 9 月 8 日之后的，股息红利所得按照本通知的规定执行。本通知实施之日个人投资者证券账户已持有的上市公司股票，其持股时间自取得之日起计算。

财政部 国家税务总局 证监会
2015 年 9 月 7 日

(资料来源：根据网络资源整理)

(四) 其他因素

1. 债务契约因素

如果公司现金股利发放过多，则会导致留存利润较少，从而公司用于生产经营的现金减少，增加了偿债风险。因此，债权人为了防止公司过多发放现金股利影响其偿债能力、增加债务风险，会在债务契约中规定限制公司发放现金股利的条款。这种限制性条款通常包括：①规定每股股利的最高限额；②规定未来股息只能用贷款协议签订以后的新增收益来支付，不能动用协议签订之前的留存收益；③规定企业的流动比率、利息保障倍数低于一定标准时，不得分配现金股利；④规定只有当公司的盈利达到某一约定的水平时，才可以发放现金股利；⑤规定公司的股利支付率不得超过限定的标准，等等。债务契约的限制性规定限制了公司的股利支付，促使公司增加留存收益，扩大再投资规模，从而增强公司的经营能力，保证公司能如期偿还债务。

2. 通货膨胀

在通货膨胀的情况下，大多数企业的利润会随之提高，但也会使固定资产重置资金不足，此时企业不得不考虑留用一定的利润，以便弥补由于购买力下降而造成的固定资产重置资金缺口。因此，在通货膨胀时期，企业一般会采取偏紧的股利分配政策。

企业在对股利进行分配时，应充分考虑影响股利分配的各种影响因素，在进行利弊比较后制定出适合本公司的股利分配政策。

二、股利政策的类型

股利政策在公司经营中起着至关重要的作用，关系到公司未来的长远发展、股东对投资回报的要求和资本结构的合理性。公司在制定股利政策时，会受到多种因素和不同股利理论的影响，并且不同的股利政策也会对公司的股票价格产生不同的影响。因此，对于股份公司来说，制定一个合理的股利政策是十分重要的。合理的股利分配政策，一方面可以为企业规模扩张提供资金来源；另一方面可以为企业树立良好形象，吸引潜在的投资者和债权人，实现公司价值及股东财富最大化。股利政策的选择，既要符合公司的经营状况和财务状况，又要符合各位股东的长远利益。在实践中，股份公司常用的股利政策主要有剩余股利政策、固定股利支付率政策、稳定增长股利政策和低正常股利加额外股利政策四种类型。

(一) 剩余股利政策

剩余股利政策是在不改变最优资本结构的情况下，将企业的盈余首先用于报酬率超过投资者要求的必要报酬率的投资项目上，在满足了这些投资项目的资金需要以后，才将剩余部分作为股利发放给投资者。即公司在确定的最佳资本结构下，税后利润首先要满足项目投资的需要，若有剩余才用于分配现金股利。剩余股利政策是一种投资优先的股利政策。采用剩余股利政策意味着企业每期支付的股利随企业投资机会和盈利水平的变动而变动。在盈利水平不变的情况下，投资机会越多，企业发放的股利越少，或者不发放股利。反之，投资机会越少，企业发放的股利越多。

实施剩余股利政策，一般应按照以下四个步骤来确定股利的分配额：①设定目标资本结构，在此资本结构下，公司的加权平均资本成本将达到最低水平；②确定公司的最佳资本预算，并根据公司的目标资本结构预计资本需求中所需增加的权益资本数额；③最大限度地使用留存收益，以此满足资本需求中所需增加的权益资本数额；④留存收益在满足公司权益资本增加需求后，若还有剩余，再用来发放股利。

剩余股利政策的优点是优先考虑投资机会，将留存收益优先保证再投资的需要，有助于降低再投资的资金成本，降低筹资成本，优化资本结构，实现企业价值的长期最大化。剩余股利政策的缺点是，公司如果完全按照剩余股利政策执行，股利发放额每年会随着投资机会和盈利水平的波动而波动。在盈利水平不变的情况下，股利发放额随着投资机会的多少成反比变动，而在投资机会维持不变的情况下，股利发放额将与公司盈利呈同方向变动。因此，剩余股利政策不利于投资者安排收入与支出，也不利于公司树立良好的形象。

剩余股利政策适用于有良好的投资机会，对资金需求比较大，能准确地测定出最佳资本结构，并且投资收益率高于股票市场必要报酬率的公司。同时，它要求股东对股利的依赖性不能十分强烈，在股利和资本利得方面没有偏好或者偏好于资本利得，它通常适用于公司初创阶段或公司有良好投资机会时。在现实生活中，很少有企业完全机械地采用剩余股利政策，但它可以促使企业在制定股利政策时要考虑企业的未来投资机会。

【例6-5】某股份有限公司2021年的税后净利润为2 000万元，2022年的投资计划需要资金2 200万元，公司的目标资本结构为权益资本占55%，债务资本占45%。假设该公司当年所有股东持有的普通股股数为1 000万股，按照目标资本结构的要求，计算每股应分派的股利。

公司投资方案所需的权益资本数额=2 200×55%=1 210(万元)

所需的债务资本=2 200×45%=990(万元)

公司当年全部可用于分派的盈利为2 000万元，除了满足上述投资方案所需要的权益资本数额外，还有剩余可用于发放股利。

公司可用于发放的股利额=2 000-1 210=790(万元)

每股分派的股利=790÷1 000=0.79(元/股)

(二) 固定股利支付率政策

固定股利支付率政策是指企业每期股利的支付率保持不变，公司每年都从净利润中按固定的股利支付率发放现金股利。在固定股利支付率政策下，各年股利支付额随公司经营的好坏而上下波动，获得较多盈余的年份股利较高，获得较少盈余的年份股利额低。

固定股利支付率政策的主要优点是，保证企业的股利支付与企业盈利状况之间保持稳定。股利的支付额随盈利额的变动而相应变动，能使股利支付与企业盈利得到很好的配合，体现了"多盈多分、少盈少分、无盈不分"的股利分配原则。对于企业来讲，每年的股利会随着公司收益的变动而变动，不会给公司造成较大的财务负担，并且他们会认为企业公平地对待了每位股东。其主要缺点是企业的股利支付路径极不稳定，传递给股票市场是企业经营不稳定、投资风险较大的信息，容易造成企业的信用地位下降、股票下跌与股东信心动摇等情况，不利于实现企业价值最大化。并且公司实现的盈利多，并不能代表公司有足够的现金流量能用来支付较多的股利额，对于公司来说，确定一个固定的股利支付率难度较大。

由于公司每年面临的投资机会、筹资渠道不同，而这些都会在一定程度上影响公司的股利分派，所以在实践中，很少有公司使用固定股利支付率政策。固定股利支付率政策适用于发展比较稳定，且财务状况也比较稳定的公司。

【例6-6】某股份有限公司改用固定股利支付率政策进行股利分配，确定的股利支付率为20%。2021年的税后净利润为2 000万元，如果执行固定股利支付率政策，则公司2021年度将要支付的股利为多少？

要支付的股利=2 000×20%=400(万元)。

(三) 稳定增长股利政策

稳定增长股利政策是指在一定的时期内保持公司的每股股利额稳定增长的股利政策。采用这种股利政策的公司一般会随着公司盈利的增加，保持每股股利平稳提高。同时，要使股利增长率等于或略低于利润增长率，这样才能保证股利增长具有可持续性。

稳定股利增长政策的优点是采用这种股利政策的公司一般会随着公司盈利的增加，保持每股股利平稳提高。公司确定一个稳定的股利增长率，实际上是向投资者传递该公司经营业绩稳定增长的信息，可以降低投资者对公司经营风险的担心，从而有利于股票上涨。稳定的股利额有助于投资者安排股利收入和支出，有利于吸引进行长期投资并对股利有很高依赖性的股东。稳定的股利额还可以消除投资者对未来股利的不安全感，使投资者愿意支付更高的价格购买股利稳定的公司股票，从而可以降低公司权益资本的成本。

固定或稳定增长的股利政策的缺点在于会给公司造成较大的财务压力，股利的支付与企业的盈利相脱节，即不论公司盈利多少，均要支付固定的或按固定比率增长的股利，这可能导致企业资金紧缺或财务状况恶化。

稳定增长股利政策一般适用于经营比较稳定或属于成长期的企业。在公司的初创阶段或衰退阶段则不适合采用这种股利政策。行业特点和公司经营风险也是影响公司是否应当采取稳定增长股利政策的重要因素。通常公共公用事业行业的公司经营活动比较稳定，受经济周期影响较小，比较适合采用稳定增长股利政策；而一些竞争非常激烈的行业，由于公司经营风险较大，经营业绩变化较快，一般不适合采用这种股利政策。

(四) 低正常股利加额外股利政策

低正常股利加额外股利政策是一种介于固定股利支付政策与变动股利政策之间的折中股利政策。这种股利政策每期都支付稳定的、较低的正常股利额，当企业盈利较多时，再根据实际情况发放额外股利。这种股利政策具有较大的灵活性，在公司盈利较少或投资需要较多资本时，可以只支付较低的正常股利。在公司盈利较多且不需要较多投资资本时，可以向股东发放额外的股利。计算公式为

$$Y=a+bX$$

式中，Y——每股股利；

X——每股收益；

a——低正常股利；

b——额外股利支付率。

低正常股利加额外股利政策的优点包括：①赋予公司较大的灵活性，使公司在股利发放上留有余地，并具有较大的财务弹性，公司可根据每年的具体情况，选择不同的股利发放水平，以稳定和提高股价，进而实现公司价值的最大化；②使依靠股利度日的股东每年至少可以得到数额较低但比较稳定的股利收入，从而吸引住这部分股东，这样既不会给公司造成较大的财务压力，又能保证股东定期得到一笔固定的股利收入；③既可以维持股利的一贯稳定性，又有利于使公司的资本结构达到目标资本结构，使灵活性与稳定性较好地结合。

低正常股利加额外股利政策的缺点主要表现在：①公司各年度盈利的波动使额外股利不断变化，造成分派的股利不同，容易给投资者造成收益不稳定的感觉；②当公司在较长时间持续发放额外股利后，可能会被股东误认为是"正常股利"，一旦取消，股东会认为这是公司财务状况恶化的表现，进而导致股价下跌。

低正常股利加额外股利政策被大多数公司所采用。相对来说，对于盈利随着经济周期而波动较大的公司而言，或者公司盈利与现金流量很不稳定时，低正常股利加额外股利政策是一种不错的选择。

【例6-7】某公司本年实现的净利润为200万元，年末公司讨论决定股利分配的数额。上年实现净利润为180万元，分配的股利为100万元。请计算以下问题。

(1) 预计明年需要增加投资资本300万元，公司的目标资本结构为权益资本占60%，债券资本占40%。公司采用剩余股利政策，权益资金优先使用留存收益，公司本年应发放多少股利？

(2) 公司采用固定股利支付率政策，公司本年应发放多少股利？

(3) 公司采用正常股利加额外股利政策，规定每股正常股利为0.1元，按净利润超过最低股利部分的20%发放额外股利，该公司普通股股数为500万股，公司本年应放多少股利？

剩余股利政策下：

增加投资资本中权益资本=300×60%=180(万元)

可分配的利润=200-180=20(万元)

固定股利支付率政策下：

股利支付率=100/180=56%

本年发放股利=200×56%=112(万元)

正常股利加额外股利政策下：

正常股利总额=0.1×500=50(万元)

额外股利=(200-50)×20%=30(万元)

本年股利=50+30=80(万元)

三、股利支付的方式与程序

(一) 股利支付方式

1. 现金股利

现金股利是指上市公司以货币形式支付给股东的股利，也称红利。由于现金股利是从公司实现的净利润中支付给股东的，所以支付现金股利会减少公司的留用利润。因此，发放现金股利并不会增加股东的财富总额。但是，股东对现金股利的偏好不同，有的股东希望公司多发放现金股利，有的股东则不愿意公司发放过多现金股利。现金股利发放会对股票价格产生直接影响。例如，某公司股利分配之前的资产总价值为600万元，流通在外的普通股股数为30万股，每股市价为20元，如果公司决定每股发放1元的现金股利，则需要支付现金30万元，由此使公司资产的市场价值下降到570万元，股票市价下降到每股19元；如果某投资者在股利分配前持有500股价值10 000元的该公司股票，那么发放现金股利后，他可以得到500元的现金也就是股利收入，以及500股价值9 500元的股票。

2. 财产股利

财产股利是指股份公司以实物或有价证券的形式向股东发放的股利。以证券形式发放股利是公司用所持有的其他公司发行的债券、股票等证券资产来向股东支付股利的一种特殊股利支付形式。对于证券股利与现金股利而言，股东对声誉好且经济实力又强的大公司发行的证券股利没有过多偏好，因为它们的流动性强，在资本市场上容易变现。而对于其他公司发行的证券，其流动性存在差异，当股东收到这种证券股利时，他们从中获得的利益则隐含着不确定性。在发放实物股利的情况下，企业在现金支付能力不足时，所采取的补救措施就是发给股东实物资产甚至企业所生产的产品，从而形成实物股利的支付方式。公司支付实物股利时，通常掩盖了产品的销售过程；股东收到公司发放的实物股利时，一般会意识到公司经营欠佳，尽管实物股利不是他们所乐意接受的股利形式，但在公司经营状况不佳时，发放实物股利至少比不发放好。

3. 负债股利

负债股利是指以负债方式支付的股利，通常为将公司的应付票据支付给股东，或者以发放公司债券的方式支付股利，并带有利息。由于货币的时间价值，公司通常以应付票据的负债形式来界定延期支付股利的责任。股东因手中持有带息的期票，补偿了股利没有即期支付的货币时间价值，公司则因此承受了相应的利息支付压力。公司只有在必须支付股利而现金又不足的特定条件下，才采用这种权宜之策。

财产股利和负债股利实际上是现金股利的替代，这两种股利支付方式目前在我国公司股利支付实务中很少使用。

4. 股票股利

股票股利是指股份有限公司以增发股票的方式支付股利，以股票的形式从公司净利润中给股东分配股利。股份有限公司发放股票股利需经股东大会表决通过，根据股权登记日的股东持股比例，将可供分配利润转化为股本，并按持股比例无偿向各股东分派股票，增加股东的持股数量。对于公司而言，发放股票股利并没有现金流出企业，也不影响股东的持股比例，也不会导致公司的财产减少，只是将公司的未分配利润转化为股本和资本公积。公司的股东权益结构发生变化及未分配利润转为股本，会增加公司的股本总额，但是股票股利会增加流通在外的股票数量，同时降低股票的每股价值。股票股利不会改变公司股东权益总额，但会引起所有者权益各项目的结构发生变化。

【例6-8】某上市公司在外发行的普通股为 2 000 万股，每股股价为 5 元，公司宣布发放 10% 的股票股利，现有股东每持有 10 股即可分派 1 股普通股。通过表6-2 来分析该公司发放股票股利前后的所有者权益结构。

表6-2 发放股票股利前后的所有者权益结构

单位：万元

项目	发放股票股利前	发放股票股利后
股本(面值 1 元/股)	2 000	2 200
资本公积	3 000	3 800
盈余公积	2 000	2 000
未分配利润	3 000	2 000
股东权益合计	10 000	10 000

公司该年应发的股票股利的金额为 2 000×10%×5=1 000(万元)，需从"未分配利润"项目划转出。由于原有股票数量为 2 000 万股，股票股利的分派原则为每 10 股分派 1 股，因此增加发放了 200 万股(2 000/10)，股票面值 1 元不变，则"股本"项目增加了 200 万元，其余的 800 万元(1 000−200)应作为股本溢价转增至"资本公积"项目，而公司的股东权益总额并未发生改变，仍是 10 000 万元。

假设一位股东派发股票股利之前持有公司的普通股 20 万股，那么他所拥有的股权比例=20÷2 000×100%=1%。派发股利之后，所拥有的股票数量=20×(1+10%)=22(万股)，持股比例22÷2200×100%=1%。

由此可见，发放股票股利不会对公司股东权益总额产生影响，但会引起资金在各股东权益项目间的再分配，而且股票股利派发前后每一位股东的持股比例也不会发生变化。发放股票股利虽不直接增加股东的财富，也不增加公司的价值，但对股东和公司都有特殊意义。

对于公司而言，股票股利的优点主要体现在以下几个方面。

(1) 发放股票股利既向股东分配了股利，又节约了支付现金，因此企业可以将更多的现金留存下来，用于再投资，有利于公司的可持续发展。

(2) 发放股票股利可以降低公司股票的市场价格，有利于吸引门槛较低的小规模投资者进行投资决策，促进股票的交易和流通，并且可以使股权更为分散，有效地防止公司被恶意控制。

(3) 股票股利的发放可以向投资者传递管理层对未来盈利的信心，以及公司未来发展前景良好的信息，从而增强投资者的信心，在一定程度上稳定股票价格。

对于股东而言，股票股利的优点如下。

(1) 从理论上来讲，派发股票股利后，每股市价会成反比例下降。送红股以后，股票的数量增加了，同时降低了股票的价格，就降低了购买这种股票的门槛，在一定程度上改变了股票的供求关系，反而提高了股票的价格。

(2) 当股东需要现金时，还可以将分给他的股票出售。由于股利收入和资本利得税率的差异，如果股东把股票股利出售，会比直接分得同等数额的现金股利省税。

(3) 发放股票股利通常是成长中公司所选择的利润分配方式。因此，投资者往往认为发放股票股利预示着公司将会有较大的发展，利润将大幅度增长，足以抵消增发股票带来的消极影响。这种心理会稳定住股价，甚至会使股价略有上升。

(二) 股利支付程序

公司股利的发放必须遵守法定的程序，按照日程安排来进行。一般情况下，先由董事会提出分配预案，然后提交股东大会决议，股东大会决议通过才能进行分配。股东大会决议通过分配预案后，要向股东宣布发放股利的方案，并确定股权登记日、除息日和股利发放日。

1. 股利宣告日

股利宣告日就是经股东大会决议通过，并由董事会将股利分配及发放情况予以公告的日期。董事会应先提出利润分配预案，并提交股东大会表决。利润分配方案经股东大会表决通过之后，董事会才能对外公布。公布时，应明确股利分配的年度、分配的范围、分配的形式，以及分配的现金股利或股票股利的数量，同时公告每股应支付的股利、股权登记日、除息日和股利支付日。例如，A 公司董事会于 2021 年 12 月 15 日通过决议，宣布于 2022 年 2 月 16 日向2022 年 1 月 30 日登记在册的所有股东发放每股 0.8 元的股利，那么，2021 年 12 月 15 日就是股利宣告日。

2. 股权登记日

股权登记日即有权领取本期股利的股东资格登记截止日期。只有在股权登记日之前登记注册的股东，才有权利分享股利，而在这一天之后取得股票的股东则无权领取本次分派的股利。例如，上述 A 公司的股权登记日为 2022 年 1 月 30 日，如果投资者持有的股票所有权手续是在 2022 年 1 月 31 日当天或之后才办好，则无权享受此次分配。

3. 除息日

除息日也称除权日，是指股利从股价中除去的日期，即领取股利的权利与股票分离的日期。在除息日之前购买股票的股东才能领取本次股利，而在除息日当天或以后购买股票的股东，则不能领取本次股利。通常，除息日当天的股票价格会下跌，除息日是股权登记的下一个交易日。上述 A 公司的除息日为 2022 年 1 月 31 日。

4. 股利发放日

股利发放日也称股利支付日，是公司将股利正式支付给股东的日期。在这一天，企业会将股利通过邮寄、汇款等方式支付给股东，目前，公司可以通过中央结算登记系统将股利直接转入股东在证券公司开立的保证金账户。A 公司的股利支付日为 2022 年 2 月 16 日。

【例6-9】某股份有限公司于2021年11月10日公布2020年度的最后分红方案，其公告如下："2021年10月9日在上海召开的股东大会，通过了董事会关于每股分配0.50元的股息分配方案。股权登记日为11月25日，除息日为11月26日，股东可在12月10日至25日之间通过深圳交易所领取股息。特此公告！"

该公司的股利支付程序如图 6-1 所示。

图6-1　股利支付程序

📖 **拓展阅读**

深圳市拓日新能源科技股份有限公司2020年度分红派息实施公告

深圳市拓日新能源科技股份有限公司(以下简称"公司"或"本公司")2020 年度利润分配方案已获 2021 年 11 月 11 日召开的 2021 年第二次临时股东大会审议通过，现将公司 2020 年度利润分配事宜公告如下。

一、股东大会审议通过利润分配方案情况

1. 公司在 2021 年 11 月 11 日召开的 2021 年第二次临时股东大会上审议通过了《关于调整公司 2020 年度利润分配预案的议案》，具体方案如下：以现有总股本 1 413 020 549 股为基数向全体股东每 10 股派发现金股利人民币 0.35 元(含税)，公司 2020 年度利润分配方案以分配总额固定的方式分配。

2. 公司股本总额自分配方案披露至实施期间未发生变化。

3. 本次实施的分配方案与股东大会审议通过的分配方案一致。

4. 本次实施分配方案距离股东大会审议通过的时间未超过两个月。

二、本次实施的权益分派方案

本公司 2020 年度利润分配方案为：以公司现有总股本 1 413 020 549 股为基数，向全体股东每 10 股派 0.35 元人民币现金(含税；扣税后，QFII、RQFII 及持有首发前限售股的个人和证券投资基金每 10 股派 0.315 元；持有首发后限售股、股权激励限售股及无限售流通股的个人股息红利税实行差别化税率征收，本公司暂不扣缴个人所得税，待个人转让股票时，根据其持股期限计算应纳税额

注：持有首发后限售股、股权激励限售股及无限售流通股的证券投资基金所涉红利税，对中国香港投资者持有基金份额部分按 10%征收，对内地投资者持有基金份额部分实行差别化税率征收。

注：根据先进先出的原则，以投资者证券账户为单位计算持股期限，持股 1 个月(含 1 个月)以内，每 10 股补缴税款 0.07 元；持股 1 个月以上至 1 年(含 1 年)的，每 10 股补缴税款 0.035 元；持股超过 1 年的，不需补缴税款。

三、分红派息日期

本次分红派息股权登记日为：2021 年 12 月 16 日；除权除息日为：2021 年 12 月 17 日。

四、分红派息对象

本次分红派息对象为：截至 2021 年 12 月 16 日下午深圳证券交易所收市后，在中国证券登记结算有限责任公司深圳分公司(以下简称"中国结算深圳分公司")登记在册的本公司全体股东。

五、分配方法

1. 本公司此次委托中国结算深圳分公司代派的现金红利将于 2021 年 12 月 17 日通过股东托管证券公司(或其他托管机构)直接划入其资金账户。

2. 以下 A 股股东的现金红利由本公司自行派发：

在权益分派业务申请期间(申请日 2021 年 12 月 1 日至登记日 2021 年 12 月 16 日)，如因自派股东证券账户内股份减少而导致委托中国结算深圳分公司代派的现金红利不足的，一切法律责任与后果由我公司自行承担。

深圳市拓日新能源科技股份有限公司董事会
2021 年 12 月 11 日

(资料来源：根据网络资料整理)

第四节　股票分割与股票回购

一、股票分割

(一) 股票分割的概念

股票分割又称拆股，是指将一股面值较高的股票拆分成几股面值较低的股票的行为。例如，将原来每股面值为 1 元的普通股分割成 4 股每股面值为 0.25 元的普通股。通过股票分割，公司股票面值降低，同时公司发行股票总数增加，股票的市场价格也会相应下降，但不会对公司的

资本结构产生任何影响。

(二) 股票分割的特点

(1) 股票分割对公司的资本结构不会产生任何影响，一般只会使发行在外的股票总数增加。资产负债表中股东权益各账户(包括股本、资本公积、留存收益)的余额都保持不变，股东权益的总额也保持不变。

(2) 股票分割给投资者带来的不是现实利益，但是投资者持有的股票数增加了，给投资者带来了今后可多分股息和有更高收益的希望。因此，股票分割往往比增加股息派发对股价上涨的刺激作用更大。

【例 6-10】某公司 2021 年年终利润分配签的股东权益项目资料如表 6-3 所示。公司全部发行普通股，股票的每股现行市价为 10 元，若按照 1 股换 2 股的比例进行股票分割，计算股东权益各项目数额及普通股股数。

表6-3 某公司2021年年终利润分配前的股东权益项目资料

单位：万元

股本(面值1元，500万股)	500
资本公积	120
未分配利润	1180
股东权益合计	1800

股票分割后的普通股股数=500×2=1000(万股)

股票分割后的面值为 0.5 元/股，则股票分割后的普通股股本=0.5×1000=500(万元)

股票分割后的资本公积=120(万元)

股票分割后的未分配利润=1180(万元)

股东权益合计=1800(万元)

(三) 股票分割的作用

1. 降低股票价格

股票分割会使股票价格降低。部分投资者由于资金量的限制，不愿意购买有些公司价格过高的股票，这样会使高价股的流动性受到影响，而股票分割可以通过降低股价来促进股票的流通和交易。流通性的提高和股东数量的增加，会在一定程度上加大对公司股票恶意收购的难度。此外，降低股票价格还可以为公司发行新股做准备，因为股价太高会使许多潜在投资者不敢轻易对公司股票进行投资。

2. 向市场和投资者传递公司信息

与分配股利一样，股票分割也可以向市场和投资者传递公司未来经营业绩变化的信息。一般来说，处于成长阶段的中小公司，由于业绩的快速增长，股价会不断上涨。此时公司进行股票分割，实际上表明公司未来的业绩仍然会保持良好的增长趋势，这种信息的传递也会引起股票价格上涨。

3. 增加股东数量

通过股票分割，现有股东可能卖出新获得的股票，从而增加股东数量。同时，股票数量和股东数量的增加，有利于活跃股票交易活动，提高公司股票的流动性，使公司的股东更为分散，防止一股独大的情形出现。

【例 6-11】某公司是一家小型信息技术公司，目前公司普通股股数为 5 000 万股，每股面值 10 元。由于公司正处于快速成长时期，每年盈利的增长都高于行业平均水平。股票上市三年来股价不断上涨，已由三年前上市时的 12 元/股上涨到目前的 60 元/股。由于股价较高且股票数量较少，股票在市场上的流动性受到影响。因此，该公司董事会决定进行股票分割，按照 1∶2 的比例将一股分割为两股，每股面值跌至 5 元，普通股股数增加到 10 000 万股，这样就可吸引更多的投资者购买该公司的股票。通过股票分割，股价相应降低到 30 元/股，而股东所持有的股票数量会增加一倍。

(四) 股票分割与现金股利的区别

对于企业来说，无论是股票分割还是发放股票股利，都属于股本扩张政策，二者都会使公司股票数量增加，股票价格降低，并且都不会增加公司价值和股东财富。它们的区别如下。

(1) 股票分割降低了股票面值，而发放股票股利不会改变股票面值。这主要是因为股票分割是股本重新拆分，将原来的股本细分为更多的股份，因此股本面值会相应成比例降低。而股票股利是公司以股票的形式，用实现的净利润向股东无偿分派股利，股票面值不会降低。

(2) 会计处理不同。股票分割不会影响资产负债表中股东权益、各项目金额的变化，只会引起股票面值降低，股票股数增加，因此股本金额不会变化，资本公积金和留用利润的金额也不会变化。公司发放股票股利，应将股东权益中留用利润的金额按照发放股票股利面值总数转为股本，因此股本金额相应增加，而留用利润相应减少。

(五) 反分割

与股票分割相反，如果公司认为股票价格过低，不利于其在市场上的声誉和未来的再筹资时，为提高股票的价格，会采取反分割策略。反分割又称股票合并或逆向分割，是指将多股股票合并为一股股票的行为。反分割显然会降低股票的流通性，提高公司股票投资的门槛，它向市场传递的信息通常是对公司不利的。

二、股票回购

(一) 股票回购的概念

股票回购是指股份公司出资购回本公司发行在外的股票，公司在股票回购完成后，可以将所回购的股票注销。但在绝大多数情况下，公司将回购的股票作为库存股保留，不再属于发行在外的股票，且不参与每股收益的计算和分配。库存股日后可移作他用，如发行可转换债券、雇员福利计划等，或在需要资金时出售。公司持有本公司的库存股通常不能超过一定期限，这是为了避免公司管理层利用库存股操纵每股利润或每股股票价格。库存股也不能享有与正常的普通股相同的权利，如没有投票权和分派股利的权利。股票回购是证券市场发展到一定阶段的产物，与其他资本运作工具相比有其独特的优势。股票回购最早可以追溯到 20 世纪 60 年代的美国，为了规避联邦政府对公司发放现金股利的种种限制，不少上市公司采用股票回购的方式替代现金股利政策。公司以多余的现金购回股东所持有的股份，使流通在外的普通股减少，每股股利增加，且股价上升，股东能因此获得资本利得，相当于公司支付给股东现金股利。因此，股票回购被上市公司广泛关注并运用，现阶段已成为资本市场上常见的资本运营方式。1992年，我国发生了第一起股票回购事件，即大豫园以协议回购的方式将小豫园的所有股票购回并注销。

《公司法》规定，公司不得随意收购本公司的股份，只有满足相关法律规定的情形才允许股票回购。以下四种情形，公司可以回购本公司的股份：一是减少公司注册资本；二是与持有本公司股份的其他公司合并；三是将股份奖励给本公司职工；四是股东因对股东大会做出的合并、分立决议持异议，要求公司收购其股份。其中，公司因第一种情形收购本公司股份的，应当在收购之日起 10 日内注销；属于第二种、第四种情形的，应当在 6 个月内转让或注销；属于第三种情形的，回购股价不得超过本公司已发行股份总额的 5%，应当在 1 年内转让给职工。可见，我国法律法规并不允许公司拥有西方实务中常见的库存股。

(二) 股票回购的方式

股票回购的方式主要包括公开市场回购、要约回购、协议回购和转换回购四种。

1. 公开市场回购

公开市场回购是指公司在公开交易市场上以当前市价回购本公司的股票。通过公开市场回购的方式回购股票，很容易导致股票价格上涨，从而增加回购成本。一般来说，在公司回购股票的目标已经达到的情况下，就可以停止回购。

2. 要约回购

要约回购是指公司通过公开向股东发出回购股票的要约来实现股票回购计划。要约回购价格一般高于市场价格，在公司公告要约回购之后的限定期限内，股东可自愿决定是否要按照要约价格将所持有的股票出售给公司。如果股东愿意出售的股数多于公司计划回购的股数，公司可以自行决定购买部分或全部股票。

3. 协议回购

协议回购是指公司以协议价格直接向一个或几个主要股东回购股票。协议回购是指公司与特定股的股东私下签订购买协议，回购其持有的股票。协议回购方式回购股票的价格通常低于当前市场价格，并且一次回购股票的数量较大，通常作为大宗交易在场外进行。

4. 转换回购

转换回购是指公司用债券或者优先股代替现金回购普通股的股票。回购方式采取转换回购的方式，公司不必支付大量现金，对于现金流量并不充足的公司而言，这是一种可选的回购方式，而且采用这种回购方式还可以起到调整资本结构的作用。

(三) 股票回购的动机

在证券市场上，股票回购的动机多种多样，主要有以下四个方面。

1. 股东避税动机

公司发放现金股利,股东需要缴纳个人所得税,并且高于资本利得的所得税税率。公司为了减少股东缴纳的个人所得税,可以用股票回购的方式替代发放现金股利,从而为股东带来税收利益。

2. 改变公司资本结构的动机

公司回购股份可通过对外举债获得现金并回购自己的股票的方式,由此可以调节公司资本结构,降低资本结构中过高的股东权益比例,使得公司资本结构趋于合理化。

3. 传递信息动机

由于外部投资者与公司管理层之间存在信息不对称,二者对股票价值的认识可能会存在较大差异。当资本市场低迷时,证券市场上的公司股价有可能被低估,而过低的股价将会对公司产生负面影响。如果管理层认为本公司股票被严重低估,公司则可以通过股票回购行为来传递这种信号,投资者会认为股票回购是公司认为其股票价格被低估而采取的应对措施,从而促使公司股价上涨。

4. 掌握控制权动机

为了巩固既有的控制权,控股股东经常会直接或间接地回购股票。另外,股票回购使流通在外的股份数变少,股价上升,可以有效地防止恶意收购。并且,当公司的股票被低估时,公司有可能成为被收购的目标,从而对现有股东的控制权产生威胁。为了维护原有股东对公司的控制权,预防或抵制敌意收购,公司可以通过股票回购方式减少流通在外的股票股数,提高股票价格。

(四) 股票回购的影响

股票回购对上市公司的影响主要表现在以下几个方面:①股票回购需要支付大量资金,容易造成资金紧张,降低资产流动性,影响公司的后续发展;②股票回购无异于股东退股和公司资本的减少,也可能会使公司的发起人股东更注重创业利润的实现,这不仅在一定程度上削弱了对债权人利益的保护,还忽视了公司的长远发展,损害了公司的根本利益;③股票回购容易导致公司操纵股价,利用内幕消息进行炒作,加剧公司行为的非规范化,损害投资者的利益。

【例 6-12】某股份公司在股利分配前的资产总价值为 1 000 万元,在外流通的普通股为 100 万股,每股股价为 10 元,公司决定以 100 万元现金回购公司 10%的股票作为库存股保留。股票回购前后的资产负债表简表见表 6-4。

表6-4　发放股票股利前后的所有者权益结构

单位:万元

资产	股票回购前(流通在外100万股)	股票回购后(流通在外90万股)
货币资金	600	500(600-100)
其他资产	400	400
总计	1 000	900
负债和股东权益		

（续表）

资产	股票回购前(流通在外100万股)	股票回购后(流通在外90万股)
负债	0	0
股东权益	1 000	900(90万股×10元)
总计	1 000	900

本 章 小 结

利润分配是企业一定时期（通常为年度）内将所实现的净利润，按照国家财务制度规定的分配形式和分配顺序，在企业与投资者之间进行的分配。

企业在进行利润分配时应遵循依法分配原则、资本保全原则、充分保护债权人原则、分配与积累并重原则、各方利益兼顾原则，以及投资与收益对等原则。

根据《公司法》及相关法律制度的规定，公司净利润应按照以下顺序分配：计算可供分配的利润、弥补以前年度亏损、计提法定盈余公积、支付优先股股利、计提任意盈余公积，以及向股东分配股利。

股利理论主要形成了股利无关论与股利相关论两种较流行的观点。其中，股利无关论认为，股利分配政策对公司的市场价值或股票价格不会产生任何影响，即投资者不关心公司股利的分配。股利相关论认为，在现实的市场环境下，企业的利润分配会影响企业价值和股票价格，因此企业价值与股利政策是相关的，其代表性观点主要有"在手之鸟"理论、信号传递理论、所得税差异理论、客户效益和代理理论。

股利政策是确定企业的净利润如何分配的政策，在确定分配政策时，应当考虑各种相关因素的影响，主要包括法律因素、公司因素、股东因素及其他因素。在实践工作中，股份公司常用的股利政策主要有剩余股利政策、稳定增长股利政策、固定股利支付率政策和低正常股利加额外股利政策四种类型。

公司股利的发放必须遵守相关要求，按照日程安排来进行。股利支付方式有现金股利、财产股利、负债股利和股票股利四种。一般情况下，首先由董事会提出分配预案，然后提交股东大会决议，股东大会决议通过才能进行分配。股东大会决议通过分配预案后，要向股东宣布发放股利的方案，并确定股权登记日、除息日和股利发放日。

股票分割又称拆股，即将一股股票拆分成多股股票的行为，这样会使股票价格降低，可以向市场和投资者传递公司未来经营业绩变化的信息。

股票回购是指上市公司出资将其发行在外的普通股以一定价格购买回来予以注销或作为库存股的一种资本运作方式，其回购的方式主要包括公开市场回购、要约回购、协议回购和转换回购四种。

课 后 习 题

一、单项选择题

1. 股利的支付可减少管理层可支配的自由现金流量，在一定程度上可以抑制管理层的过度投资或在职消费行为。这种观点体现的股利理论是(　　)。

    A. 股利无关论　　　　　　　　　　B. 信号传递理论

    C. "在手之鸟"理论　　　　　　　　D. 代理理论

2. 某公司近年来公司业务不断拓展，目前处于成长阶段，预计现有的生产经营能力能够满足未来10年稳定增长的需要，公司希望其股利与公司盈利紧密配合。基于以上条件，最适合该公司采用的股利政策是(　　)。

    A. 剩余股利政策　　　　　　　　　B. 固定股利政策

    C. 固定股利支付率政策　　　　　　D. 低正常股利加额外股利政策

3. 企业的法定公积金应当从(　　)提取。

    A. 利润总额　　　　　　　　　　　B. 税后利润

    C. 营业利润　　　　　　　　　　　D. 营业收入

4. 下列各项中，不影响股东权益总额变动的股利支付形式是(　　)。

    A. 现金股利　　　　　　　　　　　B. 股票股利

    C. 财产股利　　　　　　　　　　　D. 负债股利

5. 在确定企业利润分配政策时，应当考虑相关因素的影响，其中，资本保全约束属于(　　)。

    A. 股东因素　　　　　　　　　　　B. 公司因素

    C. 法律因素　　　　　　　　　　　D. 债务契约因素

6. 如果上市公司以其应付票据作为股利支付给股东，则这种股利支付方式称为(　　)。

    A. 现金股利　　　　　　　　　　　B. 股票股利

    C. 财产股利　　　　　　　　　　　D. 负债股利

7. 下列各项中，能够增加普通股股票发行在外股数，但不改变公司资本结构的行为是(　　)。

    A. 支付现金股利　　　　　　　　　B. 增发普通股

    C. 股票分割　　　　　　　　　　　D. 股票回购

8. (　　)是确定投资者是否有权领取本次股利的日期。

    A. 宣告日　　　　　　　　　　　　B. 股权登记日

    C. 除息日　　　　　　　　　　　　D. 股利发放日

9. 下列各项中，不属于股票回购动机的是(　　)。

    A. 降低财务杠杆　　　　　　　　　B. 现金股利的替代

    C. 巩固控制地位　　　　　　　　　D. 传递公司信息

10. 下列股利政策中，股利支付水平与公司盈利状况密切相关的是(　　)。

　　A. 固定股利支付率政策　　　　　　B. 稳定增长股利政策

　　C. 剩余股利政策　　　　　　　　　D. 固定股利政策

二、多项选择题

1. 企业的利润分配应当遵循的原则包括(　　)。

　　A. 投资与收益对等原则　　　　　　B. 投资机会优先原则

　　C. 兼顾各方利益原则　　　　　　　D. 积累发展优先原则

2. 股东从保护自身利益的角度出发，在确定股利分配政策时应考虑的因素有(　　)。

　　A. 避税　　　　　　　　　　　　　B. 控制权

　　C. 稳定的收入　　　　　　　　　　D. 规避风险

3. 处于初创阶段的公司，一般不宜采用的股利分配政策有(　　)。

　　A. 固定股利政策　　　　　　　　　B. 剩余股利政策

　　C. 固定股利支付率政策　　　　　　D. 稳定增长股利政策

4. 股利无关论是建立在"完美且完全的资本市场"的假设条件之上的，这一假设包括(　　)。

　　A. 市场具有强势效率

　　B. 不存在任何公司和个人所得税

　　C. 公司的投资决策与股利决策彼此独立，公司的股利政策不影响投资决策

　　D. 存在交易成本假设

5. 影响利润分配政策的法律因素包括(　　)。

　　A. 资本保全　　　　　　　　　　　B. 资本确定

　　C. 企业积累约束　　　　　　　　　D. 净利润

6. 股利相关论认为，企业的股利政策会影响股票价格和公司价值，股利相关论主要包括(　　)。

　　A. "在手之鸟"理论　　　　　　　　B. 信号传递理论

　　C. 所得税差异理论　　　　　　　　D. 代理理论

7. 下列表述中，正确的有(　　)。

　　A. 在除息日前，股利权从属于股票

　　B. 在除息日前，持有股票者不享有领取股利的权利

　　C. 在除息日前，股利权不从属于股票

　　D. 从除息日开始，新购入股票的投资者不能分享最近一期股利

8. 下列分配政策中，股利水平与当期盈利直接关联的有(　　)。

　　A. 固定股利政策　　　　　　　　　B. 剩余股利政策

　　C. 固定股利支付率政策　　　　　　D. 低正常股利加额外股利政策

9. 下列各项中，能够增加普通股股票发行在外股数，但不改变公司资本结构的行为有(　　)。

　　A. 股票股利　　　　　　　　　　　B. 增发普通股

　　C. 股票分割　　　　　　　　　　　D. 股票回购

10. 下列各项中，属于股票回购方式的有( )。
    A. 公开市场回购　　　　　　　B. 直接回购
    C. 要约回购　　　　　　　　　D. 协议回购

三、判断题

1. 除息日是指领取股利的权利与股票分离的日期，在除息日购买股票的股东有权参与当次股利的分配。　　　　　　　　　　　　　　　　　　　　　　　　　　　( )

2. 发放股票股利后，一定会使每股收益和每股市价下降。　　　　　　　　( )

3. 固定股利政策的一个主要缺点是当企业盈余较少甚至亏损时，仍需要支付固定数额的股利，可能导致企业财务状况恶化。　　　　　　　　　　　　　　　　　　　　( )

4. 公司的现金流量会影响到股利的分配。　　　　　　　　　　　　　　　( )

5. 信号传递理论认为，未来的资本利得具有很大的不确定性，并且其风险会随着时间的推移而进一步增大，所以投资者会偏好于当期的现金股利。　　　　　　　　　　　( )

6. 处于衰退期的企业在制定利润分配政策时，应当优先考虑企业积累而实施低股利政策。　　　　　　　　　　　　　　　　　　　　　　　　　　　　　　　　( )

7. 根据《公司法》的规定，法定盈余公积的提取比例为当年税后利润(弥补亏损后)的50%。
　　　　　　　　　　　　　　　　　　　　　　　　　　　　　　　　　　( )

8. 与发放现金股利相比，股票回购可以提高每股收益，使股价上升或将股价维持在一个合理的水平上。　　　　　　　　　　　　　　　　　　　　　　　　　　　( )

9. 代理理论认为，高支付率的股利政策有助于降低企业的代理成本，但同时也会增加企业的外部融资成本。　　　　　　　　　　　　　　　　　　　　　　　　　　( )

10. 根据"在手之鸟"理论，公司向股东分配的股利越多，公司的价值越大。　　( )

四、计算分析题

1. 某公司2022年初的未分配利润为600万元，当年的税后利润为800万元，2022年不打算继续保持目前的资本结构，也不准备追加投资。按有关法律法规的规定，该公司应该至少提取10%的法定公积金，则该公司最多用于派发的现金股利是多少？

2. 某公司成立于2013年，历年的税前利润如表6-6所示(假设无其他纳税调整事项，所得税税率为25%)。

表6-6　公司历年税前利润

单位：元

年度	税前利润	年度	税前利润
2013	−100 000	2018	10 000
2014	40 000	2019	10 000
2015	−30 000	2020	40 000
2016	10 000	2021	30 000
2017	10 000		

要求：

(1) 2019 年是否应缴纳所得税？是否应提取盈余公积？

(2) 2020 年是否应缴纳所得税？是否应提取盈余公积？

(3) 2021 年是否应提取盈余公积？可否给股东分配股利？

3. 某公司 2022 年年末的资产负债表中，股东权益资料如表 6-7 所示。

表6-7 公司股东权益资料

单位：元

项目	金额
股本(面值 1 元，已发行 200 000 万股)	200 000
资本公积	400 000
盈余公积	100 000
未分配利润	900 000
股东权益合计	1 600 000

假设公司派发 15%的股票股利，即规定现有股东每持 10 股可得 1.5 股的新发放股利。若该股票当时市价为 10 元，计算股东权益各项目的金额。

4. A 公司为一家稳定成长的上市公司，2020 年度公司每股派发 0.2 元的现金股利，2021 年度公司实现净利润 8 000 万元。公司上市三年来，一直执行稳定增长现金股利政策，年增长率为 5%，吸引了一批稳健的战略性机构投资，且公司投资者中个人投资者持股比例占 60%。公司 2022 年计划新增一项投资项目，需要资金 8 000 万元，目标资本结构为权益资本占 50%，债务资本占 50%。由于公司良好的财务状况和成长能力，公司与多家银行保持着良好的合作关系。公司 2021 年 12 月 31 日资产负债表的有关数据如表 6-8 所示。

表6-8 A公司2021年12月31日资产负债表有关数据

单位：万元

项目	金额
货币资金	12 000
负债	20 000
股本(面值 1 元，发行在外 10 000 万股)	10 000
资本公积	8 000
盈余公积	3 000
未分配利润	9 000
股东权益总额	30 000

2022 年 3 月 15 日，公司召开董事会会议，讨论了甲、乙、丙三位董事提出的 2021 年度股利分配方案。

(1) 甲董事认为，考虑到公司的投资机会，应当停止执行稳定增长现金股利政策，将净利润全部留存，不分配股利，以满足投资需要。

(2) 乙董事认为，既然公司有好的投资项目，有较大的现金需求，则应当改变之前的现金股利分配政策，采用每 10 股送 5 股的股票股利分配政策。

(3) 丙董事认为，应当维持原来的股利分配政策，因为公司的战略性机构投资者主要是保险公司，它们要求固定的现金回报，且当前资本市场效率较高，不会由于发放股票股利而使股价上涨。

要求：

(1) 如果维持稳定增长股利分配政策，公司 2021 年度应当分配的现金股利总额是多少？

(2) 分别站在企业和投资者的角度，比较并分析甲、乙、丙三位董事提出的股利分配方案的利弊，指出最佳股利分配方案。

第七章

大数据与财务管理

【导读】

当前，大数据技术的发展和应用已经对当下的社会组织结构、经济运行机制、社会生活方式、国家治理模式、企业决策结构、企业战略，以及个人生活、工作和思维模式产生深远影响，成为人类收集和利用数据历史上的又一次重大变革。在各式各样的"互联网+"环境中，人们的生活环境和生活方式已经趋向数字化、网络化。在大数据时代，企业可以通过分析海量数据来做出更正确的决策。然而，大数据时代也对企业经营管理提出了更高的要求。对于财务管理者和企业决策者来说，更是需要重新审视和思考财务工作，开启大数据思维的变革，认清大数据所带来的商业和管理上的变革，从而提高自身的数据分析和协调能力，提高应对企业各种环境变化的决策能力。大数据势必会对企业的财务管理产生较大幅度的影响。

【学习重点】

掌握大数据的概念和内容；了解大数据分析的基本流程；了解大数据的特点；意义和趋势；理解财务管理与大数据的关系。

【学习难点】

理解大数据如何影响财务决策，了解大数据视角下的企业预算、投资、风险管理等财务管理活动的变化。

【教学建议】

第一节以讲授为主，第二节、第三节建议结合案例或小组讨论进行教学，引导学生查阅最新资料，并对相关案例进行分析。

第一节　认识"大数据"

在互联网技术发展的现阶段，日常和工作中产生的大量数据已经信息化。与过去相比，人类产生的数据量呈爆炸式增长，而过去的传统数据处理技术已经无法胜任。信息总量的变化导致了信息形态的变化——量变引起了质变。最先经历信息爆炸的学科，如天文学和基因学，创造出了"大数据"(big data)这个概念。

一、数据

1. 数据的定义

想要深入了解大数据必须先要理解数据。数据是指科学实验、检验、统计等所获得的，以及用于科学研究、技术设计、查证、决策等的数值，同时数据还可以理解为原始素材不依靠信息使用者或收集者的主观性想法而迁移、转变的客观存在。数据的概念包括了三个层次：①数据是记录下来可以被鉴别的符号；②数据是最原始的素材(如数字、文字、图像、符号等)；③数据如果未被加工解释，则没有回答特定的问题，没有任何意义。数据虽然经常被提及，但是实际上很多人依然对数据了解得不够深入，常将其与专业知识、信息一类的定义混为一谈。

信息是对数据进行生产加工后的结果，大家会把对其本身有价值的数据称作信息。例如，对于一个篮球迷来讲，全世界一切与篮球相关的历史、记录，每一天产生的篮球赛事、教练员、运动员和工作员的情况，乃至行业协会的要求等都归属于篮球世界的数据。而如果从一个球迷个体出发来看，他极有可能只关心自身喜欢的篮球运动员及部分他感兴趣的篮球有关事情，数据便人为地被加工或解释，这种他在数据海里所过滤出的动态具体内容，对他来说才算信息。

现阶段，主流对数据进行分析的角度主要有以线性代数、统计学、博弈论等为基础的数学角度，以数据库等为基础的传统计算机科学角度，以大数据、机器学习、人工智能为首的新型计算技术角度，以及行业知识和行业经验的角度。

2. 数据的类型

1) 按照数据结构分类划分

按照数据结构分类划分，可以划分为三类，即结构化数据、非结构化数据、半结构化数据。

(1) 结构化数据。结构化数据又称定量数据，是关系模型数据，存储在数据库里，可以用二维表结构来逻辑表达实现。结合到典型场景中更容易理解，如企业 ERP、财务系统，医疗 HIS 数据库，教育一卡通，政府行政审批，其他核心数据库等。结构化数据目前是大多数企业采用的存放数据类型。从"结构化"的名称中也可以形象地感受到其是一种高度组织和整齐格式化的数据，是可以放入表格和电子表格中的数据类型。

结构化数据作为定量数据，强调能够用数据或统一的结构加以表示信息，如数字、符号。在项目中，保存和管理这些信息的数据一般为关系数据库，当使用结构化查询语言或 SQL 时，计算机程序很容易搜索这些术语。结构化数据具有的明确关系，会使这些数据运用起来十分方便，但其在商业上的可挖掘价值方面就相对较弱。典型的结构化数据包括：信用卡号码、日期、财务金额、电话号码、地址、产品名称等。

(2) 非结构化数据。与结构化数据相比，不适合用数据库二维逻辑表来表现的数据即为非结构化数据。非结构化数据本质上是结构化数据之外的一切数据，它不符合任何预定义的模型，因此它存储在非关系数据库中，并使用 NoSQL 进行查询。它可能是文本的或非文本的，也可能是人为的或机器生成的。简单地说，非结构化数据就是字段可变的数据。

非结构化数据库是指其字段长度是可以变化的，其每个字段的记录可以由可重复的或不可重复的子字段构成数据库。采用这种方法比较方便，一方面可以处理数位、符号等结构化数据，另一方面也可以处理文字、图像、视频等非结构化数据。非结构化数据库主要是针对非结构化数据而产生的，与之前的关联式数据库所不同的是，它不再局限于之前数据固定长度的问题，打破了这种限制，可以采用重复字段、子字段和变长字段的应用，利用这种管道，实现了对变长数据和重复字段的处理，以及对数据项目的变长存储管理，如果是处理全文信息内容和多媒体信息内容，非结构化资料库则表现出很明显的优势，这是传统的关联式数据库所不能达到的。

非结构化数据不是那么容易组织或格式化的，因此收集、处理和分析非结构化数据也是一项重大挑战。非结构化数据构成了网络上绝大多数可用数据，并且它每年都在增长。随着更多信息在网络上可用，并且大部分信息都是非结构化的，找到使用它的方法已成为许多企业的重要战略，显然更传统的数据分析工具和方法还不足以完成工作。非结构的数据所涉及的方面也是比较广的，包含所有格式的办公档案、文字、图片、各类报表、图像等。

典型的机器生成的非结构化数据包括天气数据、地形、军事活动等的卫星图像；石油和天然气勘探、空间勘探、地震图像、大气数据等的科学数据；监控照片和视频等的数字监控；交通、天气、海洋传感器等的传感器数据。

典型的人为生成的非结构化数据包括文字处理、电子表格、演示文稿、电子邮件、日志等的文本文件；电子邮件(由于其元数据而具有一些内部结构，有时将其归为半结构化数据)；来自社交媒体如微博、微信等各类即时通信服务平台的数据；短视频自媒体平台、照片共享网站的数据；短信、位置等的移动数据；聊天、即时消息、电话录音、协作软件等的通信数据；数码照片、音频文件、视频文件等的媒体数据，以及各类办公文档等的业务应用程序数据。

非结构化数据要比结构化数据多，当下，非结构化数据可以占企业数据的80%以上，并且以每年55%~65%的速度增长。如果没有工具来分析这些海量数据，企业数据的巨大价值将无法发挥。随着储存成本的下降，以及新兴技术的发展，行业对非结构化数据的重视程度得到提高。如物联网、工业4.0、视频直播产生了更多的非结构化数据，而人工智能、机器学习、语义分析、图像识别等技术方向则更需要大量的非结构化数据来开展工作。

(3) 半结构化数据。半结构化数据是指在完全结构化数据和完全非结构化数据之间的数据，这里的完全结构化数据指的是关系型数据库等信息，完全非结构化数据指的是声音、图像等信息。然而，在做一个信息系统设计时肯定会涉及数据的存储，一般会将系统信息保存在某个指定的关系数据库中。使用者会将数据按业务分类，并设计相应的表，然后将对应的信息保存到相应的表中，例如，做一个学生档案系统，要保存学生基本信息(学号、姓名、性别、出生日期等)，则可以建立一个对应的学生档案表。

2) 按照数据产生的主体分类划分

按照数据产生的主体分类划分，可以划分为三类，即企业数据、机器数据、社会化数据。

(1) 企业数据。如客户关系管理系统(CRM系统)里的消费者数据，企业资源计划(ERP系统)的数据，全渠道营销管理系统(OCSS系统)的订单数据等。麦肯锡公司在研究报告《大数据：下一个创新、竞争和生产率的前沿》中说到，曾经在美国，仅仅是制造行业其数据就比美国政府的还多一倍，除此之外，在新闻业、银行业，还有医疗业、投资业，或者是零售业所拥有的数据，都可以和美国政府产生的海量数据等同对待。这些繁多的数据表明，庞大的数据来源使得企业界发生了变化，企业每天都在产生和更新数据，数据俨然成为企业资产的一部分。现在数据已经成为一大指向标，在经济领域中，大数据扮演了非常重要的角色。在不久的将来，数据定将会和企业的固定资产、人力资源一样，成为企业生产过程中的基本要素之一。

(2) 机器数据。机器数据即机器生产的数据，也就是大数据最原始的数据类型。一般来说，机器数据主要包含的是软硬体设备生产的信息，这些数据主要有设备日志、交易记录、呼叫记录、智慧型仪器表、交易数据、网络消息等，并且这些信息含有企业内几乎所有的元素。在大数据中，机器数据是增长比较快的一种数据，并且在现代企业机构数据总量中所占的份额比例也比较大。如何管理巨大的机器数据，如何在万千数据中利用机器数据创造业务，是现代企业需要解决的一大问题。在目前这个信息的地位前所未有之高的时代，大数据是不可或缺的，企业可以结合 IT 运维、系统安全、搜寻引擎等应用，实现大数据环境下机器数据的存储、管理、分析。

(3) 社会化数据。随着网络的流行，社交软件得到了广泛应用。社交软件拥有庞大的用户群，用户的登录会产生巨大的数据量，这些用户也会产生巨大的数据回馈，主要包括网络上的评论、视频、图片、个人信息数据等。用户在媒体中分享自己的资讯或评论他人的信息，被称为社会化数据。与之前静态的事务性数据相比，社会化数据更具有实时性和流动性。现在的人们会在社会化媒体软件上进行交流、购买、出售等活动，这些活动大多是免费的，由此会产生大量信息。这些数据其实是每个网民一点点积累而成的，其含有的价值也是不能忽视的。

3) 按照数据的作用管道分类划分

按照数据的作用管道分类划分，可以划分为三类，即交易数据、互动数据、传感数据。

(1) 交易数据。交易数据指的是经由 ERP、电子商务、POS 机等交易工具带来的数据。在具体的应用中，因为组织数据与互联网数据并没有合理地放在一起，各种海量数据都混在一起，非常杂乱，所以数据不能得到有效利用。针对这些问题，迫切需要更大的数据平台、快速有效的算法去分析、预测产生的交易数据，这样有利于企业充分运用这些数据信息。

(2) 互动数据。互动数据指的是微信、微博、即时通信等社交媒体所产生的数据。如今，社交网站越来越多，产生的数据量也越来越丰富，带动了以非结构化数据为主的大数据分析，使得企业对数据的要求更高，它们不再满足于点状的交易数据。例如，企业卖掉产品、顾客突然解约都是归于点状的交易数据，这种数据无法满足企业发展的需要，他们需要的是线状的互动数据，如为什么能卖掉这项产品、顾客为什么突然解约等。对于企业现在所处的环境来说，不仅需要了解企业现在的状况，还需要预测未来的发展前景，这就需要把分析方法从交易数据的形式向互动数据的方向发展。例如，亚马逊网站会根据网页的数据流览量来跟踪用户从进入到离开该网站的时间和行为，这其实就是在企业和用户之间建立一种互动数据的联系。如果多个用户都避开某一个网站，则表明这个网站需要改善。

(3) 传感数据。传感数据指的是 GPS、RFID、视频监控等物联网设备带来的传感数据。在科技日益发展的今天，微处理器和感测器变得越来越便宜，许多系统都已更新改善，全自动系统或半自动系统含有更多智慧性功能，可以从大环境中获取更多数据。现在许多系统中的感测器和处理器日益丰富，并且价格还在降低，因此企业中的很多系统都在利用感测器，它们未来将会自动地产生传感数据。

二、大数据

1. 大数据的定义

大数据(big data)又称巨量资料，是指所涉及的资料量规模巨大到无法透过主流软件工具在合理时间内达到撷取、管理、处理的目的，并整理成帮助企业更积极进行经营决策的资讯。在维克托·迈尔-舍恩伯格及肯尼斯·库克耶编写的《大数据时代》中，大数据不用随机分析法(抽样调查)这样的捷径，而采用将所有数据进行分析处理的方法。

📖 **拓展阅读**

大数据的发端与发展

从文明之初的"结绳记事"，到文字发明后的"文以载道"，再到近现代科学的"数据建模"，数据一直伴随着人类社会发展变迁，承载着人类基于数据和信息认识世界的努力和取得的巨大进步。然而，直到以电子计算机为代表的现代信息技术出现后，它为数据处理提供了自动的方法和手段，人类掌握数据、处理数据的能力才实现了质的跃升。信息技术及其在经济社会发展方方面面的应用(即信息化)，推动数据(信息)成为继物质、能源之后的又一种重要战略资源。

"大数据"作为一种概念和思潮由计算领域发端，之后逐渐延伸到科学和商业领域。大多数学者认为，"大数据"这一概念最早公开出现于1998年，美国高性能计算公司SGI的首席科学家约翰·马西(John Mashey)在一次国际会议报告中指出，随着数据量的快速增长，必将出现数据难理解、难获取、难处理和难组织等四个难题，并用"Big Data(大数据)"来描述这一挑战，在计算领域引发思考。2007年，数据库领域的先驱人物吉姆·格雷(Jim Gray)指出，大数据将成为人类触摸、理解和逼近现实复杂系统的有效途径，并认为在实验观测、理论推导和计算仿真等三种科学研究范式后，将迎来第四范式——数据探索，后来同行学者将其总结为"数据密集型科学发现"，开启了从科研视角审视大数据的热潮。2012年，牛津大学教授维克托·迈尔-舍恩伯格(Viktor Mayer-Schnberger)在其畅销著作《大数据时代》中指出，数据分析将从"随机采样""精确求解"和"强调因果"的传统模式演变为大数据时代的"全体数据""近似求解"和"只看关联不问因果"的新模式，从而引发商业应用领域对大数据方法的广泛思考与探讨。

大数据于2012年、2013年达到宣传高潮，2014年后其概念体系逐渐成形，大众对其的认知亦趋于理性。大数据相关技术、产品、应用和标准不断发展，逐渐形成了包括数据资源与API、开源平台与工具、数据基础设施、数据分析、数据应用等板块构成的大数据生态系统，并持续发展和不断完善，其发展热点呈现了从技术向应用、再向治理的逐渐迁移。经过多年来的发展和沉淀，人们对大数据已经形成基本共识，即大数据现象源于互联网及其延伸所带来的无处不在的信息技术应用，以及信息技术的不断低成本化。大数据泛指无法在可容忍的时间内用传统信息技术和软硬件工具对其进行获取、管理和处理的巨量数据集合，具有海量性、多样性、时效性及可变性等特征，需要可伸缩的计算体系结构以支持其存储、处理和分析。

大数据的价值本质体现为：提供了一种人类认识复杂系统的新思维和新手段。就理论而言，在足够小的时间和空间尺度上，对现实世界的数字化可以构造一个现实世界的数字虚拟映像，这个映像承载了现实世界的运行规律。在拥有充足的计算能力和高效的数据分析方法的前提下，对这个数字虚拟映像的深度分析将有可能理解和发现现实复杂系统的运行行为、状态和规律。应该说大数据为人类提供了全新的思维方式，以及探知客观规律、改造自然和社会的新手段，这也是大数据引发经济社会变革最根本性的原因。

(资料来源：梅宏. 大数据：发展现状与未来趋势[EB/OL]. [2021-04-12]. http://www.npc.gov.cn/npc/c30834/201910/653fc6300310412f841c90972528be67.html)

2. 大数据的特征

IBM 提出大数据具有五大特征：体量大(volume)、速度快(velocity)、样式多(variety)、价值密度低(value)、真实性(veracity)。

换个角度说，大数据强调的是有海量的数据，有对海量数据进行挖掘的需求，有对海量数据进行挖掘的软件工具(Hadoop、Spark、Storm、Flink、Tez、Impala……)。大数据的世界不只是一个单一的、巨大的计算机网络，还是一个由大量活动构件与多元参与者元素构成的生态系统，是终端设备提供商、基础设施提供商、网络服务提供商、网络接入服务提供商、数据服务使能者、数据服务提供商、触点服务、数据服务零售商等一系列参与者共同构建的生态系统。具体来说，大数据的来源有互联网(如社交软件、搜索平台、电商平台)、移动互联、物联网(如各类感测器)、车联网、GPS、医学影像、安全监控、金融(银行、股市、保险)、电信(通话短信)等，这些生态系统大大拓展了互联网的边界和应用范围。

3. 大数据的意义

1) 赋能企业经营管理

大数据使得企业能够及时分析多种来源、各种形式和类型的海量数据，从而帮助企业更快地做出更明智的判断，以制定更成功的战略，这可能有利于增强供应链、物流和其他战术决策。另外，通过大数据提高业务流程效率和优化可以实现成本节省。大数据还可以助力企业更深入地了解消费者需求、行为和情绪，这可能会带来更好的战略管理流程和产品开发数据。大数据能实现企业各业务环节间的信息高度集成和互联，减少不必要的资源浪费。基于大样本数据，风险管理将更加明智。

2) 推动经济转型发展

大数据有助于激发商业模式的不断创新，不断催生新业态，它已然成为互联网等新兴领域促进业务创新增值、提升企业核心价值的重要驱动力。生产者是有价值的，消费者是价值的意义所在。消费者认同的产品才能卖得出去，才实现得了价值。大数据帮助我们从消费者这个源头识别意义，从而帮助生产者实现价值，这就是启动内需的原理。

大数据是信息技术发展的必然产物，更是信息化进程的新阶段，其发展推动了数字经济的形成与繁荣。当前，我们正在进入以数据的深度挖掘和融合应用为主要特征的智能化阶段，即信息化 3.0 时代。在"人机物"三元融合的大背景下，现阶段以"万物均需互联，一切皆可编程"为目标，数字化、网络化和智能化呈融合发展的新态势，这将推动经济转型发展，尤其是促进数字经济的繁荣。

3) 增强国家竞争优势

发掘和释放数据资源的潜在价值，有利于更好地发挥数据资源的战略作用。大数据将国际竞争的焦点从资本、土地、资源的争夺转向了对大数据的争夺，其重点体现为一国拥有数据的规模、活跃程度，以及解析、处置和运用数据的能力，数字主权将成为新的大国博弈领域。新一轮大国竞争目标在很大程度上通过大数据增强对世界局势的影响力和主导权，大数据也成为增强国家竞争优势的新机遇。

应建立用数据说话、用数据决策、用数据管理、用数据创新的管理机制。未来决定中国是不是具有大智慧的核心意义标准是国民是否幸福。在民生上，大数据可以让国民的需求和幸福感清晰地展现出来；而在生态上，大数据可以对自然环境等进行勘测、筛选，可以通过数据分析来提升政府的治理能力，从而增强国家竞争优势。

4. 大数据的应用

(1) 大数据在医疗行业的应用。例如，在临床决策支持系统中使用图像分析和识别技术，识别医疗影像数据、挖掘医疗文献数据、建立医疗专家数据库，从而给医生提出诊疗建议。

(2) 大数据在汽车制造公司的应用。大数据在该领域的应用主要是大数据预测，例如，基于微博和百度指数的福特汽车销量大数据在商业银行的应用，如精准营销。通过聚类分析，可以对客户进行划分，获得各个客户群不同的特征，从而对客户群进行针对性营销，或者面向特定细分客户群开发特定产品，从而提高产品销量。例如，西太平洋银行利用社交媒体数据对客户进行情愿分析，以此实现精准营销。

(3) 大数据在保险公司的应用。如汽车保险，传统的做法是保险公司对车险客户进行简单分类：①连续两年没有出过车祸的；②过去一年没有出车祸的；③过去一年出过一次车祸的；④过去一年出过两次及以上车祸的。不同类别的客户保费有差异，大数据时代保险公司需要考虑的因素则更多。如果采用大数据来进行客户精准营销，可以从以下三个维度来采集客户驾驶数据：①开车通勤的客户，过去一年的事故率很低；②若车的使用年限、车型等车况较好，通常车祸率较低；③临时刹车少，超车少，驾驶习惯好，车祸率低。最后得出结论：对于车况好、驾驶习惯好、事故率低的客户，可以给予更大幅度的优惠折扣。

(4) 运用大数据进行客户流失预测。大数据可以帮助企业预测客户流失的具体情况，因为保留老客户的成本远低于获取新客户的成本，并且对所有客户进行一对一营销成本昂贵。而客户流失大数据能够较为准确地预测出可能流失的客户，可以对这部分客户进行一对一营销，从而帮助企业降低营销成本。

(5) 大数据在精准营销的应用。大数据能够挖掘和分析企业的宏观环境、行业环境和用户需求等数据，为企业的精准营销提供大数据支撑。企业市场营销的微观环境包括企业内部环境、供应、营销中介、客户、竞争者及公共关系。企业内部环境包括员工、资金、设备、管理水平、规章制度、企业文化、组织机构等，对内部环境的分析能够为市场营销提供有力支持；供应包括企业所需物资和资金的供应来源及渠道情况；营销中介包括对产品进行促销、运输、分销、出售的各类组织；客户包括产品的目标客户和潜在客户等；竞争者包括平行竞争者、愿望竞争者、品牌竞争者、产品形式竞争者；公共关系包括融资方关系、政府关系、新闻媒介关系、社区公众关系及社会公众关系。

📖 拓展阅读

大数据环境下YP公司全面预算管理应用

大数据环境下，企业全面预算管理构建将富含多场景、多业态、多层级的模型支撑，进而使自动汇总、计算追溯、责任到人、进度跟踪与任务催报等业务实现合理、合规性检查与审核支撑。

（一）预算编制

全面预算管理构建以大数据战略目标为根本出发点，结合企业实际情况和发展规划，利用信息时代优势，对不同消费群体和消费习惯及本行业历史数据进行深入分析，同时对标数据模拟预期，设置成本标杆，建立相应的利润目标与对应资源投入数据模型，方能确保预算编制的大数据指引。另外，在预算编制流程中，以基础目标确定为标杆，通过大数据平台将预算目标通上达下地宣贯到每个编制主体，实现由上到下的分解与由下至上的汇总反馈，进而从上到下调整平衡，制定出符合现代企业业务种类多、服务范围广的定制化编制方案，并结合零基、增量预算等不同编制方法，因地制宜、分类施策，共同实现大数据环境下企业全面预算编制效率的有效提升。

YP公司预算编制方法：根据形势的发展，在总结经验的基础上，YP公司编制工作进行了创新，每年9月召开预算动员会，传达董事会的年度规划目标，要求各部门充分酝酿第二年各项经济技术指标，保证预算目标完成率。每年10月由二级公司自行编制本单位下一年度的预算方案，然后上报总公司进行审核与修改，对于重点指标，如收入、费用、利润等全程监督，并签订目标责任书，按季度考核，实行奖惩机制。当年8月针对上半年指标完成情况进行一次指标修订，年底再次对修订后的指标进行考核。

（二）预算执行

在预算编制后，预算执行更是关键。执行中往往会涉及预算审批、控制、调整与分析等多环节关键流程。而在移动互联网时代的支撑中，全面预算管理信息系统构建将完全打破审批时间与空间界限，发起人与审批人可随时随地进行发起与审批操作，因此，重塑审批流程与权限的规范，将重点和普通项目明确区分尤为关键。另外，在实际应用中，部分大型企业已通过引入区块链电子发票与人工智能、影像识别等系统工具基本实现了自动化预先审批，而后开展以战略目标为根本的预算管控，故在预算与实际管理控制中，更要确保将企业所有生产经营活动纳入其中，即确认收入和成本数据链条的饱和完整，排除人为干预因素，提炼关键指标应用，对超出预警值的项目进行预警分析与动态调整，助力大数据时代下全面预算管理重心从事后转向事前与事中管控。YP公司特别注重预算执行管控，以前没有预算修订的年份，预算执行结果总是不尽如人意，例如，国家政策法规等外部环境发生重大变化或者企业内部经营条件、经营方针发生重大变化，都可能使得预算编制基础不成立，如果仍囿于原有预算而不做任何修订，必然导致执行结果与预算产生重大偏差。由此，YP公司每年8月进行一次预算修订，使预算目标符合国家政策与市场环境等因素的变化，保证预算目标与实际经营环境的关联与匹配，也因此加强了预算工作与实际情况更紧密的联系，消除了预算流于形式、严重脱离实际等弊病，充分发挥了预算工作的指导意义和本质作用，保证了预算有关指标的实用性与时效性。

(三) 预算考核

检测预算执行效力离不开行之有效的绩效考核分析，所以，科学合理的评价与绩效考核是各企业实施全面预算管理的关键。在大数据环境下，企业要借用信息技术打破传统企业不重视预算考核的固有弊端，充分利用管理学中的平衡计分卡等评价工具，从多领域建立一套完备的预算考评体系，对执行过程和结果等深入分析，并通过平台系统及时公布考评结果，高度提升企业全面预算考核工作的客观、准确、公正与及时效力。同时，企业要对各责任部门与岗位人员所做的经营贡献做好有效记录，并对不当行为与违法事项进行及时遏制，同时辅之以相应的奖惩政策，充分调动企业部门员工的参与积极性，最终通过有效应用结果考核总结经验、吸取教训，促进企业预算有序编制与战略目标高效落地。

（资料来源：吴家山. 大数据环境下企业全面预算管理应用探析——以 YP 公司为例[J]. 财会学习，2021(34)：65-67.)

5. 大数据的趋势

1) 数据的资源化

数据的资源化是指大数据成为企业和社会关注的重要战略资源，并成为大家争相抢夺的新焦点。因此，企业必须提前制订大数据营销战略计划，抢占市场先机。

2) 与云计算的深度结合

大数据离不开云处理，云处理为大数据提供了弹性可拓展的基础设备，是产生大数据的平台之一。大数据技术已开始和云计算技术紧密结合，预计未来两者关系将更为密切。除此之外，物联网、移动互联网等新兴计算形态，也将一齐助力大数据革命，让大数据营销发挥出更大的影响力。

3) 科学理论的突破

随着大数据的快速发展，就像计算机和互联网一样，大数很有可能是新一轮的技术革命。随之兴起的数据挖掘、机器学习和人工智能等相关技术，可能会改变数据世界里的很多算法和基础理论，实现科学技术上的突破。

4) 数据科学和数据联盟的成立

未来，数据科学将成为一门专门的学科，被越来越多的人所认知。各大高校将设立专门的数据科学类专业，也会催生一批与之相关的新的就业岗位。与此同时，基于数据这个基础平台，也将建立起跨领域的数据共享平台，之后，数据共享将扩展到企业层面，并且成为未来产业的核心一环。

5) 数据泄露泛滥

未来几年数据泄露事件的增长率也许会达到顶峰，除非数据在其源头就能够得到安全保障。而所有企业，无论其规模大小，都需要重新审视今天的数据安全定义。在财富 500 强企业中，超过 50%的企业将会设置首席信息安全官这一职位。企业需要从新的角度来确保自身及客户的数据，所有数据在创建之初便需要获得安全保障，而并非在数据保存的最后一个环节，仅仅加强后者的安全措施已被证明于事无补。

6) 数据管理成为核心竞争力

数据管理成为核心竞争力，直接影响财务表现。当"数据资产是企业核心资产"的概念深入人心之后，企业对数据管理便有了更清晰的界定，会将数据管理作为企业核心竞争力，持续发展，战略性规划与运用数据资产则成为企业数据管理的核心。而数据资产管理效率与主营业务收入增长率、销售收入增长率显著正相关。

7) 数据质量重要性提升

采用自助式商业智能工具进行大数据处理的企业将会脱颖而出。其中要面临的一个挑战是，很多数据源会带来大量低质量数据。企业想要成功，就需要理解原始数据与数据分析之间的差距，从而消除低质量数据，并通过商业智能获得更佳决策。

随着社交媒体和物联网传感器网络等的发展，每时每刻都在产生大量且多样的数据。随着硬件和软件技术的发展，这些数据的存储和处理成本都大幅降低。并且，随着云计算的兴起，大数据的存储和处理环境已经没有必要自行搭建，这些都是大数据带来的机遇，也是未来发展的方向。随着大数据的出现，数据仓库、数据安全、数据分析、数据挖掘等围绕大数据商业价值的利用正逐渐成为行业人士争相追捧的利润焦点，在全球引领了又一轮数据技术革新的浪潮。

三、数据挖掘

1. 数据挖掘的定义

数据挖掘是大数据分析的核心内容，数据挖掘是指从大量的数据中挖掘出隐含的、未知的、用户可能感兴趣的和对决策有潜在价值的知识与规则。简单来说，数据挖掘就是从大量的数据中发现有用信息的过程。

例如，如果顾客在某购书网站购买过书籍或音像制品，以后再浏览该网站时则经常会看到类似"猜您可能会喜欢"的提示，然后就可以在网页的某个位置看到网站推荐图书的名称及其相关链接。网站是如何知道读者可能会对这些物品感兴趣的？原因是网站采用了数据挖掘技术来了解顾客的潜在需求。例如，网站从顾客的购买清单中发现你与张三具有相似的兴趣爱好和购买习惯，但是有些书张三已经买了，而你还没买，网站则会认定你对这些书可能感兴趣，从而对你进行推荐。

2. 数据挖掘的过程

数据挖掘是一种决策支持过程，它主要基于人工智能、机器学习、模式识别、统计学、数据库、可视化技术等，高度自动化地分析企业数据，做出归纳性推理，并从中挖掘出潜在模式，帮助决策者调整市场策略，减少风险，做出正确决策。因此，我们可以总结为主要有数据准备、规律寻找和规律表示三个阶段步骤。数据准备是从相关的数据源中选取所需的数据并整合成用于数据挖掘的数据集；规律寻找是用某种方法将数据集所含的规律找出来；规律表示是尽可能以用户可理解的方式(如可视化)将找出的规律表示出来。

数据挖掘的具体过程有以下步骤：定义挖掘目标→数据取样→数据搜索→数据预处理→挖掘建模→模型评价。经过挖掘建模后，会得出一系列的分析结果，模型评价的目的之一就是从这些模型中自动找出一个最好的模型，另外就是要根据业务对模型进行解释和应用。

3. 数据挖掘的作用

数据挖掘的作用非常广泛，只要该产业有分析价值与需求的数据库，就可以利用数据挖掘工具进行有目的的发掘分析。在当今数据和内容作为互联网核心的时代背景下，不论是传统行业还是新型行业，谁能够率先与互联网融合成功，从大数据的金矿中发现暗藏的规律，谁就能够抢占先机，成为技术改革的领头羊，从而获得超额利益。

📖 **拓展阅读**

数据挖掘应用

2017 年 2 月 6 日，百度地图春节人口迁徙大数据正式上线。人们输入城市名称，就可以查询该城市在过去 8 小时里春运人口迁入和迁出的情况，也查询该城市人口迁移到什么城市，或者该城市的迁入者是从哪座城市过来的，还可以查询该城市在过去 8 小时里迁入和迁出的热门线路。

Netflix 在美国拥有 2700 万订阅用户，用户每天在 Netflix 上产生 3000 多万个行为，同时用户每天还会给出 400 多万个评分及 300 万次搜索请求。借助这些数据，Netflix 非常清楚用户想看什么，也知道具备了哪些元素的电视剧将可能一夜爆红。

Netflix 的工程师发现，喜欢 BBC 剧、导演大卫•芬奇和老戏骨凯文•史派西的用户存在交集，一部影片如果同时满足这几个要素，就可能大卖。事实证明 Netflix 赌对了。《纸牌屋》成为了 Netflix 网站上有史以来观看量最高的剧集，并在美国及 40 多个国家大热。

再如，在你找对象的时候，大数据分析系统可以像算命一样，根据双方海量数据的挖掘，告诉你和姑娘的匹配指数是多少，告诉你全球类似情况的夫妻日后离婚概率是多少，低于某个匹配指数，大数据系统会慎重建议你认真考虑要不要和这个姑娘继续交往下去 。

(资料来源：根据网络资料收集整理)

四、大数据与云计算、人工智能的关系

1. 大数据与云计算

云计算(cloud computing)是分布式计算的一种，指的是通过网络"云"将巨大的数据计算处理程序分解成无数个小程序，然后，通过多部服务器组成的系统处理和分析这些小程序，得到结果并返回给用户。从技术上来看，大数据和云计算的关系就像一枚硬币的正反面一样密不可分。大数据必然无法用单台的计算机进行处理，必须采用分布式架构。它的特色在于对海量数据进行分布式数据挖掘，但它必须依托云计算的分布式处理、分布式数据库、云存储和虚拟化技术。

随着云时代的来临，大数据的关注度也越来越高，分析师团队认为大数据通常用来形容一个公司创造的大量非结构化数据和半结构化数据。大数据分析常和云计算联系到一起，因为实时的大型数据集分析需要像 MapReduce 一样的框架来向数十、数百或甚至数千的电脑分配工作。

大数据需要特殊技术以有效地处理大量容忍经过时间内的数据，适用于大数据的技术包括大规模的并行处理数据库、数据挖掘、分布式文件系统、分布式数据可、云计算平台、互联网和可扩展的存储系统。

(1) 云计算的主要功能是整合。无论采取何种数据分析模型或者运算方式,它都是通过将海量的服务器资源通过网络进行整合,以整理出有效的数据信息,并将其分配给各个目标客户,从而解决用户因存储资源不足所带来的问题。大数据则是数据爆发式增长所带来的一个全新的研究领域,对于大数据的研究,主要集中在如何对其进行存储和有效分析,大数据是依靠云计算技术来进行存储和计算的。

(2) 云计算是大数据分析的前提。在大数据分析过程中,如果提取、处理和利用数据的成本超过了数据价值的本身,那么大数据分析也就没有了利用价值,功能越加强大的云计算能力,就越能降低数据提取过程中的成本。

(3) 云计算能够过滤无用信息。对于大数据系统收集的所有数据来说,大部分数据是没有利用价值的,因此需要过滤出能为企业提供经济效益的可用数据。云计算可以提供按需拓展的存储资源,可以用来过滤掉无用的数据,是处理外部网络数据的最佳选择。

(4) 云计算助力企业虚拟化建设。企业引入云计算系统后可以用信息来指导决策,通过将服务软件应用于云平台,还可将数据转化到企业现有系统中,帮助企业强化管理模式。云计算与企业相结合将使得大数据分析变得更加简单,也成为推动企业虚拟化建设的重要手段,将使企业在全球市场更具竞争力。

2. 大数据与人工智能

人工智能(artificial intelligence,AI)是研究、开发用于模拟、延伸和扩展人的智能的理论、方法、技术及应用系统的一门新的技术科学。如果说大数据是水,那么云存储就是蓄水池,而人工智能就是一张捞鱼的网。如果跳到水池中去抓鱼,犹如大海捞针,而有了人工智能这张网,则不费吹灰之力就能把鱼从水池中捞出。人工智能和大数据是近年来最热门的技术,大数据的成功应用早于人工智能。

大数据和人工智能虽然关注点并不相同,但是却有密切的联系。一方面人工智能需要大量的数据作为"思考"和"决策"的基础,另一方面大数据也需要人工智能技术进行数据价值化操作,如机器学习就是数据分析的常用方式。在大数据价值的两个主要体现当中,数据应用的主要渠道之一就是智能体(人工智能产品),为智能体提供的数据量越大,智能体运行的效果就会越好,因为智能体通常需要大量的数据进行"训练"和"验证",从而保障运行的可靠性和稳定性。

第二节　财务管理与大数据的关系

大数据属于类别复杂及容量庞大的数据集合,更是社会及企业信息化的集合。如今,大数据逐渐影响着企业的经营环境及管理措施,尤其在财务管理领域更为显著。虽然大数据时代为财务管理带来便捷,但同时也具有一定挑战。因此,怎样抓住机遇才能加强财务管理,是各个企业相关人员必须密切关注的问题。

财务数据是企业财务管理的基础,它展示了公司经济活动和资金运动的细节。通过财务数据的处理和分析,能够发现企业运行中的问题和风险,进而实施有针对性的财务管理,扩大收入,降低成本,增加公司利润。财务数据也是企业实施财务管理活动的基本依据,在大数据时代背景下，企业的财务数据思维应该转变，这主要体现在两个方面：一是增加财务数据的能力，要处理所有与财务相关的数据，而不是提取一些数据；二是更加关注非财务数据，如使用可扩展的业务报告语言提供信息，使用详细的会计报告等工具。财务数据系统将成为一个综合企业信息系统，为企业经营管理者提供全面、准确的决策信息。

通过大数据的搜集挖掘，可以增加公司财务数据的来源；基于对大数据的处理和分析，能够给企业带来巨大的价值增值。财务工作的对象是相关的财务数据，这一本质特征意味着在大数据时代，财务工作必然会在大数据的发展中不断改革创新。财务数据作为企业众多数据的一个重要组成部分，也需要顺应大数据时代的发展趋势——从简单的会计核算记录工具发展为影响企业决策的重要因素，并成为企业在日常经营过程中重点关注的战略资源。同时，财务数据在数据的来源、价值、形式等方面呈现出了重要的新特征，这对企业的财务管理工作提出了新的要求，也是企业重新审视财务战略的新契机。大数据推动企业管理的变革表现为数据的资产化、企业拥有数据的规模和活性，以及收集和运用数据的能力，这些将决定企业的核心竞争力。掌控数据就可以深入洞察市场，从而做出快速而精准的应对策略。

一、大数据为会计数据及会计工作带来变革

1. 大数据对会计数据的影响

从财务工作的流程上看，会计工作包含了会计确认、会计计量、会计记录、会计记账四个环节。每一笔业务的发生都必须经过原始凭证、记账凭证、明细账、总账的流程进行会计处理，企业每天所进行的大量经营活动都必须通过财务数据的形式反映出来。因此，会计工作的过程就是大量纸质数据处理的过程。财务管理工作是通过专业的财务分析方法对会计核算的财务数据进行专业、全面的分析，为企业的经营成果进行合理评估。会计工作是数据核算处理的过程，财务管理工作是数据利用的过程，因此，财务工作是与大数据息息相关的管理工作，大数据时代的发展必然会带动财务工作的发展。

(1) 会计数据的来源从以"结构化"数据为主导变更为以"非结构化"数据为主导。

"结构化数据"主要采集来源是非关系型数据库，与其他数据库相比，其对于数据格式的约束没有那么严格。随着信息技术的不断发展，半结构化、非结构化数据的来源与价值变得越来越丰富，它们对结构化数据的取代不仅从数据数量上体现出来，还从提供的价值量上体现出来。静态结构化会计数据是由传统的运营系统产生的，通常情况下，结构化数据以一维表的方式进行保存和管理，它是传统的数据库管理系统的重要组成部分。静态非结构化数据是通过现代科技设备产生的，在数据的管理过程中只能采用非关系型数据库将其保存。动态实时会计数据是与智能设备用户的地理位置、交易信息、使用场景相关联的。动态实时会计数据信息是大量的实时数据流，非结构型的会计数据来源较为广泛，如来自传感器的各种类型数据、移动电话的 GPS 定位数据、实时交易信息、行情数据信息、用户的网络点击率等，像网上书店这种通过互联网发展起来的电商，则通过存储顾客的搜索路径、浏览记录、购买记录等大量非结构化数据来分析顾客的购买倾向，通过设计算法来预测顾客感兴趣的书籍类型。在开展会计工作过程中，这些都是需要考虑的重要会计因素，因为这些非结构化的会计数据可以直接影响会计数据的构成。在如此多样化的数据结构中，可获得的数据常常是非结构化的，因此传统的结构化数据库已经很难存储并处理多样性的大数据。对于企业会计人员而言，要把握新型数据中的巨

大价值，并对其进行深入挖掘，挖掘得越多就越有竞争优势。

(2) 会计数据的价值从简单的"数据仓库"转变为"深度学习对象"。

传统的会计数据更多地被企业看成一种"数据仓库"，随着大数据时代中非结构化数据的大量涌入，原有的从"数据仓库"中简单提取数据已经无法最大限度实现数据的价值，数据成为使用者深入学习的对象，其价值得到了更好的体现。对数据的深入学习要求使用者必须对数据进行文本分析、自然语言处理、深入挖掘内容等，这样才能够最大限度地获得数据的内在价值。会计数据分析工作是企业在信息管理方面的重要内容。早期的会计电算化主要是操作型的，会计凭证、账簿和报表都没有可靠的历史数据来源，不能将会计信息转换为可用的决策信息。随着信息处理技术的应用，企业可以利用新的技术实现会计数据的联机分享，同时还引进了统计运算方法和人工智能技术对数据仓库进行横向和纵向分析，将大量的原始数据转化为对企业有用的信息，提高了企业决策的科学性和可操作性。大数据时代下，会计数据分析改变了以往的传统关系数据库模式，将非结构化会计数据和动态实时会计数据纳入数据分析的范畴，使得企业可以根据这些信息进行定性和定量分析，以便为企业对会计数据进行定向分析做好准备。

(3) 会计数据具有实时更新的新特征，更多时候体现为一种动态的"流数据"形式。

这就要求企业在处理会计数据时形成"流处理"的思想，目前比较广泛地运用于实时在线销售、实时售后服务、实时信息反馈等领域。在会计数据的"流处理"中，要借助计算模型、人工智能等，这其实是前文"深入学习"的补充，只不过"流处理"中体现的是机器自动对会计数据进行"深入学习"。

(4) 会计数据处理由原来的集中式向分布式转变。

大数据背景下数据量的指数化发展趋势明显，数据分析的样本空前大，数据分析处理的时效性要求更高，因此，现在的数据会计处理方式与传统的会计处理方式不同。在计算全体和在线的数据时需要改变原来的集成式计算结构，企业要积极采用分布式或者扁平式的会计数据处理方式，以便能够跟上时代的步伐。企业在进行会计数据处理的时候可以采用 Hadoop、MapReduce 或者 Storm 计算架构，这些计算架构在会计数据的处理方面各有优势，同时也有自己不可避免的缺点，企业在选择会计数据计算架构时，应根据企业自身的具体情况进行选择，要谨慎地对各种计算架构进行综合分析和了解，以便适应不同类型会计数据计算的需要，为下一步的会计数据分析工作奠定基础，从而更好地为企业提供信息服务。数据处理中的重要工作内容是数据清理、数据清洗和数据验证等工作，工作人员只需在相应的电子设备中设定好相应的清洗和验证程序。这不仅改变了以往的人工数据清洗方式，而且数据会更加真实，误差会更加小。这在提高数据处理工作效率的同时提高了数据处理工作的质量。

(5) 会计数据输出形式由图表化转向可视化。

在以前的会计数据输出工作中，企业大多采用图表的形式来报告企业的会计信息，如财务报表等。而在大数据的背景下，企业改变了以往的信息输出形式，将复杂的会计数据转化为直观的图形，通常会综合采用图形、表格和视频等方式将数据进行可视化呈现。同时，企业也可以采用 API、XML 和二进制等接口输出形式来输出数据，以便能够更好地将信息传达给信息内部和外部使用者，为企业进行决策提供数据支持。例如，社交网络的语音、图像、视频、日志文件等，这些都是可视化的会计数据输出形式，并且随着大数据时代的发展，新的数据来源与数据形式也会不断出现。例如，各类电商平台通常记录或搜集网上交易量、顾客感知、品牌意识、产品购买、社会互动等行为数据，用直观且便于理解的图形、图片等方式直观呈现出企业在不同时间轴上会计数据的变化趋势，以此取代较为枯燥的原始财务报表。

2. 大数据对会计信息处理的影响

(1) 会计信息处理离不开信息技术支持。在大数据时代，数据处理的收集不再仅仅是从原始凭证上对信息进行采集，也不再仅仅是从企业发生的经济业务活动中进行采集，而是同时从企业内部各部门和企业外部(如客户、供应商、银行等)进行会计数据的收集。大数据所具有的海量信息特征将使会计数据的来源变得更丰富，同时物联网的发展为其提供了支持。海量会计数据和多样化会计数据的处理和存储必将给会计工作带来新的挑战，然而云计算则为其提供了技术支持。

(2) 会计信息流将不再是单向传递。大数据关注不同要素之间的相关性，弱化了数据间的因果关系。当数据足够多时，信息使用者不需要对因果关系进行探究就可以得到有用的信息。信息使用者都参与到了企业信息流的"制造"环节，会计信息处理流程中产生的会计信息流将不再是单向的传递过程，而是交互实时动态的，可以满足不同客户需求。

(3) 会计信息处理流程中相关人员的职能将发生改变。在大数据时代，企业会计信息是来自企业内部和外部的综合信息，会计信息使用者都将参与到会计数据的录入过程，会计人员不再是唯一的会计数据的录入和处理者。当然，由于数据众多，数据价值密度低，不是所有的数据都是有用的会计信息。不同的信息使用者对信息的需求不同，因此使用者选择的数据清理标准将不相同。也就是说，所有信息需求者都将参与到会计信息处理流程。传统会计信息处理流程中，会计人员起着不可替代的作用。在大数据环境下，会计人员同样起着不可替代的作用，但其职能将发生改变。由于信息技术的发展，会计人员将从烦琐的日常核算工作中解脱出来，更多地从事战略性工作，利用其专业知识进行分析、预测工作，也就是说会计人员将更多地参与到企业的管理决策环节。

二、企业如何应对大数据带来的会计变革

1. 注重对多种结构、多种来源的数据搜集和储存

大数据时代中数据的价值不可小觑，且作为主导的非结构化数据蕴含着更为有价值的信息，企业之间的竞争已经有很大一部分体现在对有效数据资源的争夺上。因此，企业应尽可能多渠道、多来源地获取多种结构的会计数据，并运用先进的数据处理系统来进行有效处理和分析，克服信息不对称，尽可能地全面反映企业经济业务的现状，为决策的准确制定提供尽可能详尽的信息依据。财务管理者应清晰认识到，对投资人决策有用的信息远远不止财务信息，伴随着大数据时代的到来，真正对决策有用的应该是广义的大财务数据系统，它包括战略分析、商务模式分析、财务分析和前景分析，它所提供的财务报告应该是内涵更丰富的综合报告，该报告能够反映企业所处社会、环境和商业等背景的方式，对企业战略、治理、业绩和前景等重要信息进行整合并列示。在大数据时代背景下，企业获得财务管理信息的主要途径除了传统的财务报表外，利用大数据技术，企业可以从业务数据、客户数据等方面挖掘更多的财务管理信息。以计算为核心的大数据处理平台可以为企业提供一个更为有效的数据管理工具，提升企业财务管理水平。很多企业对自身目前的业务发展状态分析只停留在浅

层面的数据分析和进行简单的汇总信息，在同行业的竞争中缺乏对自身业务、客户需求等方面的深层分析。管理者若能根据数据进行客观、科学、全面的分析后再做决定，将有助于减少管控风险。

企业在大数据时代的背景下，不仅需要掌握更多更优质的数据信息，还要有高超的领导能力、先进的管理模式，这样才能在企业竞争中获得优势。除了传统的数据企业平台以外，企业可建立一个非结构化的集影像、文本、社交网络、微博数据为一体的数据平台，通过做内容挖掘或者企业搜索，开展声誉度分析、舆情化分析及精准营销等；企业可随时监控、监测变化的数据，开展提供实时的产品与服务，即实时的最佳行动推荐。企业的创新、发展、改革，除了传统的数据之外，还要把非结构化数据、流数据用在日常企业业务中，对产品、流程、客户体验进行实时记录和处理。企业可融合同类型数据，互相配合急性分析，以突破传统的商业分析模式，带来业务创新和变革。企业可通过微博、社交媒体把需要的文档、文章放进非结构化数据平台中，对其中的内容进行分字、词、句法分析、情感分析，同时还有一些关系实体的识别。通过这些内容，可以帮助使用者获得更加真实、更具经济价值的信息，股东对企业管理层的约束力得以加强，部分中小企业的融资难问题得以有效解决。

2. 注重对获得的财务数据进行深入分析，满足信息使用者更多元化的需求

大数据时代影响财务数据处理方式。随着大数据时代的到来，企业在财务处理方法上应突破劳动密集型的数据处理方式，充分利用新科技，搭建一个灵活、便捷、可扩展的信息数据平台。随着会计数据从"数据仓库"的简单角色中转变出来，企业会计工作人员应当意识到其在处理会计数据中已经由被动使用的地位转换为主动挖掘价值的地位，因此未来管理会计会成为更普遍的会计发展趋势。

例如，以"大自然搬运工"自居的农夫山泉，有十多个水源地，以一瓶水售价2元为例，其中仅有3毛钱花在运输上。他们开发大数据软件将高速公路收费、道路等级、天气、配送中心辐射半径、季节性变化等实时数据输入进去，精准管控物流成本，从而大大降低费用，大数据分析模型帮助农夫山泉实现了30%~40%的年增长率。因此，企业要适应时代之需，应建立新财务模型，通过分析大数据，可以找到配置各类资源的最佳路径和最便捷的工作路线图，从而降低成本、节约资源、提高效率，为企业制定科学发展方案提供依据。

3. 融合企业结构化数据和非结构化数据的会计信息

大数据对会计信息结构产生影响。在大数据时代，企业信息数据包含了外部的数据，如社交网络产生的数据、物联网数据等。以结构数据为主的传统信息发布模式已经不再能满足信息使用者的需求，提供更加综合的会计信息将显得尤为重要。在大数据时代，非结构化信息占据主导地位，这种主导作用不仅仅体现在数量上，更体现在非结构化数据的价值中。通过对人力资源等非财务信息的收集、整理和分析，可以为企业决策提供强大的数据支持，帮助企业选择成本最低、收入最高、风险适中的方案和流程，减少常规失误，最大程度地规避风险，使得企业的财务管理工作更具前瞻性和智慧性，企业的内部控制体系得以进一步优化。只有融合了结构化数据和非结构化数据的会计信息，才能全面反映经济事项，满足信息使用者的需求。

例如，目前会计上要求对存货信息的核算采用先进先出法，大数据环境下，通过结合存货扫描工具和物联网信息，可以实现存货按及时公允价值计价，为信息使用者提供更精准的信息。快速准确地提供会计信息能够更好地满足信息使用者的需求。另外，财务报告也是非结构化的数据，而财务报告在全球范围内的推行，也证明了非结构化数据在会计信息使用中的重要性。综合报告中的非财务信息比例增大，并进行了准确量化。

4. 不断完善企业会计制度，提高数据处理的效率

由于大数据时代背景下企业的会计数据流时效性高且不间断产生的特征，数据采取和分析必须要及时、快速。只有建立完善的企业会计制度，才可以从根本上来提高会计数据处理的效率。通过制定详尽、恰当的制度，可以正确引导财务人员的工作方向和工作内容，避免出现职责不分明，有些工作重复做，有些工作没人做的低效工作状态。

会计是为信息使用者提供有用信息的一个信息系统。无论是投资者还是管理者，如果无法掌握基本的财务分析方法，就无法充分获取到有用的会计信息。企业可以通过分析大数据技术的特点，并结合企业实际经营情况，建立一套符合企业发展的管理会计制度。同时企业管理者应该整合业务流程，通过建立信息共享平台，促进信息和数据实现共享，进而促进企业内部各个部门之间的信息沟通和交流。这里又提到了一个新的尝试——财务共享服务，后文会专门讲述。

5. 财务人员要关注和提升对大数据的整合、分析和展示能力

具体而言，财务人员要在繁杂的数据中去粗取精、化繁为简，能灵活根据管理需求多维度对财务数据进行分析，能运用大数据准确地预测未来的趋势和变化，最后能够将数据可视化地表现出来。这些都将给企业经营带来极大的价值。企业目前的困境之一是现有的财务部门的工作人员缺乏信息化数据处理的思维与能力，对大数据技术的认识不足，而有关技术部门的人员虽然具备一定的信息化处理思维能力，但由于对财务管理相关方面理解不到位，导致不能从海量财务数据中提取出对企业有价值的信息。因此，在信息技术不断发展的同时，企业要高度重视综合性人才的培养、引进。在大数据时代，财务数据更多为电子数据，这就要求财务人员更好地掌握计算机技术，能从大量数据中抽取对自己有利的内容并为其所用。

财务人员在分析和展示数据时，若能够采用数据可视化的技术，也能让管理者更直观地传递数据所要表达的信息，这也对财务人员的技术水平提出了更高的要求。例如，可以用 Python 简单便捷地完成数据可视化。Python 中有两个专用于可视化的库 Matplotlib 和 Seaborn，能让财务人员很容易地完成数据可视化任务。另外，还有各类软件，如 Finereport 能制作各种复杂格式的报表，整合各业务系统数据，可以很好地替代 ERP 报表；以 Finebi 为代表的被誉为最简单的可视化分析工具——BI 分析工具，也可以很好地完成财务问题数据。例如，分析每个月的利润额、链接数据后，拖拽数据字段就可以生成可视化图表。

日益复杂的财务环境对企业财务管理提出了更高的要求，而培训又是提高员工综合素质最有效的手段，所以企业需结合自身的实际情况，聘请有经验的专家指导财务管理人员的工作，激发员工学习的积极性，提高财务管理人员的业务能力。

大数据时代下电网企业财务管理创新路径

国家电网某公司在大数据运用方面，充分运用大数据、人工智慧、物联网、云科技、内存块链五项科技研究应用，实现智慧财务运营，将预算的精准化、服务的智能化、业财的一体化、发展的生态化落实到财务管理的实务操作中。在财务管理创新方面，该公司依托大数据处理中心，通过实施"预算全国产精实管控、资产全寿命精实管理、资金全流量精实运作、风险全方位精实防控"四项行动，创新预算方法，实现精实财务管理，提高资金的安全性，提高资源精准灵活配置的能力，有效降低财务风险。这种依托大数据科技进行财务管理创新的经验，值得其他企业学习借鉴。

1. 革新管理思维

革新管理思维，切实提升企业财务管理大数据意识是保证大数据时代下电网企业财务管理创新的首要措施。具体操作方式如下：①电网企业领导人员必须首先改善自身的管理思维，在实践中认识到财务部门对于现代企业竞争形式的重要意义；②电网企业财务部门应该重视大数据科技对于财务质量提升的重要意义，在实践中将大数据科技融入财务管理过程，通过数据分析对企业提供全面的信息指导，最终提升企业决策制定的科学性。

2. 建设财务中心

推进财务共享中心建设是现代化企业提升自身财务管理质量的重要举措，具体操作方式如下：①电网企业应该将下级企业财务管理的权限进行集中，将所有财务处理的权限集中到财务共享中心；②电网企业应该加大对信息化科技、设备的投入，这有助于推进财务共享中心的现代化；③电网企业应该构建服务水平协定，这种协定的指导性作用比较突出，能够推进财务共享中心的稳定运行，也能够为权责的具体分配提供一定的依据。

3. 创新管理模式

创新管理模式是电网企业提升自身财务管理质量的必要措施，也是促使财务共享中心效用最大化程度发挥的重要手段。具体操作方式如下：①企业应该对自身在发展过程中所面临的实际情况具有清醒的认识，提升自身的大局观，不能仅局限于企业内部管控；②企业应该以大数据支持下的企业财务系统为中心，推动财务管理模式、制度的针对性革新；③企业财务管理信息化建设过程相对较长，因此电网企业不能急于求成，必须在整体目标的指导下设定阶段性目标，保证财务管理模式、制度革新的动态性，这是保证企业财务管理质量能够满足时代发展需求的重要举措。

4. 提升人才素质

提升财务管理人员的综合素质水平是电网企业提升自身财务管理质量的核心内容。具体操作方式如下：①在人才招聘方面，电网企业应该适当提升自身的人才招聘门槛，尽量招聘具备一定实践工作经验的财务专业毕业生；②在人才培训方面，企业应该定期对人才进行全面培训，不仅要提升其基本财务素养，还要对其电脑、大数据水平进行提升，并建立相应的考核上岗制度，这有助于提升企业财务管理工作的实际质量；③在人才激励方面，电网企业应该建立完善的人才工作评价及奖惩制度，对于表现优越的财务人才应该及时给予薪酬调整以及职位晋升等奖励，对于表现不合格的财务工作人员应该予以及时训诫与处罚，对于工作能力确实不足的财务人员应该及时采取强化培训或者调岗处理，这有助于从根本上提升财务人员的工作积极性及工作质量。

5. 防控财务风险

建立风险预警机制是防控电网企业发展过程中财务风险的重要手段。具体操作方式如下：①电网企业应该充分结合自身实际情况，不断优化内部的会计制度，并从整体到部分对所有财务岗位的工作职责进行一定程度的细化，实行岗位责任制，这有助于企业财务监督制度真正落实在实际工作环节，进而切实降低其企业财务风险的发生率；②电网企业应该对不同类型的工作进行适当的区别化对待，切忌"一刀切"的管理模式，这有助于加强监督管理的实用性；③电网企业应该建立科学的内部会计评价体系，对会计制度的实施结果进行考评，根据评价内容进行审计制度的完善；④电网企业应该对企业财务资产负债情况、杠杆指数等内容进行比较分析，进而动态调整财务管理措施，这有助于降低风险损失率。

(资料来源：陈德标. 大数据时代下电网企业财务管理创新探讨[J]. 经济管理文摘. 2021(24): 134-135.)

第三节 大数据背景下财务管理前沿探索

一、RPA财务机器人

在科学技术迅速发展的数字化时代，人们借助云计算、物联网和人工智能等数字技术，打造全新的数字经济基础架构。数字化时代的到来，引发各个行业出现了许多大的变革，众多企业纷纷开始数字化转型、改革。财务作为企业的"主心骨"，对于企业来说具有举足轻重的地位，因此，在数字化转型的第一步，企业一般选择财务转型。许多企业纷纷选择与来也科技展开合作，在RPA财务机器人的帮助下，越来越多的企业开始加快数字化转型升级的步伐。

1. RPA财务机器人的概念

RPA(robotic process automation)是基于人工智能和自动化技术，以机器人为虚拟劳动力，按照预设程序完成预期任务的第三方软件系统。它不需要对现有系统进行改造，独立于第三方软件系统而存在。RPA旨在代替人工处理复杂、高重复性、大量的事务，从而大大降低企业的人力资源成本，提高工作效率，还可以帮助工作流中的某些环节实现工作流程的自动化。财务 RPA 机器人虽然有机器人的名字，但它并不是我们传统印象中的实体类人机器人，而是一种软件，是RPA过程自动化在财务领域的应用。目前的RPA财务机器人主要由三部分组成：机器人的眼睛——光学字符识别系统(OCR)；机器人的双手——机器人流程自动化(RPA)；机器人的账簿——电子账务记账系统。

2. RPA财务机器人的发展

早期的 RPA 财务机器人主要是模拟人对鼠标和键盘的操作，不能处理非结构化数据等复杂对象。此外，在向计算机输入实体数据等复杂操作时，会出现"断点"，无法实现整个过程的自动化。近两年来，随着 RPA 技术的质变，RPA 财务机器人市场的需求也发生了变化。随着人工智能的到来，RPA 机器人可以处理一些相对灵活的业务流程，这进一步拓展了其充分利用能源的场景。目前，随着 RPA 财务机器人的深入应用，相对简单、重复的工作被机器人所取代,解放了人力,财务人员的价值越来越体现在创造性和管理性的工作内容上。

当前 RPA 财务机器人可以完美地取代重复性高的人力投入,运用于各种财务工作场景,如网银付款机器人可运用于每个月待录入付款申请单比较多,数据时效性要求高,待处理数据多的业务场景;对于尚未开通银企直连的账户,会计人员需要人工重复地在网银系统和企业内部系统下载流水,再次核对后记录结果,操作烦琐且容易出错,而银企对账机器人可以有效规避人为操作错误的风险,提高工作效率;报税机器人可在纳税申报环节实现一键运行,自动化报税。此外,随着票据管理机器人、报账机器人、付款通知机器人、制单机器人等不断运用到企业的各个业务场景,员工逐渐从重复机械的基础工作中解放出来,提高了客户和员工的满意度,提高了数据输出的精准度,降低了流程的执行成本,因此受到越来越多企业的青睐。

3. RPA财务机器人的优势

RPA 财务机器人有较为突出的三大优势:①RPA 财务机器人以轻量、高效、快速、便宜的特质跨出了"机器做事"的阶段,步入"相当于人做事"的新领域,7×24h×365d 的全天候数据处理自动化,能够减轻财务工作人员的工作压力和负担,提高工作效率,为财务工作人员创造更多机会,去完成有意义的工作;②在 RPA 财务机器人的帮助下,可以有效避免因工作人员疲劳而出现的人为失误,提高工作质量;③来也科技 RPA 财务机器人还能够处理月末结账检查、转账业务、对账业务、认领回单、代发工资等业务,在一定程度上,能够减轻企业的人力成本,进一步提升企业效益。

二、财务共享服务中心

1. 财务共享服务中心的概念

财务共享服务是依托信息技术,以财务业务流程处理为基础,以优化组织结构、规范流程、提升流程效率、降低运营成本或创造价值为目的,以市场视角为内外部客户提供专业化生产服务的分布式管理模式。

财务共享服务中心(financial shared service center,FSSC)是近年来出现并流行起来的会计和报告业务管理方式。这种财务共享服务中心的方式是将不同国家、地点的实体会计业务拿到一个共享服务中心来记账和报告,这样做的好处是保证了会计记录和报告的规范和结构统一,而且由于不需要在集团的每个公司和办事处都设会计,财务共享服务节省了系统和人工成本。这种模式以标准化财务业务操作流程为基础,以优化组织结构、降低运作成本为方向的新的财务管理模式,标志着财务管理流程优化与重构的重大突破。

中兴通讯最早研究财务共享服务中心,即再造统一规定的基础类会计稽核工作流程,将数据信息进行统一管理,财务共享服务中心进行集中管理,从而大大减少记账成本,提高客户满意度和工作效率。财务共享中心作为一种新型的财务管理方式逐渐走入我国企业,在企业降低成本的需求、市场的发展趋势、大数据环境的冲击及政府的要求与扶持下,财务共享中心已然是大势所趋。财政部在其发布的《企业会计信息化工作规范》中也指出,分公司、子公司数量多、分布广的大型企业、企业集团应当探索利用信息技术促进会计工作的集中,逐步建立财务共享中心,这进一步促使我国企业集团走向探索和尝试应用优化财务共享服务之路。

2. 财务共享中心与RPA财务机器人的关系

集团型企业的财务共享中心，每天都发生着大量业务需要处理，以支撑企业庞大的业务。其中事务性共享占据大量流程，原来由人工处理的、简单的、可重复的工作现在可交由 RPA 财务机器人来处理，帮助财务共享中心高效率运转。赋能了 RPA 财务机器人的财务共享中心会变得更加智能化，也会让财务共享变得更为普及。同时就 RPA 财务机器人来说，其在交易型财务处理及内部风险管控两大部分可以发挥最大的效用，尤其对于依托于财务共享模式进行企业财务管理转型的企业，共享服务中心的主要职责恰恰就是交易型财务处理及部分控制审核，再加上特有的标准化及流程化，使得 RPA 财务机器人具备了很好的应用环境。

3. 财务共享中心在我国的发展现状

从 2005 年中兴通讯首次建立财务共享中心开始，我国许多企业逐步投入财务共享中心的建设当中，且取得了一定成就。我国大型企业建立财务共享中心，会参考中兴通讯的经验，对资源进行整合，将流程简化，将财务工作进行整合，财务共享这一概念已经成为中国企业在近些年财务发展上的大方向，而碧桂园、中兴、华为等集团已经率先形成一套自己的管理体系。财务共享中心的建设在很大层面上取决于云计算的发展，近年来我国对云计算平台的使用空前重视，我国许多大型公司如华为、电信等建立了许多供大众使用的云计算平台。根据国际研究报告显示，2017 年我国公共云市场总量已经突破 40 亿。可以认为我国大多数企业都已经具备财务共享的技术条件。因此，我国在财务共享中心建设的技术层面可行度较高，有较为良好的发展动力。

📖 拓展阅读

华为公司的财务共享

华为技术有限公司(以下均简称"华为公司")于 1988 年在中国深圳成立，是全球大型电信设备商，也是全球领先的信息与通信基础设施和智能终端提供商。为了使财务部门核算类重复性工作得以有效避免，从而从事更高价值的计划和战略，华为公司计划实施标准化流程的集中财务管理服务模式，建立优质高效的财务共享系统，其子公司的业务可以得到更专业、更高效的发展，母公司也可以及时、准确地掌握子公司的财务信息。财务共享服务模式建立后，形成了各级财政部门与公司战略目标和生产经营业务紧密结合的个性化财务体系，提升了公司财务体系的整体实力。

华为公司在建立财务共享中心的整个过程中采取直接吸收和分阶段实施的具体方案，先直接吸收了三家典型的子公司，并试行了一家拥有独立共享服务系统和大量个性化业务需求的贸易公司。这些子公司联系本身的实际情况并根据共享服务实施的总体要求，梳理自己的想法、确定具体的方案、组织推进服务共享，最终实现财务共享的实行。华为公司财务共享服务中心在整个集团范围内进行以业务流程为基础，建立健全财务管理信息系统的推广，将各子公司财务工作的费用报告、资金结算和采购会计服务整合到财务共享中，使财务管理系统有了一个步骤清晰的推广过程。公司通过使用扫描凭证图像录入系统形成数据储存，以便后期直接访问图像数据信息来提高财务共享管理的效率。

华为公司通过实施财务与业务的结合，制定标准化的政策和流程，建立了高质量、高效率的财务共享服务体系，更加统一地领导旗下各公司。通过财务共享的实施，华为公司建立了完整的会计准则，制定了严格的内部控制要求。财务共享服务根据专业分工，一方面提高工作运作的专业化、信息化程度，提高效率；另一方面将企业财务业务系统化批量处理，并通过财务共享软件进行数据积累。

财务共享模式在华为公司的具体实施中是对先前的财务处理系统与财务流程注入新的设计理念，重新设计业务流程的实施。以应收账款为例，对企业客户信用的管理是应收账款管理过程中十分重要的一个环节，华为公司若想准确掌握最新的应收账款风险，就需要能够及时迅速地分析销售情况和收款记录，做到收款和发票一一匹配，应收账款财务精细化核算。面对这种情况，华为公司财务共享服务通过与销售部门合作，标准化客户付款指令，同时与财务人员沟通确认收款核销步骤，即使出现后期发票信息无法获取时，财务人员可按共享系统内设规律进行检索和预匹配，从而完成最终确认。这样一方面有助于规范财务操作，另一方面也可以通过标准化的操作优化操作过程，减少人工处理的工作量。在信息系统的基础上，利用成像技术将具体的业务处理流程全都在网络系统数据化，使得整个业务流程的处理步骤分明，层次清晰。并且通过在财务共享系统中进行业务数据的记录、整合与积累，可以为后续的企业运营过程迅速而准确地提供财务信息，既降低运营成本又使业务处理更流程化、透明化，也更便于管理。

华为财务共享服务模式的构建建立了以价值最大化为导向的企业财务管理体系，实现了华为企业范围内会计核算平台的统一。转型财务信息化模式，各总部之间共享子公司的财务会计信息，有利于更好地监督管理各子公司的财务业务处理。统一的财务共享服务数据中心建立了统一的标准审计界面，审计数据收集是统一远程控制的，可以实时精确地搜索各类财务信息数据，降低公司财务风险的发生，同时大大减少了不同财务系统、不同数据格式、不同收集方式和不同会计软件造成的财务信息差异。在华为财务信息化建设成功经验总结中，最主要的部分是：财务信息化战略服从且服务于业务战略，业务部门领导企业的财务共享服务建设。在华为财务共享服务中心构建过程中，业务与财务的统筹融合机制下，其会计统一系统的覆盖率达到 96.7%，机制单证的比例已达到 95%。在会计系统、流程、数据和报表管理等方面，财务共享业务部门已经形成集中统一核算，快速部署财务信息的模式。正是通过业务与财务的整合集中化处理，华为财务共享中心的基础性建设才能实现。

华为公司财务共享中心的建立与当前我国经济财务战略发展趋势相符合，是数据化时代下实现企业财务管理会计领域大数据转型下的创新之举，有效实现了财务业务融合、智能决策、战略指引和财务信息的价值创造。在人工智能、云计算、大数据、物联网、移动互联网的信息技术浪潮下，华为公司实现了传统会计信息系统到财务信息化的转变，构建了以财务共享为核心的数字化运营云平台。

(资料来源：彭翠珍. 华为技术有限公司财务共享案例分析[J]. 中国乡镇企业会计，2020(07)：153-154.)

本 章 小 结

大数据打破了企业传统数据的边界，改变了过去商业智能仅依靠企业内部业务数据的局面，使数据来源更加多样化。通过对大数据的分析处理，提取出有价值的信息，赋能企业的管理与决策，改善产品性能和服务水平，提升客户和受众的消费体验，使企业在市场竞争中获得更大的战略优势。要实现大数据财会行业的广泛应用，也需要财会人员能够具备新能力、新度量与新思维。

数据是指通过科学实验、检验、统计等获得的和用于科学研究、技术设计、查证、决策等的数值。

按照数据结构分类划分，数据可以划分为结构化数据、半结构化数据、非结构化数据。按照数据产生的主体分类划分，数据可以划分为企业数据、机器数据、社会化数据。按照数据的作用管道分类划分数据可划分为交易数据、互动数据、传感数据。

大数据又称巨量资料，是所涉及的资料量规模巨大到无法透过主流软件工具，在合理时间内达到撷取、管理、处理的目的，并整理成为帮助企业更积极地进行经营决策的资讯。大数据具有五大特征：体量大(volume)、速度快(velocity)、样式多(variety)、价值密度低(value)、真实性(veracity)。

大数据可以赋能企业经营管理，推动经济转型发展，增强国家竞争优势。

大数据的发展趋势有数据的资源化、与云计算的深度结合、科学理论的突破数据、科学和数据联盟的成立、数据泄露泛滥、数据管理成为核心竞争力，数据质量重要性提升。

数据挖掘是指从大量的数据中挖掘出隐含的、未知的、用户可能感兴趣的和对决策有潜在价值的知识和规则。

财务 RPA 机器人主要由三部分组成：光学字符识别系统(OCR)、机器人流程自动化(RPA)、电子账务记账系统。

财务共享服务是依托信息技术以财务业务流程处理为基础，以优化组织结构、规范流程、提升流程效率、降低运营成本或创造价值为目的，以市场视角为内外部客户提供专业化生产服务的分布式管理模式。

课 后 习 题

一、单项选择题

1. 以下哪项不是按照数据结构分类划分的数据类型(　　)。
   A. 结构化数据　　　　　　　　　B. 半结构化数据
   C. 零结构化数据　　　　　　　　D. 非结构化数据
2. 关于结构化数据，以下哪项描述是错误的(　　)。
   A. 也被称为定量数据　　　　　　B. 关系模型数据
   C. 存储在数据库里　　　　　　　D. 不能够用数据或统一的结构加以表示
3. 下列各项中体现非结构化数据的是(　　)。
   A. 即时聊天消息　　　　　　　　B. 财务金额
   C. 电话号码　　　　　　　　　　D. 产品名称

4. ERP 系统的全称是(　　　)。

    A. 客户关系管理系统　　　　　　　B. 企业资源计划

    C. 全渠道营销管理系统　　　　　　D. 企业数据库系统

5. 以下哪些选项不属于大数据的发展趋势(　　　)。

    A. 数据的资源化　　　　　　　　　B. 与云计算的深度结合

    C. 数据泄露泛滥　　　　　　　　　D. 大数据分析将完全取代抽样调查分析

6. 下列各项中，对数据挖掘描述不正确的是(　　　)。

    A. 数据挖掘是一种决策支持过程

    B. 只有通过数据挖掘才能做出正确的决策

    C. 能够高度自动化地分析企业的数据

    D. 主要基于人工智能、机器学习、模式识别、统计学、数据库、可视化技术等

7. 人工智能的缩写为(　　　)

    A. AI　　　　　　　　　　　　　　B. AR

    C. CC　　　　　　　　　　　　　　D. PYTHON

8. 大数据对会计数据的影响不包括(　　　)。

    A. 会计数据的来源从以结构化数据为主导变为以非结构化数据为主导

    B. 会计数据的价值从简单的"数据仓库"转变为"深度学习对象"

    C. 具有实时更新的新特征，更多时候体现为一种动态的"流数据"形式

    D. 会计数据输出形式由图表化转向文字化

9. 下列各项中，哪项不是企业在进行会计数据处理的时候可以采用的技术(　　　)。

    A. Hadoop　　　　　　　　　　　　B. MapReduce

    C. CAD　　　　　　　　　　　　　　D. Storm

10. 关于推进数据共享开放的描述，错误的是(　　　)

    A. 要改变政府职能部门"数据孤岛"现象，立足于数据资源的共享互换，设定相对明确的数据标准，实现部门之间的数据对接与共享

    B. 要使不同省市区之间的数据实现对接与共享，解决数据"画地为牢"的问题，实现数据共享共用

    C. 在企业内部，破除数据孤岛，推进数据融合

    D. 不同企业之间，为了保护各自商业利益，不宜实现数据共享

二、多项选择题

1. "大数据"(big data)这个概念最早是由哪些学科创造出来的(　　　)。

    A. 地理学　　　　　　　　　　　　B. 物理学

    C. 天文学　　　　　　　　　　　　D. 基因学

2. 下列关于大数据的意义说法正确的是(　　　)。

    A. 助力企业更深入地了解消费者需求

    B. 推动经济转型发展

    C. 推动数字经济的形成与繁荣

D. 实现企业各业务环节间的信息高度集成和互联

3. 现阶段,主流对数据进行分析的角度主要有(　　)。

A. 以线性代数、统计学、博弈论等为基础的数学角度

B. 数据库等为基础的传统计算机科学角度

C. 以大数据、机器学习、人工智能为首的新型计算技术角度

D. 行业知识和行业经验的角度

4. 以下哪些元素参与构建了大数据的生态系统(　　)。

A. 终端设备提供商　　　　　　　B. 网络服务提供商

C. 数据服务提供商　　　　　　　D. 数据服务零售商

5. 以下哪些是大数据的应用(　　)。

A. 挖掘医疗文献数据建立医疗专家数据库

B. 利用社交媒体数据对客户进行精准营销

C. 客户流失预测

D. 手工登记银行存款日记账

6. IBM 提出大数据具有五大特征(5V),包括以下哪几项(　　)。

A. 体量大(volume)　　　　　　　B. 速度快(velocity)

C. 价值密度低(value)　　　　　　D. 样式多(variety)

7. 以下哪些选项属于大数据精准营销的应用(　　)。

A. 挖掘和分析企业宏观环境与行业环境数据

B. 获取全部企业供应商、营销中介、客户及竞争者数据

C. 获取全部公共关系数据

D. 建立系统化的大数据可视化关联分析系统

8. 下列各项中,关于云计算描述正确的有(　　)。

A. 主要功能是整合　　　　　　　B. 云计算是大数据分析的前提

C. 云计算能够过滤无用信息　　　D. 助力企业虚拟化建设

9. 传统的数据安全威胁包括:(　　)。

A. 计算机病毒　　　　　　　　　B. 黑客攻击

C. 数据复制　　　　　　　　　　D. 数据信息存储介质的损坏

10. 下列说法正确的是(　　)。

A. 大数据的英文是 1arge data

B. 大数据不仅仅是数的体量大

C. 大数据是一种思维

D. 在分析效果上更追求效率而不是绝对精确

三、判断题

1. 数据是指通过科学实验、检验、统计等获得的和用于科学研究、技术设计、查证、决策等的数值。　　　　　　　　　　　　　　　　　　　　　　　　　　　　　(　　)

2. 非结构化数据要比结构化数据多得多。　　　　　　　　　　　　　(　　)

3. 按照数据结构分类划分，数据可以划分为企业数据、机器数据、社会化数据。　（　　）

4. 现在社交网站越来越多，产生的数据量也越来越丰富，带动了以非结构化数据为主的大数据分析。　（　　）

5. 信息是对数据解决生产加工后的结果。（　　）

6. 数据挖掘就是指从大量的数据中挖掘出隐含的、未知的、用户可能感兴趣的和对决策有潜在价值的知识和规则。　（　　）

7. 大数据在数据基础上倾向于抽样数据而不是全体数据。　（　　）

8. 会计数据输出形式呈现出由图表化转向可视化的趋势。　（　　）

9. 企业要注重对多种结构、多种来源的数据进行搜集和储存。　（　　）

10. RPA财务机器人是一种人形状的财务操作机器人，工作原理类似于工业机械手臂。
　（　　）

附　录

附录A　复利终值系数表

期数	利率									
	1%	2%	3%	4%	5%	6%	7%	8%	9%	10%
1	1.010 0	1.020 0	1.030 0	1.040 0	1.050 0	1.060 0	1.070 0	1.080 0	1.090 0	1.100 0
2	1.020 1	1.040 4	1.060 9	1.081 6	1.102 5	1.123 6	1.144 9	1.166 4	1.188 1	1.210 0
3	1.030 3	1.061 2	1.092 7	1.124 9	1.157 6	1.191 0	1.225 0	1.259 7	1.295 0	1.331 0
4	1.040 6	1.082 4	1.125 5	1.169 9	1.215 5	1.262 5	1.310 8	1.360 5	1.411 6	1.464 1
5	1.051 0	1.104 1	1.159 3	1.216 7	1.276 3	1.338 2	1.402 6	1.469 3	1.538 6	1.610 5
6	1.061 5	1.126 2	1.194 1	1.265 3	1.340 1	1.418 5	1.500 7	1.586 9	1.677 1	1.771 6
7	1.072 1	1.148 7	1.229 9	1.315 9	1.407 1	1.503 6	1.605 8	1.713 8	1.828 0	1.948 7
8	1.082 9	1.171 7	1.266 8	1.368 6	1.477 5	1.593 8	1.718 2	1.850 9	1.992 6	2.143 6
9	1.093 7	1.195 1	1.304 8	1.423 3	1.551 3	1.689 5	1.838 5	1.999 0	2.171 9	2.357 9
10	1.104 6	1.219 0	1.343 9	1.480 2	1.628 9	1.790 8	1.967 2	2.158 9	2.367 4	2.593 7
11	1.115 7	1.243 4	1.384 2	1.539 5	1.710 3	1.898 3	2.104 9	2.331 6	2.580 4	2.853 1
12	1.126 8	1.268 2	1.425 8	1.601 0	1.795 9	2.012 2	2.252 2	2.518 2	2.812 7	3.138 4
13	1.138 1	1.293 6	1.468 5	1.665 1	1.885 6	2.132 9	2.409 8	2.719 6	3.065 8	3.452 3
14	1.149 5	1.319 5	1.512 6	1.731 7	1.979 9	2.260 9	2.578 5	2.937 2	3.341 7	3.797 5
15	1.161 0	1.345 9	1.558 0	1.800 9	2.078 9	2.396 6	2.759 0	3.172 2	3.642 5	4.177 2
16	1.172 6	1.372 8	1.604 7	1.873 0	2.182 9	2.540 4	2.952 2	3.425 9	3.970 3	4.595 0
17	1.184 3	1.400 2	1.652 8	1.947 9	2.292 0	2.692 8	3.158 8	3.700 0	4.327 6	5.054 5
18	1.196 1	1.428 2	1.702 4	2.025 8	2.406 6	2.854 3	3.379 9	3.996 0	4.717 1	5.559 9
19	1.208 1	1.456 8	1.753 5	2.106 8	2.527 0	3.025 6	3.616 5	4.315 7	5.141 7	6.115 9
20	1.220 2	1.485 9	1.806 1	2.191 1	2.653 3	3.207 1	3.869 7	4.661 0	5.604 4	6.727 5
21	1.232 4	1.515 7	1.860 3	2.278 8	2.786 0	3.399 6	4.140 6	5.033 8	6.108 8	7.400 2
22	1.244 7	1.546 0	1.916 1	2.369 9	2.925 3	3.603 5	4.430 4	5.436 5	6.658 6	8.140 3
23	1.257 2	1.576 9	1.973 6	2.464 7	3.071 5	3.819 7	4.740 5	5.871 5	7.257 9	8.954 3
24	1.269 7	1.608 4	2.032 8	2.563 3	3.225 1	4.048 9	5.072 4	6.341 2	7.911 1	9.849 7
25	1.282 4	1.640 6	2.093 8	2.665 8	3.386 4	4.291 9	5.427 4	6.848 5	8.623 1	10.835
26	1.295 3	1.673 4	2.156 6	2.772 5	3.555 7	4.549 4	5.807 4	7.396 4	9.399 2	11.918
27	1.308 2	1.706 9	2.221 3	2.883 4	3.733 5	4.822 3	6.213 9	7.988 1	10.245	13.110
28	1.321 3	1.741 0	2.287 9	2.998 7	3.920 1	5.111 7	6.648 8	8.627 1	11.167	14.421
29	1.334 5	1.775 8	2.356 6	3.118 7	4.116 1	5.418 4	7.114 3	9.317 3	12.172	15.863
30	1.347 8	1.811 4	2.427 3	3.243 4	4.321 9	5.743 5	7.612 3	10.063	13.268	17.449
40	1.488 9	2.208 0	3.262 0	4.801 0	7.040 0	10.286	14.975	21.725	31.409	45.259
50	1.644 6	2.691 6	4.383 9	7.106 7	11.467	18.420	29.457	46.902	74.358	117.39
60	1.816 7	3.281 0	5.891 6	10.520	18.679	32.988	57.946	101.26	176.03	304.48

(续表)

期数	利率									
	12%	14%	15%	16%	18%	20%	24%	28%	32%	36%
1	1.120 0	1.140 0	1.150 0	1.160 0	1.180 0	1.200 0	1.240 0	1.280 0	1.320 0	1.360 0
2	1.254 4	1.299 6	1.322 5	1.345 6	1.392 4	1.440 0	1.537 6	1.638 4	1.742 4	1.849 6
3	1.404 9	1.481 5	1.520 9	1.560 9	1.643 0	1.728 0	1.906 6	2.097 2	2.300 0	2.515 5
4	1.573 5	1.689 0	1.749 0	1.810 6	1.938 8	2.073 6	2.364 2	2.684 4	3.036 0	3.421 0
5	1.762 3	1.925 4	2.011 4	2.100 3	2.287 8	2.488 3	2.931 6	3.436 0	4.007 5	4.652 6
6	1.973 8	2.195 0	2.313 1	2.436 4	2.699 6	2.986 0	3.635 2	4.398 0	5.289 9	6.327 5
7	2.210 7	2.502 3	2.660 0	2.826 2	3.185 5	3.583 2	4.507 7	5.629 5	6.982 6	8.605 4
8	2.476 0	2.852 6	3.059 0	3.278 4	3.758 9	4.299 8	5.589 5	7.205 8	9.217 0	11.703
9	2.773 1	3.251 9	3.517 9	3.803 0	4.435 5	5.159 8	6.931 0	9.223 4	12.167	15.917
10	3.105 8	3.707 2	4.045 6	4.411 4	5.233 8	6.191 7	8.594 4	11.806	16.060	21.647
11	3.478 5	4.226 2	4.652 4	5.117 3	6.175 9	7.430 1	10.657	15.112	21.199	29.439
12	3.896 0	4.817 9	5.350 3	5.936 0	7.287 6	8.916 1	13.215	19.343	27.983	40.038
13	4.363 5	5.492 4	6.152 8	6.885 8	8.599 4	10.699	16.386	24.759	36.937	54.451
14	4.887 1	6.261 3	7.075 7	7.987 5	10.147	12.839	20.319	31.691	48.757	74.053
15	5.473 6	7.137 9	8.137 1	9.265 5	11.974	15.407	25.196	40.565	64.359	100.71
16	6.130 4	8.137 2	9.357 6	10.748	14.129	18.488	31.243	51.923	84.954	136.97
17	6.866 0	9.276 5	10.761	12.468	16.672	22.186	38.741	66.461	112.14	186.28
18	7.690 0	10.575	12.376	14.463	19.673	26.623	48.039	85.071	148.02	253.34
19	8.612 8	12.056	14.232	16.777	23.214	31.948	59.568	108.89	195.39	344.54
20	9.646 3	13.744	16.367	19.461	27.393	38.338	73.864	139.38	257.92	468.57
21	10.804	15.668	18.822	22.575	32.324	46.005	91.592	178.41	340.45	637.26
22	12.100	17.861	21.645	26.186	38.142	55.206	113.57	228.36	449.39	866.67
23	13.552	20.362	24.892	30.376	45.008	66.247	140.83	292.30	593.20	1 178.7
24	15.179	23.212	28.625	35.236	53.109	79.497	174.63	374.14	783.02	1 603.0
25	17.000	26.462	32.919	40.874	62.669	95.396	216.54	478.90	1 033.6	2 180.1
26	19.040	30.167	37.857	47.414	73.949	114.48	268.51	613.00	1 364.3	2 964.9
27	21.325	34.390	43.535	55.000	87.260	137.37	332.96	784.64	1 800.9	4 032.3
28	23.884	39.205	50.066	63.800	102.97	164.84	412.86	1 004.3	2 377.2	5 483.9
29	26.750	44.693	57.576	74.009	121.50	197.81	511.95	1 285.6	3 137.9	7 458.1
30	29.960	50.950	66.212	85.850	143.37	237.38	634.82	1 645.5	4 142.1	10 143
40	93.051	188.88	267.86	378.72	750.38	1 469.8	5 455.9	19 427	66 521	—
50	289.00	700.23	1 083.7	1 670.7	3 927.4	9 100.4	46 890	—	—	—
60	897.60	2 595.9	4 384.0	7 370.2	20 555	56 348	—	—	—	—

附录B 复利现值系数表

期数	利率									
	1%	2%	3%	4%	5%	6%	7%	8%	9%	10%
1	0.990 1	0.980 4	0.970 9	0.961 5	0.952 4	0.943 4	0.934 6	0.925 9	0.917 4	0.909 1
2	0.980 3	0.961 2	0.942 6	0.924 6	0.907 0	0.890 0	0.873 4	0.857 3	0.841 7	0.826 4
3	0.970 6	0.942 3	0.915 1	0.889 0	0.863 8	0.839 6	0.816 3	0.793 8	0.772 2	0.751 3
4	0.961 0	0.923 8	0.888 5	0.854 8	0.822 7	0.792 1	0.762 9	0.735 0	0.708 4	0.683 0
5	0.951 5	0.905 7	0.862 6	0.821 9	0.783 5	0.747 3	0.713 0	0.680 6	0.649 9	0.620 9
6	0.942 0	0.888 0	0.837 5	0.790 3	0.746 2	0.705 0	0.666 3	0.630 2	0.596 3	0.564 5
7	0.932 7	0.870 6	0.813 1	0.759 9	0.710 7	0.665 1	0.622 7	0.583 5	0.547 0	0.513 2
8	0.923 5	0.853 5	0.789 4	0.730 7	0.676 8	0.627 4	0.582 0	0.540 3	0.501 9	0.466 5
9	0.914 3	0.836 8	0.766 4	0.702 6	0.644 6	0.591 9	0.543 9	0.500 2	0.460 4	0.424 1
10	0.905 3	0.820 3	0.744 1	0.675 6	0.613 9	0.558 4	0.508 3	0.463 2	0.422 4	0.385 5
11	0.896 3	0.804 3	0.722 4	0.649 6	0.584 7	0.526 8	0.475 1	0.428 9	0.387 5	0.350 5
12	0.887 4	0.788 5	0.701 4	0.624 6	0.556 8	0.497 0	0.444 0	0.397 1	0.355 5	0.318 6
13	0.878 7	0.773 0	0.681 0	0.600 6	0.530 3	0.468 8	0.415 0	0.367 7	0.326 2	0.289 7
14	0.870 0	0.757 9	0.661 1	0.577 5	0.505 1	0.442 3	0.387 8	0.340 5	0.299 2	0.263 3
15	0.861 3	0.743 0	0.641 9	0.555 3	0.481 0	0.417 3	0.362 4	0.315 2	0.274 5	0.239 4
16	0.852 8	0.728 4	0.623 2	0.533 9	0.458 1	0.393 6	0.338 7	0.291 9	0.251 9	0.217 6
17	0.844 4	0.714 2	0.605 0	0.513 4	0.436 3	0.371 4	0.316 6	0.270 3	0.231 1	0.197 8
18	0.836 0	0.700 2	0.587 4	0.493 6	0.415 5	0.350 3	0.295 9	0.250 2	0.212 0	0.179 9
19	0.827 7	0.686 4	0.570 3	0.474 6	0.395 7	0.330 5	0.276 5	0.231 7	0.194 5	0.163 5
20	0.819 5	0.673 0	0.553 7	0.456 4	0.376 9	0.311 8	0.258 4	0.214 5	0.178 4	0.148 6
21	0.811 4	0.659 8	0.537 5	0.438 8	0.358 9	0.294 2	0.241 5	0.198 7	0.163 7	0.135 1
22	0.803 4	0.646 8	0.521 9	0.422 0	0.341 8	0.277 5	0.225 7	0.183 9	0.150 2	0.122 8
23	0.795 4	0.634 2	0.506 7	0.405 7	0.325 6	0.261 8	0.210 9	0.170 3	0.137 8	0.111 7
24	0.787 6	0.621 7	0.491 9	0.390 1	0.310 1	0.247 0	0.197 1	0.157 7	0.126 4	0.101 5
25	0.779 8	0.609 5	0.477 6	0.375 1	0.295 3	0.233 0	0.184 2	0.146 0	0.116 0	0.092 3
26	0.772 0	0.597 6	0.463 7	0.360 7	0.281 2	0.219 8	0.172 2	0.135 2	0.106 4	0.083 9
27	0.764 4	0.585 9	0.450 2	0.346 8	0.267 8	0.207 4	0.160 9	0.125 2	0.097 6	0.076 3
28	0.756 8	0.574 4	0.437 1	0.333 5	0.255 1	0.195 6	0.150 4	0.115 9	0.089 5	0.069 3
29	0.749 3	0.563 1	0.424 3	0.320 7	0.242 9	0.184 6	0.140 6	0.107 3	0.082 2	0.063 0
30	0.741 9	0.552 1	0.412 0	0.308 3	0.231 4	0.174 1	0.131 4	0.099 4	0.075 4	0.057 3
35	0.705 9	0.500 0	0.355 4	0.253 4	0.181 3	0.130 1	0.093 7	0.067 6	0.049 0	0.035 6
40	0.671 7	0.452 9	0.306 6	0.208 3	0.142 0	0.097 2	0.066 8	0.046 0	0.031 8	0.022 1
45	0.639 1	0.410 2	0.264 4	0.171 2	0.111 3	0.072 7	0.047 6	0.031 3	0.020 7	0.013 7
50	0.608 0	0.371 5	0.228 1	0.140 7	0.087 2	0.054 3	0.033 9	0.021 3	0.013 4	0.008 5
55	0.578 5	0.336 5	0.196 8	0.115 7	0.068 3	0.040 6	0.024 2	0.014 5	0.008 7	0.005 3

期数	利率									
	12%	14%	15%	16%	18%	20%	24%	28%	32%	36%
1	0.892 9	0.877 2	0.869 6	0.862 1	0.847 5	0.833 3	0.806 5	0.781 3	0.757 6	0.735 3
2	0.797 2	0.769 5	0.756 1	0.743 2	0.718 2	0.694 4	0.650 4	0.610 4	0.573 9	0.540 7
3	0.711 8	0.675 0	0.657 5	0.640 7	0.608 6	0.578 7	0.524 5	0.476 8	0.434 8	0.397 5
4	0.635 5	0.592 1	0.571 8	0.552 3	0.515 8	0.482 3	0.423 0	0.372 5	0.329 4	0.292 3
5	0.567 4	0.519 4	0.497 2	0.476 1	0.437 1	0.401 9	0.341 1	0.291 0	0.249 5	0.214 9
6	0.506 6	0.455 6	0.432 3	0.410 4	0.370 4	0.334 9	0.275 1	0.227 4	0.189 0	0.158 0
7	0.452 3	0.399 6	0.375 9	0.353 8	0.313 9	0.279 1	0.221 8	0.177 6	0.143 2	0.116 2
8	0.403 9	0.350 6	0.326 9	0.305 0	0.266 0	0.232 6	0.178 9	0.138 8	0.108 5	0.085 4
9	0.360 6	0.307 5	0.284 3	0.263 0	0.225 5	0.193 8	0.144 3	0.108 4	0.082 2	0.062 8
10	0.322 0	0.269 7	0.247 2	0.226 7	0.191 1	0.161 5	0.116 4	0.084 7	0.062 3	0.046 2
11	0.287 5	0.236 6	0.214 9	0.195 4	0.161 9	0.134 6	0.093 8	0.066 2	0.047 2	0.034 0
12	0.256 7	0.207 6	0.186 9	0.168 5	0.137 2	0.112 2	0.075 7	0.051 7	0.035 7	0.025 0
13	0.229 2	0.182 1	0.162 5	0.145 2	0.116 3	0.093 5	0.061 0	0.040 4	0.027 1	0.018 4
14	0.204 6	0.159 7	0.141 3	0.125 2	0.098 5	0.077 9	0.049 2	0.031 6	0.020 5	0.013 5
15	0.182 7	0.140 1	0.122 9	0.107 9	0.083 5	0.064 9	0.039 7	0.024 7	0.015 5	0.009 9
16	0.163 1	0.122 9	0.106 9	0.093 0	0.070 8	0.054 1	0.032 0	0.019 3	0.011 8	0.007 3
17	0.145 6	0.107 8	0.092 9	0.080 2	0.060 0	0.045 1	0.025 8	0.015 0	0.008 9	0.005 4
18	0.130 0	0.094 6	0.080 8	0.069 1	0.050 8	0.037 6	0.020 8	0.011 8	0.006 8	0.003 9
19	0.116 1	0.082 9	0.070 3	0.059 6	0.043 1	0.031 3	0.016 8	0.009 2	0.005 1	0.002 9
20	0.103 7	0.072 8	0.061 1	0.051 4	0.036 5	0.026 1	0.013 5	0.007 2	0.003 9	0.002 1
21	0.092 6	0.063 8	0.053 1	0.044 3	0.030 9	0.021 7	0.010 9	0.005 6	0.002 9	0.001 6
22	0.082 6	0.056 0	0.046 2	0.038 2	0.026 2	0.018 1	0.008 8	0.004 4	0.002 2	0.001 2
23	0.073 8	0.049 1	0.040 2	0.032 9	0.022 2	0.015 1	0.007 1	0.003 4	0.001 7	0.000 8
24	0.065 9	0.043 1	0.034 9	0.028 4	0.018 8	0.012 6	0.005 7	0.002 7	0.001 3	0.000 6
25	0.058 8	0.037 8	0.030 4	0.024 5	0.016 0	0.010 5	0.004 6	0.002 1	0.001 0	0.000 5
26	0.052 5	0.033 1	0.026 4	0.021 1	0.013 5	0.008 7	0.003 7	0.001 6	0.000 7	0.000 3
27	0.046 9	0.029 1	0.023 0	0.018 2	0.011 5	0.007 3	0.003 0	0.001 3	0.000 6	0.000 2
28	0.041 9	0.025 5	0.020 0	0.015 7	0.009 7	0.006 1	0.002 4	0.001 0	0.000 4	0.000 2
29	0.037 4	0.022 4	0.017 4	0.013 5	0.008 2	0.005 1	0.002 0	0.000 8	0.000 3	0.000 1
30	0.033 4	0.019 6	0.015 1	0.011 6	0.007 0	0.004 2	0.001 6	0.000 6	0.000 2	0.000 1
35	0.018 9	0.010 2	0.007 5	0.005 5	0.003 0	0.001 7	0.000 5	0.000 2	0.000 1	—
40	0.010 7	0.005 3	0.003 7	0.002 6	0.001 3	0.000 7	0.000 2	0.000 1	—	—
45	0.006 1	0.002 7	0.001 9	0.001 3	0.000 6	0.000 3	0.000 1	—	—	—
50	0.003 5	0.001 4	0.000 9	0.000 6	0.000 3	0.000 1	—	—	—	—
55	0.002 0	0.000 7	0.000 5	0.000 3	0.000 1	—	—	—	—	—

附录C 年金终值系数表

期数	利率									
	1%	2%	3%	4%	5%	6%	7%	8%	9%	10%
1	1.000 0	1.000 0	1.000 0	1.000 0	1.000 0	1.000 0	1.000 0	1.000 0	1.000 0	1.000 0
2	2.010 0	2.020 0	2.030 0	2.040 0	2.050 0	2.060 0	2.070 0	2.080 0	2.090 0	2.100 0
3	3.030 1	3.060 4	3.090 9	3.121 6	3.152 5	3.183 6	3.214 9	3.246 4	3.278 1	3.310 0
4	4.060 4	4.121 6	4.183 6	4.246 5	4.310 1	4.374 6	4.439 9	4.506 1	4.573 1	4.641 0
5	5.101 0	5.204 0	5.309 1	5.416 3	5.525 6	5.637 1	5.750 7	5.866 6	5.984 7	6.105 1
6	6.152 0	6.308 1	6.468 4	6.633 0	6.801 9	6.975 3	7.153 3	7.335 9	7.523 3	7.715 6
7	7.213 5	7.434 3	7.662 5	7.898 3	8.142 0	8.393 8	8.654 0	8.922 8	9.200 4	9.487 2
8	8.285 7	8.583 0	8.892 3	9.214 2	9.549 1	9.897 5	10.260	10.637	11.029	11.436
9	9.368 5	9.754 6	10.159	10.583	11.027	11.491	11.978	12.488	13.021	13.580
10	10.462	10.950	11.464	12.006	12.578	13.181	13.816	14.487	15.193	15.937
11	11.567	12.169	12.808	13.486	14.207	14.972	15.784	16.646	17.560	18.531
12	12.683	13.412	14.192	15.026	15.917	16.870	17.889	18.977	20.141	21.384
13	13.809	14.680	15.618	16.627	17.713	18.882	20.141	21.495	22.953	24.523
14	14.947	15.974	17.086	18.292	19.599	21.015	22.551	24.215	26.019	27.975
15	16.097	17.293	18.599	20.024	21.579	23.276	25.129	27.152	29.361	31.773
16	17.258	18.639	20.157	21.825	23.658	25.673	27.888	30.324	33.003	35.950
17	18.430	20.012	21.762	23.698	25.840	28.213	30.840	33.750	36.974	40.545
18	19.615	21.412	23.414	25.645	28.132	30.906	33.999	37.450	41.301	45.599
19	20.811	22.841	25.117	27.671	30.539	33.760	37.379	41.446	46.019	51.159
20	22.019	24.297	26.870	29.778	33.066	36.786	40.996	45.762	51.160	57.275
21	23.239	25.783	28.677	31.969	35.719	39.993	44.865	50.423	56.765	64.003
22	24.472	27.299	30.537	34.248	38.505	43.392	49.006	55.457	62.873	71.403
23	25.716	28.845	32.453	36.618	41.431	46.996	53.436	60.893	69.532	79.543
24	26.974	30.422	34.427	39.083	44.502	50.816	58.177	66.765	76.790	88.497
25	28.243	32.030	36.459	41.646	47.727	54.865	63.249	73.106	84.701	98.347
26	29.526	33.671	38.553	44.312	51.114	59.156	68.677	79.954	93.324	109.18
27	30.821	35.344	40.710	47.084	54.669	63.706	74.484	87.351	102.72	121.10
28	32.129	37.051	42.931	49.968	58.403	68.528	80.698	95.339	112.97	134.21
29	33.450	38.792	45.219	52.966	62.323	73.640	87.347	103.97	124.14	148.63
30	34.785	40.568	47.575	56.085	66.439	79.058	94.461	113.28	136.31	164.49
40	48.886	60.402	75.401	95.026	120.80	154.76	199.64	259.06	337.88	442.59
50	64.463	84.579	112.80	152.67	209.35	290.34	406.53	573.77	815.08	1 163.9
60	81.670	114.05	163.05	237.99	353.58	533.13	813.52	1 253.2	1 944.8	3 034.8

(续表)

期数	利率									
	12%	14%	15%	16%	18%	20%	24%	28%	32%	36%
1	1.000 0	1.000 0	1.000 0	1.000 0	1.000 0	1.000 0	1.000 0	1.000 0	1.000 0	1.000 0
2	2.120 0	2.140 0	2.150 0	2.160 0	2.180 0	2.200 0	2.240 0	2.280 0	2.320 0	2.360 0
3	3.374 4	3.439 6	3.472 5	3.505 6	3.572 4	3.640 0	3.777 6	3.918 4	4.062 4	4.209 6
4	4.779 3	4.921 1	4.993 4	5.066 5	5.215 4	5.368 0	5.684 2	6.015 6	6.362 4	6.725 1
5	6.352 8	6.610 1	6.742 4	6.877 1	7.154 2	7.441 6	8.048 4	8.699 9	9.398 3	10.146
6	8.115 2	8.535 5	8.753 7	8.977 5	9.442 0	9.929 9	10.980	12.136	13.406	14.799
7	10.089	10.731	11.067	11.414	12.14 2	12.916	14.615	16.534	18.696	21.126
8	12.300	13.233	13.727	14.240	15.327	16.499	19.123	22.163	25.678	29.732
9	14.776	16.085	16.786	17.519	19.086	20.799	24.713	29.369	34.895	41.435
10	17.549	19.337	20.304	21.322	23.521	25.959	31.643	38.593	47.062	57.352
11	20.655	23.045	24.349	25.733	28.755	32.150	40.238	50.399	63.122	78.998
12	24.133	27.271	29.002	30.850	34.931	39.581	50.895	65.510	84.320	108.44
13	28.029	32.089	34.352	36.786	42.219	48.497	64.110	84.853	112.30	148.48
14	32.393	37.581	40.505	43.672	50.818	59.196	80.496	109.61	149.24	202.93
15	37.280	43.842	47.580	51.660	60.965	72.035	100.82	141.30	198.00	276.98
16	42.753	50.980	55.718	60.925	72.939	87.442	126.01	181.87	262.36	377.69
17	48.884	59.118	65.075	71.673	87.068	105.93	157.25	233.79	347.31	514.66
18	55.750	68.394	75.836	84.141	103.74	128.12	195.99	300.25	459.45	700.94
19	63.440	78.969	88.212	98.603	123.41	154.74	244.03	385.32	607.47	954.28
20	72.052	91.025	102.44	115.38	146.63	186.69	303.60	494.21	802.86	1 298.8
21	81.699	104.77	118.81	134.84	174.02	225.03	377.46	633.59	1 060.8	1 767.4
22	92.503	120.44	137.63	157.42	206.34	271.03	469.06	812.00	1 401.2	2 404.7
23	104.60	138.30	159.28	183.60	244.49	326.24	582.63	1 040.4	1 850.6	3 271.3
24	118.16	158.66	184.17	213.98	289.49	392.48	723.46	1 332.7	2 443.8	4 450.0
25	133.33	181.87	212.79	249.21	342.60	471.98	898.09	1 706.8	3 226.8	6 053.0
26	150.33	208.33	245.71	290.09	405.27	567.38	1 114.6	2 185.7	4 260.4	8 233.1
27	169.37	238.50	283.57	337.50	479.22	681.85	1 383.1	2 798.7	5 624.8	11 198
28	190.70	272.89	327.10	392.50	566.48	819.22	1 716.1	3 583.3	7 425.7	15 230
29	214.58	312.09	377.17	456.30	669.45	984.07	2 129.0	4587.7	9 802.9	20 714
30	241.33	356.79	434.75	530.31	790.95	1 181.9	2 640.9	5 873.2	12 941	28 172
40	767.09	1 342.0	1 779.1	2 360.8	4 163.2	7 343.9	22 729	69 377	207 874	609 890
50	2 400.0	4 994.5	7 217.7	10 436	21 813	45 497	195 373	819 103	—	—
60	7 471.6	18 535	29 220	46 058	114 190	281 733	—	—	—	—

附录D 年金现值系数表

期数	利率									
	1%	2%	3%	4%	5%	6%	7%	8%	9%	10%
1	0.990 1	0.980 4	0.970 9	0.961 5	0.952 4	0.9434	0.9346	0.925 9	0.917 4	0.909 1
2	1.970 4	1.941 6	1.913 5	1.886 1	1.859 4	1.8334	1.8080	1.783 3	1.759 1	1.735 5
3	2.941 0	2.883 9	2.828 6	2.775 1	2.723 2	2.673 0	2.624 3	2.577 1	2.531 3	2.486 9
4	3.902 0	3.807 7	3.717 1	3.629 9	3.546 0	3.465 1	3.387 2	3.312 1	3.239 7	3.169 9
5	4.853 4	4.713 5	4.579 7	4.451 8	4.329 5	4.212 4	4.100 2	3.992 7	3.889 7	3.790 8
6	5.795 5	5.601 4	5.417 2	5.242 1	5.075 7	4.917 3	4.766 5	4.622 9	4.485 9	4.355 3
7	6.728 2	6.472 0	6.230 3	6.002 1	5.786 4	5.582 4	5.389 3	5.206 4	5.033 0	4.868 4
8	7.651 7	7.325 5	7.019 7	6.732 7	6.463 2	6.209 8	5.971 3	5.746 6	5.534 8	5.334 9
9	8.566 0	8.162 2	7.786 1	7.435 3	7.107 8	6.801 7	6.515 2	6.246 9	5.995 2	5.759 0
10	9.471 3	8.982 6	8.530 2	8.110 9	7.721 7	7.360 1	7.023 6	6.710 1	6.417 7	6.144 6
11	10.367 6	9.786 8	9.252 6	8.760 5	8.306 4	7.886 9	7.498 7	7.139 0	6.805 2	6.495 1
12	11.255 1	10.575 3	9.954 0	9.385 1	8.863 3	8.383 8	7.942 7	7.536 1	7.160 7	6.813 7
13	12.133 7	11.348 4	10.635 0	9.985 6	9.393 6	8.852 7	8.357 7	7.903 8	7.486 9	7.103 4
14	13.003 7	12.106 2	11.296 1	10.563 1	9.898 6	9.295 0	8.745 5	8.244 2	7.786 2	7.366 7
15	13.865 1	12.849 3	11.937 9	11.118 4	10.379 7	9.712 2	9.107 9	8.559 5	8.060 7	7.606 1
16	14.717 9	13.577 7	12.561 1	11.652 3	10.837 8	10.105 9	9.446 6	8.851 4	8.312 6	7.823 7
17	15.562 3	14.291 9	13.166 1	12.165 7	11.274 1	10.477 3	9.763 2	9.121 6	8.543 6	8.021 6
18	16.398 3	14.992 0	13.753 5	12.659 3	11.689 6	10.827 6	10.059 1	9.371 9	8.755 6	8.201 4
19	17.226 0	15.678 5	14.323 8	13.133 9	12.085 3	11.158 1	10.335 6	9.603 6	8.950 1	8.364 9
20	18.045 6	16.351 4	14.877 5	13.590 3	12.462 2	11.469 9	10.594 0	9.818 1	9.128 5	8.513 6
21	18.857 0	17.011 2	15.415 0	14.029 2	12.821 2	11.764 1	10.835 5	10.016 8	9.292 2	8.648 7
22	19.660 4	17.658 0	15.936 9	14.451 1	13.163 0	12.041 6	11.061 2	10.200 7	9.442 4	8.771 5
23	20.455 8	18.292 2	16.443 6	14.856 8	13.488 6	12.303 4	11.272 2	10.371 1	9.580 2	8.883 2
24	21.243 4	18.913 9	16.935 5	15.247 0	13.798 6	12.550 4	11.469 3	10.528 8	9.706 6	8.984 7
25	22.023 2	19.523 5	17.413 1	15.622 1	14.093 9	12.783 4	11.653 6	10.674 8	9.822 6	9.077 0
26	22.795 2	20.121 0	17.876 8	15.982 8	14.375 2	13.003 2	11.825 8	10.810 0	9.929 0	9.160 9
27	23.559 6	20.706 9	18.327 0	16.329 6	14.643 0	13.210 5	11.986 7	10.935 2	10.026 6	9.237 2
28	24.316 4	21.281 3	18.764 1	16.663 1	14.898 1	13.406 2	12.137 1	11.051 1	10.116 1	9.306 6
29	25.065 8	21.844 4	19.188 5	16.983 7	15.141 1	13.590 7	12.277 7	11.158 4	10.198 3	9.369 6
30	25.807 7	22.396 5	19.600 4	17.292 0	15.372 5	13.764 8	12.409 0	11.257 8	10.273 7	9.426 9
35	29.408 6	24.998 6	21.487 2	18.664 6	16.374 2	14.498 2	12.947 7	11.654 6	10.566 8	9.644 2
40	32.834 7	27.355 5	23.114 8	19.792 8	17.159 1	15.046 3	13.331 7	11.924 6	10.757 4	9.779 1
45	36.094 5	29.490 2	24.518 7	20.720 0	17.774 1	15.455 8	13.605 5	12.108 4	10.881 2	9.862 8
50	39.196 1	31.423 6	25.729 8	21.482 2	18.255 9	15.761 9	13.800 7	12.233 5	10.961 7	9.914 8
55	42.147 2	33.174 8	26.774 4	22.108 6	18.633 5	15.990 5	13.939 9	12.318 6	11.014 0	9.947 1

(续表)

期数	利率									
	12%	14%	15%	16%	18%	20%	24%	28%	32%	36%
1	0.892 9	0.877 2	0.869 6	0.862 1	0.847 5	0.833 3	0.806 5	0.781 3	0.757 6	0.7353
2	1.690 1	1.646 7	1.625 7	1.605 2	1.565 6	1.527 8	1.456 8	1.391 6	1.331 5	1.2760
3	2.401 8	2.321 6	2.283 2	2.245 9	2.174 3	2.106 5	1.981 3	1.868 4	1.766 3	1.673 5
4	3.037 3	2.913 7	2.855 0	2.798 2	2.690 1	2.588 7	2.404 3	2.241 0	2.095 7	1.965 8
5	3.604 8	3.433 1	3.352 2	3.274 3	3.127 2	2.990 6	2.745 4	2.532 0	2.345 2	2.180 7
6	4.111 4	3.888 7	3.784 5	3.684 7	3.497 6	3.325 5	3.020 5	2.759 4	2.534 2	2.338 8
7	4.563 8	4.288 3	4.160 4	4.038 6	3.811 5	3.604 6	3.242 3	2.937 0	2.677 5	2.455 0
8	4.967 6	4.638 9	4.487 3	4.343 6	4.077 6	3.837 2	3.421 2	3.075 8	2.786 0	2.540 4
9	5.328 2	4.946 4	4.771 6	4.606 5	4.303 0	4.031 0	3.565 5	3.184 2	2.868 1	2.603 3
10	5.650 2	5.216 1	5.018 8	4.833 2	4.494 1	4.192 5	3.681 9	3.268 9	2.930 4	2.649 5
11	5.937 7	5.452 7	5.233 7	5.028 6	4.656 0	4.327 1	3.775 7	3.335 1	2.977 6	2.683 4
12	6.194 4	5.660 3	5.420 6	5.197 1	4.793 2	4.439 2	3.851 4	3.386 8	3.013 3	2.708 4
13	6.423 5	5.842 4	5.583 1	5.342 3	4.909 5	4.532 7	3.912 4	3.427 2	3.040 4	2.726 8
14	6.628 2	6.002 1	5.724 5	5.467 5	5.008 1	4.610 6	3.961 6	3.458 7	3.060 9	2.740 3
15	6.810 9	6.142 2	5.847 4	5.575 5	5.091 6	4.675 5	4.001 3	3.483 4	3.076 4	2.750 2
16	6.974 0	6.265 1	5.954 2	5.668 5	5.162 4	4.729 6	4.033 3	3.502 6	3.088 2	2.757 5
17	7.119 6	6.372 9	6.047 2	5.748 7	5.222 3	4.774 6	4.059 1	3.517 7	3.097 1	2.762 9
18	7.249 7	6.467 4	6.128 0	5.817 8	5.273 2	4.812 2	4.079 9	3.529 4	3.103 9	2.766 8
19	7.365 8	6.550 4	6.198 2	5.877 5	5.316 2	4.843 5	4.096 7	3.538 6	3.109 0	2.769 7
20	7.469 4	6.623 1	6.259 3	5.928 8	5.352 7	4.869 6	4.110 3	3.545 8	3.112 9	2.771 8
21	7.562 0	6.687 0	6.312 5	5.973 1	5.383 7	4.891 3	4.121 2	3.551 4	3.115 8	2.773 4
22	7.644 6	6.742 9	6.358 7	6.011 3	5.409 9	4.909 4	4.130 0	3.555 8	3.118 0	2.774 6
23	7.718 4	6.792 1	6.398 8	6.044 2	5.432 1	4.924 5	4.137 1	3.559 2	3.119 7	2.775 4
24	7.784 3	6.835 1	6.433 8	6.072 6	5.450 9	4.937 1	4.142 8	3.561 9	3.121 0	2.776 0
25	7.843 1	6.872 9	6.464 1	6.097 1	5.466 9	4.947 6	4.147 4	3.564 0	3.122 0	2.776 5
26	7.895 7	6.906 1	6.490 6	6.118 2	5.480 4	4.956 3	4.151 1	3.565 6	3.122 7	2.776 8
27	7.942 6	6.935 2	6.513 5	6.136 4	5.491 9	4.963 6	4.154 2	3.566 9	3.123 3	2.777 1
28	7.984 4	6.960 7	6.533 5	6.152 0	5.501 6	4.969 7	4.156 6	3.567 9	3.123 7	2.777 3
29	8.021 8	6.983 0	6.550 9	6.165 6	5.509 8	4.974 7	4.158 5	3.568 7	3.124 0	2.777 4
30	8.055 2	7.002 7	6.566 0	6.177 2	5.516 8	4.978 9	4.160 1	3.569 3	3.124 2	2.777 5
35	8.175 5	7.070 0	6.616 6	6.215 3	5.538 6	4.991 5	4.164 4	3.570 8	3.124 8	2.777 7
40	8.243 8	7.105 0	6.641 8	6.233 5	5.548 2	4.996 6	4.165 9	3.571 2	3.125 0	2.777 8
45	8.282 5	7.123 2	6.654 3	6.242 1	5.552 3	4.998 6	4.166 4	3.571 4	3.125 0	2.777 8
50	8.304 5	7.132 7	6.660 5	6.246 3	5.554 1	4.999 5	4.166 6	3.571 4	3.125 0	2.777 8
55	8.317 0	7.137 6	6.663 6	6.248 2	5.554 9	4.999 8	4.166 6	3.571 4	3.125 0	2.777 8

参考文献

[01] 邹娅玲，肖梅崚. 财务管理[M]. 重庆：重庆大学出版社，2021.

[02] 李延喜，张悦玫，刘井建. 财务管理[M]. 北京：人民邮电出版社，2020.

[03] 杨桂洁. 财务管理实务[M]. 北京：人民邮电出版社，2019.

[04] 威廉·拉舍[美]. 财务管理基于实践的方法[M]. 8 版. 陈蕾，译. 北京：清华大学出版社，2019.

[05] 财政部会计资格评价中心. 财务管理[M]. 北京：中国财政经济出版社，2019.

[06] 中国注册会计师协会. 财务成本管理[M]. 北京：中国财政经济出版社，2019.

[07] 王志焕. 财务管理学[M]. 2 版. 北京：北京理工大学出版社，2019.

[08] 荆新，王化成，刘俊彦. 财务管理学[M]. 8 版. 北京：中国人民大学出版社，2018.

[09] 王俊霞. 企业财务管理案例解析[M]. 西安：西安交通大学出版社，2018.

[10] 刘颖. 财务管理基础习题集[M]. 北京：科学出版社，2018.

[11] 姬潮心，王媛. 大数据时代下的企业财务管理研究[M]. 北京：中国水利水电出版社，2018.

[12] 彭亚黎. 财务管理实训[M]. 北京：北京理工大学出版社，2017.

[13] 王满，任翠玉. 财务管理基础[M]. 4 版. 大连：东北财经大学出版社，2017.

[14] 邓路. 财务管理案例——中国情境下的哈佛式案例[M]. 北京：中国人民大学出版社，2017.

[15] 曹容宁. 现代财务管理理论与实务[M]. 北京：经济科学出版社，2017.

[16] 张奇. 大数据财务管理[M]. 北京：人民邮电出版社，2016.

[17] 何瑛. 上市公司财务管理案例[M]. 北京：经济管理出版社，2016.

[18] 陈玉菁. 财务管理——实务与案例[M]. 3 版. 北京：中国人民大学出版社，2015.

[19] 何建国. 财务管理学[M]. 2 版. 北京：清华大学出版社，2014.

[20] 贾国军. 财务管理学(2014 年版)[M]. 北京：中国人民大学出版社，2014.

[21] 王棣华. 财务管理案例精析[M]. 2 版. 北京：中国市场出版社，2014.

[22] 陈德标. 大数据时代下电网企业财务管理创新探讨[J]. 经济管理文摘，2021(24)：134-135.

[23] 吴家山. 大数据环境下企业全面预算管理应用探析——以 YP 公司为例[J]. 财会学习，2021(34)：65-67.

[24] 王帅. 中小电商大数据营销的工具选择与实施流程研究[J]. 河南工学院学报，2021(1)：39-43.

[25] 张红云. 区域影响视角下基于大数据的项目投资分析与评价研究[J]. 商场现代化，2021(11)：55-57.

[26] 彭翠珍. 华为技术有限公司财务共享案例分析[J]. 中国乡镇企业会计，2020(07)：153-154.

[27] 薛双双. 大数据背景下企业财务管理创新研究[J]. 财会学习，2019(16)：70-71.

[28] 葛杰. 上市公司所有者与经营者之间的利益冲突与协调——由万科股权之争想到的[J]. 当代会计，2016(11)：13-14.

[29] 宫小明. 企业内部控制中应收账款管理实务探讨[J]. 财经界，2011(22)：1.

[30] 杨云龙. 社会责任不等于口号[J]. 科技智囊，2004(11)：54-55.

[31] 栾甫贵. 西方财务理论发展评介[J]. 财务与会计，1989(3)：1.